"十一五"国家重点图书出版规划项目
教育部人文社会科学重点研究基地重大项目

黄河文明的历史变迁
丛书主编／李玉洁

儒学与中国政治

李玉洁／著

科学出版社
北京

图书在版编目(CIP)数据

儒学与中国政治/李玉洁著. —北京：科学出版社，2010
(黄河文明的历史变迁/李玉洁主编)
ISBN 978-7-03-022942-7

Ⅰ. 儒… Ⅱ. 李… Ⅲ. 儒家–政治哲学–研究–中国–古代
Ⅳ. B222.05　D092.2

中国版本图书馆 CIP 数据核字（2008）第 138166 号

丛书策划：胡升华　侯俊琳
责任编辑：宋　旭　陈　超　李俊峰 / 责任校对：张　琪
责任印制：徐晓晨 / 封面设计：张　放　无极书装

科 学 出 版 社 出版
北京东黄城根北街 16 号
邮政编码：100717
http://www.sciencep.com

北京凌奇印刷有限责任公司 印刷
科学出版社发行　各地新华书店经销
*

2010 年 3 月第　一　版　开本：B5（720×1000）
2020 年 9 月第三次印刷　印张：17 1/2
字数：310 000
定价：98.00 元
(如有印装质量问题，我社负责调换)

"黄河文明的历史变迁丛书"
编委会

学术顾问	李学勤　朱绍侯　姚瀛艇　郝本性
	晁福林　王　巍
主　　任	李小建　苗长虹
副 主 任	覃成林　高有鹏　牛建强　刘东勋
主　　编	李玉洁
编　　委	苗书梅　程遂营　王蕴智　张新斌
	郑慧生　涂白奎　袁俊杰　薛瑞泽
	陈朝云　孔　学　郑贞富　陈彩琴
	石　涛　周保平　毛阳光　马玉臣
	李海龙　王德安　吴爱琴　宋军令
	杜　鹃　郭　霞　李玲玲　李婉婷
	史志龙　杨　玄　崔增磊　何　新
	吕西红

总　序　一

　　坐落于黄河之滨的古都开封的河南大学，是闻名遐迩的百年名校。教育部近年在河南大学设立了人文社会科学重点研究基地——黄河文明与可持续发展研究中心，中心人才济济，覆盖了众多相关学科，已经取得了令人瞩目的良好成绩。该中心李玉洁教授组织编写的"黄河文明的历史变迁丛书"，即将在科学出版社出版，不难预料其将在学术界产生显著的影响。

　　黄河文明是辉煌绵远的中华文明的核心组成部分。对黄河文明的考察研究，当然对阐述中华文明的优秀传统有着重大的意义。大家知道，以分区域的方法来探讨我国的历史和文明，是改革开放以来学术界突出的发展趋势之一。回顾这些年历史学研究的明显变化，是强调"多元一体"的观点，揭示中国自古是多民族、多地区的国家，灿烂的中华文明乃多民族、多地区的人民共同缔造。同时，考古学研究也反复证明中华文明是多源、多线的，构成了文化区系的理论。这样就开拓了学者的视野，推动了学科的进步，特别是对中原以外地区的研究，形成了前所未有的繁荣局面。

　　然而，提倡加强中原以外地区历史文明的研究，绝不应走向另一个极端，即抹杀中原地区在文明史上的重要性。黄河文明的历史意义是不可忽略的。回忆十几年前，我和浙江的徐吉军先生曾与多位学者专家合作，出版了一部《长江文化史》，幸而得到了大家的欢迎。随后我们考虑到中原地区的重要，又安排编写了《黄河文化史》。在后面这部书的序言里，我专门说到，中华文明固然是多源头、多区域的，但也必须承认，在不同时期，不同地区会起特殊的历史作用。具体地讲，在文明发展的若干关键时段，特定的地区会成为中心或者枢纽。例如，中华文明奠基的夏、商、周三代，以及以后的许多王朝的中心都在黄河中下游地区。对于这样的时期，将黄河文明置于特别重要的地位，确实是应该的。何况在三代以后，这一地区的影响仍然持续，需要探索的问题依旧很多。

　　关于黄河文明，我认为应该考虑这样三个问题：

　　第一，黄河文明在中国历史上占有怎样的地位？

第二，黄河文明为什么能够在历史上占有这样的地位？

第三，占有历史上特殊地位的黄河文明有哪些特点？

正因为黄河文明在文明发展史上有其独特的作用，教育部才在河南大学专设这方面的研究中心，并且由李玉洁教授主编完成这套"黄河文明的历史变迁丛书"。这套丛书共分九个子课题进行研究，从若干角度研讨了黄河文明的特点及形成这些特点的因素，从各个方面阐释黄河文明的历史地位和重要性。大家都知道"八方风雨会中州"这句话，中原地区之所以在历史上有特殊的重要性，关键的原因正在于其地理位置在当时的"天下"中央，居八方辐辏之地，在经济和文化的交流上占了优势。这套丛书主要从三个方面进行研究：

（1）丛书首先对黄河流域文明的要素：金属、文字、城邑以及凌驾于社会之上的公共权力的形成进行研究。

《黄河流域的青铜文明》一书，对中国古代青铜器的出现、铸造工艺、繁荣与影响进行研究，并把眼光集中于夏商周时期，那时青铜器的演变序列业已大体清楚，该书对有关的青铜文明问题作了深入的论述。

作为文明最重要标志的文字，《殷商甲骨文研究》就中国现已发现的最早的文字载体——甲骨文作了全面的论述，其中不乏新见解。

《黄河流域史前聚落与城址研究》对黄河上、中、下游的聚落与城址进行探讨，研究了聚落与城址形成的地理地貌和发展轨迹。

《中国古史传说的英雄时代》论述古史传说的神话性质及某些传说中的历史真实，把历史传说与考古材料相结合，对黄河流域古史传说中的英雄时代及其凌驾于社会之上的公共权力的形成进行系统的论述和研究，有诸多新意。

（2）丛书还对黄河文明的特质进行研究，即探讨黄河文明与其他地区文化的差异之处。历史上的中国，经济以农业为基本，文化以儒学为主流，而黄河文明即与二者有密切关联。

《黄河流域的农耕文明》对黄河流域农耕文明的起源、发展进行研讨，并且对黄河流域出现的农书、农神、农商思想与古代社会的关系进行研究，重点阐述植根于农业经济的黄河文化的特色。

儒学在中国长期的封建社会中是主导的思想理论。《儒学与中国政治》一书，论述儒学的起源、发展，研究了儒学与中国政治的密切关系。

（3）秦汉以后，黄河文化不断地吸收各地区的文化，得到了飞跃的发展。丛书在对黄河流域的文明起源问题探讨之后，对黄河流域的历史变迁进行研究。

《秦汉魏晋南北朝黄河文化与草原文化的交融》研究了秦汉魏晋南北朝时期黄河文化与胡文化的交流与融合。

《唐宋时期黄河流域的外来文明》研究了唐宋时期黄河文化与外来文明的融合。

《黄河文化与西风东渐》研究了明清时期黄河文化对西方文化进行全方位的吸收过程,黄河文化被注入了新的活力。

丛书对黄河文化与国内外文化的融合问题进行研究。这些书虽非出自一人之手,却将有关问题比较系统地串联起来,勾勒出相当明晰的轮廓,其中不乏新鲜的观点和见解。

读了这几本书,自能对黄河文明的历史地位获得进一步的认识。由这样的视角去观察黄河文明与文化,前人还很少做过。

黄河文明是非常博大的研究领域,"黄河文明的历史变迁丛书"已经开了一个好头,丛书都很值得一读。希望继续编写下去,我们且拭目以待。

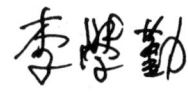

2009 年 1 月 20 日

总 序 二

黄河文明的历史地位

关于文明的起源，学术界曾出现了"满天星斗"说、"文明多元"论等，这些都是非常正确的。我们国家地域辽阔，中华文明是各地区、各民族的人民经过几千年辛勤的劳动共同创造的。然而根据学术界所认可的文明起源的要素和标准来看，华夏文明最早是在黄河流域出现、形成的。在文明形成的初期，黄河中下游地区处于"天下之中"的地位，这也是不可否认的事实。

国内外许多学者都提出了关于文明起源的见解。英国剑桥大学的考古人类学教授丹尼尔在《最初的文明：关于文明起源的考古学研究》中提出，文明的产生有三项要素：文字、城市、复杂的礼仪中心。日本学者贝冢茂树在1977年出版的《中国古代史学的发展》一书补记中提出，青铜器、文字、宫殿基址是文明产生的三要素。中国考古学家夏鼐先生在《中国文明的起源》一书中提出，青铜器、文字、城堡是文明产生的三个标志和要素，并且得到了学术界大多数学者的认可。

恩格斯在1884年出版的《家庭、私有制和国家的起源》一书中提出，文明和国家的形成主要有两项要素：①凌驾于社会之上的公共权力的建立；②按地区划分它的国民。恩格斯说"文明时代的基础是一个阶级对另一个阶级的剥削"[1]，他用阶级斗争的学说去解释文明的产生。这些理论奠定了马克思主义关于文明起源的政治学的理论基础，是判定文明产生的标准。

一、华夏文明最早在黄河流域形成

黄河是大自然献给中华民族的厚礼，是我们伟大民族的母亲河。黄河发

---

[1] 马克思，恩格斯.1972.马克思恩格斯选集（四）.北京：人民出版社.167，166，173

源于巴颜喀拉山脉北麓，从青海高原奔腾而下，流经五千多公里，在黄河的中下游地区形成宽广美丽而富饶的冲积大平原，为黄河文明的诞生提供了优越的地理环境。

黄河中下游地区四季分明，是最适合古人类生存和生活的地区。大约一万七千多年以前，黄河流域就有人类生存了。华夏民族的祖先在这里勇敢顽强地劳动和开拓，创造了辉煌的文明和文化。传说中的"三皇五帝"、夏商周三代及我国历史上的诸多王朝皆建都在黄河流域。是时，这里是人文荟萃之地，号称"天下之中"，又称为"中原"、"中州"，乃至我们伟大的祖国被称为"中国"也与此有关。黄河是中华民族的摇篮。

文明的要素——金属、文字和城堡，最早在黄河流域出现和形成。黄河中下游地区形成了我国最早的文明的中心。

仰韶文化时期，黄河流域就出现了青铜器物。仰韶文化姜寨遗址出土有铜片，还发现有黄铜管，其时代约在公元前 4700 年左右。

铜器，在黄河流域龙山文化的遗址中多有发现，如郑州牛寨遗址发现了熔铜炉壁附有铅锡青铜块①，淮阳平粮台三期 H15 发现了铜渣②，登封王城岗四期 H617 内出土青铜器残片③，临汝煤山遗址出土铜坩埚、熔铜炉残壁及铜液痕迹④，鹿邑栾台遗址二期早期发现青铜器等。⑤ 这些资料表明当时黄河中游青铜器冶炼和使用比较普遍，已经进入早期铜器时代。在黄河中游的龙山文化遗址中已出现了国家和文明的重要标志。山西临汾陶寺墓葬中发现了一只铜铃（或铜铎），虽出自晚期墓葬，但这是一件工艺复杂的复范型大型铜器，表明在此之前，青铜冶炼铸造技术应该已经有一个很长的过程了。陶寺遗址大型墓中出土了特磬，并且有 5 座大墓中出土了用鳄鱼皮蒙面的鼍鼓，鼓身为挖空树干，通高 1 米许，上下口径 43～57 厘米，外表彩绘花纹。这种乐器首先发现在黄河流域龙山时代的文化中，可能最初为陶唐氏所发明。

目前，新石器时代考古所发现的青铜器只在黄河流域出现，其他地区或者只有很少的几个铜片，或者只是在淤泥中出现的一点铜锈痕迹，而且仅是一处孤证，或者根本没有出现过与青铜器有关的器具和器物。黄河流域以外地区的青铜文明远远落后于中原地区。

---

① 王震中. 1998. 中国文明起源的比较研究. 西安：陕西人民出版社
② 河南省文物研究所，周口地区文化局文物科. 1983. 河南淮阳平粮台龙山文化城址试掘简报. 文物，(3)：36
③ 安金槐. 1983. 登封王城岗遗址的发掘. 文物，(3)：3
④ 1982. 河南临汝煤山发掘报告. 考古学报，(4)：446～453
⑤ 河南省文物研究所. 1994. 河南考古四十年. 郑州：河南人民出版社

关于文字的起源应追溯到新石器时代器物上的刻画符号。河南舞阳的贾湖遗址出土的龟甲和石柄上就已经出现刻画符号。龟甲上刻有"⊙"、"日"、"八"、"屮"、"ᒣ"、"○"、"卅"、"匕"、"𠃓"、"十"等。①

1963 年出版的《西安半坡》中公布了半坡遗址出土的大批陶器上有刻画符号。有的符号较简单，有的稍复杂。在仰韶文化类型遗址的陶器中多有这种符号，目前在渭水流域的西安、临潼、邰阳、铜川、宝鸡和甘肃秦安都有发现。②

大汶口文化类型的莒县陵阳河遗址出土的大口尊上发现了陶尊文字 17 个。其时代在公元前 4000 年左右。有关资料介绍："自 60 年代以来，陵阳河发现刻文陶尊均出于河滩一组墓地（富有者墓地），共 10 件。采品 6 件，完整器 5 件。刻文分别为'ᘾ'、'𓇥'、'𐤓'、'𐅇'、'𓊝'、'𓉨'、'𓋴'。另一件为 1979 年发掘采集的陶尊残片，刻文为'𓏞'……M25 的一件刻文为'𐤒'。陵阳河发现的陶尊刻文，共计 12 个个体。如将刻文归类统计，得图像一，图像文字凡七。"③ 我国许多学者，如唐兰先生、王树明先生等对这些文字均有考释，认为这是现行文字的远祖，陵阳河的陶尊文字与殷墟甲骨文字有渊源关系。

与原始文字有渊源关系的远古符号也在黄河流域大量出现，河南舞阳的贾湖，山东大汶口，陕西西安、临潼、邰阳、铜川、宝鸡和甘肃秦安等遗址出土的大批陶器上的刻画符号，与中国古文字具有一脉相承的渊源关系。殷商时期，大批的甲骨文在殷墟（今河南安阳市）出土，在世界古文字研究方面具有重要的意义。

黄河流域在仰韶文化晚期已发现古城堡。郑州西山古城址是仰韶文化的遗存，距今 5300 ~ 4800 年。④ 黄河中游龙山文化时期的城堡更为普遍，如河南淮阳平粮台古城址、登封王城岗古城址、郾城郝家台、安阳后岗、淅川下寺等。

河南淮阳平粮台城址距今 4500 年左右。城址呈正方形，长宽均为 185 米，城周长 740 米，建筑面积约 5 万平方米。城墙采用小版筑堆筑法营造，可见圆形夯窝。城有南北两城门。南门有用土坯垒砌的两个门卫房，中间是

---

① 王蕴智. 2003. 远古符号综类摹萃. 中原文物，(6)：11
② 李学勤. 1997. 走出疑古时代. 沈阳：辽宁大学出版社
③ 王树明. 1986. 山东省史前文化论文集·谈陵阳河与大朱村出土的陶尊文字. 济南：齐鲁书社. 249
④ 河南省文物研究所. 1994. 河南考古四十年. 郑州：河南人民出版社

路土，路土下有铺设好的排水管道，城内有建筑在夯土台上的用土坯垒砌的排房。高台上的第 4 号房基的房址，东西残宽 15 米多，南北进深 5.7 米，室内北边有一宽约 0.92 米的走廊，南边再用隔墙分为四间。可以推测，在夯土高台上居住的人绝非一般平民。①

登封王城岗古城址位于河南省登封市告成镇西部，距今约 4400 年，这是两个并列的古城。大城的复原面积约 34.8 万平方米，是迄今为止在河南发现的规模最大的龙山文化晚期城址。② 王城岗古城址的城内有殉人、殉兽的奠基坑 13 个。这些奠基坑多者用 7 具人骨奠基，少者 1 具，共有 28 具人骨架。王城岗龙山文化三期发现一薄胎磨光的平底杯，杯的底外部有烧前刻画的一个文字，形似"共"字。王城岗龙山文化四期，发现一青铜容器的残片，编号为 WT196H617：14，残宽 6.5 厘米，残高 5.7 厘米，厚 0.2 厘米，很像铜鬲的腹与袋状足的部分残片。经北京科技大学冶金室检验是锡铜青铜铸件。③

安阳后岗遗址发现一段宽 2~4 米，长 70 余米的龙山文化时期的城墙。该遗址约 5 万平方米。遗址分布着直径约 3~5 米的圆形白灰面房基和木板地面房基，这些房基的下面有用小孩作牺牲的奠基，埋 1 个幼童的 8 座，埋 2 个幼童的 4 座，埋 3 个幼童的 2 座，埋 4 个幼童的 1 座，仅在发掘的 600 平方米内，埋幼童 26 个。这个遗址的年代在公元前 2700 年~前 2200 年。河南辉县孟庄龙山文化古城址，面积约 16 万平方米，有护城河等，具有军事性质。

黄河下游龙山文化类型的遗址亦发现许多古城址。山东章丘龙山镇的城子崖城址，总面积 17.55 万平方米。1984 年在寿光县边线王村发现一古城址。城址分大小两处，小城在大城之内，居中偏南。大城面积约 5.7 万平方米，四边城墙之中部各有一门道，门宽约 10 米。城内面积 1 万平方米左右。大城址距今 3800 年左右，小城距今 3900 年左右。④ 1991 年邹平丁公村发现一古城址，面积 11 万平方米。城址年代在距今约 4600~4000 年。⑤ 另外淄博的田旺村亦发现一个面积 20 余万平方米的龙山文化古城址。⑥

---

① 河南省文物研究所，周口地区文化局文物科．1983．河南淮阳平粮龙山文化城址试掘简报．文物，(3)：37
② 北京大学考古文博学院，河南文物研究所．2006．河南登封王城岗遗址 2002、2004 年发掘简报．考古，(9)：4
③ 河南文物研究所，中国历史博物馆考古部．1992．登封王城岗与阳城．北京：文物出版社．38
④ 杜在忠．1988-7-15．边线王龙山文化城堡的发现及其意义．中国文物报
⑤ 邹平．1992-1-12．丁公发现龙山文化城址．中国文物报
⑥ 齐天．1992-3-18．田旺龙山文化城址面世．大众日报

从以上黄河流域发现的龙山文化时期的古城址来看，城址中或有城门和门卫房，或有护城河，是具有军事性质的城堡。城内（如平粮台城址中）高台上的高大建筑物表明城内居民存在阶级和阶层的差别。登封王城岗城址和安阳后岗城址中用幼童作奠基的殉人，表明激烈的社会冲突已经形成，高居于平民之上的公共权力已经形成。龙山文化时期长江流域的古城堡虽然显示了贫富分化的现象，但远不如黄河流域表现得那样尖锐和激烈，似乎还处在军事民主制时期。① 在黄河流域，早期国家已经形成了。

二、黄河流域出现的凌驾于社会之上的公共权力

黄河流域是最适合人类生存的地方，自古以来就流传着许多鸿蒙初辟时期的神话，如盘古、女娲等都是神话中的开天辟地或抟土造人的英雄。这些神话传说表现出华夏民族对世界的最初认识和美好的想象。远古时期，黄河流域活跃着许多部族，并各有自己的领袖。这些部族领袖往往被神化成半人半神的英雄。我国古代史籍中有许多关于远古时代英雄的传说，其中有三皇时期的传说，如燧人氏、伏羲氏、神农氏、葛天氏、柏皇氏等；还有五帝时期的传说，如黄帝、炎帝、太皞、少皞、蚩尤、颛顼、帝喾、帝尧、帝舜等。他们皆是黄河流域的部族领袖。这些传说构成中华民族形成发展的完整序列，记载了中华民族光辉的成长历程。

五帝时期，在黄河流域已经出现了早期国家的雏形。这些部族首领皆拥有号令征伐、收取贡赋、征发劳役的权力，而且这个时期，地域关系已经形成，有了非常明确的政治选举制度。这些部族首领已经拥有了马克思主义理论所认为的凌驾于社会之上的公共权力。这些现象说明黄河流域的部族自五帝时期就具备了早期国家的特征。

1. 号令征伐的权力

号令征伐是公共权力形成的典型表现形式。《史记·五帝本纪》云："轩辕之时，神农氏世衰。……于是轩辕乃习用干戈，以征不享，诸侯咸来宾从。""天下有不顺者，黄帝从而征之，平者去之，披山通道，未尝宁居。"这里很明显，黄帝轩辕氏对不顺从者，"征之"、"去之"，使"诸侯咸来宾从"。号令征伐，使诸侯"宾从"，就是一种凌驾于社会之上的公共权力。正因为拥有这种公共权力，黄帝才能与炎帝战于阪泉之野，与蚩尤战于涿鹿之野，最后消灭了敌对势力，使自己的权力得以巩固。

黄帝与炎帝、黄帝与蚩尤、颛顼氏与少皞氏都曾有过激烈的部落冲突。

---

① 张绪球．1994．屈家岭文化古城的发现和初步研究．考古，(7)：634

帝尧时期，曾进行过征伐三苗的战争。《国语·楚语下》曰："其后三苗复九黎之德，尧复育重、黎之后，不忘旧者，使复典之。"韦昭注："其后，高辛氏之季年。三苗，九黎之后。高辛氏衰，三苗为乱，行其凶德，如九黎之为也。尧兴而诛之。"

《史记·五帝本纪》记载，帝尧时期，天降大雨，黄河泛滥。尧于是召四岳（四个部族酋长）商议治水事宜。四岳推荐鲧，但鲧治水九年而无功。《史记·夏本纪》记载："舜登用，摄行天子之政，巡狩。行视鲧之治水无状，乃殛鲧于羽山以死。天下皆以舜之诛为是。于是舜举鲧子禹，而使续鲧之业。"舜可以殛鲧以死，并有权令鲧的儿子禹接替治水。舜还任用"八元"、"八恺"，"使主后土，以揆百事……乃流四凶族，迁于四裔"①。《尚书·虞书·舜典》云：帝舜"流共工于幽州，放驩兜于崇山，窜三苗于三危"。舜作为一个部族领袖可以流放或杀掉一个下级部族的首领，表明公共权力的形成。黄帝、颛顼、高辛、尧、舜等皆有号令征伐的权力。依靠这种权力，他们才能在战争中打败敌方，从而攫取更高的权力。

2. 收取贡赋

《史记·夏本纪》记载："自虞、夏时，贡赋备矣。"又云："众土交正，致慎财赋，咸则三壤成赋。"由此可知，虞舜时期已经开始向百姓征收贡赋，并有了完备的贡赋制度。收取贡赋是公共权力形成的典型特征。黄帝、颛顼、高辛、尧、舜已经具有国君（或国王）的权力了。

3. 征发劳役

《史记·五帝本纪》记载，帝舜杀了鲧之后，又任用鲧的儿子禹治水。大禹治水时，"唯禹之功为大，披九山，通九泽，决九河，定九州，各以其职来贡，不失厥宜"。尧、舜、鲧、禹等人的治水，当然需要征发很多人去服劳役。征发劳役亦是公共权力形成的特征。

4. 地域关系的形成

黄帝时期，曾东征西伐，打败了炎帝、蚩尤，颛顼氏与太皞氏、少皞氏等都发生过激烈的战争和冲突。被打败的部族则皆迁徙他处，其部族支裔四散，迁至偏远地区。如少皞氏在失败之后，其主要力量迁徙汾水流域，仍有一部分还在东夷地区，那些留下的居民则只能服从于胜利者的管辖。毫无疑问，黄帝、颛顼、尧、舜时期，其国民已按地区划分。地域关系已经形成。《史记·五帝本纪》载：黄帝"置左右大监，监于万国"。这里所说的"万国"，当是黄帝治下的各个地区的小邦国。

---

① 司马迁．1982．史记·五帝本纪．北京：中华书局

5. 禅让制度与世袭制度

尧、舜、禹等部族领袖在权力的承继方面实行禅让制度，部族首领是通过禅让选举而产生的。《论语·尧曰》载，尧曰："咨！尔舜，天之历数在尔躬，允执其中，四海困穷，天禄永终。"舜在传位给禹的时候也说了同样的话。《论语·颜渊》云："舜有天下，选于众，举皋陶。""汤有天下，选于众，举伊尹。"《尚书·尧典序》曰："昔在帝尧，聪明文思，光宅天下，将逊于位，让于虞舜，作尧典。"但是禅让制度曾遭到战国学者的质疑，不相信古代实行过禅让制度。《孟子·万章》记载，"万章曰：'尧以天下为舜，有诸？'孟子曰：'否，天子不能以天下与人。'"《韩非子·说疑》云："舜逼尧，禹逼舜，汤放桀，武王伐纣，此四王者，人臣弑其君者也。"

我们且不说尧舜禹时期的帝位是"让"，还是"逼"，但五帝之前，包括五帝时期的部族首领肯定曾经实行过禅让制度，这是不容置疑的。尧舜禹时期的禅让现象是中国远古时代禅让制度的继承和继续。禅让制度确实是中国早期国家的一个重要特征。夏代开始了传子制的世袭制度，很多人认为传子制才是国家形成的标志，并在此基础上认为夏代才形成了国家。

如果说传子制是国家形成的特征标志，那么希腊的国家首脑从来就没有传子制，其首席执政官和其他执政官皆是由选举而产生的。而谁又能说古代希腊不是国家呢？！

马克思主义的国家学说认为，国家产生的标志是凌驾于社会之上的公共权力的建立和地域关系的出现。传子制不是国家产生的标志。

我国古史传说中的黄帝、太皞、少皞、颛顼、帝喾、尧、舜等，具有号令征伐、收取贡赋、征发劳役等凌驾于社会之上的权力。他们拥有的辖地上，不仅有本部族成员，而且已经按地区划分其国民。他们是活动在黄河流域的国家领袖，即国王。是时，黄河流域最早出现了青铜文化、文字，较早出现了城堡。古史传说中，华夏民族的领袖也多活动在黄河流域，华夏文明最早在黄河流域形成。

三、黄河文明的特质

黄河文明的主要特征之一就是农耕文明。黄河文明是以农业为经济基础而发展起来的。"农业是整个古代世界的决定性的生产部门。"[①] 研究黄河流域农耕文明的形成及特征，对深入了解文明进程、文化兴衰以及这个文明体系中人民的精神世界都有重要的意义。

---

① 马克思，恩格斯.1972.马克思恩格斯选集.北京：人民出版社.145

黄河流域发现了大量的古文化遗址,如磁山、裴李岗文化、仰韶文化、大汶口文化、龙山文化、马家窑文化、齐家文化等。农业是这些远古文化的主要内涵。自新石器时期开始,华夏民族已经成为农业定居的民族。黄河流域是世界上最早也是最重要的农业发源地之一。

在长期艰苦的劳动中,黄河流域的人民发明了农业,在野草中培育了五谷等各类农作物;发明了农业生产工具,并使之不断地改进,将其从木、石质改进为金属工具;创造了历法,制定了二十四节气,认识了天象与农业的关系;发明了丝绸,中国是世界闻名的丝绸之国;华夏民族有自己的农神崇拜。在黄河流域这块热土上,华夏民族辛勤勇敢地劳动,用他们的智慧和汗水,建造了自己的家园。

由于凌驾于社会之上的公共权力的出现和形成,封建国家制定了各种农业政策和赋税制度。黄河流域产生的农业思想,特别是中国封建王朝推行重农抑商的政策和思想,对中国古代社会有重要的影响。商业被限制,客观上也束缚了农业的发展。重农抑商的政策和思想,其目的在于巩固加强其专制统治,实际上则阻碍了中国社会的发展和进步,是中国封建社会长期停滞不前的重要原因之一。

儒学是中国文化的主流,也是黄河文明的重要特质。儒学是封建专制国家赖以统治的理论基础,与中国政治有着非常密切的关系。

儒家学说的核心是礼和仁的思想。儒家所说的礼,是一种标志尊卑贵贱等级的制度。《礼记·坊记》曰:"子云,夫礼者,所以章疑别微,以为民坊者也。故贵贱有等,衣服有别,朝廷有位,则民有所让。子云,天无二日,土无二王,家无二主,尊无二上,示民有君臣之别也。"

所谓仁,就是以仁德之心对待人民。儒家主张仁政,反对苛政。儒家学说要求帝王和国家的大小官员勤政爱民、奉公守法,要求人们严格约束自己的行为,做人做事要有廉耻之心,维护做官的清德,不欺暗室,有强烈的忧患意识,认为这样的人才能治理好国家。儒学从政治上讲,确实是为帝王统治服务的学说。然而,儒学能够在中国延续两千余年而不衰,除了封建帝王的推崇和提倡之外,能够被广大群众所接受也是重要的原因。

儒家提倡的道德观,如忠、孝、仁、义、廉、耻、宽、恕等,是我国人民两千年来恪守的道德伦理基础。儒学的伦理道德、重义轻利、敬老爱幼、乐于进取、强烈的忧患意识和参与意识,铸就了中华民族的共同心态和理想人格,也激励着中国的志士仁人去建功立业、英勇奋斗,使中华民族具有强大的凝聚力。

儒家学说提倡的"礼"保证了封建国家的等级制,维护了皇帝和各级贵族的利益；而"仁"又能使平民百姓们认可接受。这样封建国家的秩序就得以稳定。儒家学说是适用于中国封建社会的政治学说，对中国封建社会的政治发展起着积极的作用。

四、黄河文明的历史变迁

夏、商、周三代之后，早期国家逐渐成熟，进入了发展时期。春秋战国以后，中国的专制制度逐渐形成，随着秦汉王朝的统一，黄河文明进入了大发展时期。

秦汉魏晋南北朝是黄河文化发展的重要时期，也是黄河文化与胡文化交流、融合的重要时期。本课题通过秦汉魏晋南北朝时期不同时段少数民族与黄河流域的社会交往，论述了秦汉时期少数民族文化与黄河文化的融合过程。张骞通西域之后，一条以洛阳、长安为起点，直达安息、大秦的交通线形成，这就是历史上有名的丝绸之路。西域的葡萄、西瓜、乐器、胡马，传入黄河流域；黄河流域的铁器、丝绸、医药、造纸、印刷术、农业技术传入西域，大大丰富了黄河文化和世界文化的宝库。根据《汉书·西域传》的记载，新疆地区的罽宾国"地平温和；有目宿、杂草；奇木：檀、槐、梓、竹、漆；种五谷、蒲陶诸果；粪治园田，地下湿，生稻；冬食生菜。其民巧，雕文刻镂，治宫室，织罽，刺文绣，好治食。有金、银、铜、锡，以为器。市列以金银为钱，文为骑马，幕为人面。出封牛、水牛、象、大狗、沐猴、孔爵、珠玑、珊瑚、虎魄、璧、流离"。大秦国即罗马古国。《后汉书·大秦传》记载，大秦国物产丰富，"多金银奇宝：夜光璧、明月珠、骇鸡犀、珊瑚、琥珀、琉璃、琅玕、九色玉石、朱丹、青碧。刺金缕绣织成金缕罽、杂色绶，作黄金涂、火浣布。又有水羊毳，野蚕茧所作细布。合诸香煎其汁，谓之苏合。以金银为钱：银钱十，当金钱一；与安息、天竺交市，海中获利十倍。其人质直，市无二价。谷食常贱，国用富饶"。黄河流域的许多地方开始响起了来自草原地区的"胡声"。

魏晋时期，特别是十六国时期，匈奴、鲜卑、羯、氐、羌等少数民族进入黄河流域，使黄河文化在这一特殊形式下复苏，对黄河文化的繁荣有重要的影响；而到北朝时期，鲜卑族入主黄河流域，给黄河文化注入了新鲜的血液。少数民族地区的所谓"胡桌"、"胡椅"、"胡床"、"胡服"，传入黄河流域，大大丰富了黄河流域人民的生活。这些最终揭示出黄河文化是在这一特殊历史时期融合少数民族文化而形成的多层次文明。

唐宋时代是黄河文化发展和成熟的重要时期。是时，突厥、铁勒等游牧民族、朝鲜半岛移民、西域以及西亚、中亚胡人等外来移民相继进入黄河流域。外来文明在黄河文化的演进历程中非常重要。唐宋时期，黄河文化与外来文明有强烈的互动作用，不仅使黄河流域出现了多种宗教信仰，如景教、摩尼教、祆教、犹太教传入中国，佛教也出现了不同的宗派，如唯识宗、密宗等，更重要的是黄河流域的科学技术得到进一步的发展，如天文学、医学、药物、植物、动物、香料、玻璃器、玛瑙、玉器、纺织品、货币、音乐、舞蹈、雕塑、绘画、建筑艺术等外来文明促进了黄河流域社会生活诸方面的发展，同时对黄河流域的饮食、服饰、体育、社会风俗、农业生产、交通运输、城市繁荣、经济作物的种植等都产生巨大的影响。唐宋时期黄河流域的政治、经济、文化与外来文明的交流往来，对黄河流域社会文化的发展产生了极大的影响。

明清时期，西方传教士在黄河流域的宗教和科学传播活动，为古老的黄河文化注入了西方近代科学文化的内容。明清时期，西方的宗教、天文学、数学、地理学、机械学、建筑学、物理学、医学、文学艺术、矿业技术、邮电、铁路交通、军事科学、教育思想、教育体制、社会风尚、近代农业科技等相继传入中国，美洲的农作物，如番薯、玉米、烟草等在黄河流域迅速传播、种植和推广，大大丰富了黄河流域农作物的种类，改变了黄河流域人民的饮食结构。更重要的是西方的民主思想也传入中国。鸦片战争之后，黄河文化开始了对西方文化的全方位吸收与融合，创建了新式学校、新式军队，产生和发展了一些近代工商业。新式的交通、通信工具等有了初步的发展，西方政治文化也得到一定程度的传播和实践，西式社会风尚开始在黄河流域出现并流行。

如今，古老的黄河文明与黄河文化在自身的基础上，通过对外来文明的合理吸收，不断地发展和变化，发生了强烈的历史变迁，出现了近代化的特质和内涵，黄河文化正在走向全面繁荣和昌盛。

李玉洁

2009年10月26日

目 录

总序一（李学勤）/i
总序二 黄河文明的历史地位（李玉洁）/v
绪论 /1
    一、儒家学说的内涵与发展 /1
    二、儒家学说与中国政治的关系 /3
    三、儒家学说在中国历史上的沉浮 /4
    四、儒学的衰颓 /7
    五、客观地评价儒学 /8

第一章 《周礼》与西周社会 /10
第一节 《周礼》的产生 /10
    一、《周礼》产生的社会背景 /10
    二、《周礼》的宗法制度 /13
    三、《周礼》的敬德保民思想 /15
第二节 《周礼》与西周社会 /17
    一、《周礼》对卫国政治的影响 /17
    二、《周礼》对鲁国政治的影响 /19

第二章 儒学的产生与早期儒家 /22
第一节 儒家学说的奠基人孔子及其思想 /22
    一、孔子的生平与儒学的产生 /22
    二、儒学的政治性及孔子在鲁国的政绩 /24
    三、孔子的礼制思想 /27
    四、孔子的仁政思想 /29
    五、儒家学派的社会道德观和修养观 /33
第二节 孔门弟子——早期儒家的思想 /36
    一、曾子的忠孝和安贫乐道的思想 /37
    二、子思的中庸思想 /39

第三节 儒学与春秋诸侯国政治 /40
　　一、儒学对春秋郑国政治的影响 /41
　　二、儒学对春秋齐国政治的影响 /42
　　三、儒学对春秋楚国的影响 /47

第三章 儒家学说与战国政治 /53
第一节 战国时期的儒家思想与亚圣孟子 /53
　　一、孟子的民本主义思想 /54
　　二、孟子民贵君轻的思想 /56
　　三、社会分工思想 /57
第二节 战国时期承儒启法思想的出现 /58
　　一、子夏的承儒启法思想 /59
　　二、荀子的承儒启法思想 /61
第三节 儒学与战国社会政治 /64
　　一、儒学对魏国政治的影响 /64
　　二、儒学对赵国的影响 /66
　　三、儒学对战国时期楚国政治的影响 /69

第四章 儒学受厄与灭顶之灾 /71
第一节 春秋战国时期儒学受厄 /71
　　一、政治家孔子在鲁国的失败 /71
　　二、春秋时期儒学受厄之缘由试析 /76
　　三、战国时期儒学受厄原因试析 /78
第二节 儒家学说的灭顶之灾 /83
　　一、法家学说是秦国政治的指导理论 /83
　　二、秦王朝的焚书坑儒 /87

第五章 两汉儒学的空前繁荣 /89
第一节 儒学与汉初政权的谨慎结合 /90
　　一、叔孙通定西汉朝仪 /90
　　二、陆贾的《新语》对汉高祖的影响 /91
　　三、贾谊的服色制度 /93
第二节 董仲舒的新儒学理论 /96
　　一、董仲舒春秋大一统的思想 /97
　　二、董仲舒的德治思想 /99
　　三、董仲舒的吏治理论 /100
　　四、董仲舒的"德主刑辅"理论 /101

五、董仲舒的"天人感应"与五行学说 /103
　第三节　罢黜百家，独尊儒术 /104
　　　一、儒学走出低谷与政权结合 /104
　　　二、汉武帝时期的外儒内法国策 /107
　第四节　王莽对儒学的逆施 /109
　　　一、王莽篡政 /110
　　　二、王莽生搬《周礼》，把自己引向地狱 /112
　第五节　东汉时期的儒学与政治 /114
　　　一、东汉光武帝对儒学的重视与推崇 /114
　　　二、白虎观会议对儒学的规范 /115
　　　三、东汉的儒学与儒臣 /117
　　　四、东汉"党锢"与党人气节 /119

第六章　魏晋玄学与政治 /122
　第一节　儒学与三国政治 /122
　　　一、儒学与曹魏社会的繁荣 /123
　　　二、儒学与蜀汉政治 /126
　　　三、儒学与蜀汉名将 /127
　　　四、儒学与孙吴政治 /129
　第二节　玄学与魏晋政治 /132
　　　一、正始玄风的兴起 /133
　　　二、嵇康、阮籍的"越名教而任自然"的玄学思想 /135
　　　三、裴頠的《崇有论》及其挽救儒学的失败 /137
　　　四、玄学与晋王朝的灭亡 /139
　第三节　儒学与南北朝政治 /142
　　　一、儒学与十六国君主 /142
　　　二、儒学在北魏 /145
　　　三、儒学在南朝与梁武帝亡国之鉴 /147

第七章　儒学与隋唐政治 /151
　第一节　儒学与隋朝政治 /151
　　　一、隋文帝以儒学开国 /151
　　　二、隋朝的科举制度 /153
　第二节　儒学与唐朝政治 /156
　　　一、唐朝初年对儒学的重视 /156
　　　二、儒学与贞观之治 /158

　　三、由盛而衰的开元盛世 /162
　　四、唐朝儒生发动的永贞革新 /165

第八章　儒学与宋朝政治 /169
第一节　北宋王朝对儒学的推崇 /169
　　一、北宋初年对儒学的大力提倡及科举取士 /169
　　二、北宋儒学与庆历年间的朋党之争 /172
　　三、熙宁变法时期的儒学与党争 /176
第二节　宋代理学的产生 /182
　　一、宋代理学产生的背景 /182
　　二、宋代理学的开山人物周敦颐及其《太极图说》 /183
　　三、二程理学思想体系的形成 /185
　　四、朱熹——宋代理学的集大成者 /187

第九章　理学与明朝的政治 /193
第一节　理学与明朝专制主义政权的建立 /193
　　一、明初对理学的推崇与极权政治的形成 /193
　　二、郡、县学与庙学的普遍兴起 /198
第二节　王守仁的"心学" /200
　　一、王守仁及其"心学"创立的背景 /200
　　二、王守仁"心学"的创立 /201
第三节　明末朝政的败坏与其栋梁之臣 /205
　　一、明末朝政的败坏 /205
　　二、明朝的栋梁之臣 /209
第四节　明末的东林学派 /213
　　一、"理学"与"心学"无法解决明王朝激烈的矛盾 /213
　　二、东林党人对朝政及王阳明"心学"的抨击 /215
第五节　明末清初实学的兴起 /217
　　一、黄宗羲的早期民主主义思想 /218
　　二、顾炎武的实学思想 /220
　　三、王夫之的民主主义思想 /222

第十章　清朝儒学的兴衰 /224
第一节　清初儒学的复兴 /224
　　一、清初儒臣范文程 /225
　　二、清朝皇室对儒学的尊崇 /227
　　三、康、乾盛世 /229

第二节　清代乾嘉学派及其影响 /232
　　一、清初经济的恢复及残酷的文字狱 /232
　　二、乾嘉学派的考据学 /235
　　三、乾嘉学派的学术价值及其影响 /237
第三节　儒学的全面衰颓 /238
　　一、西方列强对古老中国的侵略 /238
　　二、龚自珍、魏源对儒学的批判及其救世思想 /241
　　三、太平天国对儒学的冲击 /243
　　四、康有为的托古改制与维新派对儒学的批判 /244
　　五、儒学的全面衰颓 /246
　　六、科学地评价儒学 /247

参考文献 /250
后记 /253

绪　　论

在我国长达两千多年的封建社会中，儒家学说是"修身、齐家、治国、平天下"的学问，是封建专制国家赖以统治的理论基础。孔子被中国封建帝王尊为"大成至圣先师"、"万代帝王师"。儒家学说与中国封建社会的政治有密切的关系，对社会的影响也是空前的。研究儒家学说对中国社会的影响和作用，继其精华、弃其糟粕，是当今学术界的重要任务。

一、儒家学说的内涵与发展

儒家学说是在"周礼"的基础上形成的。孔子一生都主张恢复周礼，他说："一日克己复礼，天下归仁矣。"① "周礼"就是周公所制定的礼乐制度，儒学的核心是礼和仁的思想。

周礼的核心是宗法制度和敬德保民的思想。宗法制度就是一种人为的等级制度。在宗法制度下，周天子之位由嫡长子承继，是天下的大宗；周王的其他庶子分封到诸侯国为国君，相对周天子为小宗。国君在诸侯中为大宗，其位由嫡长子承继；国君的庶子被封到采邑为采邑主，相对国君为小宗。大宗最为尊贵，小宗相对大宗为卑贱。宗法制度就是这样一个以"亲亲尊尊"为原则的等级制度。

礼和仁是儒家思想的核心。所谓礼，就是"君君、臣臣、父父、子子"的等级。《礼记·坊记》曰："子云：夫礼者，所以章疑别微，以为民坊者也。故贵贱有等，衣服有别，朝廷有位，则民有所让。子云：天无二日，土无二王，家无二主，尊无二上，示民有君臣之别也。"儒家所说的礼，与周礼中的宗法制度一样，也是一种标志尊卑贵贱身份等级的制度。

所谓仁，就是以仁德之心对待人民。儒学礼和仁的思想，与周礼中的宗法制度和敬德保民思想在实质上是一样的。儒学以建立起鲜明的等级社会，建立维护天子、国君利益和绝对权威的社会秩序为目的。

---

① 杨伯峻. 1984. 论语·颜渊. 北京：中华书局

儒家学说在其发展的过程中，又融入了法家学说和阴阳学说，从而更有效地为封建国家的政权服务。

先秦时期，激烈的争霸战争和兼并战争使儒家学说无法发挥作用，儒家的仁政、礼制都被视为"迂阔"，于是一些儒家弟子开始产生法家思想。《吕氏春秋·当染》云："子贡、子夏、曾子学于孔子。田子方学于子贡，段干木学于子夏，吴起学于曾子。"子贡、子夏、曾子皆为儒家弟子，而其再传弟子田子方、段干木、吴起皆为持法家学说的政治家。还有一些受儒家思想熏陶的思想家和政治家亦具有法家思想的倾向，他们是承儒启法的思想家。

荀子是儒家学派的大师。《韩非子·显学》云，自孔子之死也，儒分为八。"有子张之儒、有子思之儒、有颜氏之儒、有孟氏之儒、有漆雕氏之儒、有仲良氏之儒、有孙氏之儒、有乐正氏之儒。"其中的"孙氏之儒"就是荀子一派的儒家。因汉宣帝名曰刘询，为避帝王的名讳，故自汉代以后，荀子在有的史籍中被称为"孙子"，"荀氏之儒"又称为"孙氏之儒"。荀子是儒家的后代分支"孙氏之儒"的代表，又是法家学者韩非与李斯的老师。法家学说当出自儒家。荀子说："至道大形，隆礼至法则国有常。"① 荀子主张以礼、法治理国家。

梁启超先生说："法家者，儒道墨三家之末流嬗变汇合而成者也。其所受于儒家者何耶？儒家言正名定分，欲使名分为具体的表现，势必以礼数区别之。"②

董仲舒的汉代新儒学又是儒家学说与阴阳学说的成功结合。董仲舒的新儒学是为了维护加强大一统的中央集权制度而创立。董仲舒提出了"三纲五常"的学说。三纲，即君为臣纲，父为子纲，夫为妇纲。五常，即仁、义、礼、智、信，是一种道德准则。五常对于巩固封建社会的秩序起了积极的作用，认为君主应该以仁爱之心对待百姓，即要施行仁政。

董仲舒还提出君权神授和"天人感应"的理论。《汉书·董仲舒列传》中记载，董仲舒在其为皇帝上的"对策"中说："臣仅观《春秋》之中，视前世之事，以观天人相与之际，甚可畏也。国家将有失道之败，而天乃出灾害以谴告之；不知自省，又出怪异以警惧之；尚不知变，而伤败乃至。"③ 董仲舒把儒学与阴阳五行学说相结合，提出谶纬学说。西汉时期，儒家与法家、阴阳家等对统治者有利的学说已经合流。

---

① 1983. 诸子集成·荀子·君道. 北京：中华书局
② 梁启超. 1970. 先秦政治思想史. 台北：台湾东大图书公司
③ 1982. 汉书·董仲舒列传. 北京：中华书局

宋代二程、朱熹提出理学，明代王阳明提出心学。其中朱熹是儒家唯心主义哲学体系的集大成者。他继承了程颢、程颐所谓的孔、孟的道统，并吸收了北宋五子及佛、道诸家的思想资料，完成了理学体系的建构。他把孔子描述成"存天理、灭人欲"的理学始祖，并进一步地强调董仲舒的纲常思想。朱熹的理学由此更适合封建专制政治的需要，因而从南宋后期直到清末的七百年间，一直成为帝王们的统治思想。而王守仁的心学，虽盛行一时，但王守仁仍称心学是朱熹哲学晚期的定论。

二、儒家学说与中国政治的关系

儒家学说是"修身、齐家、治国、平天下"的学问，是封建专制国家赖以统治的理论基础，与中国政治有着非常密切的关系。

儒家学说的核心"礼"是维护"君君、臣臣、父父、子子"等级制度的学说。在礼制的调节下，臣要无条件地服从君，子要无条件地服从父。所有等级地位低的人要服从等级地位高的人。

在中国长达两千年的封建社会中，专制王权的核心就是人为地建立一种宝塔式的等级，而皇帝，也就是天子，就在宝塔的最顶端。等而下之，各级大臣根据各自的身份等级处在宝塔的不同地位。在宝塔的最下端，就是普通的百姓。维护这种等级最有效的理论就是儒家的"礼"。

《汉书·礼乐志》云："六经之道同归，而礼乐之用为急。治身者斯须忘礼，则暴嫚入之矣。为国者一朝失礼，则荒乱及之矣。……礼废，则君臣之位失，而侵陵之渐起。故孔子曰：'安上治民，莫善于礼；移风易俗，莫善于乐。'礼节民心，乐和民声，政以行之，刑以防之，礼乐政刑四达而不誖，则王道备矣。"

如果天下一日无礼，就会"政不正，则君位危；君位危，则大臣倍、小臣窃，刑肃而俗敝，则法无常；法无常，而礼无列；礼无列，则士不事也；刑肃而俗敝，则民弗归也。"[1] 所以国不可一日无礼，礼废，就会"则君臣之位失，而侵陵之渐起"。只有礼，才能使封建社会的等级制度得以稳定。封建帝王以礼教化百姓，就是让百姓们认可并服从这种人为制定的等级制度。

儒家学说的另一个核心是"仁"。仁者，爱人也。儒家学说要求上从帝王，下至封建国家的大小官员，必须勤政爱民。儒家主张仁政，反对苛政。儒家学说要求帝王和国家的大小官员要"修己以安人"，"修己以安百姓"；

---

[1] 1980. 十三经注疏·礼记·礼运. 北京：中华书局

要求他们从政做人都要正派，要有正直的品德。孔子说："政者，正也。子帅以正，孰敢不正。"① "其身正，不令而行；其身不正，虽令不从。" "苟正其身矣，于从政乎何有？不能正其身，如正人何。"②儒家学说要求人们做人做事要有廉耻之心，严格约束自己的行为，要维护自己的人格，维护做官的清德，不欺暗室，应奉公守法，恭敬有礼，有强烈的耻辱感，把"行己有耻"放在第一位，提出"士可杀而不可辱"的论点，认为这样的人才能治理好国家。儒家学说要求帝王和各级官员要亲贤臣，远小人，"举直错诸枉，则民服；举枉错诸直，则民不服"。儒家学说要求人们要"见得思义"、"见利思义"。"富与贵，是人之所欲也，不以其道得之，不去也。贫与贱，是人之所恶也，不以其道得之，不去也。"③儒家的仁政学说可以说确实是老百姓所期待的，也是平民百姓所能够接受的。如果封建国家帝王和官员都能按儒家的仁政精神去治理国家，那么国家的盛世就会出现。

儒家学说认为，天子和官员在治理国家方面应该有极强的责任心，有强烈的忧患意识。儒家的道德观和耻辱修养观表现出一种大义凛然的品格。

儒家学说的这些治国治民的理论可谓当时治理国家的良药。如果封建国家能以礼、仁的精神去治理国家，那么"礼"保证了封建国家的等级制，维护了皇帝和各级贵族的利益；而"仁"又能使平民百姓们认可接受，这样封建国家的秩序就可以得以稳定。

儒学关于君主至尊的等级思想，对维护封建帝王绝对的至高无上的地位有重要的意义；其仁政思想、清廉任贤又可使封建社会政治清明。隋唐以后，封建王朝又把儒家经典列为科举考试的科目。历史事实告诉我们，封建帝王如以儒家学说和理论治理国家，那么就会出现封建王朝的盛世，如汉唐盛世、清朝的康乾盛世等；反之，则会导致衰亡。

儒家学说是适合于中国封建社会的政治学说。儒学对中国封建社会的政治起着积极的作用。

三、儒家学说在中国历史上的沉浮

儒家学说在历史上也几经浮沉，走过了艰难曲折的路才与中国政治相结合。

春秋时期，儒家学说产生。儒学的目的就是要维护贵族的等级制，维护天子、国君的绝对权威，维护"君君、臣臣、父父、子子"的等级制。

---

① 杨伯峻.1984.论语·颜渊.北京：中华书局
② 杨伯峻.1984.论语·子路.北京：中华书局
③ 杨伯峻.1984.论语·里仁.北京：中华书局

但春秋时期，周天子的地位下降，诸侯的地位上升，这是个不可更改的社会现实。春秋中期以后，在许多诸侯国中，诸侯国内军功贵族地位上升，国君地位式微，出现了大夫执政掌权的局面。孔子的母国鲁国国君权力下移，三桓掌权。晋国经过春秋时期长达一百多年的争霸战争，军政大权逐渐落入军功贵族之手，晋国权归智氏、魏氏、韩氏、中行氏、赵氏、范氏六卿；以后六卿火并，导致了三家分晋的局面。齐国的大族经过长期的争夺，最终田氏击败了国内的强宗大族，掌握了齐国的大权，田氏伐齐。姜姓齐国变成了田姓齐国。这种情况是孔子无法改变的。

孔子一生孜孜不倦地、执著地希望参与政治，以实现他济世济民的理想，以使天下走上"正名"、正等级的轨道，维护等级制和天子、国君之权威，但春秋时期的政治形势遏制了儒家学说和理论的发展。儒家维护等级制度的理想在春秋时期是难以实现的梦想。这也是孔子在鲁国被夺官、被驱逐，周游列国受冷遇的原因。

儒家学说在战国时期也是受排斥的。其原因是儒家学说与战国的形势不相适合。是时，诸侯各国正在进行的以兼并他国为目的、以欺诈为手段的战争，才是战国时期的主线。而当时儒家的代表人物孟子却劝国君施仁政，不攻伐，爱护百姓。这对那些丧心病狂地进行着你死我活战争的诸侯国君来说，是不能接受的。

战国时期，秦国任用商鞅进行变法，法家的统治思想始终是秦国的主导思想。在法家思想和路线的指导下，秦国愈战愈强。战国后期，秦国具有压倒关东六国的优势。在这种形势下，儒家思想很少在秦国传布。孔子周游列国时，似乎从来没有考虑是否到秦国，因为儒家思想根本不会为秦国所容。

秦王政执政以后，法家学说的集大成者韩非子的书传至秦国，受到秦王政的青睐，对秦国的政治产生了强烈的影响。以后秦统一六国，秦王政建立起大一统的专制帝国，在大臣的拥戴下，自称为"始皇帝"，希望后世以数计：二世、三世至于万世，传之无穷。《史记·秦始皇本纪》记载，李斯上疏秦始皇曰："今陛下创大业，建万世之功，固非愚儒所知。且越言乃三代之事，何足法也。……臣请史官非《秦记》则烧之。非博士官所职，天下敢有藏《诗》、《书》、百家语者，悉诣守、尉杂烧之。有敢偶语《诗》、《书》者弃市。以古非今者族。吏见知不举者与同罪。令下三十日不烧，黥为城旦。所不去者，医药卜筮种树之书。若欲有学法令者，以吏为师。"制曰："可。"

秦始皇的这道命令下达以后，儒家经典书籍成为"禁书"。一把秦火烧了自西周以来已传布千余年的儒家学说的书籍。儒家学说受到空前的打击。

秦始皇即位以后，为了永享富贵，派方士去寻求长生不老仙药。而那些方士骗得钱财，却无处为之寻药，于是相继逃去。始皇闻此事大怒，于是"犯禁者四百六十余人，皆坑之咸阳，使天下知之，以惩后"。① 这就是历史上著名的"焚书坑儒"事件。儒家学说在秦朝遭到灭顶之灾。

西汉建国后，探求秦王朝灭亡的原因，秦王朝用法家学说治理国家而成为短命王朝的现象引起了西汉帝王的警惕。西汉帝王愈来愈感到儒家学说对封建国家的重要作用。儒学的等级思想、君主至尊思想、仁政思想都是封建王朝巩固自己的统治与国家安定所必需的理论。西汉初年，叔孙通定朝仪，陆贾作《新语》，贾谊易正朔、正服色、定礼乐、仪法等制度。儒家学说逐渐与封建政权相结合。

西汉武帝时期，统治者愈来愈认识到儒家学说是最适合他们统治臣民的理论，儒家学说对于巩固封建王朝的统治有特别重要的作用。汉武帝采取儒生董仲舒"罢黜百家，独尊儒术"的建议，定儒学为一尊。儒学从此走出低谷，登上政治舞台，成为封建王朝治国安邦的理论。汉武帝所提倡的儒学，外以儒家学说为名，而实际采取法家的手段，这样就形成了西汉新儒学思想体系。汉武帝在位53年，共任用13个宰相，但被他杀了9个。这与儒家的"礼不下庶人，刑不上大夫"的思想是不合拍的。

汉武帝为了鼓励儒学之士，曾置"五经博士"。"五经"指的是《诗》、《书》、《礼》、《易》、《春秋》。东汉时又增《论语》、《孝经》，共七经。隋唐时期，中国官场取士以科举考试为主。儒家学说是唐、宋、元、明、清历代科举考试的内容。唐代把儒家经典定为九经，即《礼》，分为《周礼》、《仪礼》、《礼记》；《春秋经》分为《左传》、《公羊传》、《穀梁传》，再加上《诗》、《书》、《易》，共九经。宋代在此基础上又加《论语》、《孝经》、《尔雅》、《孟子》，共十三经。宋元明清时期，十三经成为儒家经典的定型。自汉武帝时期起，儒家经典赫然立在了先秦诸子百家之上，成为历代王朝统治的理论基础。

明清时期是儒学发展的顶峰时期，孔子受到的尊崇也是空前的。雍正皇帝下诏说："至圣先师孔子，道冠古今，德参天地，树百王之模范，立万世之宗师。其为功于天下者至矣。……自古师道无过于孔子，诚首出之圣也。我皇考崇儒重道，超轶千古，凡尊崇之典，无不备至。朕蒙皇考教育，自幼读书心切，景仰欲再加尊崇。"②

明清是儒学发展的鼎盛时期，但在清朝时期，儒学出现了全面的衰颓。

---

① 司马迁.1982.史记·秦始皇本纪.北京：中华书局
② 1986.四库全书·钦定国子监志（卷1）.台湾商务印书馆景印本文渊阁

四、儒学的衰颓

明末清初之际，儒学被封建统治者推到最高峰，而同时社会上出现了实学思潮。

明朝末年，明皇室的腐败终于引起了李自成、张献忠等暴风雨般的农民起义。明朝江山在这场声势浩大的农民起义中迅速走向崩溃。明朝的最后一个帝王崇祯皇帝吊死在景山，吴三桂引清兵入关。大明江山改朝换代，满人建立了大清王朝。这使得儒家思想哺育出来的知识分子痛心疾首，他们不仅对程朱理学、王阳明的心学产生怀疑，而且也认识到中国几千年封建专制主义社会对中国人民的残害，从而在一部分知识分子中间产生出明末清初的实学。

士人们对亡国进行认真的反思，对自宋明以来我国盛行的"理学"与"心学"进行了反思。他们认为"理学"与"心学"空谈心性、义理，远离社会现实，让人们循规蹈矩。这可以使士人们匍匐在封建帝王的脚下，对封建帝王是不会构成任何威胁的，但面对外族的入侵，却毫无办法。

明末清初的汉族知识分子同时也认识到了封建专制主义的反动。封建帝王宠阉党、宠权臣，一手遮天，是阉党、权臣的总后台。没有封建帝王的专制，就不会有阉党、权臣的横行专权和腐败。明朝就是灭亡在他们的手中的，这是再清楚不过的事实。因此在明末清初的知识分子心中产生反对封建专制的思想，是必然的结果。

明末清初出现了早期的民主主义启蒙思想家，也可以说是实学家，如黄宗羲、顾炎武、王夫之、方以智等。这些人多是明末的进士，有些则是东林党人的后裔，如黄宗羲。他们抱着忧国忧民的理想，反对明朝以来的空谈之风，主张经世致用，并提出了反对封建专制的主张，开明末清初民主思想之先河，成为我国早期的民主主义的启蒙思想家。

明末清初的民主主义启蒙思想肇始了儒家思想的衰颓与沉沦。

进入了18、19世纪，西方资产阶级列强用洋枪大炮轰开了中国的大门。特别是1840年中英鸦片战争，中国被迫割让香港，实行门户开放政策。在西方列强的侵略面前，儒学再一次显得那样无力。中国知识分子受到了强烈的刺激，一向自认为是诗书礼乐之邦的天朝大国却蒙受着丧权辱国的耻辱。自古以来，中国总以为是以夏变夷，而摆在眼前的情况却是夷人的猖狂，于是一批知识分子开始睁开眼睛看世界，对中国统治的精神支柱——儒学产生了怀疑。几千年来儒学统治的基础动摇了。

我国近代最早睁开眼睛看世界的人当是林则徐、龚自珍、魏源等。紧接

着,中国发生了太平天国运动、戊戌变法,社会上出现了要求改革自强的思潮。

戊戌变法之后,以孙中山为首,陈天华、章太炎等资产阶级革命家登上了历史舞台。资产阶级革命是以推翻封建专制统治为目标的,因此作为封建专制统治精神支柱和理论基础的儒家思想被彻底地否定。资产阶级革命家对儒学的批判,是对儒学致命的一击。

在西方民主政治的冲击与影响下,中国知识分子开始觉醒,他们认清了几千年来儒学维护的封建帝王统治的实质,开始对儒学进行猛烈的抨击,在中国引起了狂飙似的震动,从而引起了儒学的全面衰颓。

五、客观地评价儒学

儒学从政治上讲,确实是为帝王统治服务的学说。然而,儒学能够在中国延续两千年而不衰,除了封建帝王的树立和提倡的原因外,能够被广大群众所接受也是重要的原因。儒家主张仁政,给民以安定的生活环境。这些主张虽然是为执政者的长治久安考虑,但所表现出来对民的爱护也得到了下层人民的认可。

儒家的道德观是我国人民两千年来恪守的道德理论基础。孔子所提倡的伦理道德、重义轻利、宽恕忠信、杀身成仁、舍生取义、敬老爱幼、乐于进取等,成为中华民族的共同心态和理想人格。孔子强烈的忧患意识和参与意识也激励着中国的志士仁人去建功立业、英勇奋斗。孔子的伦理观念和道德观念对中华民族有着强大的凝聚力。

孔子是我国伟大的、杰出的教育家。他打破了西周以来"学在官府"的局面,首开私人讲学之风,使得学移民间。孔子第一次提出了"有教无类"的思想。在长期的教育实践中,孔子对教学的规律有深刻的见解。孔子说"学而不思则罔,思而不学则殆","知之为知之,不知为不知,是知也"[①],"学而不厌,诲人不倦","不愤不启,不悱不发","举一反三",这些都是作为教师值得借鉴的。

孔子在我国教育史上有崇高的地位,他的教育思想以及他对教学规律的运用和掌握,都有独到之处。这些都成为我国古代教育思想的精华,是教育学的宝贵财富。

我国的早期革命家陈独秀曾激烈地批判孔家学说。他曾说:"孔教与帝制,有不可离散之因缘。"[②] 又说:"儒者三纲之说,为一切道德政治之大

---

① 杨伯峻.1984.论语·为政.北京:中华书局
② 陈独秀.驳康有为致总统总理书.新青年,2(2)

原。君为臣纲,则民于君为附属品,而无独立之人格矣;父为子纲,则子于父为附属品,而无独立之人格矣;夫为妻纲,则妻于夫为附属品,而无独立之人格矣。率天下之男女,为臣、为子、为妻,而不见有一独立之人格,三纲之说为之也。曰忠、曰孝、曰节,皆非推己及人之主人道德,而为以己属人之奴隶道德也。"①

陈独秀是新文化运动的主将,他尖锐地批判儒学的三纲五常,即儒家的等级思想,但陈独秀也不否认孔子在历史上的地位,他说:"孔子之精华,乃在祖述儒家,组织有系统之伦理学说。宗教、玄学,皆非所长。其伦理学说,虽不可行于今世,而在宗法社会封建时代,诚属名产。"又说:"孔教为吾国历史上有力学说,为吾人精神上无形统一人心之具,鄙人绝对承认之,而不丝毫疑义。"② 在这里,陈独秀既批判了孔学在历史上作为封建帝王统治的工具的性质,又肯定了儒学对中华民族的巨大凝聚力及其对形成中华民族共同心态的巨大作用。

张岱年先生说过:"盲目地批判孔子的时代过去了,盲目地尊崇孔子的时代也过去了,科学地研究孔子的时代到来了。"今天我们应该用正确的态度对待我国的传统文化,汲取精华、弃其糟粕,继承光大传统文化的精华部分,以加强社会主义精神文明的建设,这是当今学术研究的重要问题。

---

① 陈独秀.1916.新青年,1(4)
② 陈独秀.1917.答俞颂华.新青年,3(1)

第一章
《周礼》与西周社会

《周礼》是儒学产生的基础。我国古籍记载,周公"制礼作乐"。此说虽不完全确切,因为"周礼"是从西周至春秋时期逐渐完善的,然而周礼就是以西周初年、周公所制定的各种制度为基础的。西周初年,周公摄政。他所制定的宗法制度、亲亲尊尊的等级制度和敬德保民的思想等,皆是周礼的重要内涵。西周、春秋时期,周王室及所属的诸侯国如鲁、卫、齐、郑等皆是以周礼为指导思想建邦立国的。

敬德保民的民本思想也是周公创立的礼乐制度的重要内容。周公的目的当然是为了维护西周的统治,但周公以国家大局为重的宗法礼乐思想是儒家学说形成的基础。

《周礼》的主要内容是宗法制度和敬德保民的思想,这些内容正好构成了儒家学说的主要思想体系。正如孔子所说:"监于二代,郁郁乎文哉,吾从周。"[①] 孔子一生都主张恢复周礼,他说:"一日克己复礼,天下归仁矣。"[②] 周公的政治思想是儒家礼制思想的雏形。孔子所主张恢复的礼是周公之礼。

第一节　《周礼》的产生

《周礼》最重要的核心内容就是宗法制度和敬德保民的思想。这两点构成了儒家思想的核心。《周礼》是西周王朝治理国家的指导思想和根本原则,对西周王朝有重要的影响。

一、《周礼》产生的社会背景

中国古代,也就是说在黄帝、颛顼、帝喾、尧、舜时期,已经具备了早

---

① 杨伯峻.1984. 论语·八佾. 北京:中华书局
② 杨伯峻.1984. 论语·颜渊. 北京:中华书局

期国家的特征。这个时期，国家的早期帝王，也可以说是部族酋长黄帝、颛顼、帝喾、尧、舜等，有号令征伐、榨取贡赋、征发劳役的权力，地域关系也已经形成。这个时期在继承制度方面还实行禅让推举制，所以国家权力的继承还比较平缓，没有发生大规模的冲突。

大禹时期，天下洪水泛滥。《史记·夏本纪》云："鸿水滔天，浩浩怀山襄陵，下民其忧。"大禹作为部族酋长领导民众治理洪水。禹与益、后稷等都参加了治水的工作。

大禹亲自开山挖石，尽力乎沟洫。《韩非子·五蠹》云："禹之王天下也，身执耒臿，以为民先，股无胈，胫不生毛，虽臣虏之劳，不苦于此矣。"大禹治水，不避劳苦，依据地势，疏导河水，消除了因河流泛滥而带给人们的灾害，为人民创造了一个安定的生活生产环境，因此赢得了人民的赞誉。在当时生产力还很低下的情况下，大禹能够不顾自己的安乐，领导人民治水，又领导人民耕作，以为民先，组织并亲自参加农业生产劳动，是非常可贵的。大禹在治水过程中发展了权力，成为部落的核心领导。他利用治理洪水的功绩，得到了酋长的身份，建立自己的威信，逐渐地控制了部落的一切大权。大禹还率领着众多的邦国君长，进行了讨伐共工氏、三苗氏的战争，以"济济有众，咸听朕命"，与"群后"誓师，这表明大禹的势力与地位已大大增强。大禹在治理洪水的过程中，在不断的部族冲突与斗争中，扩大了实力，攫取了大量的财富，权力逐渐膨胀起来，为大禹的传子制度打下了雄厚的基础。

按照中国古代的禅让制度，禹年老退位时，应把权力交给伯益。但是大禹在为部族领袖时，势力膨胀，其他邦国的君主、酋长皆不能与之抗衡。《史记·夏本纪》载："及禹崩，虽授益，益之佐禹日浅，天下未洽。故诸侯皆去益而朝启，曰：'吾君帝禹之子也。'于是启遂即天子之位，是为夏后帝启。"这里所说的"佐禹日浅"，显然是借口，但天下部族长皆不承认益，而承认启则是事实。大禹为启的即位已经打下了雄厚的军事和经济基础。而伯益则没有基础，其势力远不及启，自然是要失败的。禹的传子宣告了禅让制度的终结，以传子制为主要内容的夏王朝的"家天下"出现了。

自夏王朝始，我国出现了传子制的"家天下"。但是这样就出现了一个矛盾，那就是谁继承王位的问题。自禹以后，经过启一代，到太康时期，夏王朝开始衰落，曾一度丧失政权，史称"太康失国"。失国的原因，《史记·夏本纪》云："帝太康失国，昆弟五人，须于洛汭，作五子之歌。"又《楚辞·离骚》载："启九辩与九歌兮，夏康娱以自纵，不顾难以图后兮，五子用失乎家衖。"太康放纵淫乐，因此而失国。后人有许多论述，认为启不应

传位于太康,应传于五子之中的一个贤者。但是谁是贤者呢?论者并没有给出答案。

商代继承王位的问题就更加严重了。《史记·殷本纪》云:"帝太甲称太宗,太宗崩,子沃丁立。……沃丁崩,弟太庚立,为帝太庚。帝太庚崩,子帝小甲立。帝小甲崩,弟雍已立,是为帝雍已。殷道衰,诸侯或不至。帝雍已崩,弟太戊立。……帝外壬崩,弟河亶甲立,是为帝河亶甲。河亶甲时,殷复衰。河亶甲崩,子帝祖乙立。帝祖乙立,殷复兴,巫贤任职。祖乙崩,子帝祖辛立。帝祖辛崩,弟沃甲立,是为帝沃甲。……帝沃甲崩,立沃甲兄祖辛之子祖丁,是为帝祖丁。帝祖丁崩,立弟沃甲之子南庚是为帝南庚。帝南庚崩,立帝祖丁之子阳甲,是为帝阳甲。帝阳甲之时殷衰。自中丁以来,废嫡而更立诸弟子,弟、子或争相代立,比九世乱,于是诸侯莫朝。""帝阳甲之时,殷衰。自中丁以来废嫡而更立诸弟子,弟、子或争相代立,比九世乱。"由于没有建立起稳定的继统制度,殷商王朝陷于混乱的境地。

西周王朝建立后,西周统治者常常去探讨殷商王灭亡的原因。他们认为,殷人的灭亡在很大的程度上是由于继承制度的混乱。每一个王都会有许多儿子,如果没有一个固定的人来继承王位,那么就会出现兄弟相争的局面,从而使王朝陷入混乱的状态。"殷鉴不远,在夏后之世。"①

另外,还有一个更重要的原因,那就是殷人的残暴统治和对人民残酷的剥削。

《诗经·大雅·荡》云:

"文王曰:咨!咨女殷商,曾是强御,曾是掊克;曾是在位,曾是在服,天降慆德,女兴是力。"

"文王曰:咨!咨女殷商,女炰烋于中国,敛怨以为德。不明尔德,时无背无侧。尔德不明,以无陪无卿。"

"文王曰:咨!咨女殷商,天不湎尔以酒,不义从式,既愆尔止,靡明靡晦,式号式呼,俾昼作夜。"

"文王曰:咨!咨女殷商,匪上帝不时,殷不用旧。虽无老成人,尚有典刑。曾是莫听,大命以倾。"

由这些诗中可以看出,周人认为殷的灭亡是"敛怨以为德",并且提出"殷鉴不远,在夏后之世"。

周人认为,要想使自己的江山永固,就必须对殷商的制度进行改正。这些有远见的看法促成了西周礼乐制度的产生。西周礼乐制度是适应政治的需

---

① 华峰,边家珍,乘舟.1997.诗经全译·大雅·荡.郑州:大象出版社

要和西周国家的统治而产生的。西周礼乐制度是西周王朝的政治制度。

二、《周礼》的宗法制度

周公作为一个有远见的政治家，深刻地认识到要想保住周人的统治，必须有稳定的继统制度，否则会出现争立王位的局面。周人的嫡长子继承制度，如果说不能算周公的独创，但至少是在周公时期稳定并发展的。周人认为，殷商灭亡的原因与"殷不用旧"有关，所以周人的建国以"亲亲尊尊"为原则。

武王灭商两年后死去，当时太子尚在幼冲。周公恐天下诸侯叛国，于是践祚称王，以摄行国政，从而引起了管、蔡、武庚之乱。周公毅然东征，诛管叔、杀武庚、放蔡叔，平定了东方之乱。周公平定东方以后，对周王室的子弟按"亲亲尊尊"的原则进行了分封。《左传·定公四年》云："昔武王克商，成王定之，选建明德，以蕃屏周。"这里所说的"成王定之"当是"周公定之"。《荀子·儒效》载：周公"兼制天下立七十一国，姬姓独居五十三人焉，周之子孙苟不狂惑者，莫不为天下之显诸侯"。周公按宗法制度的原则进行分封，对后代家族宗法制度的形成起了重大作用。

西周为了加强自己的统治，建立并完善继承制度，实行"立嫡以长"的宗法制度。

西周时期，周公制礼作乐，以宗法制度以及"亲亲尊尊"的原则作为治理国家的政治主导思想。周公认为，宗族应以宗法制度为原则，西周王族是周族的大宗，周天子就是大宗的宗子和宗族长。大宗为尊贵。其他庶支另立为小宗。小宗相对大宗为卑贱。

宗族内实行嫡长子承继制。周天子是嫡长子，也是宗子，在周王室只有周天子才能继承王位。这样周天子既是天下大宗的宗子、宗族长，也是周王朝的国王，集政权、族权于一身，是天下最尊贵的人。

在宗法制度下，周天子的嫡长子继承天子位，而其他庶子分封在诸侯国成为诸侯国君。这些被分封的庶子在诸侯国中为祖，是诸侯国中的大宗。诸侯国君由长子承继，庶子被分封在采邑上为采邑主。被分封采邑的庶子在采邑上为大宗，其庶子为小宗。周公以这种层层分封的方法建立起尊卑贵贱的等级。

小宗是不能继承王位的，也不能祭祀祖先。所谓的"不王不禘"，就是只有王才有权力祭祀自己的祖先，祭祀上帝。

周王的庶子被分封在诸侯国做国君。国君在诸侯国中为祖。国君位由嫡长子承继，称为诸侯国中的大宗；国君的别子或庶子又立为诸侯国中的大

夫,是为小宗。大夫之家又有大宗、小宗之区别。小宗的地位依次降低,最后成为仅有薄产或没有田产的"士"。周王室层层分封,形成一个以亲亲尊尊、贵贱为等级的贵族集团。大宗为尊贵,小宗相对大宗为卑贱。小宗没有资格祭祖,如果长子夭亡,庶子没有资格为其服丧三年。只有大宗才有资格祭祖,而分到诸侯国为君的别子、庶子,于诸侯国中为大宗,为诸侯国之祖。《礼记·大传》云:"庶子不祭,明其宗也。庶子不得为长子三年,不继祖也。别子为祖,继别为宗,继祢者为小宗。有百世不迁之宗,有五世则迁之宗。百世不迁者,别子之后也,宗其继别子之所自出者,百世不迁者也。宗其继高祖者,五世则迁者也。尊祖故敬宗,敬宗,尊祖之义也。"郑玄注曰:"别子,谓公子若始来在此国者,后世以为祖也。"

为了使这些小宗不反对大宗,周族之间要有"亲亲尊尊"的原则。《诗·小雅·棠棣》云:"凡今之人,莫如兄弟。""兄弟阋于墙,外御其侮。"兄弟之间要友好相处,但必须有尊贵卑贱的等级。所谓礼,就是一种等级制度。周公制礼作乐,就是为了让人们接受"等级"这一现实,从而不产生非分之想,使周人在"亲亲尊尊"的礼乐制度下统一起来,以维护西周王朝的稳定。周公制礼作乐,虽不像后人说的那样完整,但是周公创立的礼乐等级制度开了我国后代等级制度的先河。西周王朝就是通过这样的重重分封,以明贵贱、以明尊卑,建立起严格的等级制度。这就是西周王朝的礼乐制度。

周公摄政称王七年。七年之中,他耐心地教诲成王要勤政、无逸等。当成王有病时,周公乃自揃其爪以沉于河,以祝祷于神曰:"王少未有识,奸神命者乃旦也。"① 周公将其策文藏于府中。以后当成王执政后,有人谮周公作乱,对成王不利。成王大怒,周公奔楚。后来成王见到藏在府中的周公祷书,非常感动,乃泣曰:"孰谓周公旦欲为乱乎?"杀了谮言者,乃召周公返周。②

《史记·鲁周公世家》和《史记·蒙恬列传》都记载了这件事。周公藏祷书于府,固然是为了自己留下救命符,但在当时的巫术世界中,他能祈病于己,以救成王,说明他的心中是以成王为重的。周公执政七年,返政成王,北面就臣位,恭谨如畏。这些记载说明,周公虽然摄政称王,但他心目中始终有一个宗法概念,他认为成王才是正统的王位承继者,而自己只不过因成王年幼,暂时代理其政而已。因此当成王长大后,周公即返政而就臣位。周公从楚返周后,又不断地作文书诰命,以劝谏成王,不要淫逸荒侈。

---

① 1982. 史记·鲁周公世家. 北京:中华书局
② 1982. 史记·蒙恬列传. 北京:中华书局

周公为了西周王朝的统治可谓鞠躬尽瘁。

周公的行为体现了他的宗法思想。周公的分封及返政都表现了周公的人格和道德，这些思想构成了春秋时期的礼制思想的核心。周公从国家大局出发，执政期间，兢兢业业，勤于国家，以后还政于成王，这些都表现了周公的磊落和无私。

三、《周礼》的敬德保民思想

西周王朝以小邦周打败了大国殷，这在周贵族，特别是像周公这样的有识之士的思想中激起了强烈的反响。《尚书·召诰》记载周公说："我不可不监于有夏，亦不可不监于有殷。我不敢知曰：有夏服天命，惟有历年；我不敢知曰：不其延，惟不敬厥德，乃早坠厥命。我不敢知曰：有殷受天命，惟有历年；我不敢知曰：不其延，惟不敬厥德，乃早坠厥命。"夏商灭亡的原因是西周贵族经常讨论的命题。周天子把自己神化为天子，是天帝派到人间的王，而夏、商国王也应是天帝派到人间的王。夏、商为什么会灭亡呢？周公旦认为，夏、商的灭亡在于他们"不敬厥德，乃早坠厥命"。不敬德是引起夏、商灭亡的重要原因。

周公认为，天降大命将选择有德者做天子，赋给他土地和人民，要天子代天保民；如果天子不能代天保民，天就会降灾，就会易大命，改变他的地位，另外再选择有德的人去做天子。

周公极力主张西周王朝统治者要敬德保民。他劝谏新即位、尚在幼冲的成王要敬德，要顺从天命。周公说："今天其命哲，命吉凶，命历年。知今我初服，宅新邑，肆惟王其疾敬德。王其德之用，祈天永命。"① 只有敬德，才能永保大命，永远为王于小民，才能使王权稳定和巩固。

周公主张做一切事要以德为标准，以德处事。如果不遵守德的原则，就应受到刑罚。《左传·文公十八年》载："周公制《周礼》曰：则以观德，德以处事，事以度功，功以食民；作《誓命》曰：毁则为贼，掩贼为藏，窃贿为盗，盗器为奸。主藏之名，赖奸之用，为大凶德，有常无赦，在九刑不忘。"

周公所指的"德"就是为民、保民，把天意与民心联系起来。周公认为，民心代表天意，如果统治者保民，使民得到安康生活，那么天就非常满意，天命永在，让其继续统治；如果统治者虐民，使得民不聊生，那么天就会降灾，就会"易大命"，像夏、商一样终止其禄。天的意志通过民心表现

---

① 1980. 十三经注疏·尚书·召诰. 北京：中华书局

出来,天以民心决定对天子统治的态度。《尚书·泰誓》云:"天视自我民视,天听自我民听。"《尚书·酒诰》云:"人无于水鉴,当于民鉴。"也就是说,上天欲了解天子治理如何,则看民的反映,听民的呼声。天子如果了解自己的政绩,不要以水为鉴,当以民的反映为鉴。民会如实地反映统治者治理的情况。"人无于水鉴,当于民鉴"成为我国历代帝王将相的座右铭。

西周初年的文书诰命中,贯穿着周公旦的敬德保民思想。《尚书·康诰》记载,周公在建成东都洛邑后,对康叔及侯、甸、男邦、采卫等四方诸侯说:"惟乃丕显考文王,克明德慎罚,不敢侮鳏寡,庸庸祗祗,威威显民,用肇造我区夏,越我一、二邦,以修我西土。"也就是说,我们英明无比的文王就是因为明德慎罚,才战胜殷王朝,成其美政,闻于上天的。上天受文王以大命。文王惠恤其民,不敢侮鳏寡,换来我们今日以王天下的荣耀,我们都要像文王那样勤于政务,才能永王天下。

周公谆谆告诫康叔,要记住文王的教诲,学习殷朝的先哲王,用康保民,使天帝知晓。周公说:"今民将在祗遹乃文考,绍闻衣德言,往敷求于殷先哲王,用保乂民。汝丕远惟商耇成人,宅心知训,别求闻由古先哲王,用康保民,弘于天,若德裕乃身,不废在王命。"① 周公希望康叔不要贪图安逸,要对民宽宥,不杀无辜,这样天帝才能保佑周王朝。

周公认为,殷王朝所以灭亡,是因为殷后期的王"生则逸,不知稼穑之艰难,不闻小人之劳,惟耽乐之从。自时厥后,亦罔或克寿"②。殷王淫乐,引起亡国之大祸,故周公要今后的周王勤于政务。周公说:"呜呼,继自今嗣王,则其无淫于观、于逸、于游、于田,以万民惟正之供,无皇曰。今日耽乐,乃非民攸训,非天攸若,时人丕则有愆,无若殷王受之迷乱,酗于酒,德哉。"③ 周公劝谏继王位的天子,不要过分地游逸、田猎,要正身以为民之表率;不要自暇淫乐。如果纵乐无度,那么就不能教民、顺天,是人之大过矣。周公劝谏周王不要像殷纣王那样酗酒迷乱,要以德治天下。周公认为酗酒是殷人亡国的重要原因,作《酒诰》以命令周人,只有在祭祀时才能饮酒。在饮酒时,周人必须以德去管制自己,不能至醉。《尚书·酒诰》云,殷纣王"庶群自酒,腥闻于上,故天降丧于殷,罔爱于殷,惟逸。天非虐,惟民自速辜"。因此,周人必须以殷为鉴,约束自己,不要沉湎于酒。周公引用文王的话来教训臣下说:"文王诰教小子,有正有事,无彝酒。越庶国,饮惟祀,德将无醉。惟曰:我民迪小子,惟土物爱,厥心臧。聪听祖考之彝

---

① 1980. 十三经注疏·尚书·康诰. 北京:中华书局
② 1980. 十三经注疏·尚书·无逸. 北京:中华书局
③ 1980. 十三经注疏·尚书·无逸. 北京:中华书局

训，越小大德，小子唯一。"① 周公告诫西周国人，如果敢聚众饮酒，就会被拘捕并杀之。"或诰曰：群饮，汝勿佚，尽拘执以归于周，予其杀。又惟殷之迪诸臣，惟工乃湎于酒，毋庸杀之，姑惟教之。"② 周公所要杀的是聚众酗酒之人，而对于有手艺的殷人工匠则不杀，要教训之，这主要为了保护手工业的发展。

周公的敬德保民思想对后代王朝的统治者有深远的影响。这种思想成为我国封建帝王所必须遵从的治政的指导思想，是衡量明君、昏君的界标。周公的敬天保民思想，从根本上说是为了维护西周王朝的统治，但他谆谆告诫西周统治者要敬德勤政，不要荒淫政事，要爱护人民，体恤鳏寡，西周的统治尽管出于天命，但天意是通过民心表现出来的。这种敬德保民思想实际是一种以民为本的思想，它闪烁着我国早期封建社会民本思想的光辉。

第二节　《周礼》与西周社会

一、《周礼》对卫国政治的影响

卫国是武王少弟康叔的封国，所领封国即殷商故地，国都定在殷旧都朝歌（今河南淇县）。《汉书·地理志》云："周既灭殷，分其畿内为三国，《诗·风》邶、鄘、卫国是也。邶，以封纣子武庚；鄘，管叔尹之；卫，蔡叔尹之；以监殷民，谓之三监。故《书序》曰：'武王崩，三监畔。'周公诛之，尽以其地封康叔，号曰孟侯，以夹辅周室。迁邶、鄘之民于雒邑。故邶、鄘、卫三国之诗相与同风。"孟侯，颜师古注曰："康叔，亦武王弟也。孟，长也，言为诸侯之长。"周公镇压武庚三监之乱后，将武庚所辖的殷商故地封给康叔，分以"大路（大车）、少帛（旗）、綪茷（赤红色的旗）、旃旌（用帛制而又析羽为饰的旌）、大吕（钟）；殷民七族，陶氏、施氏、繁氏、錡氏、樊氏、饥氏、终葵氏"③。卫国所领的封地，北从武父（未详其地）以南，直至甫田（今河南郑州东有圃田）以北，西近东都雒邑附近，东临商丘一带。康叔得到封土，带着分封的人民，到殷商故地，"启以商政，疆以周索"④。也就是说，卫国居殷故地，因其风俗，用其政法，但疆理土地方面采取周法。

---

① 1980. 十三经注疏·尚书·酒诰. 北京：中华书局
② 1980. 十三经注疏·尚书·酒诰. 北京：中华书局
③ 1977. 左传·定公四年. 上海：上海人民出版社
④ 1977. 左传·定公四年. 上海：上海人民出版社

卫是西周初年最大也是最重要的诸侯国,因此在康叔前去就封国时,周公旦对其进行谆谆教诲。《尚书》中的《康诰》、《梓材》两篇就是周公对康叔的告诫,充满了《周礼》中特有的敬德保民思想。

《康诰》记载:"王(指周公)若曰:'孟侯,朕其弟,小子封。惟乃丕显考文王,克明德慎罚,不敢侮鳏寡。庸庸、祗祗、威威、显民,用肇造我区夏,越我一二邦,以修我西土。惟时怙冒,闻于上帝,帝休。天乃大命文王,殪戎殷,诞受厥命。"这里所说的"王",指的就是周公。又曰:"呜呼,封有叙时,乃大明服,惟民其勑懋和。若有疾,惟民其毕弃咎;若保赤子,惟民其康义;非汝封刑人杀人。"

孟侯,即康叔。这两段话意为周公对康叔说:"孟侯,我的弟弟,今日你受封于卫,一定要彰显我们父亲文王之明德,慎用刑罚,不要欺侮鳏寡之人,惠恤穷困之民,要用敬可敬,刑可刑之道以示民,用此明德来治理我们华夏之政。"周公谆谆告诫康叔,要记住文王的教诲,我们英明无比的文王就是因为明德慎罚,才战胜殷王朝,成其美政,闻于上天。上天授文王以大命。文王惠恤其民,不敢侮鳏寡,换来我们今日以王天下的荣耀,我们都要像文王那样勤于政务,才能永王天下。另一段话的意思是:治理国家要有次序,以明德政,民众就会服从。如果民众有误,则治之以理,使民弃恶从善;使民安康,爱民保民,如保赤子;对罪人要以刑杀,但不要妄杀无辜之人。

周公还要康叔学习殷朝的先哲王,用康保民,使天帝知晓。周公说:"今民将在祗遹乃文考,绍闻衣德言,往敷求于殷先哲王,用保乂民。汝丕远惟商耇成人,宅心知训,别求闻由古先哲王,用康保民,弘于天,若德裕乃身,不废在王命。"① 周公希望康叔不要贪图安逸,要对民宽宥,不杀无辜,这样上天才能保佑周王朝。

《康诰》记载了卫康叔受封卫国时,周公对他的谆谆教训之辞,这些训教都是周礼的重要内容,是周人立国的原则和精神。卫国的国政是在周礼的指导下制定的。

在《周礼》的指导下,西周时期的卫国确实出现了鼎盛时期。西周后期,周厉王实行专制政策,曾引起了"国人暴动"的历史事件。周厉王逃奔到彘(今山西解县),朝廷无人,出现了"共和行政"的局面。

《史记·周本纪》说:"召公、周公二相行政,号曰共和。"这可能是司马迁对"共和"的误解。

---

① 1980. 十三经注疏·尚书·康诰. 北京:中华书局

许多先秦古籍，包括先秦诸子的记载都认为共和是指共伯和。共伯和就是西周时期卫国的国君，名叫"和"，居住在"共"（卫国的地名），故称为共伯和。

《竹书纪年》记载：周厉王十三年，"王在彘，共伯和摄行天子事"。二十六年，"大旱，王陟于彘。周定公、召穆公立太子靖为王。共伯和归其国，遂大雨。……和有至德，尊之不喜，废之不怒，逍遥得志于共山之首"。《史记·周本纪》《正义》引《鲁连子》云："卫州共城县本周共伯之国也。共伯名和，好行仁义，诸侯贤之。周厉王无道，国人作难，王奔于彘。诸侯举和以行天子事。号曰'共和'元年。十四年，厉王死于彘，共伯和使诸侯奉王子靖为宣王，而共伯和复归国于卫也。"《左传·昭公二十六年》云："至于厉王，王心戾虐，万民弗忍，居王于彘。诸侯释位，以间王政。"

《吕氏春秋·开春论》云："共伯和修其行，好贤仁，而海内皆以为来稽矣。周厉之难，天子旷绝，而天下皆来谓矣。"《庄子·让王》云："许由娱乎颍阳，共伯得乎共首。"

厉王奔彘后，关于"共和行政"，历史上两种说法：一以为共伯和执政，号曰"共和"；二则为周、召二公联合行政。笔者认为，先秦诸子的许多著作皆记载共伯和执政，当不是空穴来风，应该是有一定根据的。司马迁记史谨慎，也当有一定根据，可见汉代对西周史的认识已有模糊之处。如果排列史籍，先秦诸子为先，更具有准确性。

西周时期的卫国是诸侯之长，号曰"孟侯"。其实西周时期的几代卫国的国君，都是兢兢业业，"好行仁义"，所以在西周王朝暂没有天子的绝境下，卫国国君才能站出来承担起重任，用现在的话说，也就是代理天子，可见卫国之强大。

二、《周礼》对鲁国政治的影响

鲁国是周公长子伯禽的封国，国都奄（今山东曲阜）。《左传·定公四年》云："周公相王室，以尹天下，于周为睦。分鲁公以大路、大旗……以法则周公，用即命于周，是使之职事于鲁，以昭周公之明德，分之土田陪敦，祝、宗、卜、史、备物、典策、官司、彝器。"也就是说，鲁是在周公思想的直接指导之下立国的。伯禽受封国时，得到一整套典籍、职官、宗庙祭器、祭祀礼义文书、服饰、管理宗族的官吏系统等，"以法则周公"，"以昭周公之明德"。鲁是先秦最典型的奉行周礼的诸侯国。

太公望治齐，采取"因俗简礼"的方针。《史记·鲁周公世家》云："鲁公伯禽之初受封之鲁，三年而后报政周公。周公曰：'何迟也？'伯禽

曰：'变其俗，革其礼，丧三年然后除之，故迟。'太公亦封于齐，五月而报政周公。周公曰：'何疾也？'曰：'吾简其君臣礼，从其俗为也。'及后闻伯禽报政迟，乃叹曰：'呜呼，鲁后世其北面事齐矣！夫政不简不易，民不有近；平易近民，民必归之。'"《索隐》云："言为政简易者，民必附近之，近谓亲近也。"

《左传·昭公二年》记载："春，晋侯使韩宣子来聘，且告为政而来见礼也。观书于大史氏，见《易》、《象》与鲁《春秋》，曰：'周礼尽在鲁矣。吾乃今知周公之德与周之所以王也。'"杜预注曰："《易》、《象》、《春秋》，文王、周公之制，当此时儒道废，诸国多阙，唯鲁备。故宣子适鲁而说之。"

春秋时期，许多诸侯国贵族在生活方面非常混乱。如齐国虽属华夏诸国的系统，又是周王室的姻亲，但齐受封于东夷地区。太公望受封后，"简君臣之礼，从其俗"①，故春秋时期，齐国保持着许多原始部族的遗风。同姓为婚，甚至兄妹婚的婚姻形式在齐国也被认为是很平常的事。《左传·襄公二十五年》载，齐国崔武子聘娶东郭偃之姊。东郭偃说："男女辨姓，今君出自丁，臣出自桓，不可。"并经卜筮，不吉。但因东郭偃之姊貌美，崔武子终娶之。《左传·襄公二十八年》记载了齐庆封娶同姓卢蒲癸氏之女。齐国兄妹淫乱亦史不绝书。《史记·齐太公世家》云："四年，鲁桓公与夫人如齐，齐襄公故尝通鲁夫人。鲁夫人者，襄公女弟也。自釐公时嫁为鲁桓公妇，及桓公来而襄公复通焉。"齐襄公与他的妹妹长期私通，并在害死妹夫鲁桓公后，公开保持关系。又《荀子·仲尼》云："齐桓，五伯之盛者也，前事杀兄而争国，内行则姑姊妹之不嫁者七人。"齐桓公为了自己的淫乐，竟令姑姊妹不得出嫁。《汉书·地理志》云："始桓公兄襄公淫乱，姑姊妹不嫁，于是令国中长女不得嫁，名曰'巫儿'，为家主祠。嫁者不利其家，民至今以为俗。"齐国的原始婚俗，至汉代仍见痕迹，可见其遗风之浓厚，影响之深远。

一般情况下，周代实行异姓婚姻。当然亦有同姓为婚的例外情况，如晋献公曾娶于戎，"大戎狐姬生重耳，小戎子生夷吾"②。以后晋献公又娶骊戎部落的女儿骊姬。晋国贵族与戎人尽管同出于姬姓，但分源已久，亲缘渐疏，故亦可缔结婚姻。另外，亦有贵族贪图美色娶同姓女子的情况。

但是在鲁国却从来没有同姓为婚的情况。鲁国的女子是非常遵守礼乐之制的，如鲁大夫公父文伯之母，是季康子的从祖叔母（即祖父昆弟之妻），就是季康子的叔祖母，有一次到季氏的家，尽管季氏向她说话，但她却遵守

---

① 1982. 史记·鲁周公世家. 北京：中华书局
② 1977. 左传·庄公二十八年. 上海：上海人民出版社

女子不言政的古训，不敢答话。《国语·鲁语下》云："公父文伯之母如季氏。康子在其朝，与之言，弗应；从之及寝门，弗应；而入。康子辞于朝而入见，曰：'肥也，不得闻命，无乃罪乎？'曰：'子弗闻乎？天子及诸侯合民事于外朝，合神事于内朝；自卿以下合官职于外朝，合家事于内朝。寝门之内，妇人治其业焉。上下同之，夫外朝子将业君之官职焉，内朝子将庀季氏之政焉，皆非吾所敢言也！'"肥是季康子的名字。

《国语·鲁语下》又云："公父文伯之母，季康子之从祖叔母也。康子往焉，门与之言皆不逾阈；祭悼子，康子与焉。酢不受，彻俎不宴，宗不具不绎，绎不尽饫则退。仲尼闻之，以为别于男女之礼矣。""仲尼闻之曰：弟子志之，季氏之妇不淫矣。"吴国韦昭注："礼祭，主人献宾，宾酢主人。不受，敬姜不亲受也。祭毕彻俎又不与康子宴饮。绎，又祭也。"志，识也。鲁国妇人遵循着"妇人送迎不出门，见兄弟不逾阈"的古训，是《周礼》化行的典范。

春秋末期，齐国出现了田氏代齐、晋国出现了三家分晋的历史事件。齐、晋皆江山改姓。究其原因，齐、晋皆采取了尚军功的政策，使异姓军功贵族势力发展，产生了尾大不掉的弊病，从而出现了江山改姓的悲剧。但是在鲁国，虽然鲁国的国君权力也旁落在季氏的手中，并出现了鲁氏三桓执政的局面，但却无江山改姓的悲剧。这当然与周公立国的原则有关。《吕氏春秋·长见》亦云："吕太公望封于齐，周公旦封于鲁，二君者甚相善也。相谓曰：何以治国？太公望曰：'尊贤上功。'周公旦曰：'亲亲上恩。'"

鲁国自建国起，采取"亲亲上恩"的政策，虽然大权旁落，但却无江山改姓，《周礼》在鲁国有极大的影响。正因为春秋时期"周礼尽在鲁矣"，才出现孔子、孟子那样的大儒学家。

第二章

儒学的产生与早期儒家

春秋时期，儒学在周礼的基础上，作为政治学说产生了。儒学的奠基人是孔子。儒学的产生与当时的政治形势有关，其基本内容是礼、仁的学说。春秋时期的儒家代表人物主要有孔子及其弟子等。战国时期，中国早期儒家有所分化，以子思、孟子为代表的一支，后人称为思、孟学派，被认为是正宗的儒家；另外一支，以子夏、荀子为代表的儒家向法家发展，成为承儒启法的思想家。子夏、荀子的后学，是法家学派的代表人物。儒学的发展出现这种变化，与当时的社会背景和形势有密切的关系。

第一节 儒家学说的奠基人孔子及其思想

春秋时期，周天子的地位式微，诸侯大国兴起。而后，诸侯国君的地位式微，诸侯国内权臣兴起。在这种情况下，一些贵族知识分子希望恢复周礼，重新确立天子的最高权威，确立宗法制，维护等级制。另外，诸侯国君对民的残酷剥削，使民众无法生存，作为人民的思想家，孔子提出"仁"的思想。而事实上，孔子所提倡的礼、仁的思想，远远高于周公所制定的礼乐制度。孔子以恢复周公之礼为号召，其实是托古改制。

一、孔子的生平与儒学的产生

孔子是儒家学派的奠基人，春秋时期鲁国（今山东曲阜）人，名丘，字仲尼。孔子的先祖弗父何是宋国人（宋国国都在今河南省商丘县，现经考证，孔子祖籍在今河南省夏邑县）。《孔子家语》记载：弗父何是宋愍公的长子，但没有即国君位，而是让位于弟弟厉公。弗父何成为宋国世袭的公室贵族。弗父何生宋父周，周生世子胜，胜生正考父，考父生孔父嘉。五世亲尽，别为公族，姓孔氏。孔父嘉是孔子的六世祖，在宋国被华督所杀，其后孔氏在宋国衰落。孔父嘉生木金父，金父生睪夷，睪夷生防叔。防叔为避华氏之祸而奔鲁。防叔生伯夏，伯夏生叔梁纥，梁纥生仲尼。孔子一族是从宋国逃奔于鲁的，故在鲁国不属于"亲亲尊尊"的贵族。孔子的父亲叔梁纥只是一个陬邑（相当于一个镇或乡的地方机构）宰，属于低级官吏。

孔子3岁时，其父去世，家道中落。他的青少年是在贫困中度过的。孔子曾说："吾少也贱，故多能鄙事。"① 他曾做过"委吏"，管理仓库和记账；当过"乘田"，管理牛羊。贫困的生活使他更了解民间疾苦。

自幼年起，孔子就非常热爱学习。他少而好礼，与别的孩子玩耍嬉戏，"常陈俎豆，设礼容"②。就是把一些祭器俎、豆摆设起来，以练习祭祀的礼仪。当时"国之大事，在祀与戎"，孔子热衷钻研祭祀之礼，表现出对国家大事的关注。

孔子每到一处，都认真地学习、考证、研究，不懂就问。《论语·八佾》说："子入太庙，每事问。"鲁国的一个附庸小国郯国国君郯子到鲁国朝聘，讲了古代少昊氏以鸟名官的故事，孔子闻之，即刻拜访郯子，"见于郯子而学之"。问过以后，孔子曰："吾闻之，天子失官，学在四夷，犹信。"③ 孔子年轻时代，从曲阜千里迢迢赶到西周王朝的国都洛邑，向老子问礼学习。他还向鲁国的乐官学习音乐。孔子认真刻苦地学习，精通礼、乐、射、御、书、数等，成为当时社会上最有学问的人。

孔子所在的鲁国是周公长子伯禽的封国。周公在分封伯禽时，不仅分给车、旗、土田、附庸，还分给他祝、宗、卜、史、服饰、典策、官司、彝器等周王室一套完整的官制和礼乐系统的文物典策。鲁国公室在祭祀时，可以用天子之乐，故先秦时人说："周礼尽在鲁矣。"鲁国是一个文化氛围良好的诗书礼义之邦。就是这样的环境孕育了我国历史上的文化巨人孔子。

孔子的先祖在宋。孔子生前数次还乡祭祖，并娶了宋国女子丌官夫人为妻。宋国是殷人后裔微子的封国，祭祀用殷礼。孔子乃殷人之后，对殷礼也是相当熟悉的。孔子的思想是以"周礼"和"殷礼"为基础形成的。但孔子生于鲁，长于鲁，更重要的是他接受了周礼的影响。孔子曾说："周监于二代，郁郁乎文哉，吾从周。"④ 孔子一生都主张恢复周礼。他说："一日克己复礼，天下归仁矣。"⑤ 而事实上，孔子所提倡的礼，远远高于周公所制定的礼乐制度。孔子以恢复周公之礼为号召，其实是托古改制。

---

① 杨伯峻.1984.论语·子罕.北京：中华书局
② 司马迁.1982.史记·孔子世家.北京：中华书局
③ 1977.左传·昭公十七年.上海：上海人民出版社
④ 杨伯峻.1984.论语·八佾.北京：中华书局
⑤ 杨伯峻.1984.论语·颜渊.北京：中华书局

　　儒学在这种社会背景下应运而生了。儒学是在以孔子为代表的维护天子、国君利益的群体，为建立起鲜明的等级社会，建立起维护天子、国君绝对权威的社会秩序而提出的主张的基础上产生的理论。

　　孔子四处奔波，宣传他的政治主张，要求加强国君的权力，巩固国君的地位，也就是让执政的大夫把权力还给国君。孔子鼓吹要恢复周公时期"普天之下，莫非王土；率土之滨，莫非王臣"的局面。孔子作为维护《周礼》的代表开始活跃在春秋的历史舞台上。

　　孔子一方面要恢复周天子的权威，另一方面对当时诸侯国君对百姓残酷的剥削、压榨表示不满。如当时齐国景公时期，"民参其力，二入于公，而衣食其一。公聚朽蠹，而三老冻馁。国之诸市，屦贱踊贵"[①]。在诸侯国中"苛政猛于虎也"。孔子基于对诸侯国贵族残酷贪婪的不满，迫切地要求诸侯国国君实行仁政。《吕氏春秋·有度》云："孔墨之弟子充满天下，皆以仁义之术教导天下。"

　　儒学最基本的两点与周礼是一致的，那就是等级制度和仁政。儒学虽然打着恢复周礼的旗号，但是实际上包含许多新的内容，是对社会政治的一种改制。

二、儒学的政治性及孔子在鲁国的政绩

　　《大学》云："大学之道，在明明德，在新民，在止于至善。……古之明明德于天下者，先治其国；欲治其国者，先齐其家；欲齐其家者，先修其身。"儒家讲德，其目的就是为了修身、齐家、治国、平天下。儒家学说是治理国家的学说。

　　孔子的一个学生子贡在外经商致富，孔子说："赐不受命，而货殖焉，亿则屡中。"[②] 赐，即指子贡；对于"不受命"，我国历代学者有很多解释。朱熹在《四书集注》中说："命，谓天命，言子贡不如颜子之安贫乐道，然其才识之明，亦能料事而多中心。"俞越在《群经评议》中说："若夫不受命于官，而自以其财，市贱鬻贵，逐什一之利，是谓不受命而货殖。"

　　笔者认为，这里所说的"不受命"，指的是"大命"，或"使命"。孔子以天下为己任，把辅助国君、治理国政当做自己的使命，也可以说是"大命"。孔子反对货殖，尽管子贡经商赚了钱，并且对孔子有很多帮助，如司马迁所说："夫使孔子名布扬天下者，子贡先后之也。此所谓得势而益彰者

---

① 1977. 左传·昭公三年. 上海：上海人民出版社
② 杨伯峻. 1984. 论语·先进. 北京：中华书局

乎？"① 而孔子认为子贡是"不受命"。这当是文中"不受命"之原意。

《论语》中，孔子的许多言论都体现了他的政治思想。《论语·述而》云："志于道，据于德，依于仁，游于艺。"孔子明白地提出，之所以学艺，依据的是德和仁，但其志在道。《论语·卫灵公》云："君子谋道不谋食。耕也，馁在其中也；学也，禄在其中矣。君子忧道不忧贫。"子路问孔子怎样才能成为一个君子。孔子说："修己以敬"，"修己以安人"，"修己以安百姓。"② 孔子所说的"道"，就是治理天下之大道。

《论语·微子》记载，孔子在自楚至蔡途中，曾遇见楚国隐士桀溺。孔子让其弟子子路问津，即问渡口。桀溺说："滔滔者天下皆是也，而谁以易之？且而与其从辟人之士也，岂若从辟世之士哉？"孔子听到后，怅然说："鸟兽不可与同群，吾非斯人之徒与而谁与？天下有道，丘不与易也。"程颢释曰："圣人不敢有忘天下之心，故其言如此也。"朱熹云："岂可绝人逃世以为洁哉？天下若已乎治，则我无用变易之，正为天下无道，故欲以道易之耳。"孔子认为：如果天下有道，我就不再用"道"来改变天下了，即因天下无道，我才四处奔波，用道来改变天下。由此可见，孔子之道就是治国安邦之道。孔子以天下为己任，他创立儒家学说的目的是为了治理国家。

孔子教育他的学生说："小子何莫学乎诗？诗可以兴，可以观，可以群，可以怨。迩之事父，远之事君。多识于鸟兽草木之名。"③ 孔子要求学生学习诗的目的要明确，近则事父，远则事君，事君才是目的。

孔子对于一切不属于从政的技艺和学问皆不关心，甚至反对。孔子的弟子樊迟请学稼，子曰："吾不如老农。"请学为圃，曰："吾不如老圃。"樊迟出，子曰："小人哉，樊须（指樊迟）也！上好礼，则民莫敢不敬；上好义，则民莫敢不服；上好信，则民莫敢不用情。夫如是，则四方之民襁负其子而至矣，焉用稼？"④

这一段话非常有名，"文革"中被认为是孔子轻视劳动和劳动人民的罪证。笔者认为，这些话固然有轻视劳动的成分，但它却非常明白地反映了孔子教学的目的是为了从政治国。孔子认为，如果你能学好辅助国君治国的本领，使诸侯国君"好礼"、"好义"、"好信"，那么四方人民就会携领全家来投奔你，服从你的统治，还用学什么种庄稼呢？不言而喻，孔子轻视体力劳动，但他做学问是为了辅助国君治政的目的，也是非常明确的。

---

① 1982. 史记·货殖列传. 北京：中华书局
② 杨伯峻. 1984. 论语·宪问. 北京：中华书局
③ 杨伯峻. 1984. 论语·阳货. 北京：中华书局
④ 杨伯峻. 1984. 论语·子路. 北京：中华书局

孔子是一个思想家，亦是一个政治家。他的思想是为其从政服务的。为了实现其政治抱负，孔子走进鲁国的贵族集团。孔子在鲁国执政时有许多政绩。鲁定公时期，孔子被任命为中都宰（中都，今山东汶上县；宰，县令也）。一年后，由于孔子治理得较好，"四方皆则之"。即鲁国的县皆以他为楷模，效仿他治理的方法。孔子也因此有很好的政绩，"由中都宰为司空，由司空为大司寇"。① 司空是管理土木工程之官，大司寇是管理刑法之官。司寇是一个非常重要，也非常显赫的官职，是辅助鲁定公管理刑法的。

孔子在鲁国深得鲁定公的信任。定公十四年（前496年），孔子由大司寇行摄相事，也就是说，孔子已经成为鲁国的相。相，在诸侯国内是仅次于国君的二号人物。孔子在鲁国为相，"与闻国政三月，粥羔豚者弗饰贾，男女行者别于涂；涂不拾遗；四方之客至乎邑者不求有司，皆予之以归"。② 这些记载说明孔子有非常好的治政能力。

《史记·孔子世家》记载：鲁定公十年（前500年）的夏天，齐景公约鲁定公在夹谷（今山东莱芜县境内）会盟。鲁定公准备乘车以友好的态度前往。孔子认为，当时齐强鲁弱，与齐君会盟必须有所提防，于是对鲁定公说："臣闻有文事者必有武备，有武事者必有文备。古者诸侯出疆，必具官以从。请具左右司马。"也就是说，国君出外会盟，必须有军队保护。

会盟在夹谷城外宽阔的平地上举行。当齐、鲁国君相见之礼完毕后，揖让登上盟坛。齐国大臣向齐君报告，"请奏四方之乐"，然后让全副武装的齐国勇士持刀枪剑戟，在鼓乐声中歌舞向前，欲以兵劫持鲁侯。孔子马上令鲁国军队严阵以待，然后历阶而登上盟坛。对齐景公说："吾两君为好会，夷狄之乐何为如此！请命有司！"但是齐大臣拒绝了孔子的建议，仍然让武士们继续歌舞，并且看齐景公与齐相晏婴的脸色。孔子大义凛然，不退武乐舞就要与齐景公拼命。齐景公见此不禁胆寒，于是"景公心怍，麾而去之"，喝令武士退下。齐国大臣觉得没趣，又让"优倡侏儒为戏而前"。这其实对鲁国君有戏弄的意思。孔子又登上盟坛，对齐景公说："匹夫而营惑诸侯者罪当诛。请命有司。"齐景公不得已又命齐国有关负责的大臣对行"优倡侏儒"之戏者行刑。订立盟约时，齐国非要加上一条："齐师出征，鲁国必以甲车三百乘跟随。"这很明显，把鲁国降为附庸，但当时鲁国势力极弱，无法与齐国抗衡，孔子考虑一下马上说："齐国必返侵我的汶阳之田，否则，这些盟约就无效！"夹谷之会后，齐景公认为自己的德义不若孔子，告其群臣说："鲁以君子之道辅其君，而你们则以夷狄之道教寡人，使我得罪于鲁

---

① 1982. 史记·孔子世家. 北京：中华书局
② 1982. 史记·孔子世家. 北京：中华书局

君，为之奈何？"为了谢罪，齐景公归还了原来侵占鲁国的郓、汶阳和龟阴之田。孔子在强大的敌国国君面前，表现出了一个政治家、外交家的才能和胆略。

三、孔子的礼制思想

孔子政治思想的核心是"礼"和"仁"。礼、仁思想相辅相成。《论语·颜渊》曰："克己复礼为仁，一日克己复礼，天下归仁矣。""人而不仁，如礼何？人而不仁，如乐何？"礼、仁皆孔子思想的实质。

孔子认为理想的政治就是维护君臣父子的等级制。孔子提倡的"礼"，就是等级制。礼是孔子思想的灵魂。孔子主张人们的一切行为都要合于礼，就是要维护天子诸侯的绝对权威。《史记·孔子世家》云，齐国景公问政，孔子答曰："君君、臣臣、父父、子子。"即君要像君，臣要像臣，父要像父，子要像子。君臣父子的等级和名分是不可改变的。

《论语·季氏》云："天下有道，则礼乐征伐自天子出；天下无道，则礼乐征伐自诸侯出。""天下有道，则政不在大夫；天下有道，则庶人不议。"这些话正表现了孔子的政治理想，有道的天下，则一切征伐礼乐的权归于天子；无道的天下，就是诸侯抢走了天子的权力。孔子所积极参与政治的目的，就是要改变这种状况，建立一整套严格的君臣父子的等级制度。

为了维护天子、诸侯的高贵等级，孔子还提倡"正名"。他说："名不正，则言不顺；言不顺，则事不成；事不成，则礼乐不兴；礼乐不兴，则刑罚不中。刑罚不中，则民无所错手足。"[①] 只有维护天子、诸侯等各级贵族的名分，才能维护贵族的等级。这就是孔子从政的目的。

孔子一生以恢复周礼为奋斗目标。孔子说："非礼勿视，非礼勿听，非礼勿言，非礼勿动。"[②] 孔子认为自己的一切行为准则都应符合礼，对不符合礼的行为就勿视、勿听、勿言、勿动；又说"丘闻之，民之所由生，礼为大。非礼，无以节事天地之神也；非礼，无以辨君臣上下长幼之位也；非礼，无以别男女父子兄弟之亲、婚姻疏数之交也。"[③]

孔子视礼如此重要，那么"礼"究竟是什么呢？礼实际上是一种等级制，是维护天子、国君绝对权威，调节统治阶级内部关系的一种制度。《荀子·礼论篇》曰："礼起于何也？曰：人生而有欲，欲而不得，则不能无求。求而无度量分界，则不能不争。争则乱，乱则穷。先王恶其乱也，故制礼义

---

① 杨伯峻.1984.论语·子路.北京：中华书局
② 杨伯峻.1984.论语·颜渊.北京：中华书局
③ 1980.十三经注疏礼记·哀公问.北京：中华书局

以分之,以养人之欲,给人之求,使欲必不穷乎物,物必不屈于欲,两者相持而长,是礼之所起也。"所谓礼,是调节人们之间分配关系的制度。在礼制思想的指导下,国君和臣下、贵族和平民都要人为地划出等级。根据这种等级的原则,进行社会财富的分配。那就是地位愈高,如天子、国君要最大限度地占有社会财富,整个天下和诸侯国全都是他们的私有财产。依次推之,各级贵族也要按照他们身份地位的高下,占有不同数量的财富,包括土地和人民。至于平民和劳动者要付出最多的劳动,以供养庞大的封建国家的需求,而他们自己却只占有仅能维持生计、或难以维持生计的财富。这种人为制定的制度就是礼。

《礼记·坊记》大约出自战国时期,记载的不一定是孔子的言论,但却反映了儒家思想。《坊记》曰:"子云:夫礼者,所以章疑别微,以为民坊者也。故贵贱有等,衣服有别,朝廷有位,则民有所让。子云:天无二日,土无二王,家无二主,尊无二上,示民有君臣之别也。"这段话也明白地表达了礼的实质。

《礼记·曲礼》云:"道德仁义,非礼不成;教训正俗,非礼不备;分争辩讼,非礼不决;君臣上下,父子兄弟,非礼不定;宦学事师,非礼不亲;班朝治军,莅官行法,非礼威严不行。"儒家提倡以礼教化各阶层的大小贵族和平民,使其能够事君之尊贵,畏君之威严,听其政,尊其贵,事其长,养其亲,以免下级贵族犯上作乱,以免庶民不安其业。诸夏国家把礼看成生死存亡的根本。他们认为"礼,经国家,定社稷,序民人,利后嗣也"①,把礼看成是不变的规律。"夫礼,天之经也,地之义也,民之行也。""礼,上下之纪,天地之经纬也。"② 儒家提出以礼去制约全部的社会生活,去调节贵族的等级关系。

礼是孔子思想的灵魂。孔子主张人们的一切行为都要符合礼。他在《论语·季氏》中说:"天下有道,则礼乐征伐自天子出;天下无道,则礼乐征伐自诸侯出。""天下有道,则政不在大夫;天下有道,则庶人不议。"孔子主张维护天子的至尊地位,反对大臣的僭越,政治必须掌握在天子、国君手中,提倡忠君尊王。

孔子对不按自己名分身份的僭越行为特别气愤。鲁国季孙氏本是一个诸侯国的大夫,但却"八佾舞于庭",即用64个人在庭中跳舞,在当时只有天子才能用此乐舞。孔子愤慨地说:"八佾舞于庭,是可忍,孰不可忍也。"③

---

① 1977. 左传·隐公十一年. 上海:上海人民出版社
② 1977. 左传·昭公二十五年. 上海:上海人民出版社
③ 杨伯峻. 1984. 论语·八佾. 北京:中华书局

为了消弭这种不符合等级的现象,孔子主张"正名"。他说:"名不正则言不顺,言不顺则事不成,事不成则礼乐不兴,礼乐不兴则刑罚不中,刑罚不中则民无所措手足。"①

孔子主张以礼治国,反对以法治国。按照贵贱等级的原则,百姓要服从贵族。公元前513年,晋国铸刑鼎,以法治国,颁布我国较早的成文法。孔子猛烈抨击此事说:"晋其亡乎!失其度矣。夫晋国将守唐叔之所受法度,以经纬其民,卿大夫以序守之,民是以能尊其贵,贵是以能守其业。贵贱不愆,所谓度也。……今弃是度也,而为刑鼎,民在鼎矣,何以尊贵?贵何业之守?贵贱无序,何以为国?"②孔子认为,如果没有贵贱等级,就不能算什么国家。

孔子主张维护国君的权威,而礼则是重要的武器。《礼记·礼运篇》云:"是故礼者,君之大柄也,所以别嫌明微,傧鬼神,考制度,别仁义,所以治政安君也。故政不正,则君位危;君位危,则大臣倍,小臣窃,刑肃而俗敝,则法无常;法无常则礼无列;礼无列则士不事也。刑肃而俗敝,则民弗归也,是谓疵国。"儒家认为,礼是君之大柄,如果不以礼治国治政,那么就会出现大臣背叛、小臣偷盗,君权丧失的危险。只有以礼治国,才能政正君安。也就是说,必须让大臣明白,他们与天子、国君相比,地位低下,大臣必须服从天子、国君;让百姓懂得必须服从贵族。只有这样,天子、国君和贵族,才能安享其位,摄取大量的社会财富,维护最高统治者的地位,这就是礼的本质。孔子维护君臣父子等级的礼制思想确实与周公的礼乐思想和宗法思想有联系,而周公的思想在西周初年得以贯彻到社会生活中去,不仅因周公有摄政称王的优越地位,还由于西周初年周天子还处于至尊之位,诸侯国君和大夫势力尚未发展起来,但在春秋时期,齐、晋、鲁等军功或事功贵族掌握大权,国君权力式微,孔子维护君臣父子等级的礼制思想遭到诸侯各国大臣的反对。他们不容忍孔子,甚至要杀害他,因此孔子的礼制思想在春秋诸侯国中无法贯彻下去。

四、孔子的仁政思想

孔子提倡以仁、礼治国。孔子勤政爱民的思想是仁政的灵魂和基础。《论语·学而篇》云:"道千乘之国,敬事而信,节用而爱人,使民以时。"孔子要求统治者治理国家时要严肃认真,信实无欺,取信于民,节约费用,爱惜民力,这是为政者应恪守的信条,也是孔子勤政思想的主要内涵。

---

① 杨伯峻.1984.论语·子路.北京:中华书局
② 1977.左传·昭公二十九年.上海:上海人民出版社

孔子提倡统治者治国必须为政以德，齐之以礼，正身律己，扶正祛邪，奖善罚恶。《论语·为政篇》云："为政以德，譬如北辰，居其所而众星共之"。孔子认为，正人必先正己，只有这样，才能得到百姓的拥护。季康子曾问政于孔子。孔子对曰："政者，正也。子帅以正，孰敢不正。"① 如果执政者本身行为正直，那么百姓们敢目无法纪吗？"其身正，不令而行；其身不正，虽令不从。""苟正其身矣，于从政乎何有？不能正其身，如正人何。"② 孔子提倡以德政治国，要求统治者能多"正身"、"克己"，这样才能使政治清明，国家和社会得到发展。从社会经济的发展中，体现执政者所起的作用。

孔子特别推崇古代传说中的帝王尧、舜、禹。他说："大哉，尧之为君也！巍巍乎！唯天为大，唯尧则之。荡荡乎，民无能名焉；巍巍乎，其有成功也，焕乎其有文章。"③ 孔子对三过家门而不入、全力治水、为民造福的大禹给予高度的赞扬。他说："禹，吾无间然矣，菲饮食而致孝乎鬼神，恶衣服而致美乎黻冕，卑宫室而尽力乎沟洫。禹，吾无间然矣。""巍巍乎，舜禹之有天下也，而不与焉。"④ 孔子认为，舜、禹真是太崇高了，贵为天子，富有四海，却整年地为百姓辛劳，一点也不为自己。这就是孔子理想中的统治者。

《论语·尧曰篇》载，子张请教孔子说："何如斯可以从政矣？"孔子曰："尊五美，屏四恶，斯可以从政矣。"孔子又进一步发挥"五美"的内容是："君子惠而不费，劳而不怨，欲而不贪，泰而不骄，威而不猛。"即执政者应给人民以好处，而自己却无所耗费；有劳于百姓，百姓都不怨恨；自己希望能达到"仁"的境界，安泰矜持却不骄傲，威严却不凶猛，即所谓"因民之所利而利之，斯不亦惠而不费乎？择可劳而劳之，又谁怨？欲仁而得仁，又焉贪？君子无众寡，无小大，无敢慢，斯不亦泰而不骄乎？君子正其衣冠，尊其瞻视，俨然人望而畏之，斯不亦威而不猛乎？"

孔子认为"四恶"就是："不教而杀谓之虐，不戒视成谓之暴，慢令致期谓之贼，犹之与人也，出纳之吝谓之有司。"

孔子认为，执政者应成为"民之父母"。要想成为"民之父母"，必须"达于礼乐"，做到"五至"。《上海博物馆藏战国楚竹书·民之父母》记载："五至乎？志之所至者，诗亦至焉。诗之所至者，礼亦至焉；礼之所至者，

---

① 杨伯峻.1984. 论语·颜渊. 北京：中华书局
② 杨伯峻.1984. 论语·子路. 北京：中华书局
③ 杨伯峻.1984. 论语·泰伯. 北京：中华书局
④ 杨伯峻.1984. 论语·泰伯. 北京：中华书局

乐亦至焉；乐之所至者，哀亦所至焉。"这样，就"可谓民之父母"①。

关于礼与诗的关系问题，《陈氏礼记集说补正》云："志之所至，诗亦至焉。诗有美刺，可以兴起好善、恶恶之心。兴于诗者，必能立于礼。故曰：诗之所至，礼亦至焉。"② 也就是说，人们要有美好的心境，有向善、避恶之心，才能发出美的声音，达到礼的要求，这样就可为民之父母了。

孔子还认为，国君应亲贤臣，远小人，只有执政者审法度，提拔正直的人出来做官，那么天下百姓就会"归心"，支持自己的国君。《尧曰篇》云："谨权量，审法度，修废官，四方之政行焉。兴灭国，继绝世，举逸民，天下之民归心焉。"鲁哀公曾经请教孔子，如何才能让老百姓信服？孔子说："举直错诸枉，则民服；举枉错诸直，则民不服"。也就是说，只有把正直的人提拔上来，压倒邪曲者，老百姓才能服从。孔子的学生子夏对夫子的这种"亲贤臣，远小人"的思想有所发挥。子夏说："舜有天下，选于众，举皋陶，不仁者远矣。汤有天下，选于众，举伊尹，不仁者远矣。"只有把善良正直的人选出来为官，那么坏人就难以存在了。"先有司，赦小过，举贤才，"③ 这是孔子任命官吏的主导思想。

孔子所追求的理想政治就是有道的明君和正直的大臣，他们勤劳国政，正身克己，治理百姓，使国家安定，人民富足，只有这样，执政者才是"巍巍乎"、"荡荡乎"的伟大君主。

对于大臣，孔子则要求他们勤于王事，毫不懈怠。《论语·卫灵公》云："事君，敬其事而后其食。"也就是说，为国君干事，必须踏实认真地把事情办好，然后才可以拿到俸禄。这可以作为公职人员的珍贵格言。

孔子说："宽则得众，信则民任焉，敏则有功，公则说。"只有做官的人宽厚，并且勤于政事，做出功绩，才能得到人民的拥护，即所谓"君子信而后劳其民"，只有自己取得人民的信任，才能动员百姓为自己服务。也就是说，为政者只有爱民，民才能信任政府官员。这是一个相辅相成的关系，这些话应永为后世的借鉴。

孔子认为，从政者应有"五德，一曰宽、二曰恭、三曰惠、四曰仁、五曰敬。君子不宽则无以容百姓，不恭则无以除辱，不惠则无以聚民，不仁则无以行政，不敬则事无成。"④

孔子曾与他的弟子一起谈论各人的志向，子路说："愿车马衣轻裘与朋

---

① 2001. 上海博物馆藏战国楚竹书·民之父母. 上海：上海古籍出版社
② 1986. 四库全书·陈氏礼记集说补正. 台湾商务印书馆景印本文渊阁
③ 杨伯峻. 1984. 论语·子路. 北京：中华书局
④ 2001. 上海博物馆藏战国楚竹书·从政. 上海：上海古籍出版社

儒学与中国政治

友共，敝之而无憾。"颜渊说："愿无伐善，无施劳。"而孔子说："老者安之，朋友信之，少者怀之。"① 他希望人民怀念他，信任他。

子路问孔子，怎样才算是一个有道德的人，孔子回答："修己以敬"、"修己以安人"、"修己以安百姓"。孔子认为，修己以安百姓，才能达到至圣境界。《论语·雍也篇》载：子贡曰："如有博施于民而能济众，何如？可谓仁乎？"孔子回答："何事于仁！必也圣乎！尧舜其犹病诸！夫仁者，己欲立而立人，己欲达而达人。能近取譬，可谓仁之方也已。"孔子认为，能博施于民而且能济众的人，不仅是仁，简直是达到了至圣的境界，连尧舜都难以做到。

《礼记·檀弓下》记载一个这样的故事，孔子和他的学生一起从泰山之侧经过，有一个妇人在墓旁哭得很伤心。孔子停车听之，并让子路去询问妇人，问她为什么哭得如此伤心。妇人答道："昔者吾舅（指妇人的公公）死于虎，吾夫又死焉，今吾子又死焉。"夫子问：为何不离开这里呢？妇人曰："无苛政。"夫子对弟子们说："小子识之，苛政猛于虎也。"在这里，孔子不仅表达了对苛政的愤恨，还教育自己的弟子，将来如果能够掌握政权、治理国家，绝不要实行苛政。夫子不无痛心地告诫学生："苛政猛于虎也"。

孔子说："有君子之道四焉，其行己也恭，其事上也敬，其养民也惠，其使民也义"。② 孔子认为，从政者所做的一切必须让百姓信服。"君子在民至上，执民之中，纠詨百姓，而民不服焉，君子之耻也。是故君子玉其言，而慎其行，敬成其德以临民。民望其道而富焉，此之谓仁之以德。且管仲有言曰：'君子恭则遂，骄则侮，备言多难。'"③ 孔子认为，官员们的地位在民之上，所以应该公正无私地处理政事，纠正驳斥谬误。如果老百姓不服从你，那就是你的耻辱，所以官员们要以仁德对待人民。孔子反复强调统治者治理国家要讲"仁"、"礼"、"圣"、"道"、"德"，他的核心就是为政者要勤政爱民，这样才能达到至圣的境界，才是一个有"仁"之人。

孔子幼年丧父，家道中落，"贫且贱"。贫困的生活使他更了解民间的疾苦，因此他的思想更接近下层社会。他希望有明智的国君和全心为百姓办事的官员，这些人应勤于王政，应热爱子民。这种仁政思想代表了下层人民的愿望和利益。

孔子生于春秋末期，当时长达百余年的争霸战争，使社会经济遭到极大的破坏。诸侯列国皆陷在战争的深渊中，各国君主与贵族大臣或成为战争的

---

① 杨伯峻．1984．论语·公冶长．北京：中华书局
② 杨伯峻．1984．论语·公冶长．北京：中华书局
③ 2001 上海博物馆藏战国楚竹书·季庚（康）子问于孔子．上海：上海古籍出版社

狂人，或是"以乐悯忧"的庸才，没有人关心人民的疾苦、百姓的死活。在这种特定的历史条件下，孔子提出"泛爱众而亲民"，提倡"以邦为本"、"仁者爱人"，并形成了仁政的理论。这在春秋社会中具有鲜明的现实意义，反映出孔子忧国忧民的崇高思想境界。孔子是一位同情人民、关心下层社会的伟大思想家。孔子的思想具有人民性，是值得肯定的。

五、儒家学派的社会道德观和修养观

儒家学派在社会道德观和修养观上有自己完整的理论。

礼、义、廉、耻皆是儒家学说的重要内容。在道德修养方面，儒家把"耻"放在头等重要的地位。

《论语·子路》记载：子贡问曰："何如斯可谓之士矣？"

子曰："行己有耻，使于四方，不辱使命，可谓士矣。"

曰："敢问其次。"曰："宗族称孝焉，乡党称弟焉。"

曰："敢问其次。"曰："言必信，行必果，硁硁然小人哉！抑可以为次矣。"

曰："今之从政者何如？"曰："斗筲之人，何足算也。"

据以上记载可知，孔子把对自己的行为负责，不使自己人格受到玷污，并且不辱君命之人称为"士"，列为第一等；把能在宗族中实行孝悌之人列为次等；言必信行必果之人再次，因为君子"言不必信，行不必果，唯义所在"①。而那些只知聚敛钱财、斤斤计较之人是不足挂齿的。由此可见，儒家把"耻"看得多么重要。儒家认为，一个人只有懂得什么是耻辱，有羞耻之心，才能端正规范自己的行为。清人刘宝楠的《论语·子路》《正义》引《曾子·制言上》亦云："故君子不贵兴道之士，而贵有耻之士也。夫有耻之士，富而不以道，则耻之；贫而不以道，则耻之。"②儒家认为懂得羞耻的人才是最可贵的。

《孟子·尽心上》云："人不可以无耻，无耻之耻，无耻矣。"又说："耻之于人，大矣。为机变之巧者，无所用耻焉。"孟子认为，不知羞耻的人才是真正的无耻。耻对于人来说，真是太大了。当然，那些机巧诈谋之人是不知道、也无所谓耻辱的。

儒家把"耻"看得如此重要，列为衡量人们道德的首选，那么儒家认为什么是"耻"呢？儒家认为，统治者治理不好国家，白拿国家的俸禄就是耻。《论语·宪问》云："宪问耻。子曰：'邦有道，谷。邦无道，谷，耻

---

① 杨伯峻．1984．孟子·离娄（下）．北京：中华书局
② （清）刘宝楠．1986．四库全书·论语正义·子路．台湾商务印书馆景印本文渊阁

也。'"即如果国家政治清明、百姓安居乐业,官员们得到俸禄是应该的;如果国家政治黑暗、民不聊生,官员们拿俸禄就是一种耻辱。《礼记·曲礼》云:"四郊多垒,此卿大夫之辱也。地广大,荒而不治,此亦士之辱也。"郑玄注曰:"垒,军壁也,数见侵伐则多垒。"孔颖达疏曰:"土地广大而荒废,民散而流移,亦邑宰之耻辱也。"统治者没有谋略,四面树敌;又不勤于治国,不领导百姓开垦土地,让土地荒芜,使人民四处流移,这是统治者的耻辱。

《论语·泰伯》又云:"邦有道,贫且贱焉,耻也。邦无道,富且贵焉,耻也。"如果国家治理得很好,肯定是圣贤在上位,而自己很贫贱,说明自己不努力或者没有能力,那是可耻的;如果国家政治黑暗,百姓贫困,而自己却中饱私囊,非常富贵,则是一种耻辱。孔子有一个学生冉求是鲁国季孙氏的家宰,为季氏聚敛了大量的钱财,孔子气愤地说:"(冉求)非吾徒也。小子鸣鼓而攻之,可也。"① 这个记载说明了孔子对聚敛不义钱财的愤恨。

孟子认为,在朝廷为官,而自己正义的主张得不到实施,换言之,即屈从于权势,或者与其同流合污,亦是一种耻辱。《孟子·万章》云:"立乎人之本朝,而道不行,耻也。"

在为人道德方面,孔子认为"巧言、令色、足恭……匿怨而友其人,左丘明耻之,丘亦耻之"②,即对那些隐藏自己的怨恨,而用伪善的面孔和花言巧语去谄媚对方的人,他和左丘明(先秦学者,相传著有《左传》、《国语》)一样都认为是可耻的。《孟子·离娄下》云:"声过于情,君子耻之。"名誉超过实际,君子亦认为是可耻的。

荀子对"耻"亦有很深的理解。《荀子·非十二子》云:"故君子耻不修,不耻见污;耻不信,不耻不见信;耻不能,不耻不见用;是以不诱以誉,不恐于耕,率道而行,端然正己,不为物倾侧,夫是之谓诚君子。"荀子认为,一个道德高尚的人,暴露自己的弱点并不可耻,不修养自己,不讲信用才是可耻的。

儒家对耻辱不仅有着深刻的理解,而且有非常严肃的态度。孔子认为,应该对百姓进行教育,使他们懂得什么是耻,从而规范自己的行为,奉公守法,对别人恭敬有礼,就不会受到耻辱。《论语·为政》云:"道之以政,齐之以刑,民免而无耻。道之以德,齐之以礼,有耻且格。"国家统治者,如果只用刑罚苛政去惩治百姓,百姓可能因害怕惩罚而不去犯法,但是却不知耻;用礼义道德去教化百姓,百姓就会知道耻辱而不去做坏事。利益是引

---

① 杨伯峻.1984.论语·先进.北京:中华书局
② 杨伯峻.1984.论语·公冶长.北京:中华书局

诱人们的一个诱饵。在利益面前，人们既要看到利也要看到义，即孔子所说的"见利思义"、"见得思义"，只看到利而不讲义，肯定会招来耻辱。

儒家认为，人们应严格约束自己的行为，奉公守法，对别人恭敬有礼，就不会有耻辱。孔子说："恭近于礼，远耻辱也。"① 又说："躬自厚而薄责于人，则远怨矣。"② 孔子认为，你不尊重别人，别人也不会尊重你，这样会给自己带来耻辱。

儒家大师荀子对荣辱也有很深的理解。他认为世上的荣、辱各有两种。《荀子·正论》云："有义荣者，有执荣者；有义辱者，有执辱者。"依靠自己高尚的道德品质、聪明才智而得到的荣誉是自内出，谓之"义荣"；而因官高爵显、权势利禄和尊贵的地位而得到的荣誉是自外至，谓之"执荣"。荒淫乱理、骄暴贪利而受到的耻辱，是由自身恶劣的品质所至，谓之"义辱"；詈侮捽搏、斩断枯磔而受到的耻辱，是由外部所强加的，无以避免，谓之"执辱"。荀子认为，"君子可以有执辱，而不可以有义辱。小人可以有执荣，而不可以有义荣。"

儒家虽然认为道德高尚的人可以受"执辱"，而不可以有"义辱"。但是儒家还认为道德高尚之人的人格是不可以受到侮辱的。《荀子·正论》云："直以欺人则不仁，不仁不知，辱莫大焉。"无辜地受到欺负是莫大的耻辱。《礼记·儒行》云："儒有可亲而不可劫也，可近而不可迫也，可杀而不可辱也。"《孟子·滕文公下》云："富贵不能淫，贫贱不能移，威武不能屈。此之谓大丈夫也。"《论语·卫灵公》云："志士仁人，无求生以害仁，有杀身以成仁。"儒家把自己的尊严看得高于生命，即使死去也不能受辱。

儒家学说以"修身、齐家、治国、平天下"为宗旨，在政治上有极强的参与意识、忧患意识，以治国安邦、救世济民为己任。因此，儒家对人们、特别是对官员们的道德品质和政治修养都有极高的要求。儒家学说是为国家管理阶层提供的政策依据和道德理论。孔子曰："为政以德，譬如北辰，居其所而众星拱之。"③ 国家的统治者、管理者，上自皇帝下至各级官员都要端正自己的行为，都要有高尚的品德，做百姓的表率。《大戴礼记·哀公问》记载：

哀公问曰："敢问何谓为政？"

孔子对曰："政者，正也。君为正，则百姓从政矣。君之所为，百姓之所以从也。君所不为，百姓何从？"

---

① 杨伯峻.1984.论语·学而.北京：中华书局
② 杨伯峻.1984.论语·卫灵公.北京：中华书局
③ 杨伯峻.1984.论语·为政.北京：中华书局

《大戴礼记·王言》记载："上敬老则下益孝，上顺齿则下益悌，上乐施则下益谅，上亲贤则下择友，上好德则下不隐，上恶贪则下耻争，上强果则下廉耻。民皆有别则贞，则正亦不劳矣。此谓七教。七教者，治民之本也，教定是正也。上者，民之表也，表正则何物不正。是故君先立于仁，则大夫忠而士信，民敦、工朴、商悫、女僮、妇悾悾。"这些话虽然有对女子的轻视，但是也说明了儒家主张官员们严格要求自己、为百姓之表率的初衷。

国家的官员要"修己以安人"，"修己以安百姓"；要求"志士仁人，无求生以害仁，有杀生以成仁"①。"君子周而不比，小人比而不周。""君子和而不同，小人同而不和。"②"见得思义"、"见利思义"。"富与贵，是人之所欲也，不以其道得之，不处也。贫与贱，是人之所恶也，不以其道得之，不处也。"③ 这些话都带有鲜明的道德观念，亦有很深的政治含义。

儒家要求，国家的各级官员要维护自己的人格，维护做官的清德，不欺暗室，有强烈的耻辱感，只有这样才能治理好国家。因此，儒家把"行己有耻"放在第一位，甚至提出"士可杀而不可辱"的观点，把个人的尊严和名誉看得比生命还重。儒家认为，官员如果不以仁义待人、以仁义治国，就会"终身忧辱"。儒家在治理国家方面有极强的责任心，有强烈的忧患意识。儒家的道德观和耻辱修养观表现出一种大义凛然的品格。

第二节 孔门弟子——早期儒家的思想

孔子有许多弟子。《史记·孔子世家》云："孔子以诗书礼乐教，弟子盖三千焉，身通六艺者七十有二人。"又说："孔子以四教：文、行、忠、信。"这是指孔子教育的内容分为文、行、忠、信四个方面。《史记·仲尼弟子列传》记载："孔子曰：'受业身通者七十有七人。'皆异能之士也。德行：颜渊、闵子骞、冉伯牛、仲弓。政事：冉有、季路。言语：宰我、子贡。文学：子游、子夏。"唐代司马贞《索隐》云："《孔子家语》亦有七十七人，唯文翁孔庙图作七十二人。"

《韩非子·显学》云："自孔子之死也，有子张之儒，有子思之儒，有颜氏之儒，有孟氏之儒，有漆雕氏之儒，有仲良氏之儒，有孙氏之儒，有乐

---

① 杨伯峻.1984.论语·卫灵公.北京：中华书局
② 杨伯峻.1984.论语·为政.北京：中华书局
③ 杨伯峻.1984.论语·里仁.北京：中华书局

正氏之儒。"也就是说,自孔子之后,"儒分为八",有八个儒家流派。

孔子有许多弟子。他的弟子不仅都有非常成熟的思想,而且在孔子以后,对传播儒家思想起到了非常大的作用。《后汉书·孝明帝本纪》记载:中元十五年,明帝"东巡狩……还,幸孔子宅,祠仲尼及七十二弟子。亲御讲堂,命皇太子、诸王说经"。这是孔子的弟子配享孔子、接受祭祀的最早记载。从此孔子弟子声名日隆,并有了"圣贤"之称号。孔子被帝王们尊为"大成至圣先师",颜回被尊称为"复圣",曾参被尊为"宗圣",子思被尊为"述圣",孟子被尊为"亚圣"。关于孔门的弟子与后代儒家流派,孟子、荀子等,本书皆有专题论述,在本节中我们只研究孔子弟子曾子、子思的思想。

一、曾子的忠孝和安贫乐道的思想

曾子,姓曾,名参,字子舆,相传是大禹之后,姒姓。《路史后记》十四云:(夏帝纾)"乃封其仲曲列于缯衍。"今山东兖州府绎县东八十里有缯城(此"缯"非河南南阳市境之"曾")。《左传·襄公六年》载:"莒人灭鄫,鄫恃赂也。"春秋中期,鄫国为莒国所灭。国被灭时,太子巫出使晋,不在国内。当鄫国被灭后,太子巫逃奔在鲁,为鲁人,三传到曾点(晳)。曾点即曾参之父。曾点与曾参父子二人皆受学于孔子。《史记·仲尼弟子列传》云:"曾参,南武城人,字子舆,少孔子四十六岁。"《索隐》云:"武城属鲁。当时鲁更有北武城,故言南也。"《正义》引《括地志》云:"南武城在兖州,子游为宰者。《地理志》云定襄有武城,清河有武城,故此云南武城也。"武城,在今山东省嘉祥县。曾子生于公元前505年,卒于公元前432年。

曾子作为亡国贵族之后,家境是贫困的。《说苑·立节》云:"曾子衣敝衣以耕。"曾子是一个从事生产的下层劳动者。贫困的生活造就了曾子坚忍不拔、吃苦耐劳、谦虚谨慎的性格。

曾子是孔子弟子中最得意的一个。相传儒家经典之一的《孝经》就是孔子根据曾子的"孝"的思想所著的。《礼记》中的《大学》、《曾子问》以及《檀弓》的许多思想和命题皆是由曾子提出的。元代至顺元年(1330年),曾子被尊为"郕国宗圣公"。

曾子在政治思想上主张以仁、礼治国。《吕氏春秋·孝行览》记载:"曾子曰:'先王之所以治天下者五:贵德、贵贵、贵老、敬长、慈幼。此五者,先王所以定天下也。'所谓贵德,为其近于圣也;所谓贵贵,为其近于君也;所谓贵老,为其近于亲也;所谓敬长,为其近于兄也;所谓慈幼,为

其近于弟也。"

曾子是中国古代"孝"的典型和化身。曾子的孝对后代影响很大,历代封建王朝也把曾子的"孝"作为教诲百姓的榜样。曲阜孔府档案所藏的《宗圣志》卷七说:"曾子之孝感天地,动鬼神,自汉至隋不过乎。"曾子被谥为"宗圣",当与其突出的"孝"道有关。

《孟子·滕文公上》记载:"曾子曰:'生,事之以礼;死,葬之以礼,可谓孝矣。'"曾子认为,对待父母,生要以礼侍奉之;死要以礼葬之、祭之,这才叫做"孝"。曾子一生以孝行为先,他"义不离亲一夕宿于外"。他终身守在父母身边以尽孝道。这大大影响了曾子的政治活动。父母死后,一些诸侯国想请他为官,但他没有出仕,而是从事教育事业。《史记·仲尼弟子列传》云:"孔子以为(曾参)能通孝道,故授之业,作《孝经》。"《孝经》是孔子因曾参而做。《礼记·曾子问》也记载曾子问"孝"的情况。尊祖敬宗,亦是孝道的最重要的内容。《学而》云:"曾子曰:慎终追远,民德归厚矣。"

曾子是一个非常讲信义的人。《学而》记载:"曾子曰:吾日三省吾身,为人谋而不忠乎?与朋友交而不信乎?传不习乎?"曾子认为,每天都要反省自己,替别人办事,为人出主意是否完全想人之所想,忠心替人考虑了吗?与朋友交往,是否讲信用了?老师传授的学业是否复习了?曾子的言论表现了他为人处事的准则。

曾子最反对"胁肩谄笑",因此他也不接受别人的馈赠,宁愿薄衣食,忍嗜欲。《孔子家语·在厄》云:"曾子弊衣而耕于鲁,鲁君闻之而致邑焉。固辞不受,曰:'吾闻受人施者常畏人,与人者常骄人。纵君有赐,不我骄也。吾岂能勿畏乎?'孔子闻之曰:'参之言足以全其节也。'"曾子为了自己的人格尊严,宁愿"弊衣而耕",也不愿受人的恩惠,以免自己因受他人之惠,而不得不附和于他人。

曾子的生活是非常贫苦的。《庄子·让王》云:"曾子居卫,缊袍无表,颜色肿哙,手足胼胝,三日不举火,十年不制衣。正冠而缨绝,捉衿而肘见,纳履而踵决。曳纵而歌《商颂》,声满天地,若出金石。"曾子在生活十分贫穷的境况下,仍然歌《商颂》,表现了他以苦为乐的精神。这与孔子在陈蔡绝粮时,"弦歌不止",有相同之处。

曾子虽然十分贫苦,但他以自己拥有高尚的仁德而满足。曾子说:"晋楚之富,不可及也。彼以其富,我以吾仁;彼以其爵,我以吾义,吾何慊乎哉。"① 曾子以自己的仁和义，与晋楚诸侯国之富相比，认为自己一点也不比晋楚差。曾子把仁、义看做高于世上所有财富的最美好的高尚的品德，认为拥有仁、义的人才是世上最富有的人。

曾子临终时对他的儿子曾元说："鹰鹯以山为卑，而曾巢其上；鱼鳖鼋鼍以渊为浅，而蹶穴其中；卒其所以得之者，饵也。是故君子苟无以利害义，则辱何由至哉。"②曾子认为坚决不能贪图眼前的小利而去害义，那样最终只会害了自己。

二、子思的中庸思想

子思是孔子的孙子，姓孔，名伋。子思受业于曾子，是孔门中很有影响的学者。《韩非子·显学》记载有"子思之儒"。《荀子·非十二子》云："子思唱之，孟轲和之，世俗……遂受而传之。"子思对传授孔子学说起了非常重要的作用。

《史记·孔子世家》云："孔子生鲤，字伯鱼。伯鱼年五十，先孔子死。伯鱼生伋，年六十二，尝困于宋。子思作《中庸》。"相传《礼记》中的《中庸》、《表记》、《坊记》是子思所作。南宋朱熹曾为《大学》、《中庸》、《论语》、《孟子》作注，故此又称《四书》。明清时期《四书》成为科举必考之科目，《中庸》的影响也愈加深远。

中庸，义为不偏向任何极端，追求对立两端的统一与中和。中庸，亦称中道或中行，即能行中正之道；如果不行中道，则就有可能走向极端或"狂狷"。中，就是不偏不倚。任何事情应做得恰到好处，如果做得"过分"或者"不及"，都不会达到目的，就会失于偏颇。偏颇是导致事物失败或走向反面的重要因素。俗语云："差之毫厘，谬之千里。"有的事物往往会因毫厘之差而走向反面。

儒家认为中庸是天下之至道，是最高的美德。《二程遗书》卷七云："不偏之谓中，不易之谓庸。中者，天下之正道；庸者，天下之定理。"只要行"中庸"之道，才能"致中和"。中庸，朱熹《四书》注曰："不偏不倚，无过不及之名。庸，平常也。"

《荀子·王制》云："中和者，听之绳也。"听，即听政。中和，是听政的准则，统治者处理政事，必须将各方面情况综合于"中"点，要不偏、不倚、不乖戾、不偏颇，此谓之中和。

子思认为，"诚"是世界万物之本原。《中庸》32 章云："唯天下至诚，

---

① 杨伯峻．1984．孟子·公孙丑（下）．北京：中华书局
② （宋）汪晫．1986．四库全书·曾子全书外篇·晋楚．台湾商务印书馆景印本文渊阁

为能经纶天下之大经，立天下之大本，知天地之化育。"即只有"诚"才是天下之大经。天下的千变万化，皆由此出。子思认为，"诚"不仅是事物变化的"大经"，而且是立天下之"本"。

《中庸》的"诚"还有一种认识论的含义。《中庸》云："自诚明，谓之性；自明诚，谓之教。诚则明矣，明则诚矣。"即人们对事物必须诚实，才可以明白事物之真实性质。这种对事物的认识，又谓之教育。这种认为"诚"才可以认识事物的理论，表明了子思的认识论观点。南宋朱熹在《四书章句集注》中说："诚则无不明矣，明则可以至于诚矣。"北宋张载在《正蒙·诚明》中云："自明诚，穷理而尽性也；自诚明，由尽性而穷理也。"明代王守仁在《传习录》（中）中说："良知无所为而诚，诚则明矣；自信，则良知无所惑而明，明则诚矣。"在这里，明是对客观规律的认识，"诚"是认识"明"的基础、条件和过程。

《中庸》22章云："唯天下至诚，为能尽其性。能尽其性，则能尽人之性。能尽人之性，则能尽物之性。"这是又进一步论述了至诚能尽"人之性"和"物之性"的看法。只有"诚"，才能认识事物的本质。《中庸》又云："至诚之道，可以前知。……故至诚如神。"

子思主张"亲亲尚恩"的治国思想。《中庸》20章云："仁者，人也，亲亲为大。义者，宜也，尊贤为大。亲亲之杀，尊贤之等，礼所生也。在下位不获乎上，民不得而治矣。故君子，不可以不修身，思修身，不可以不事亲；思事亲，不可以不知人，思知人，不可以不知天。"这段话明白地表达出子思把"亲亲为大"摆在了第一位。

《中庸》20章云："凡为天下国家有九经，曰修身也，尊贤也，亲亲也，敬大臣也，体群臣也，子庶民也，来百工也，柔远人也，怀诸侯也。修身则道立，尊贤则不惑，亲亲则诸父昆弟不怨，敬大臣则不眩，体群臣则士之报礼重，子庶民则百姓劝……"《中庸》把"亲亲"放在非常重要的地位。子思主张，亲亲才能使"诸父昆弟不怨"。又云："尊其位，重其禄，同其好恶，所以劝亲亲也。官盛任使，所以劝大臣也。忠信重禄，所以劝士也。时使薄敛，所以劝百姓也。"子思主张，用尊位重禄去对待亲亲，用官去任大臣，以禄去劝士；以薄敛任时去对待百姓。这些都是儒家治国的原则。儒家主张"敬大臣"。这些对中国后代的政治有重要的影响。

第三节　儒学与春秋诸侯国政治

春秋中后期，孔子接受周礼创立了儒家学说。儒学是"修身、齐家、治国、平天下"的学说。孔子及其弟子对周礼进行改造,如在任用人才方面,从周公的"亲亲尊尊"到选贤任能等。特别是孔子的弟子们又在儒家的礼制思想中加进了法制的思想。儒学在先秦社会中成为显学。

孔子及其弟子为了让诸侯国统治者接受儒家学说,四处奔走宣传。《韩非子·显学》把儒家与墨家并称,云:"世之显学,儒墨也。儒之所至,孔丘也。墨之所至,墨翟也。"又《吕氏春秋·有度》云:"孔墨之弟子充满天下,皆以仁义之术教导天下。"《吕氏春秋·当染》云:"孔墨之后学显荣于天下者众矣,不可胜数。"儒学对先秦时期的诸侯国政治有非常重要的影响。

一、儒学对春秋郑国政治的影响

郑的始封君桓公是周厉王的少子,周宣王的弟弟。郑是西周王朝的臣属诸侯国,是在"周礼"指导下立国的。春秋时期,郑国重要的执政卿子产,就是以儒家学说为指导治理郑国的。

子产,郑国成公之少子,郑僖公之弟。当郑僖公被相子驷药杀后,郑简公5岁即位,子驷为相当国,专郑国之政,欲自立为郑国国君。郑公子子孔杀子驷,自立为相,又专国政,欲自立。而此时,郑简公已逐渐长成,于是杀子孔,立子产为卿。子产开始执郑国之政,成为郑国政治舞台上的重要人物。子产自执政起,就实行了辅助国君、维护郑简公地位的措施。《左传·襄公三十年》记载:子产执郑国之政,"使都鄙有章,上下有服,田有封洫,庐井有伍。大人之忠俭者,从而与之,泰侈者因而毙之"。即子产让贵族们所居之都邑的大小按照贵贱等级不同而有差别。地位高贵者所居都邑可高大一些,地位低贱者所居都邑应低矮些。官员上下皆有等级,田地里有排水灌溉的沟洫。凡郑国卿大夫节俭者皆予以提拔,奢侈者予以罢职。这是典型的儒家的等级思想,也就是以礼治国的思想。《左传·襄公三十年》还记载一件事,郑国大夫丰卷请求用刚刚田猎回来的猎物为祭品,祭祀其祖先。子产坚决反对说:"唯君用鲜,众给而已。"子产认为只有国君才能用鲜兽祭祀,其他人等国君用后,视其情给点就是。丰卷气愤,聚徒攻子产。子产将奔晋。郑大夫子皮止子产而逐丰卷,丰卷奔晋。子产请求国君不要把丰卷的田及里(住宅)没入官府,三年后丰卷回返郑,又全部还给了丰卷。

子产坚决地维护国君的权威和尊严,但又恪守"刑不上大夫"的儒家理论原则,对丰卷给予宽容的政策。《论语·阳货》云:"宽则得众,信则人任矣。"子产对丰卷所行的正是儒家的"仁"、"礼"思想的体现,而与法家

"信赏必罚"的做法截然不同。

《史记·郑世家》记载：郑简公以子产为卿，"封子产以六邑，子产让，受其三邑"。子产以仁礼为本，不贪得无厌，表现了子产的谦让美德。

郑国有乡校，即国人所居之乡的学校。国人经常在这里议论执政，有人提出毁乡校，不让国人议论。子产说："夫人朝夕退而游焉，以议执政之善否。其所善者，吾则行之；其所恶者，吾则改之，是吾师也。若之何毁之？我闻忠善以损怨，不闻作威以防怨。岂不遽止？然犹防川。大决所犯，伤人必多，吾不克救也。不如小决使道，不如吾闻而药之也。"① 子产正确对待乡校中国人的议政，这正是儒家所主张的"闻过而喜"的态度。

儒家主张任用贤能，国君应亲贤臣，远小人，审法度，把正直的人提拔出来做官，压倒邪曲者，天下百姓才会"归心"。孔子说："举直错诸枉，则民服；举枉错诸直，则民不服。"② 子产也是以儒家的任贤思想去提拔人才的。"子产之从政也，择能而使之。冯简子能断大事，子太叔美秀而文，公孙挥能知四国之为，而辨于其大夫之族姓、班位、贵贱、能否，而又善为辞令。裨谌能谋，谋于野则获，谋于邑则否。郑国将有诸侯之事，子产乃问四国之为于子羽，且使多为辞令；与裨谌乘以适野，使谋可否；而告冯简子使断之。事成，乃授子太叔使行之，以应对宾客，是以鲜有败事，北宫文子所谓有礼也。"③ 子产治理郑国，遵循"恭、宽、信、敏、惠"的儒家思想。孔子对子产评价很高，认为子产能"仁"，是"古之遗爱也"④。

二、儒学对春秋齐国政治的影响

晏婴，齐国人，齐景公的相，春秋人尊称为晏子。晏子的思想主要源于《周礼》，从范畴上应归于儒家。晏子相对于子产来说，更多一些礼的思想，也有法家思想的倾向。晏子是春秋后期的政治家。当时齐国处于季世，国内混乱，征敛无度，民人苦病，夫妇皆诅。晏子受任于危亡之际，保持冷静的头脑，对国君进行劝谏，在力所能及的情况下，使齐国或多或少地缓和了尖锐的矛盾。晏子是一个出色的政治家。司马迁说："假令晏子而在，余虽为之执鞭，所忻慕焉。"⑤

研究晏子思想所依据的主要史籍是《左传》和《史记》。很多学者认为

---

① 1977. 左传·襄公三十一年. 上海：上海人民出版社
② 杨伯峻.1984. 论语·为政. 北京：中华书局
③ 1977. 左传·襄公三十一年. 上海：上海人民出版社
④ 1982. 史记·郑世家. 北京：中华书局
⑤ 1982. 史记·管晏列传. 北京：中华书局

《晏子春秋》晚出，不能作为研究晏子思想的依据。笔者认为，《晏子春秋》记载的史迹有很多与《左传》相同，如晏子居住在离市场很近的地方，他用市场上"踊贵而屦贱"的行情去劝谏齐景公省刑罚的这段史实，《左传》和《晏子春秋》皆有记载。《史记·管晏列传》亦记载《晏子春秋》这本书，说明《晏子春秋》是西汉之前的一本先秦旧书。书中所载多与《左传》相同或相似，故不能说《晏子春秋》没有一点事实根据，完全是向壁虚谈之作。《史记·管晏列传》云："《晏子春秋》，详哉其言之也。既见其著书，欲观其行事，故次其传。至其书，世多有之，是以不论，论其轶事。"《晏子春秋》更详细地记载了晏子的事迹，虽然有很多带有故事色彩和传奇之类的逸事，但如果对《晏子春秋》的记载谨慎地选择，是可以作为研究晏子的古文献依据的。

晏子一生所为，主要是以"礼"从事，以礼治国，当属儒家。晏子强调以礼治国。他说："礼之可以为国也久矣,与天地并。君令臣共，父慈子孝，兄爱弟敬，夫和妻柔，姑慈妇听，礼也。君令而不违，臣共而不贰；父慈而教，子孝而箴；兄爱而友，弟敬而顺；夫和而义，妻柔而正；姑慈而从，妇听而婉；礼之善物也。"① 晏子认为：礼可与天地并久长，君臣父子夫妻姑妇皆有自己特定的位置和特定的符合礼的态度，这样才能使个人品德高尚，夫妻家庭和睦，君臣相辅相得，共治天下，也就是儒家所说的"修身、齐家、治国、平天下"。晏子还说：治理国家"唯礼可以已之，在礼，家施不及国，民不迁，农不移，工贾不变，士不滥，官不滔，大夫不收公利"②。晏子这种以礼治国、以礼治民的思想是儒家的先驱。

晏子曾多次拒绝了国君的赏赐和封邑。他的一些政治主张也是站在人民的立场上去考虑的。《史记·管晏列传》记载：晏子一生节俭，"既相齐，食不重肉，妾不衣帛"。他住的地方离市井很近，比较嘈杂。齐景公考虑给他换一所居处，但晏子考虑，由于他住的离市场近，接触面较大，可以了解市场物品的情况。如他看到"国之诸市，屦贱踊贵"③。"屦贱踊贵"的原因是齐国刑法繁苛，被刖足的人多，故市场上假足很贵；而鞋子却很便宜。于是晏子因此而劝齐景公省刑，景公从之。

晏子认为，治理国家应以仁德为本，不能祈求于鬼神。《左传·昭公二十年》记载，齐景公生了疥，已经一年了，还不好，并且由疥转成热症。有人告诉齐景公说："今君疾病，为诸侯忧，是祝、史之罪也。诸侯不知，其

---

① 1977. 左传·昭公二十六年. 上海：上海人民出版社
② 1977. 左传·昭公二十六年. 上海：上海人民出版社
③ 1977. 左传·昭公三年. 上海：上海人民出版社

谓我不敬,君盍诛于祝固、史嚚以辞宾?"景公把这件事告诉晏子,欲诛祝、史。晏子认为,景公之病不能归于祝、史,而只能是齐侯不勤政的结果。晏子说:"若有德之君,外内不废,上下无怨,动无违事,其祝、史荐信,无愧心矣。是以鬼神用飨,国受其福,祝史与焉。其所以蕃祉老寿者,为信君使也,其言忠信于鬼神。其适遇淫君,外内颇邪,上下怨疾,动作辟违,从欲厌私,高台深池,撞钟舞女,斩刈民力,输掠其聚,以成其违,不恤后人。暴虐淫从,肆行非度,无所还忌,不思谤讟,不惮鬼神。神怒民痛,无悛于心。其祝、史荐信,是言罪也。其盖失数美,是矫诬也。进退无辞,则虚以求媚,是以鬼神不飨其国以祸之,祝史与焉。所以夭昏孤疾者,为暴君使也,其言僭嫚于鬼神。"又说:"县鄙之人,入从其政;偪介之关,暴征其私;承嗣大夫,强易其贿。布常无艺,征敛无度;宫室日更,淫乐不违;内宠之妾,肆夺于市;外宠之臣,僭令于鄙。私欲养求,不给则应。民人苦病,夫妇皆诅。祝有益也,诅亦有损。聊、摄以东,姑、尤以西,其为人也多矣。虽其善祝,岂能胜亿兆人之诅?君若欲诛于祝、史,修德而后可。"晏子时时处处考虑的是齐国政治的清明,念念不忘的是劝谏齐国国君实行仁政。面对齐景公,他一口气尽数齐国之弊政,国君斩刈民力,内外宠臣暴征无度之罪行,"民人苦病,夫妇皆诅"之事实,规劝齐景公为政以勤、以德、以仁,可谓用心良苦。齐景公听从了晏子的劝谏,于是"使有司宽政、毁关、去禁、薄敛、已责"。晏子的劝谏,基本都为齐景公所接受,或多或少地减轻了齐国百姓的痛苦,缓和了尖锐的阶级矛盾,这表现出晏子的仁政思想。

公元前516年,齐国出现了彗星。按照当时的说法,彗星出现是不祥和灾祸的象征。齐景公赶快使人禳祭,以消其灾。晏子认为,这根本不需要禳之,假使国君有美好的德行,使百姓怀念,四方之国皆来朝奉,还怕什么彗星?反之,如果国君像桀、纣一样暴虐,违天命而乱德,那么既使禳除了彗星又有什么用处呢?晏子把天道与人事结合起来,重在道德,而不在鬼神。这是一种朴素的唯物主义无神论的思想,也是重德、重仁的治国思想。

在利益面前,晏子认为应首先想到义。他说:"让,德之主也。让之谓懿德。凡有血气,皆有争心,故利不可强,思义为愈。义,利之本也。蕴利生孽。姑使无蕴乎!可以滋长。"① 晏子把义和利看得都很重要,义是利之本,不应只看到利,而看不到义。为人处世,当以谦让和仁德为本。这种义

---

① 1977. 左传·昭公十年. 上海:上海人民出版社

利观与儒家完全一致。孔子说:"不义而富且贵,于我如浮云。"① 又说:"无求生以害仁,有杀身以成仁。"② "见危致命,见得思义。"③ 儒家坚决反对唯利是图的观点。晏子的礼制思想、仁政思想和义利观都说明他属于儒家。

儒家提倡以孝为本。春秋时期以孔子为首的早期儒家对当时社会上已经出现的服丧礼俗加以总结、发挥、渲染,然后为了推行这种丧礼四处奔走,鼓吹宣传,力图使之成为一种礼制。《左传·襄公十七年》载:"齐晏桓子卒(晏婴之父),晏婴粗衰斩,苴带、杖、菅屦,食鬻,居倚庐、寝苫、枕草。其老曰:'非大夫之礼也。'曰:'唯卿为大夫。'"晏子服丧的形式与《仪礼·丧服》所载基本相同。而当时连晏子的家臣室老也认为,晏子如此服丧,"非大夫之礼也"。由此可见,此种服丧形式自此才开始实行不久。而晏子是最早用此种形式服丧的孝子之一。

晏子认为,社稷重于国君。《左传·襄公二十五年》记载:齐国大臣崔杼在自己家中弑杀了齐国君庄公,其原因是齐庄公与其妻私通。晏子站在崔杼门外,其从人问他是否死国君之难。晏子说:"君民者,岂以陵民?社稷是主。臣君者,岂为其口实,社稷是养,故君为社稷死,则死之;为社稷亡,则亡之。若为己死,而为己亡,非其私昵,谁敢任之?"晏子认为,齐庄公为了自己的私欲而死,而作为大臣为什么去殉他而死呢?国君若为社稷死,则大臣才可以殉国君之难。这表现在晏子心中处至高地位的是齐国社稷,而非齐国国君。但晏子又在崔杼的淫威下,启门而入,枕庄公之尸痛哭,以全君臣之义。他的正气连权臣崔杼也不敢对他怎样。当有人对崔杼献言,要杀晏子时,崔杼说:"民之望也,舍之,得民。"④

晏子一生以德、以礼、以仁、以义治国治民。然而,《史记·孔子世家》记载:孔子到齐国,与齐景公谈他的"君君、臣臣、父父、子子"的等级观点时,齐景公非常赞赏,欲以齐国的尼谿之田以封孔子。晏子劝曰:"夫儒者滑稽而不可轨法,倨傲自顺,不可以为下;崇丧遂哀,破产厚葬,不可以为俗;游说乞贷,不可以为国。自大贤之息,周室既衰,礼乐缺有间。今孔子盛容饰,繁登降之礼,趋详之节,累世不能殚其学,当年不能究其礼,君欲用之以移齐俗,非所以先细民也。"《墨子·非儒》云:"孔丘之荆,知白公之谋而奉之以石乞,君身几灭,而白公僇。"《墨

---

① 杨伯峻.1984.论语·述而.北京:中华书局
② 杨伯峻.1984.论语·卫灵公.北京:中华书局
③ 杨伯峻.1984.论语·子张.北京:中华书局
④ 1977.左传·襄公二十五年.上海:上海人民出版社

子·非儒》亦记载了晏子对齐景公非孔子与楚之白公胜是同一类人的记载。把孔子与白公胜视为同等，这当然是墨家对孔子的攻击，然而晏子为什么对孔子也颇有微词呢？笔者认为其原因有二：春秋后期，齐国田氏势力日益强大，齐国公室已岌岌可危。《左传·昭公二十六年》载："齐侯与晏子坐于路寝。公叹曰：'美哉室！其谁有此乎？'对曰：'如君之言，其陈氏乎！陈氏虽无大德，而有施于民。豆、区、釜、钟之数，其取之公也薄，其施之民也厚。公厚敛焉，陈氏厚施焉，民归之矣。'"齐景公坐在高大华美的宫室里，已经感到穷途末路，自己的统治将要完结，不知这美丽的宫室将要属于谁。晏子则更坦率地指出，国家将归于陈氏。在这种情况下，晏子作为齐国公室的忠贞之臣，与齐国国君小心翼翼地维持统治，苟延残喘，根本不敢有任何冒犯陈氏的举措，否则只会灭亡得更快。《左传·襄公二十九年》记载：吴公子季札到北方游历各国，在齐国与晏子交往，"悦晏平仲，谓之曰：'子速纳邑与政，无邑无政，乃免于难。齐国之政将有所归，未获所归，难未歇也。'故晏子因陈桓子以纳政与邑。"晏子在齐国亦是克己奉公，丝毫不敢过分，这样才能勉强维持齐景公的政权。而孔子主张的"君君、臣臣、父父、子子"，就是要树立国君的绝对权威，要大臣必须服从国君，严格君臣等级和名分。这在当时的齐国是绝对行不通的。晏子作为一个政治家，看到孔子的思想和做法无法实施于齐国，否则只会激化齐景公与田氏矛盾，使齐景公垮台得更快，这当然也会影响到晏子，所以晏子坚决反对齐景公任用孔子。但并不说明晏子执行这样的治国方针就不是儒家思想使然。

另外，晏子的治国思想不仅是儒家思想，而且如前所述，亦有法家思想的成分，故晏子又不是一个完全的儒家。

唐代柳宗元把《晏子春秋》列为墨家之学。他说《晏子春秋》一书："其旨多尚同、兼爱、非乐、节用、非厚葬久丧者，是皆出墨子。又非孔子，好言鬼事；非儒、明鬼，又出墨子。其言问枣及古冶子等尤怪诞，又往往言墨子闻其道而称之，此甚显白者。自刘向、歆、班彪、固父子，皆录之儒家中，甚矣！数子之不详也。盖非齐人不能具其事，非墨子之徒则其言不若是。后之录诸子书者，宜列之墨家，非晏子为墨也，为是书者墨之道也。"[①]以后许多学者，如王应麟、焦竑、章学诚、洪亮吉从其说，认为《晏子春秋》应改"儒"归"墨"。

笔者认为，《晏子春秋》以文学的笔调记载了晏子的言行及思想。其思

---

① 1986. 四库全书·柳河东集·辩晏子春秋. 台湾商务印书馆景印本文渊阁

想不仅有墨家的兼爱、尚同、节用、明鬼等思想，而且还具有墨家的"兼相爱，交相利"的思想。如《晏子春秋·内篇问上》第11记晏子曰："为政尚相利，故上下不相害；行教尚相爱，故民不以相恶为名。"《内篇问上》第12记晏子曰："其谋也……谋于上，不违天；谋于下，不违民，以此谋者必得矣。事大则利厚，事小则利薄，称事之大小，权利之轻重，国有义劳，民有如利，以此举事者必成矣。"故晏子的思想亦有治国治民之谋略要考虑"交相利"之原则。《晏子春秋》中有浓厚的墨家观点和思想。

综以上所述，晏子一生以儒家的礼制思想为本。他反对齐景公任用孔子，有深刻的政治原因，但不说明他不是儒家。晏子思想也有浓厚的墨家思想。然而晏子在治理国事中，他的诛不避贵、赏不遗贱的思想又是法家的观点。晏子生于齐国的季世，他所处的环境要求他在某些时候必须依墨家学说从事，他思想深处当为儒家，治理国事又不得不一断于法。晏婴是一位以儒家的礼、仁思想为本，兼有墨家思想内涵的、承儒启法的思想家，他是春秋齐国的相，故其对齐国的影响是显而易见的。

三、儒学对春秋楚国的影响

中原国家是同属于西周的诸侯国家。诸夏国家把不遵礼制的国家称为"蛮夷"、"化外之邦"，并对这些称为"蛮夷"的国家抱着敌视与轻蔑的态度，存在着极大的戒心。楚国要想征服中原，只有像中原国家一样以礼乐作为指导思想，才能缩短与它们的距离。这就迫使楚国在自己的政治生活中治国以礼，战争以礼，外交以礼，以礼作为指导一切行为的准则，这样也促进了楚国礼制的产生。

楚成王十八年（前654年），楚成王围许以救郑。蔡穆侯劝许僖公降楚。许僖公面缚衔璧，大夫衰绖，士舆榇。楚大夫逢伯告诉楚成王说："昔武王克殷，微子启如是。武王亲释其缚，受其璧而祓之，焚其榇，礼而命之，使复其所。"[1] 楚成王按照周武王赦免微子启的方式赦免了许僖公。楚灵王三年，赖子也像许僖公一样投降楚国，楚灵王也同样释放了他。楚模仿中原的礼释放小国诸侯，解除他们的思想武装，团结了他们，使他们心悦诚服地归顺楚国。

楚人在外交活动中亦遵循礼的原则。楚灵王三年（前538年），楚灵王会诸侯于申。椒举对楚灵王说："臣闻诸侯无归，礼以为归。今君始得诸侯，其慎礼也，霸之济否。在此会也。"[2] 椒举还对楚灵王讲了夏启的钧

---

[1] 1977.左传·僖公六年.上海：上海人民出版社
[2] 1977.左传·昭公四年.上海：上海人民出版社

台之亨礼、商汤的景亳之命礼、周武王的孟津之誓礼、周成王的岐阳之搜礼、周康王的丰宫之朝会礼、周穆王的涂山之会礼、齐桓公的召陵之师礼、晋文公的践土之盟会礼等,结果楚灵王选用了齐桓公的召陵之礼,反映了楚灵王急于称霸的心理。申之会,楚灵王又使人问礼于宋左师和郑子产,"左师献公合诸侯之礼六,子产献伯、子、男之礼六"。中原的各项礼节被大量地介绍到楚国。楚为了笼络诸侯,成其霸业,也积极地吸收中原的礼乐制度和思想。

楚共王二十二年(前569年),楚人将伐陈,闻丧而止。楚昭王元年(前515年),吴楚战争之时,吴国发生了公子光刺吴王僚的事件,"楚师闻吴乱而还。"楚在进行扩张战争的同时,不仅灭国不绝祀,亦遵循"丧葬不伐"的礼制。

楚灵王五年(前539年)楚公子弃疾途经郑国,见郑简公"以其乘马八匹私面;见子皮如上卿,以马六匹;见子产,以马四匹;见子太叔,以马二匹"①。弃疾与郑国君臣的会见中,以马为挚见礼,国君至卿大夫,以次递减,完全遵循礼的原则。

中原的礼制被楚吸收,广泛地用在自己的各项社会生活中。楚庄王任用孙叔敖进行改革,使"君子小人,物有服章,贵有常尊,贱有等威"②。各级贵族享有不同的待遇。在祭祀方面,"天子举以太牢,祀以会;诸侯举以特牛,祀以太牢;卿举以少牢,祀以特牛;大夫举以特牲,祀以少牢;士食鱼炙,祀以特牲;庶人食菜,祀以鱼"。③

楚卿屈到非常喜欢芰,当他病重将死时,召其宗老而嘱之曰:"祭我必以芰。"屈到死后,宗老将以芰祭祀。屈到的儿子屈建(即子木)令去之,曰:"夫子(指屈到)承楚国之政,其法刑在民心而藏在王府,上可以比先王,下之可以训后世。……其祭典有之曰:国君有牛享,大夫有羊馈,士有豚犬之奠,庶人有鱼炙之荐,笾豆、脯醢则上下共之。不羞珍异,不陈庶侈,夫子不以其私欲干国之典。"④ 于是遂不用芰,而只用"羊馈",即大夫之祭礼。楚国贵族按等级名分的高下而有不同的祭祀之礼。这种制度与"法刑"有同等作用。

每有战争田猎之事则"国君之旗齐于轸,大夫之旗齐于轼"⑤。司马子

---

① 1977. 左传·昭公六年. 上海:上海人民出版社
② 1977. 左传·宣公十二年. 上海:上海人民出版社
③ 1983. 国语·楚语(下). 上海:上海古籍出版社
④ 1983. 国语·楚语(下). 上海:上海古籍出版社
⑤ 刘向. 1984. 百子全书·新序·义勇. 杭州:浙江人民出版社

旗田猎于云梦，载旗之长拖地。竽尹文认为不符合等级名分，于是拔剑而断之，结果竽尹文被破格提拔为江南令。楚国贵族在祭祀和战争的服饰、威仪方面都有严格的等级。

淅川出土的令尹子庚墓，殉葬品中有"平底鼎七件，形制相同，大小相次"①。子庚墓葬用七鼎，墓葬中这种礼器的组合形式，与中原相同。

楚庄王以后，楚国开始大规模地吸收中原文化与礼制思想。例如，楚庄王的儿子审（后即位为楚共王）为太子时，以申叔时为傅，曾问申叔时应教授何种书籍。申叔时曰："教之春秋，而为之耸善而抑恶焉，以戒劝其心；教之世，而为之昭明德而废幽昏焉，以休惧其动；教之诗，而为之导广显德，以耀明其志；教之礼，使知上下之则；之乐，以疏其秽而镇其浮；教之令，使访物官；教之语，使明其德，而知先王之务用明德于民也；教之故志，使知废兴者而戒惧焉；教之训典，使知族类，行比义焉。"②

以上申叔时提议对太子所教的功课，主要是以《春秋》、《礼》、《乐》、《诗》、《令》为教材，与中原完全一致。而楚太子在学习接受这些思想后即位为国君时，可以肯定会对楚国政治产生巨大的作用。楚"制之以义，旌之以服，行之以礼，辩之以名"③，楚国政治中的法制加进了礼制的内容，楚国礼制便产生了。

随着楚国礼制的产生和形成，与之相适应的忠、孝、节、义的伦理观念也出现了。楚惠王时，白公胜发难，将弑楚惠王，惠王出奔。白公胜杀了令尹、司马，又拔剑而对屈庐说："子与我，将舍子；不与我，必杀子！"屈庐曰："吾闻知命之士，见利不动，临死不恐，为人臣者，时生则生，见死则死，是谓人臣之礼，故上知天命，下知臣道，其可劫乎，子胡不推之！"屈庐拒绝了白公胜，于是胜杀屈庐。白公胜为了掩人耳目，又劫王子闾，使之为王。子闾说："吾闻辞天下者，非轻其利也，以明其德也。不为诸侯者，非恶其位也，以洁其行也。今吾见国而忘主，不仁也，劫白刃而失义，不勇也。子虽告我以利，威我以兵，吾不为也。"④白公胜强之，不可，遂杀子闾。在这里，屈庐和王子闾宁愿死去，也要保持对楚惠王的忠诚。楚国的君臣、父子、夫妇、嫡庶皆被一种贵贱、尊卑、上下的等级关系所制约。

与此同时，妇女的守节亦被视为一种合于礼制的光荣行为。《绎史·烈

---

① 1980-10-14.淅川发现的令尹子庚墓（光明日报）
② 1983.国语·楚语（上）.上海：上海古籍出版社
③ 1983.国语·楚语（上）.上海：上海古籍出版社
④ 刘向.1984.百子全书·新序·义勇.杭州：浙江人民出版社

女传》卷89载,楚昭王出游,留夫人于渐台之上而去,并与夫人约好,让使者持符节来迎夫人。而楚昭王离去之后,忽然江水上涨,楚昭王赶快派使者迎夫人,由于匆忙,忘带符节,使者告诉夫人,江水马上就要来了,如回去取,恐来不及。但夫人说:"贞女之义不犯约,勇者不畏死,妾如从使者求生,留必死,然弃约越义而生,不若留而死耳。"于是使者回去取符,江水大至,台崩,夫人被江水冲去,被楚王谥号曰"贞姜"。在楚国,妇女的守义死节、处约、持信的贞女行为是要受到赞扬的。

楚平王的夫人伯嬴(秦穆公之女),亦是楚昭王的母亲。吴楚柏举之战中,楚昭王出奔,吴人入郢,以班处宫,次至伯嬴。伯嬴持刀曰:"妾闻天子者,天下之表也;公侯者,一国之仪也。是以明王之制,使男女不亲授受。坐不同席,食不共器,殊施枷异巾栉,所以远之也。若诸侯外淫者,绝;卿大夫外淫者,放;士庶人外淫者,宫割。夫然者,仁失可复以义,义失可复以礼。男女之失,乱亡兴也。公侯之所绝,天子之所诛也。今君王弃仪表之行,纵乱亡之欲,犯诛绝之事,何以行令训民?妾闻生而辱,不若死而荣,以死守之,不敢承命。"① 这段记载说明,楚国乱伦淫肆者要受到"绝"、"放"、"宫割"之刑法,而纵乱者则是失仁义,弃节之事,妇女须以死守之,虽死犹荣。

楚白公胜在失败而死后,其妻在家纺织不嫁,吴王使大夫持黄金百镒、白璧一双,以辎骈三十乘而迎之。白公胜之妻坚决不从。楚昭王的妹妹季芈在昭王出奔时曾跟随,被钟建背负。战乱过后,季芈坚决不再嫁给他人,曰:"所以为女子,远丈夫也。钟建负我矣。"于是以妻钟建。② 楚国妇女的节义行为及道德规范,说明楚国完全脱离了原始愚昧的群婚概念,新的社会风俗及人伦概念已经确立,楚国社会逐渐地走向了文明和进步。但这种处义守节与君君、臣臣、父父、子子的等级制度是完全一致和相应的,这是礼制思想深入地占领一切社会生活及道德领域的表现,是束缚和禁锢妇女的思想武器,这成为以后封建社会中三纲五常的思想基础。

春秋中期以后,楚人渐渐地采取礼制作为其统治的政治思想,治理国家和人民,得到了中原国家的赞赏,"虽微楚国,诸侯莫不誉"。③ 楚与中原在思想文化上逐渐地达到了融合和统一。

与此同时,楚国的等级制度也建立起来了。等级制度是礼的核心。孔子说:"民之所由生,礼为大。非礼无以节事天地之神也。非礼无以辨君臣上

---

① 1986. 四库全书绎史·烈女传. 台北:台湾商务印书馆景印本文渊阁
② 1977. 左传·定公六年. 上海:上海人民出版社
③ 1983. 国语·楚语(上). 上海:上海古籍出版社

第二章　儒学的产生与早期儒家

下长幼之位也。非礼无以别男女父子兄弟之亲，昏姻疏数之交也。"① 楚国"天有十日，人有十等，下所以事上，上所以共神也。故王臣公，公臣大夫，大夫臣士，士臣皂，皂臣舆，舆臣隶，隶臣僚，僚臣仆，仆臣台"。② 楚国的尊卑贵贱，等级分明。楚王高高地凌驾于全社会之上，是楚国政治经济上的最高统治者。楚国贵族集团正是以礼制为思想武器，使人民绝对地服从他们的统治；以礼制的核心等级制度去强化国家对社会、楚王对臣下、官吏对人民的专制主义的统治。

楚自建国以来，施行少子承继制度，如前所说的"楚国之举，恒在少者"③，"芈姓有乱，必季实立，楚之常也"。④ 楚国的少子承继制度实际表现为一种像殷商一样的兄终弟及、父死子继的制度。

春秋以后，随着楚与中原华夏诸侯国交往的频繁，中原地区的宗法礼制不断地影响着楚国。周王朝自西周时期就在一定程度上确立了嫡长子承继制度，即"立嫡以长不以贤，立子以贵不以长"⑤。但楚国在吸收中原地区的宗法礼制、确立嫡长子承继过程中也经历了严酷的斗争。

楚自楚武王始，其承继制度开始向父子承继制转化。然而楚国父死子继、兄终弟及、无嫡庶之别的传统观念使楚国君在建储立嗣的问题上犹豫不定。这样就预先埋下了危机，使楚国君的庶子产生了对王权的觊觎。如楚共王死后，他的五个儿子，其中有四个做了楚王，导致了政局的混乱。楚国在经历了因继统制度不周严而导致的政局混乱以后，开始像华夏诸侯国一样，确立嫡长子承继制度。但也像西周王朝一样，如果没有嫡子，也就是楚王的正妻没有儿子，或者所立太子已死的情况下，再立太子，亦称为嫡嗣。如楚平王的儿子珍是平王之妾越女的儿子，是为庶子。但因太子建出奔，又因吴楚战争的激烈，楚迫切地需要与越国的联合，因此，楚平王立越女的儿子（即珍）为太子。楚平王死后，因太子珍幼弱，令尹子常欲立公子子西。子西怒曰："是乱国而恶君王也。国有外援，不可渎也，王有嫡嗣，不可乱也。败亲速仇，乱嗣不祥……楚国何为，必杀令尹。"⑥ 于是楚立太子珍为国君，是为楚昭王。这说明嫡子承继制度已经深入人心。而至战国时期，楚国只有楚肃王无子，立其弟熊良夫为宣王。另外，楚国末年，楚幽王死，同母弟犹代立，是为哀王。哀王立两个月后，哀王庶兄袭杀哀王而自立为王。这已是

---

① 1980. 十三经注疏·礼记·哀公问. 北京：中华书局
② 1977. 左传·昭公七年. 上海：上海人民出版社
③ 1977. 左传·文公元年. 上海：上海人民出版社
④ 1977. 左传·昭公十三年. 上海：上海人民出版社
⑤ 1980. 十三经注疏·公羊传·隐公元年. 北京：中华书局
⑥ 1977. 左传·昭公二十六年. 上海：上海人民出版社

楚国接近灭亡的尾声，承继制度的混乱表现了政局的不稳。除此几例以外，余皆由嫡子承继王位。

　　楚在春秋以后，其继统制度向嫡子承继制转化。楚平王时，嫡子承继制确立。严格的君统保证了楚平王以后楚再也没有出现过兄弟争立的混乱局面，从而巩固了楚国的王权。

第三章
儒家学说与战国政治

战国时期的儒家虽然是"儒分为八",但最重要的主要有两个派别:一是以子思和孟子为代表的思孟学派,后代也称为孔孟学派。这一派被认为是代表儒家学派的正宗;另一派就是以荀子为代表的承儒启法的思想学派,他们主张礼法并用,以后向法家学派转移。自汉代时期起,后世就是继承了荀子一派的统治思想,但是名义上尊崇的是孔孟学说。

第一节　战国时期的儒家思想与亚圣孟子

孟子,名轲,战国时期鲁国邹(今山东省邹县)人。孟子受业于子思的门人。子思是孔子的孙子,受业于孔子的学生曾子;孟子是孔子的四传弟子。孟子一生最佩服的是孔子。孟子说:"自有生民以来,未有盛于孔子也。""乃所愿,则学孔子也。"① 孟子最大的愿望就是继承孔子。孟子著有《孟子》七篇,使之成为与孔子齐名的儒学大师。

孟子一生从事儒家思想的传播,而他的王道思想较孔子更为激进。西汉武帝曾"罢黜百家,独尊儒术",把《诗》、《书》、《礼》、《易》、《春秋》称为"五经",但当时《孟子》并未被列为经典,只认为是传。唐朝韩愈曾把孔孟并举。宋朝以后,孟子声名日隆。宋神宗元丰七年(1084年)五月"以孟轲配食文宣王"②,并封为邹国公。元文宗至顺元年(1330年),孟子又被加封为"邹国亚圣公"。宋朝朱熹为《孟子》、《论语》、《大学》、《中庸》作注。他作注的四本书,被称为"四书"。明清时期,科举以四书、五经作为考试科目。当时人又把儒家学说称为孔孟之道。孟子在儒学家史上享有崇高的地位,与孔子并重。

---

① 杨伯峻.1984.孟子·公孙丑(下).中华书局
② 1977.宋史·神宗本纪.中华书局

一、孟子的民本主义思想

孟子主张治理国家,对人民要行仁政。《孟子·离娄》云:"三代之得天下也以仁,其失天下也以不仁。国之所以废兴存亡者亦然。天子不仁,不保四海;诸侯不仁,不保社稷;卿大夫不仁,不保宗庙;士庶人不仁,不保四体。"孟子反复强调,天子、国君、卿大夫等大大小小的贵族皆要以"仁"对待国家和人民,才能保全天下和社稷,否则就不能保全自己的统治。孟子认为,失其民则失天下,得其民则得天下。孟子说:"桀纣之失天下也,失其民也。失其民者,失其心也。得天下有道,得其民斯得天下矣。得其民有道,得其心斯得民矣。得其心有道,所欲与之聚之,所恶勿施尔也。民之归仁也,犹水之就下、兽之走圹也。"① 也就是说,国君施政要以百姓的爱恶为标准,这样国君才能得民心,得民心则得民,得民则可以王天下。孟子引孔子的话说:"道二,仁与不仁而已矣。暴其民甚,则身弑国亡;不甚,则身危国削;名之曰幽厉,虽孝子慈孙百世不能改也。"② 孟子反复强调仁政,国君好仁,天下无敌;国君不仁,则身弑国亡。其实孟子的主要目的是劝谏国君行仁政,解民倒悬之苦,给民一个安定的生活条件。孟子的以民为本的思想是值得肯定的。

孟子对梁惠王说:"王如施仁政于民,省刑罚,薄税敛,深耕易耨,壮者以暇日修其孝悌忠信,入以事其父兄,出以事其长上,可使制梃以挞秦楚之坚甲利兵矣。彼夺其民时,使不得耕耨以养其父母。父母冻饿,兄弟妻子离散,彼陷溺其民,王往而征之,夫谁与王敌。故曰:仁者无敌。"③ 孟子的仁政,就是省刑罚,薄税敛,不夺农时,使民有一个安定的生产生活环境。国家才能富足,百姓才能安康。

孟子说:"是故明君制民之产,必使仰足以事父母,俯足以蓄妻子。乐岁终身饱,凶年免于死亡。……五亩之宅,树之以桑,五十者可以衣帛矣。鸡豚狗彘之畜,无失其时,七十者可以食肉矣。百亩之田,勿夺其时,八口之家可以无饥矣。谨庠序之教,申之以孝悌之义,颁白者不负戴于道路矣。老者衣帛食肉,黎民不饥不寒,然而不王者未之有也。"④国君如果"庖有肥肉,厩有肥马;民有饥色,野有饿莩,以率兽而食人也"。⑤ 在这种情况下,

---

① 杨伯峻.1984.孟子·离娄(上).北京:中华书局
② 杨伯峻.1984.孟子·离娄(上).北京:中华书局
③ 杨伯峻.1984.孟子·梁惠王(上).北京:中华书局
④ 杨伯峻.1984.孟子·梁惠王(上).北京:中华书局
⑤ 杨伯峻.1984.孟子·梁惠王(上).北京:中华书局

国君就是食人的野兽。

战国时期，诸侯国君忙于战争，穷兵黩武，无休止地征发兵役和徭役，百姓被拖进战争的深渊之中。农时被夺，农田荒芜，他们"乐岁终身苦，凶年不免于死亡"①。诸侯国君把大批的农民驱赶到战场上，根本不关心人民的温饱和死亡，孟子说："且王者之不作，未有疏于此时者也；民之憔悴于虐政，未有甚于此时者也。……当今之时，万乘之国行仁政，民之悦之，犹解倒悬也。"②孟子认为，国君若施仁政，就是最大的功绩，犹解民倒悬。战国时期，激烈的兼并战争使民处于水火之中，孟子大声呼吁国君要施仁政，具有非常积极的意义。

孟子作为人民的思想家有激烈的反战思想。孟子认为，那些能征善战之将都是人民的罪人，正由于他们的征伐，引起了战火，使血流成河，伏尸百万。他们犯下了滔天大罪。《孟子·尽心下》云："孟子曰，有人曰：'我善为阵，我善为战。'大罪也。"孟子说："争地以战，杀人盈野；争城以战，杀人盈城。此所谓率土地而食人肉，罪不容于死。故善战者服上刑，连诸侯者次之，辟草莱任土地者次之。"③这些率兵打仗的将军犹如食人肉者，即使是死也不能够赎其罪。所以愈是善战者，其罪过愈大，当服上刑；从事连合诸侯，或开辟荒田以求富国、再去攻打别国的人也应受刑。

孟子反对的是不义的战争。他说："春秋无义战。"④春秋时期的争霸战争给人民带来深重的灾难。战争的目的却是诸侯大国为了争霸、掠夺小国财富。春秋时期确实无义战。

孟子并不是简单地反对战争，他认为汤伐葛和夏桀、武王伐纣，皆为正义的战争。《孟子·滕文公》云："汤始征，自葛载，十一征而无敌于天下。东面而征西夷怨，南面而征北狄怨，曰'奚为后我？'民之望之，若大旱之望雨也。归市者弗止。芸者不变，诛其君，吊其民，如时雨降，民大悦。《书》曰：'徯我后，后来其无罚。'有攸不惟臣，东征，绥厥士女，篚厥玄黄，绍我周王见休，惟臣附于大邑周。其君子实玄黄于篚以迎其君子，其小人箪食壶浆以迎其小人，救民于水火之中，取其残而已矣。"这里记载了商汤伐葛、周王伐纣的两个事件。孟子认为，这两个战争都是正义的，是有道之君伐无道之君，是救民于水火的义举。民望义师如大旱之望雨，当义军到来时，百姓则箪食壶浆以迎之。因此，正义之战是受百姓支持的。孟子坚决

---

① 杨伯峻.1984.孟子·梁惠王（上）.北京：中华书局
② 杨伯峻.1984.孟子·公孙丑（上）.北京：中华书局
③ 杨伯峻.1984.孟子·离娄（上）.北京：中华书局
④ 杨伯峻.1984.孟子·尽心（下）.北京：中华书局

反对不义的战争。他曾在齐国为卿相,当齐伐燕进行侵略战争时,孟子坚决反对,宁愿辞官回家,也绝不与齐国黩武的君王合作。当然齐国的军事冒险行为虽得到了暂时的胜利,但最后却以几乎亡国的下场告终。

孟子在《公孙丑上》云:"仁则荣,不仁则辱。今恶辱而居不仁,是犹恶湿而居下也。"又在《离娄上》云:"苟不志于仁,终身忧辱,以陷于死亡。"也就是说,治理国家者,如为人处事皆以仁待人,就会荣耀,否则就会招致耻辱。

孟子支持正义的战争,反对不义的战争,孟子说:"富贵不能淫,贫贱不能移,威武不能屈。"① 这些充分表明了孟子刚直不阿的品格。

二、孟子民贵君轻的思想

孟子的政治思想中一个重要的内容就是民贵君轻的思想。《孟子·尽心下》云:"民为贵,社稷次之,君为轻,是故得乎丘民而为天子。"这就很明确地表明了孟子的观点,即人民、国家、君王三者之中,以民为最重、最贵,其次国家,再次是国君。把人民看成是国家的主体,贵于君王,这对于一个封建社会的思想家来说,实属不易。战国时期,孟子已把人民看得高于君主,这在我国思想史上是一个光辉的火花。

孟子认为,君应行君道,臣应行臣道。君臣之间要相互尊重才行,否则就会君臣反目,如同寇仇。孟子说:"君之视臣如手足,则臣视君如腹心。君之视臣如犬马,则臣视君如国人。君之视臣如土芥,则臣视君如寇仇。"② 孟子认为君对臣爱护关心尊重,才能得到臣的忠心。君如果有大过,臣要进谏,反复谏之,如果君不听,臣可离去。君如对臣非常不礼貌,不能让臣生活,置臣于死地,那么君就是臣的寇仇。孟子说:"今也为臣,谏则不行,言则不听,膏泽不下于民;有故而去,则君搏执之,又极之于其所往;去之日遂收其田里。此之谓寇仇。寇仇,何服之有。"③ 君既为寇仇,为什么还替他服役呢?孟子的这种思想具有平等、民主的因素。君和臣是平等的。君如果昏乱,那么臣就可以背叛,视之为寇仇。"无罪而杀士,则大夫可以去;无罪而戮民,则士可以徙。"④ 士、大夫与国君没有严格的约束关系,一个正直的大臣没有必要忠于一个十分昏乱残暴的君主。

孟子认为,以下犯上也是合理的。《孟子·梁惠王下》记载这样一件事:

---

① 杨伯峻.1984.孟子·滕文公(下).北京:中华书局
② 杨伯峻.1984.孟子·离娄(下).北京:中华书局
③ 杨伯峻.1984.孟子·离娄(下).北京:中华书局
④ 杨伯峻.1984.孟子·离娄(下).北京:中华书局

有一次，邹国与鲁国发生战争，邹国的兵不愿打仗，四散逃走，而邹国的官员却死 33 人。邹国国君很生气，如果诛死这些百姓，则诛不胜诛，太多了；如果不诛，"则疾视其长上之死而不救"，今后还怎么治理国家？孟子说："凶年饥岁，君之民，老弱转乎沟壑，壮者散而之四方者，几千人矣。而君之仓廪实，府库充，有司莫以告，是上慢而残下也。曾子曰：'戒之，戒之，出乎尔反乎尔者也，'夫民今而后得反也。君无尤焉。君行仁政，斯民亲其上，死其长矣。"孟子认为，这是邹国国君和官员不行仁政、不关心民的结果，而今百姓有了报复的机会，邹国君臣罪有应得。

对于残暴的君王，孟子主张大臣可以诛杀之，换一个好的国君。齐宣王问孟子，汤放桀、武王伐纣是否算做臣弑君，孟子曰："贼仁者谓之贼，贼义者谓之残，残贼之人谓之一夫。闻诛一夫纣矣，未闻弑君也。"① 孟子认为，诛杀纣王，只能算杀死独夫民贼，不算以臣弑君。这种思想在先秦诸子中是绝无仅有的。

孟子的民贵君轻思想以及对君臣关系、上下关系的认识都闪耀着民本主义和民主主义的光辉。孟子极端重视人民生存的权力，他认为如果统治者不给民以基本的生活条件，那么老百姓就可以起来反抗他；君对臣不给予必然的尊重，那么臣就可以推翻君王。

孟子的这种思想曾遭到明朝开国皇帝朱元璋的厌恶，洪武五年，孟子神像被赶出孔庙，不准配享，而后发现孟子的仁政等思想对其统治是有好处的，又把孟子与孔子并称，明嘉靖时尊孟子为"亚圣"。

三、社会分工思想

孟子认为，社会上的每个人都应有自己的位置。一个人不可能生产自己所需的一切。作为一个国家，应该有治理国家的国君、大臣，有商人，有农民等，也就是说，这些人各有自己的职责。

关于孟子的社会分工思想，《孟子·滕文公上》中有一段孟子与农家许行的弟子陈相辩论的记载：陈相大倡许行之学，提倡君民并耕。孟子对此说不满意，认为国君有国君的责任，民有民的义务。天下有大人之事，有小人之事，这是无法相提并论的。《滕文公上》载，孟子说："许子必种粟而后食乎？"曰："然。"孟子曰："许子必织布而后衣乎？"曰："否。"当孟子问到许行的冠是否自织，所用的釜甑、农具器械等是否自己炼治，陈回答不是。孟子曰："百工之事固不可耕且为也，然则治天下独可耕且为与？有大

---

① 杨伯峻．1984．孟子·梁惠王（下）．北京：中华书局

儒学与中国政治

人之事，有小人之事。且一人之身而百工之所为备，如必自为而后用之，是率天下而路也。故曰：'或劳心、或劳力；劳心者治人，劳力者治于人；治于人者食人，治人者食于人，天下之通义也。'"孟子又列举了尧舜治理天下之事，大禹治洪水之事，后稷教民稼穑之事，契教民以礼之事，又接着说："圣人之忧民如此，而暇耕乎？尧以不得舜为己忧，舜以不得禹、皋陶为己忧。夫以百亩之不易为己忧者，农夫也。分人以财谓之惠，教人以善谓之忠，为天下得人者谓之仁，是故以天下与人易，为天下得人难。"

孟子的这些思想很明白地表达了他对社会分工的看法。他认为，君王所忧，天下也；农夫所忧，百亩之田也；君王与农夫关心的问题不是同一个问题。孟子提倡"劳心者治人，劳力者治于人；治于人者食人，治人者食于人"，这些是"文革"时期批判的重点。

笔者认为，孟子的"劳心者治人，劳力者治于人"的说法以今天的观点、思想和认识来说，是不太确切的，但他的社会分工学说还是有一定道理的。

第二节　战国时期承儒启法思想的出现

孔子创立的儒学，特别是"君君、臣臣，父父、子子"的内容在春秋时期曾受到诸侯国执政权臣的遏制。

战国时期，孔子的弟子奔走于四方。他们教授出来的弟子已经与时俱进，在新的社会形势和环境下去影响当时的社会政治。孔门弟子在孔子学说的基础上进行发挥，并且增加了许多内容，如在礼制之中增加法制的内容等。

先秦时期，激烈的争霸战争和兼并战争使儒家学说无法发挥其作用，儒家的仁政、礼制都被视为"迂阔"，于是一些儒家弟子开始产生法家思想。《吕氏春秋·当染》云："子贡、子夏、曾子学于孔子。田子方学于子贡，段干木学于子夏，吴起学于曾子。"子贡、子夏、曾子皆为儒家弟子，而其再传弟子田子方、段干木、吴起皆为持法家学说的政治家。还有一些受儒家思想熏陶的思想家和政治家亦具有法家思想的倾向，他们是承儒启法的思想家。

梁启超先生说："法家者，儒道墨三家之末流嬗变汇合而成者也。其所受于儒家者何耶？儒家言正名定分，欲使名分为具体的表现，势必以礼数区别之,故荀子曰:'礼、法之大分也。'"① 荀子是儒家学派的大师,主张以礼、法治国,但荀子又是韩非子的老师,法家学说当出自儒家。

一、子夏的承儒启法思想

子夏是孔子的学生,比孔子小 44 岁,是儒学的传人之一。孔子死后,子夏在西河教书,当时魏文侯建国都于西河安邑。魏文侯以子夏为师,经常向子夏咨询国政。《史记·仲尼弟子列传》云:"孔子既没,子夏居西河教授,为魏文侯师。"唐张守节《正义》:"文侯都安邑,孔子卒后。子夏教于西河之上,文侯师事之,咨问国政焉。"《正义》云:西河,"河西郡,今汾州也"。《索隐》:"在河东郡之西界,盖近龙门。刘氏云:'今同州河西县有子夏石室,学堂在也。'"《水经注》云:黄河"其水东南,径子夏陵北东入河。河水又南径子夏石室东南,北有二石室临侧河崖,即子夏庙室也"。

春秋后期,子夏首先认清形势,以儒家思想为基础,产生了法家思想。魏文侯是战国初年最早任用李悝变法的诸侯国君。李悝被称为法家鼻祖。这些与子夏对魏文侯的影响是分不开的。

子夏是孔子的学生。孔子以后,在子夏的传授下,儒学才得以广泛传播。

《史记·儒林列传》云:"自孔子卒后,七十子之徒散游诸侯。大者为师傅卿相,小者友教士大夫,或隐而不见。故子路居卫,子张居陈,澹台子羽居楚,子夏居西河,子贡终于齐。如田子方、段干木、吴起、禽滑釐之属,皆受业于子夏之伦,为王者师。是时,独魏文侯好学。"《索隐》案:"子夏为魏文侯师。"子夏是当时宣传、传授儒学最力的孔门弟子。

宋人洪迈的《容斋续笔》卷 14 云:"子夏经学"条下云:"孔子弟子惟子夏于诸经独有书,虽传记杂言未可尽信,然要为与他人不同矣。于易则有传,于诗则有序。而毛诗之学,一云子夏授高行子,四传而至小毛公。一云子夏传曾申,五传而至大毛公。于礼则有《仪礼·丧服》一篇。马融、王肃诸儒多为之训说。于春秋所云不能赞一辞,盖亦尝从事于斯矣。公羊高实受之于子夏;穀梁赤者,《风俗通》亦云子夏门人。于《论语》则郑康成以为仲弓、子夏等,所撰定也。后汉徐防上疏曰:《诗》、《书》、《礼》、《乐》,定自孔子;发明章句,始于子夏。"子夏对儒学的传播作出了重要的贡献。

唐陆德明的《经典释文》卷 1 云:"子夏授高行子,高行子授薛仓子,薛仓子授帛妙子,帛妙子授河间人大毛公。毛公为诗故训传于家,以授赵人

---

① 梁启超.1970.先秦政治思想史.台湾东大图书公司

小毛公。小毛公为河间献王博士,以不在汉朝,故不列于学。一云子夏传曾申,申传魏人李克,克传鲁人孟仲子,孟仲子传根牟子,根牟子传赵人孙卿子,孙卿子传鲁人大毛公。《汉书·儒林传》云:'毛公,赵人,治诗为河间献王博士,授同国贯长卿,长卿授解延年。一云名苌,字子西,鲁人曾参之子。'"

《史记·儒林列传》云:"田子方、段干木、吴起、禽滑釐之属,皆受业于子夏之伦,为王者师。是时,独魏文侯好学。"陆德明所撰《经典释文》亦说:"子夏传曾申,申传魏人李克。"

"田子方、段干木、吴起、禽滑釐之属"皆战国时期重要的法家代表人物。李克就是辅助魏文侯变法的李悝。李悝是法家的鼻祖。李悝既受子夏所传,那么子夏既是儒家之传人,又是法家之先师,是典型的承儒启法的先驱人物。

汉董仲舒撰《春秋繁露》卷6《俞序》云:"故卫子夏言:有国家者不可不学春秋。不学春秋,则无以见前后旁侧之危,则不知国之大柄,君之重任也。故或胁穷失国,挢杀于位,一朝至尔,苟能述春秋之法,致行其道,岂徒除祸哉?乃尧舜之德也。"又云:"故子夏言:春秋重人诸讥,皆本此。或奢侈使人愤怨,或暴虐贼害人,终皆祸及身。"

从以上董仲舒在《春秋繁露》中所记述的关于子夏的言论中可以看出,子夏虽然打着学春秋的名义,但实际上所表现出来的是法家的君主专制思想。他要求君主要"见前后旁侧之危",要抓"国之大柄,君之重任",如果不这样,就会"胁穷失国,挢杀于位",一旦如此,则祸及自身。如果能行"春秋之法,致行其道,岂徒除祸哉?乃尧舜之德也"。

《礼记·檀弓上》云:"子夏丧其子而丧其明。曾子吊之曰:'吾闻之也,朋友丧明则哭之。'曾子哭。子夏亦哭曰:'天乎予之无罪也。'曾子怒曰:'商,女何无罪也。吾与女事夫子于洙泗之间,退而老于西河之上,使西河之民疑女于夫子,尔罪一也。丧尔亲,使民未有闻焉,尔罪二也。丧尔子、丧尔明,尔罪三也。而曰:女何无罪与!'子夏投其杖而拜曰:'吾过矣吾过矣!'"郑玄注:"言其不称师也。"

以上《礼记·檀弓上》所记载的是,曾子数落子夏"事夫子于洙泗之间",而在"退而老于西河之上,使西河之民疑女于夫子"。即在鲁国时,子夏以孔子为师,而当子夏在"西河之上"讲学时,人们却不知子夏是孔子的学生。郑玄注曰:"言其不称师也。"笔者怀疑,子夏在西河讲学,根本就没有承认自己是孔子的弟子,也没有以儒家学说去传授学问。那么,子夏可能传授的就是法家思想。这里很明显地看出,子夏以儒家的言辞宣传了法家思想的内容。战国时期的许多法家，如李悝、田子方、段干木、吴起等人的思想皆源于子夏。子夏是承儒启法思想的先驱人物。

二、荀子的承儒启法思想

荀子当为儒家，而法家学说的集大成者韩非子以及李斯又是荀子的学生。《史记·韩非列传》云：韩非"与李斯俱事荀卿，斯自以为不如非"。又《荀卿列传》云："李斯尝为弟子，已而相秦。"

荀子学识渊博，著书33篇，今存32篇。《汉书·艺文志》把《孙卿子》33篇列入儒家。《韩非子·显学》亦云：自孔子之死也，儒分为八。"有子张儒、有子思之儒、有颜氏之儒、有孟氏之儒、有漆雕氏之儒、有仲良氏之儒、有孙氏之儒、有乐正氏之儒。"其中的"孙氏之儒"就是荀子一派的儒家。因汉宣帝名曰刘询，为避帝王的名讳，自汉代以后荀子在有的史籍中被称为"孙子"；"荀氏之儒"又称为"孙氏之儒"。荀子是儒家的后代分支"孙氏之儒"的代表，又是法家学者韩非与李斯的老师。荀子既然是儒家子弟，又能教育出具有法家思想的学生，说明荀子既具有儒家思想，又具有法家思想。荀子是承儒启法的重要思想家和学者。

荀子一派的思想在我国古代是不受重视的。在我国历代统治者的眼中，荀子不是正统的儒家，但荀子的思想在我国历史上确实有很大的作用和影响。

荀子认为人性原是恶的，他坚决反对孟子的人性善论。他说："孟子曰：'人之学者，其性善。'曰：'是不然，是不及知人之性，而不察乎人之性伪之分者也。'"① 荀子认为，人生而好利，如果顺人之性情，则必然会出现争夺，争夺就会产生犯分乱理、礼义忠信全亡的情况。

荀子认为礼才是治国之大本，而人们之间的争夺会使礼义忠信全部失去并产生淫乱。所以荀子认为，如果欲维护诸侯国的统治，必须以法去制止混乱。荀子说："故枸木必将待檃栝烝矫然后直，钝金必将待砻厉然后利。今人之性恶，必将待师法然后正，得礼义然后治。今人无师法，则偏险而不正；无礼义，则悖乱而不治。古者圣王以人之性恶，以为偏险而不正，悖乱而不治，是以为之起礼义，制法度，以矫饰人之情性而正之，以扰化人之情性而导之也。使皆出于治，合于道者也。"②

荀子说："礼者，治辨之极也，强国之本也，威行之道也，功名之揔也，王公由之所以得天下也，不由所以陨社稷也。故坚甲利兵不足以为胜，高

---

① 1983. 诸子集成·荀子·性恶. 北京：中华书局
② 1983. 诸子集成·荀子·性恶. 北京：中华书局

城深池不足以为固,严令繁刑不足以为威,由其道则行,不由其道则废。"①也就是说,只有礼才是国富兵强之根本,王公皆由此道而得天下,反其道则会丢失政权社稷。任何坚甲利兵、高城深池,严令繁刑,皆不如礼之威力。《强国篇》云:"礼义,节奏是也。故人之命在天,国之命在礼。人君者,隆礼尊贤而王,重法爱民而霸,好利多诈而危,权谋倾覆幽险而亡。"人之命系于天,国之命系于礼。诸侯国只有依礼、隆礼尊贤,才能成就王道。反之,则会有危亡之患。《王霸》云:"国无礼则不正,礼之所以正国也,譬之犹衡之于轻重也,犹绳墨之于曲直也,犹规矩之于方圆也,既错之而人莫之能诬也。《诗》云:'如霜雪之将将,如日月之光明;为之则存,不为则亡。'此之谓也。"这里所引用的几句诗,不见于今之《诗经》,是逸诗。其意为礼的作用重大,是衡量国家制度好坏的标准,关系到国家的存亡。"礼者,人主之所以为群臣,寸、尺、寻、丈,检式也。人伦尽矣。"②"虽王公士大夫之子孙也,不能属于礼义,则归之庶人。虽庶人之子孙也,积文学,正身行,能属于礼义,则归之卿相士大夫。"③

荀子把礼义看成治国之根本,存亡之大道,为民之准则。礼是治国治民之"寸、尺、寻、丈"等法度。只有隆礼,才能治国。在这里,荀子所说的"礼"与儒家完全一致。

礼是治国治民之本,而法则是必不可少的手段。法是维护礼的,是维护等级制度的。法对于那些争利的阴险小人也是一种惩治。故荀子主张治理国家应礼法并用。荀子说:"至道大形,隆礼至法则国有常,尚贤使能则民知方,纂论公察则民不疑,赏克罚偷则民不怠,兼听齐明则天下归之。"④只有以礼法去治理国家,百姓才能归顺,"刑政平而百姓归之",因此,礼与法皆国之纲纪。"道之与法也者,国家之本作也;君子也者,道法之总要也,不可少顷旷也。得之则治,失之则乱;得之则安,失之则危;得之则存,失之则亡。"⑤礼和法对诸侯国是同等重要的。

荀子认为,诸侯国必须把贤能之人放在最重要的位置上,也就是要任贤使能。荀子不仅提到尚贤,而且提出了反对世袭制的论题。《荀子·王制》曰:"请问为政?曰:贤能不待次而举,罢不能不待须而废,元恶不待教而诛,中庸民不待政而化。分未定也则有昭缪。虽王公士大夫之子孙也,不能

---

① 1983.诸子集成·荀子·议兵.北京:中华书局
② 1983.诸子集成·荀子·儒效.北京:中华书局
③ 1983.诸子集成·荀子·王制.北京:中华书局
④ 1983.诸子集成·荀子·君道.北京:中华书局
⑤ 1983.诸子集成·荀子·致士.北京:中华书局

属于礼义,则归之庶人。虽庶人之子孙也,积文学,正身行,能属于礼义,则归之卿相士大夫。"荀子不仅提出了贤能"不待次而举",而且提出对无能无用之官职应随时罢黜,不能等到非罢不可时才罢。他提出王公大人之子孙,如果不能属于礼义,则归之于庶人;而庶人之子孙,只要能有好的表现行为,是贤能之士,"则归之于卿相士大夫"。

荀子认为,一个诸侯国要想富强,要想存在,必须有老百姓的支持。荀子说:"用国者,得百姓之力者富,得百姓之死者强,得百姓之誉者荣。三得者具而天下归之,三得者亡而天下去之。天下归之之谓王,天下去之之谓亡。"① 即老百姓愿意为之出力者则富,愿意为之拼死者则强,得百姓赞赏是诸侯国的荣耀。得百姓者则王,失百姓者则亡。百姓的作用如此之大,乃诸侯国之根本。

百姓乃国之根本,那么国君对百姓应持什么态度呢?荀子认为,国君对民应"养长之,如保赤子。生民则致宽,使民则綦理,辨政令制度,所以接天下之人。百姓有非理者如豪末,则虽孤独鳏寡必不加焉"②。保民如保赤子,对民要宽厚,要使他们在有条理的稳定的环境下生活,包括孤独鳏寡者。

我国是一个农业国,对于百姓,荀子认为,"轻田野之税,平关市之征,省商贾之数,罕兴力役,无夺农时,如是则国富矣。夫是之谓以政裕民"③,才是富国之道。荀子主张减轻农民的负担,少兴力役,无夺农时,《富国》云:"足国之道,节用裕民,而善臧其余。节用以礼,裕民以政。彼裕民故多余,裕民则民富,民富则田肥以易,田肥以易则出实百倍。上以法取焉,而下以礼节用之。……故知节用裕民,则必有仁义圣良之名,而且有富厚丘山之积矣。"荀子深深懂得,裕民以国富的道理。只有老百姓富了,国家才能收取赋税,才能"富厚如丘山",所以"下贫则上贫,下富则上富。故田野县鄙者,财之本也;垣窌仓廪者,财之末也;百姓时和、事业得叙者,货之源也;等赋府库者,货之流也。故明主必谨养其和,节其流,开其源,而时斟酌焉。潢然使天下必有余,而上不忧不足。如是则上下俱富,交无所藏之,是知国计之极也"④。田野的收成当为财之本,不失农时是货之源,而仓廪府库是财之末。这段话其实包含了百姓富而国富、下富而上富的深刻道理。因此对待百姓要"使民夏不宛暍,冬不冻寒,急不伤力,缓不后时,事

---

① 1983. 诸子集成·荀子·王霸. 北京:中华书局
② 1983. 诸子集成·荀子·王霸. 北京:中华书局
③ 1983. 诸子集成·荀子·富国. 北京:中华书局
④ 1983. 诸子集成·荀子·富国. 北京:中华书局

成功立,上下俱富"①。统治者只有关心民之疾苦,才能使百姓有安定的生产生活,实现"上下俱富"的境况。荀子反对统治者对老百姓横征暴敛,认为聚敛者必亡。他说:"故修礼者王,为政者强,取民者安,聚敛者亡。……故我聚之以亡,敌得之以强。聚敛者,召寇、肥敌、亡国、危身之道也。故明君不蹈也。"② 聚敛民财自古就是取亡之道,荀子认为是"召寇、肥敌、亡国、危身之道"。

无论是聚敛或"轻田野之税",皆由人君而为,所以荀子认为君主在这个问题上起决定的作用。荀子说:"君者,民之原也;原清则流清,原浊则流浊。故有社稷而不能爱民,不能利民,而求民之亲爱己,不可得也。民不亲不爱,而求其为己用,为己死,不可得也。民不为己用,不为己死,而求兵之劲、城之固,不可得也。兵不劲,城不固,而求敌不至,不可得也。敌至而求无危削,不灭亡,不可得也……故君人者,爱民而安,好士而荣,两者无一焉而亡。"③ 国君只有爱民、利民,才能使民爱其上,当敌国来侵犯之时,民才会为之拼命。这当然是贵族们最切身、最现实的利益。

第三节　儒学与战国社会政治

孔子死后,"子贡、子夏、曾子学于孔子,田子方学于子贡,段干木学于子夏,吴起学于曾子"④。"孔子卒后,(子夏)教于西河之上,魏文侯师事之,而咨国政焉"⑤。《史记·儒林传》云:"如田子方、段干木、吴起、禽滑釐之属,皆受业于子夏之伦,为王者师。"

子贡、子夏、曾子皆孔子的弟子,他们在孔子死后继承孔子的事业,教授生徒,以实现儒家的政治主张。田子方、段干木、吴起等,皆是诸侯国的执政大臣,他们在诸侯国中可以用自己的思想去指导诸侯国的政治,特别是魏文侯是诸侯国国君,可以说对诸侯国的政治取向具有引导作用。因此,儒家思想对先秦诸侯国的政治有重要的影响。

一、儒学对魏国政治的影响

战国时期,魏国政治是受儒学影响最大的诸侯国。《吕氏春秋·察贤》

---

① 1983.诸子集成·荀子·富国.北京:中华书局
② 1983.诸子集成·荀子·王制.北京:中华书局
③ 1983.诸子集成·荀子·君道.北京:中华书局
④ 陈奇猷.1984.吕氏春秋·当染.上海:学林出版社
⑤ 1984.百子全书·孔子家语.杭州:浙江人民出版社

云:"魏文侯师卜子夏,友田子方,礼段干木,国治身逸。"田子方、段干木、吴起,包括子夏皆是魏文侯任用的贤士。

《礼记·乐记》记载,魏文侯问于子夏曰:"吾端而听古乐,则唯恐卧;听郑卫之音,则不知倦。敢问古乐之如彼,何也?新乐之如此,何也?"

子夏对曰:"今夫古乐,进旅退旅,和正以广,弦匏笙簧,会守拊鼓,始奏以文,复乱以武。治乱以相,讯疾以雅,君子于是语,于是道古,修身及家,平均天下,引古乐之发也。……夫古者天地顺而四时当,民有德而五谷昌,疾疢不作而无妖祥,此之谓大当。然后圣人作,为父子君臣,以为纪纲。纪纲既正,天下大定,天下大安,然后正六律,和五声,弦歌诗颂,此之谓德音。德音之谓乐。诗云:'莫其德音,其德克明;克明克类,克长克君,王此大邦。克顺克俾,俾于文王,其德靡悔,既受帝祉,施于孙子。'此之谓也。"

在这里,子夏以乐喻政,对魏文侯进行劝谏引导,教以"修身及家,平均天下"之道理,"父子君臣"、"克长克君"之纪纲,认为只有这样才能享有帝祉,施于子孙。子夏所说的正是儒家之学说。魏文侯以子夏为师,当然是接受了以儒家学说治国的思想。

段干木是子夏的学生,孔子的再传弟子。魏文侯曾以段干木为相治理魏国。《新序》卷5记载:魏文侯"乃致禄百万而时往馆之。于是国人皆相与诵之曰:'吾君好正,段干木之敬;吾君好忠,段干木之隆。'居无几何,秦兴兵欲攻魏。司马唐且谏秦君曰:'段干木,贤者也,而魏礼之,天下莫不闻,无乃不可加兵乎。'秦君以为然,乃按兵而辍不敢攻。魏文侯可谓善用兵矣。夫君子善用兵也,不见其形,而功已成,其此之谓也。野人之用兵,鼓声则似雷,号呼则动地,尘气冲天,流矢如雨,扶伤举死,履肠涉血,无罪之民,其死者已量于泽矣,而国之存亡,主之死生,犹未可知也,其离仁义亦远矣"。

魏文侯对待子贡的弟子田子方也是礼敬有加。《新序》卷4记载,魏文侯弟季成谓文侯曰:"田子方,虽贤人,然而非有土之君也。君常与之齐礼。假有贤于子方者,君又何以加之。"文侯曰:"如子方者,非成所得议也。子方,仁人也。仁人也者,国之宝也。智士也者,国之器也。博通士也者,国之尊也。故国有仁人,则群臣不争;国有智士,则无四邻诸侯之患;国有博通之士,则人主尊,固非成之所议也。"

魏文侯把子夏、段干木、田子方等人看做是"国之宝"、"国之器"、"国之尊",可见以子夏等人为首的儒学家的政治观点和思想确实是极大地影响了魏国。

吴起是魏国的贤能之士，是曾子的学生。他为魏国在战国初年的强盛立下了大功。

吴起，卫国人，出生于破落的贵族家庭，是极有才干的政治家和军事家。魏文侯时，吴起为将，能与士卒最下者同衣食、分劳苦，卧不设席，行不骑乘，亲裹赢粮，与士卒同甘共苦。士卒有病疽者，吴起亲为吮之。由于吴起廉平，关心士卒，因此尽得士卒之心。士卒作战，战不旋踵，皆乐为之死。

吴起在魏国推行"武卒制"。武卒是选拔而得。荀子说："魏氏之武卒，以度取之，衣三属之甲，操十二石之弩，负服矢五十个，置戈其上，冠䩷由带剑，赢三日粮，日中则趋百里。中试则复其户，利其田宅。"① 武卒中试者，则免其徭役，广其田宅。经济上的利益刺激了武卒的热情，而且这些武卒又是精选而得，剽悍强壮，魏国的军事力量大大增强。

吴起还认为，治国之道在于修德亲民，而不在于山河形势的险要，如果治国者不修德亲民，那么自己国家的人民也尽如敌国。《史记·吴起列传》记载，魏武侯与吴起浮游西河中流，魏武侯说："美哉乎，山河之固，此魏国之宝也。"吴起则认为山河之固，在德不在险。他列举了三苗、夏桀、殷纣皆拥有险要的山河，但却因德政不修而被攻灭的史实，然后说："由此观之，在德不在险。若君不修德，舟中之人尽为敌国也。"吴起这种以民为重的民本主义思想是值得肯定的。吴起"将三军，使士卒乐死，敌国不敢谋"。他为魏守西河，"使秦兵不敢东向，韩、赵宾从"②。在文治方面，吴起也能够"治百官，亲万民，实府库"③，为魏国的富强作出了重要的贡献。

战国初年，大批的儒家学者如子夏等到魏国，为魏文侯师，对魏国的政治产生了极大的影响。

二、儒学对赵国的影响

战国时期，儒学在名义上虽不是指导诸侯国政治的理论学说，但实际上，许多诸侯国统治者已经开始用儒家思想去指导诸侯国的政治。

《史记·赵世家》记载，赵烈侯在位时期，番吾君向烈侯推荐了3个贤人：牛畜、荀欣、徐越。"牛畜侍烈侯以仁义，约以王道。烈侯攸然。明日，荀欣侍以选练举贤，任官使能。明日，徐越侍以节财俭用，察度功德，所与无不充。君说。烈侯使使谓相国曰：'歌者之田且止。'官牛畜为师，荀欣为

---

① 1983. 诸子集成·荀子·议兵. 北京：中华书局
② 1982. 史记·吴起列传. 北京：中华书局
③ 1982. 史记·吴起列传. 北京：中华书局

中尉，徐越为内史。"这里虽然没有明确地说牛畜等人是儒家学者，但他们的政治思想与儒家的主张是一致的，如牛畜主张"以仁义，约以王道"，徐越主张"节财俭用，察度功德"等，皆是儒家典型的治国思想。赵烈侯是战国初年赵国的国君，他任用牛畜、荀欣、徐越等人治国，表明赵国治理国家的主导思想是儒家学说。

战国中期，公孙龙是赵国历史上的一个重要人物。公孙龙是名家学派的奠基者，他从学术上去研究名实关系。他的名家思想却源于孔子。《论语·子路》记载：子路曰："卫君待子而为政，子将奚先？"

子曰："必也，正名乎！"

子路曰："有是哉，子之迂也。奚其正！"

子曰："野哉，由也。君子于其所不知，盖阙如也。名不正则言不顺，言不顺则事不成，事不成则礼乐不兴，礼乐不兴则刑罚不中，刑罚不中则民无所措手足。故君子名之必可言也，言之必可行也。"

儒家是非常重视名实关系的，"名不正则言不顺"。荀子也说："王者之制名，名定而辨，道行而志通，则慎率民而一焉。"① 汉代儒学大师董仲舒在《春秋繁露·深察名号篇》亦云："名者，大理之首章也。录其首章之意以窥其中之事，则事非可知，逆顺自著。"又云："名生于真，非其真弗以为名。名者，圣人之所以真物也。"由此可见，儒家是最早研究并重视名实关系的学派。

在赵国受重用的公孙龙，有人认为是孔子的学生。《史记·孟子荀卿列传》云："而赵亦有公孙龙。"《索隐》云："仲尼弟子名也。此云赵人，《弟子传》作卫人，郑玄云楚人，各不能知其真也。"

公孙龙其实不是孔子的学生。公孙龙与孔子弟子公孙龙，当为同名异人。根据《史记·孔子世家》、《穀梁传》、《左传》等史籍记载，孔子生于鲁襄公二十二年冬十月庚子（前551年9月22日），卒于鲁哀公十六年四月乙丑（前479年），享年73岁。而公孙龙为战国人。《吕氏春秋·审应》记载有："赵惠王谓公孙龙曰。"高诱注曰："惠王，赵襄子后七世武灵王之子，吴娃所生。"如言，赵惠王在位时期是公元前298年至公元前266年。其时间与孔子卒年相距180余年。所以此公孙龙不是孔子的弟子。

公孙龙虽然不是孔子的学生，但公孙龙具有浓厚的儒家思想是肯定的。《庄子·秋水》记载，公孙龙说自己"少学先王之道，长而明仁义之术"。公孙龙在政治问题上，有儒家思想的倾向。他认为，作为一个治理国家的国

---

① 1983. 诸子集成·荀子·正名. 北京：中华书局

君,必须以"仁义之术"治之;如果不学先王之道,不明仁义之术,则不会得到安定。《吕氏春秋·审应》记载,公孙龙曰:"今有人于此,无礼慢易而求敬,阿党不公而求令,烦号数变而求静,暴戾贪得而求定,虽黄帝犹若困。"公孙龙反对"无礼慢易"、"阿党不公"、"烦号数变"、"暴戾贪得",而主张仁义治国。

公孙龙反对战争,主张"偃兵"。偃兵,是为了兼爱天下。《吕氏春秋·审应》云:"赵惠王谓公孙龙曰:'寡人事偃兵十余年矣而不成,兵不可偃乎?'"公孙龙对曰:"偃兵之意,兼爱天下之心也。兼爱天下,不可以虚名为也,必有其实。今蔺、离石入秦,而王缟素布緦;东攻齐得城,而王加膳置酒。秦得地而王布緦,齐亡地而王加膳,所非兼爱之心也。此偃兵之所以不成也。"公孙龙主张"偃兵",以兼爱天下。今人陈奇猷先生认为,公孙龙之"兼爱",与墨子主张的"兼爱"不同。他在《吕氏春秋校释》注中说:"墨子言兼爱,故非攻,但主张坚守以御攻,是兵仍不可废。至于偃兵之说,以为既废军备,当无攻战,自无坚守之必要。故偃兵之说较墨子《非攻》更进一步,然其出发点,皆系兼爱天下之意。"公孙龙主张的"偃兵",是永远废止军备,大家都不打仗,兼爱天下;自己虽有所失,也不要难过;别人有所得,也要高兴,尽管别人得之于自己之所失。这就是"兼爱天下"。在这里公孙龙主张的"兼爱天下",含有世界大同之意,与惠施的"氾爱万物,天地一体也"的论点完全相同。这种论点虽有"原始乌托邦"的因素,但表明了名家学派爱好和平的美好愿望和理想。

公孙龙是赵国人,曾为平原君谋过事。魏国信陵君窃符救赵以后,虞卿因之为平原君向赵王请封。公孙龙闻知,连夜乘车前往见平原君。他认为,平原君被赵王任命为相,并把东武城封给他,这皆因平原君是赵惠王之弟故,而非因能、因功。如今平原君请来魏国信陵君救赵,从而请求封地,这是不念亲情,把自己看做国人一般。因此,绝不能请求封赏。平原君遂不听虞卿之言。

自此,平原君厚待公孙龙。公孙龙仍坚持其"坚白"之辩。当邹衍来到赵国时,"言至道,乃绌公孙龙"①。《史记集解》引刘向《别录》云:"齐使邹衍过赵。平原君见公孙龙及其徒綦毋子之属,论'白马非马'之辩,以问邹子。邹子曰:'不可。彼天下之辩有五胜三至,而辞正为下。辩者,别殊类使不相害,序异端使不相乱,抒意通指,明其所谓,使人与知焉,不务相迷也。故胜者不失其所守,不胜者得其所求。若是,故辩可为也,及至烦

---

① 1982. 史记·平原君列传. 北京:中华书局

文以相假，饰辞以相悖，巧譬以相移，引人声使不得及其意。如此，害大道。夫缴纷争言而竞后息，不能无害君子。'坐皆称善。"

自邹衍在平原君面前说了公孙龙许多坏话后，平原君开始对公孙龙产生反感。公孙龙一生不像惠施那样任高官而从政，而且在政治上更不得意。公孙龙与惠施一样，其观点不能为战国时人所接受。公孙龙主张偃兵、兼爱、以仁义治国，有其进步意义；而其精辟的逻辑学的学术思想却是当时人不能理解的，且被认为是"烦文以相假"、"巧譬以相移"的无谓辩论。

起初，平原君厚待公孙龙，而至齐国邹衍到赵国诋毁公孙龙后，公孙龙才开始在赵国不受重用。但公孙龙的思想曾一度对赵国政治起了重要的作用。

三、儒学对战国时期楚国政治的影响

吴起是孔子弟子中的一个重要的儒学大师曾子的学生，虽然吴起的治国方略中主要以法家思想为主导，但基础却是儒家的学说和理论。如吴起与魏文侯在西河中流关于山河之固"在德不在险"的对话，就表现了吴起儒家思想的渊源。

战国初年，吴起曾在魏国为将，为魏国的强盛作出了重要贡献。但后来吴起在魏国受到陷害，从魏来到楚国。

在楚国内忧外困之时，中原的政治家吴起从魏国来到楚国。楚悼王素闻吴起贤能，任用吴起实行变法。吴起变法从打击大贵族入手。变法的内容散见于典籍中，归纳如下。

（1）均爵平禄。楚国爵禄是世袭的，即先辈如有功受爵禄，后代子孙虽无功，亦可承袭享有爵禄；而后来一些在战争中立大功者却无爵禄，极大地伤害了将士的积极性。吴起乃"均楚国之爵，而平其禄，损其有余，而继其不足，厉甲兵以时争于天下"[1]。另外，"封君之子孙，三世而收爵禄，绝灭百吏之禄秩，损不急之枝官，以奉选练之士"[2]。吴起要取消世袭的封君、世袭的爵禄，用从封君那里得到的爵禄去奉养经过挑选的有功将士。

（2）废除无用、无能的官职，剥夺王室贵族的威权，使他们不能徇私情，废公法，因私废公。"废公族疏远者，以抚养战斗之士。"[3] "禁游客之民，精耕战之士。"[4] 削减无用的开支，以奖励真正为国出力的战斗之士。

---

[1] 1984. 百子全书·说苑·指武. 杭州：浙江人民出版社
[2] 1985. 韩子浅解·和氏. 北京：中华书局
[3] 1982. 史记·孙子吴起列传. 北京：中华书局
[4] 1982. 史记·范雎蔡泽列传. 北京：中华书局

(3) 春秋至战国时期，楚国用武力灭掉许多诸侯小国，开濮地、伐杨粤等，得到了广大的辖地，但都未及开发。吴起责令楚国一些与王室关系疏远的贵族到僻远的地方去开发。吴起对楚悼王说："荆所有余者，地也，所不足者，民也。今君以所不足，益所有余。"①这是一种新的拓土殖民形式。楚悼王付吴起以国政，言听计从。"吴起事悼王，使私不害公，谗不蔽忠，言不取苟合，行不取苟容，行义不固毁誉，必有伯主强国，不辞祸凶。"②"吴起为楚悼王立法，卑减大臣之威重，罢无能，废无用，损不急之官，塞私门之请，一楚国之俗，禁游客之民，精耕战之士。"③ 吴起可以算是一个无畏的改革家。

吴起变法，旨在富国强兵。变法的内容是消灭世卿世禄制，任用贤能，因此这又是一次打击世袭贵族政治经济特权的运动。吴起变法打击了楚国大贵族既得的政治经济利益，遭到了大贵族的激烈反对。吴起"令贵人往实广虚之地，皆甚苦之"④。楚之贵族皆欲害吴起。楚国官员皆楚王室宗支，决不许异姓插足。吴起作为一个外诸侯国的异姓人，跻身于楚上层贵族之中，依靠楚悼王的信任，打击大贵族特权和利益，所遇到的阻力之大，反对之烈，是可以想见的。

新法行之期年，楚悼王死去。在楚悼王的灵堂上，楚国贵戚大臣作乱而共攻吴起。吴起跑到楚悼王的尸体下躲藏，贵族射杀了吴起，也射中了王尸。楚国之法："丽兵于王尸者，尽加重罪，逮三族。"群臣射王尸者，尽当其罪，因而被夷宗者70余家。但变法也因楚悼王和吴起的死而受到挫折。

吴起的变法使楚国国力强盛，曾与魏国"战于州西，西出梁门，军舍林中，马饮于大河"。楚自庄王以后，又一次打到了黄河岸边，令中原国家刮目相看。吴起又以战略家的眼光，向南扩展疆域，"吴起相悼王，南并蛮越，遂有洞庭、苍梧"⑤。江南归入楚国势力范围。

吴起变法虽然失败了，但变法却在楚国贵族政治中激起了巨大的波澜。吴起变法所采取的各项措施在楚国的政治生活中留下了深刻的影响，如《韩非子·喻老》云："楚邦之法，禄臣再世而收地。"《淮南子·人间训》云："楚国之俗，功臣二世而绝禄。"这些现象与吴起变法中的"封君三世收其爵禄"的条文相合，应该说是吴起变法以后出现的。吴起变法促进了楚国贵族政治向官僚政治的转化。

---

① 陈奇猷．1984．吕氏春秋·贵卒．上海：学林出版社
② 1985．战国策·秦策三．上海：上海古籍出版社
③ 1982．史记·范睢蔡泽列传．北京：中华书局
④ 陈奇猷．1984．吕氏春秋·贵卒．上海：学林出版社
⑤ 1982．后汉书·南蛮西南夷列传．北京：中华书局

第四章

儒学受厄与灭顶之灾

儒家学说是维护专制王权统治的学说，然而自其形成之日起就举步维艰。儒学创始人孔子在鲁国试图把自己的思想学说与政治结合起来，结果遭到失败，被驱赶出鲁国，开始了周游列国的活动，但在当时无论哪一个诸侯国都不能容孔子，更不能用他的学说和政治主张去治理国家。孔子与弟子四处碰壁，晚年回到鲁国，整理历史文献典籍。他的后继弟子孟子也照样不得志。先秦时期，儒家被认为"迂阔"，不与现实相结合，故与阴阳家、法家等学说相比，备受冷落。

秦王朝统一以后，以吏为师，发生了历史上有名的"焚书坑儒"事件，儒家学说遭受了灭顶之灾。儒家学说在其产生形成之初备受统治者的冷落与迫害，与当时的政治形势有密切的关系。

第一节 春秋战国时期儒学受厄

一、政治家孔子在鲁国的失败

春秋初年，周平王东迁洛邑，失去了西方的广大辖地。东迁后的周王室经济收入大大减少，随之而来的是政治地位的大大降低，一些诸侯国不愿意再听从周天子的命令。周天子已失去了西周时期的权威，如公元前714年，"宋公不王"①。公元前713年，"蔡人、卫人、郕人，不会王命"②。

周天子经济窘迫，政治失势，周王室已失去了控制天下诸侯的力量，地位大大衰微，不绝如线，这就给了诸侯国最有利的发展机会。

春秋时期，一些诸侯大国随之兴起。由于周王室地位的衰落，这些诸侯大国开始争夺霸主的地位，并进行了激烈的长达二百多年的争霸战争，使得

---

① 1977. 左传·隐公九年. 上海：上海人民出版社
② 1977. 左传·隐公十年. 上海：上海人民出版社

社会巨变。诸侯国中军功贵族地位上升,并逐渐专擅国政,国君地位式微,出现了"礼乐征伐自大夫出"的局面。如当时的晋国,"政在家门",权归范、中行、智、韩、赵、魏六卿。而孔子所在的鲁国以及他所到过的齐国和他曾周游的列国卫、宋、陈、蔡等皆是如此。政权旁落,大夫执政,是当时诸侯各国共同的政治现象。

春秋时期,大多数诸侯国君的权力旁落,卿大夫执政掌权。在这种大的社会背景下,鲁国自然也出现了权臣。鲁国定公时期,政治归于季氏、孟孙氏和叔孙氏。

在这种情况下,一部分贵族对这种僭越现象表示不满,他们希望恢复周天子的权威。孔子就是这部分人的代表。

孔子一生都主张维护周天子和国君的绝对权威,削弱臣的势力。孔子认为,臣应该完全在国君的控制之下。他认为春秋初年郑国大夫祭仲所说的"都,城过百雉,国之害也"的话是非常正确的,如果大夫的城邑太高大,超过百雉(每雉长三丈高一丈),对国君的权威和安全绝对是一个威胁。

孔子在鲁国执政时候,鲁国权臣"三桓"的势力非常强大。"三桓"是鲁桓公的后裔:季孙氏、叔孙氏和孟孙氏。当时,季孙氏的费邑、叔孙氏的郈邑、孟孙氏的郕邑,城墙高大,三家的势力都超过了国君,只有削弱三家大夫,才能使公室强大。孔子就与鲁定公商议,决定"堕三都",就是把郈、费、郕三个城堡毁掉,削弱私族,以强公室。刚好这三都当时不在三桓的控制之下,而是掌握在三桓的家臣手中,即所谓"陪臣执国命"。当时,叔孙氏的家臣侯犯以郈都叛叔孙,季孙氏的家臣阳虎以费叛季孙,只有孟孙氏的家臣不叛。所以,孔子利用这种矛盾,首先堕郈都,接着又毁费都。堕费时,虽遭到阳虎和公山不狃的反抗,公山不狃还带军攻入国都曲阜,但孔子派出申勾须、乐颀打败了公山不狃,终毁费。而在堕郕邑时,却遭到了孟孙氏的反对。孟孙氏守成的家臣公敛处父没有反叛,而是对孟懿子说:"堕成,齐人必至于北门。且成,孟氏之保障,无成是无孟氏也。我将弗堕。"① 公敛处父决定不听从孔子。在孟孙氏的支持下,成邑不毁,一直拖至冬天12月,鲁定公亲自率兵围郕,但却被公敛处父打败。而这时,叔孙氏、季孙氏皆看到毁掉郈、费二邑对自己不利,他们看到原来孔子堕三都的目的是削弱自己,以强公室。于是鲁氏三桓联合起来以逐孔子。孔子在鲁国依靠的是鲁定公,全力支持也是鲁定公,但定公早已被架空,鲁氏三桓曾"三分公室"、"四分公室",早把鲁国国君的权力瓜分了。

---

① 1982. 史记·孔子世家. 北京:中华书局

在鲁氏三桓的排挤下，孔子被夺去了大司寇之职，不得不离开鲁国。孔子在鲁国试图实现自己"忠君尊王"的政治理想，打击鲁国豪族的势力，也就是强公室、弱私门，这在当时鲁君势力极弱的情况下是不可能的，孔子在鲁国维护国君权威的新政失败了。

《史记·孔子世家》记载，孔子离开鲁国的原因是齐国为了让鲁驱孔子，"选齐国中女子好者八十人，皆衣文衣而舞'康乐'，文马三十驷，遗鲁君。陈女乐文马于鲁城南高门外。季桓子微服往观再三，将受，乃语鲁君为东周道游，往观终日，怠于政事"。于是，孔子遂离开鲁国。从表面上看，似乎是孔子看不惯鲁国君臣怠于政，不愿合作而离去。不过这是司马迁根据儒家的传说对孔子的美化，其实孔子应是被鲁国"三桓"排斥驱赶而离鲁的。

《史记·鲁仲连邹阳列传》云："偏听生奸，独任成乱。昔者鲁听季孙之说而逐孔子，宋信子罕之计而囚墨翟。夫以孔、墨之辩，不能自免于谗谀，而二国以危。何则，众口铄金，积毁销骨也。"其中"鲁听季孙之说而逐孔子"的记载说明孔子是受季孙之谗谀而被逐出鲁国的。

孔子在鲁国被夺官后，开始了他周游列国的活动。孔子带领数十个弟子，边讲学、边游历，用14年的时间访问了卫、陈、曹、宋、郑、蔡、楚等诸侯国的国君，宣传他的政治理想和主张，希望有贤明的国君赏识并重用他，以实现自己的理想。他历尽艰险，备尝苦难，然而却四处碰壁。

鲁定公十三年（前497年）春，55岁的孔子由于在鲁国不能存身，在政坛上被三桓排挤，带领数十名学生到卫国去。孔子有一个学生叫子路，子路的妻兄颜浊邹是卫国贵族，与卫灵公关系较好。孔子在鲁国呆不下去，颜浊邹就央求卫灵公，要孔子到卫国去。孔子一行来到卫国，就住在子路的妻兄颜浊邹家。经颜浊邹引见，孔子见到了卫灵公。孔子在当时已是知名的学者和政治家，卫灵公希望利用孔子提高他在诸侯国中的威信。卫灵公问孔子："夫子在鲁国时得多少俸禄呢？"孔子说："俸粟六万。"孔子所说的"六万粟"大约相当于2000石，于是卫灵公也给孔子6万粟的俸禄。起初，孔子在卫国生活的还可以，但过了一些日子，那些与孔子持不同政见的人在卫灵公面前攻击孔子，卫灵公本来就是一个昏庸的国君，就让大夫公孙余假带兵在孔子居住的地方演习，以威胁孔子。孔子害怕遭到不测，在卫国仅住10个月，就带领学生离开了卫国。由于卫灵公还能为孔子提供食居之处，孔子周游列国，一直是把卫国当做据点的。

孔子自春天到卫，10个月后离去，又到陈国去，当行至匡地（今河南长垣县境）时，当地人把孔子误认为是鲁国的阳虎。阳虎曾虐杀过匡人，于是匡人把孔子一行团团围住，用绳子把孔子拘系起来关在囚室中。如此5

日,孔子的弟子子路是位非常勇敢且善于击剑的人。孔子经常夸奖子路的勇敢,说他是"勇人也,丘弗如也"。子路舞剑而歌,率领他的师兄弟准备与匡人死战,以救师长。匡人释放了孔子。颜渊在路上耽误了些时日,与孔子相聚后,孔子叹口气说:"吾以为汝死矣!"颜渊回答:"子在,回何敢死。"孔子曰:"文王既没,文不在兹乎?天之将丧斯文也,后死者不能与于斯文也,匡人如予何!"① 在匡地,孔子遭受了一场大难。

  孔子师徒在匡地受了这场惊吓,只好途经蒲(今河南长垣县境)又回到了卫国。卫灵公的夫人南子想见孔子。卫灵公就使人告诉孔子说:"四方之君如有愿与我结为兄弟者,让我照顾他,他必须见寡小君(指南子)。"孔子为了在卫国生存,不得已而见了南子。南子在帷之中,孔子入门,北面稽首;南子自帷中答拜,环佩叮当作响。子路对孔子拜见南子一事非常不高兴,认为这样有失一个政治家的身份。孔子说:"我是不得已而为之,这是天命!这是天命!"过了一段时间,卫灵公又请孔子出来游玩。灵公与南子同车,走在前面,让孔子坐在第二个车子上,招摇过市。对此,孔子非常气愤地说:"吾未见好德如好色者也。"这次出游使孔子感到羞耻,气愤之下带弟子离开了卫国。就在这一年,孔子在鲁国全力支持并依赖的国君鲁定公死去,孔子在政治上与鲁国完全割裂了。

  孔子离开卫国,经曹国至宋。宋是孔子的祖籍所在地。在这里,孔子拜祭了他的祖先弗父何等人的陵墓,就和弟子们在一棵大树下讲礼义。宋国的司马桓魋欲杀孔子,拔掉了这棵大树,使孔子等人无栖身之地。孔子带着他的弟子匆匆地离开了宋国。他的学生催他速逃,孔子说:"天生德于予,桓魋其如予何!"

  在郑国孔子与其弟子失散,独立于郑国城郭东门。弟子们四处寻他。有一个郑国人告诉子贡说:"'东门有人,其颡似尧,其项类皋陶,其肩类子产,然自要以下不及禹三寸,累累若丧家之狗。'子贡以实告孔子。孔子欣然笑曰:'形状,未也。而谓似丧家之狗,然哉,然哉!'"② 孔子师徒从郑国来到陈国,住在陈国大夫司城贞子家。陈是一个弱小的国家,当时晋、楚争霸,陈处其中间地带,经常遭到侵伐。东南吴国兴起后,也常伐陈,陈国不得安宁。孔子在陈三年后离开陈国,准备回到卫国。

  在离陈返卫的途中经过蒲,孔子与其弟子又遭到了蒲人的袭击。孔子的弟子有个叫公良孺的,为人贤,有勇力,说:"吾昔从夫子遇难于匡,今又

---

① 1982. 史记·孔子世家. 北京:中华书局
② 1982. 史记·孔子世家. 北京:中华书局

遇难于此，命也已。吾与夫子再罹难，宁斗而死。"① 公良孺一面说，一面拼杀过去，蒲人胆怯，愿与孔子等人讲和，放他们过蒲，但孔子须答应不到卫国去，孔子满口答应。但一过蒲地，孔子马上就去了卫国，弟子们问他，他说："那是在威逼下所签的盟约，神不会听从的。"卫灵公听说孔子返卫，很高兴，郊迎孔子，并问道："伐蒲，可乎？"孔子说："不必了，袭击围困我们的人不过四、五人而已，何必大动干戈，伐之呢？"当时，卫灵公已经老了，怠于政事，不能用孔子。孔子喟然叹曰："苟有用我者，期月而已，三年有成。"② 但是卫国不能为他提供让他施展抱负的舞台，孔子又离开卫国。他从卫国到陈，从陈至蔡。

孔子在蔡国三年，楚国军队驻扎在城父（今河南省宝丰县东40里），听说孔子在陈、蔡之间居住，就派使来请孔子到楚国去。陈、蔡的大夫听说后，相与谋说："如果孔子用于楚，那么我们两国就很危险了。"于是陈、蔡派兵卒把孔子等人团团围在旷野里。数日后，孔子等人绝粮，他们在小河中提水，在田野中捡野菜充饥。随行的人病了，躺在车上，不能起来，愁闷笼罩着这群四处流浪的人。而孔子却神态自若地照样讲诵功课、鼓琴、唱歌。子路很生气地对孔子说："君子就不知什么是穷吗？"孔子说："君子固穷，小人穷斯滥矣。"③ 他的学生子贡说："夫子之道至大，而天下莫能容，夫子能否少降低一些呢？"孔子说："君子能行其道则行，你的志向太小了。"《史记·孔子世家》记载，孔子的学生颜回说："夫道之不修也，是吾丑也。夫道既已大修而不用，是有国者之丑也。不容何病，不容然后见君子。"颜回的话切实地说出了孔子的"道"，就是让"有国者"用之，就是治国之道。

孔子派子贡突围到楚求救，楚昭王派军队去迎孔子，陈、蔡之兵才退。楚昭王欲以书社七百里封孔子，但遭到楚国大臣的反对。楚令尹子西说："孔子与他的弟子皆贤，受封于楚，非楚之利也。"楚昭王乃止。孔子在楚同样得不到重用，于是自楚经卫返于鲁。

孔子曾说："苟有用我者，期月而已，三年有成。"④ 他的一生都希望有国君用他，接受他的政治主张，但是就是没有这样的国君。

孔子周游列国，不能得志，但季康子仍然不愿召孔子返鲁，而只召了孔子的弟子冉求。当冉求返鲁时，"孔子曰：'归乎，归乎！吾党之小子狂简，

---

① 1982. 史记·孔子世家. 北京：中华书局
② 1982. 史记·孔子世家. 北京：中华书局
③ 1982. 史记·孔子世家. 北京：中华书局
④ 1982. 史记·孔子世家. 北京：中华书局

儒学与中国政治

斐然成章，吾不知所以裁之．'子赣知孔子思归，送冉求，因诫曰：'即用，以孔子为招'云"。

孔子一直至68岁才得以返鲁。当季康子听了冉求的建议，召孔子回鲁时，孔子马上"命载而行，曰：'鸟能择木，木岂能择鸟乎！'"①《史记集解》引服虔曰："鸟喻己，木以喻所之之国。"

在周游列国的过程中，孔子四处流浪，四处碰壁。他希望能有一个贤明的国君任用他，然而没有一个诸侯国能够接纳他。他的政治理想和抱负最终也没有得到实现，在历经磨难14年后，又回到了故乡鲁国。

孔子一生积极参与政治，怀着治国安邦、济世济民之抱负，然而却经常失意。孔子在他临终的日子里，曾伤感地说："吾道穷矣。""不怨天，不尤人，下学而上达，知我者其天乎！""天下无道久矣，莫能宗予。"又泣下而歌曰："太山坏乎！梁柱摧乎！哲人萎乎！"② 大政治家、一代宗师孔子，在他73岁时，在失意中走完了一生。

二、春秋时期儒学受厄之缘由试析

孔子之所以在政治上失败，主要是他忠君尊王的思想是春秋社会的现实所不能容忍的，当时的形势和环境都不能让他成功。孔子所处的时代为春秋中后期，他创立儒学的目的就是要维护贵族的等级制，维护天子、国君的绝对权威，维护"君君、臣臣、父父、子子"的名分制，即"礼乐征伐自天子出"的有道的天下。

春秋时期的社会现实是不能容忍孔子的学说和理论的。春秋时期，社会发生了巨大的动荡和变化。《左传·昭公三十二年》记晋国的史墨云："社稷无常奉，君臣无常位，自古以然。故《诗》曰：'高岸为谷，深谷为陵'三后之姓，于今为庶。"一些大贵族地位下降，而原来地位低贱的人却上升成为显贵。贵族们哀叹："筚门闺窦之人而皆陵其上，其难为上矣。"③ 社会等级制也遭到了极大的破坏。

春秋初年，周王室衰微，一些大的诸侯国开始兴起。《国语·郑语》云："及平王之末，而秦、晋、齐、楚代兴。秦景、襄于是乎取周土，晋文侯于是乎定天子，齐庄、僖于是乎小伯，楚蚡冒于是乎始启濮。"齐、晋、楚、秦从东、西北、西、南方向发展起来。东周王室华夏"共主"的地位被动摇。

---

① 1982. 史记·孔子世家. 北京：中华书局
② 1982. 史记·孔子世家. 北京：中华书局
③ 1977. 左传·襄公十年. 上海：上海人民出版社

齐国桓公时期，任用管仲进行改革，制国为乡，整治甲兵，定民之居，相地而衰征，使得齐国"甲兵大足"，"天下大国之君莫之能御"。齐桓公成为春秋首霸。齐桓公执政43年，根据《左传》所载，粗略统计，他召集诸侯会盟达15次之多，又多次召集诸侯军队东征西战，南攻北伐。司马迁在《史记·货殖列传》中说齐桓公"九合诸侯，一匡天下"。本来这些会盟和征伐应由周天子召集，而春秋时期却由齐桓公进行。孔子认为，这种情况是"天下无道，礼乐征伐自诸侯出"。

继齐桓公之后，晋文公称霸。晋文公重耳明察善任，君明臣和，上下一致，人才济济，城濮之战打败了楚国，一战定霸，使春秋霸主常在晋国。整个春秋时期，会盟、征伐皆由晋国召集主持。王室如果有什么争执，反要到晋国去狱讼、打官司。

春秋时期的齐、晋之君虽名义上尊奖王室，而实际上暗中转移周王室的领导权。孔子作《春秋》，对这种情况是非常气愤的。鲁僖公二十八年（前632年），晋国于城濮之战的当年，召集践土（今河南省原阳县西南，武陟县东南）之盟。《左传·僖公二十八年》云："是会也，晋侯召王，以诸侯见，且使王狩。仲尼曰：'以臣召君，不可以训'。故书曰：天王狩于河阳。言非其它也，且明德也。"《史记·晋世家》云："孔子读史记至文公，曰：'诸侯无召王'、'王狩河阳'者，《春秋》讳之也。"由此可见，孔子对于"诸侯召王"是非常气愤的。但他又没有能力改变这个事实，于是只在所作的《春秋》史书上记载"天王狩于河阳"，把晋侯召王前来会盟一事，记作天王之狩，即天王出巡之意。

春秋时期周天子地位下降，诸侯地位上升，这是不可更改的社会现实。孔子是无法改变的，于是孔子致力于在诸侯国中正名正位。他力图维护国君的地位和名分，但孔子的思想和理论在诸侯国中也是行不通的。

春秋中期以后，诸侯各国的形势亦发生了很大的变化。在许多诸侯国中，军功贵族地位上升，国君地位式微，出现了大夫执政掌权的局面。《左传·昭公三年》记载叔向说："晋之公族尽矣。肸闻之，公室将卑，其宗族枝叶先落，则公室从之。"肸，指叔向本人。晋国经过春秋长达一百多年的争霸战争，军政大权逐渐落入卿大夫之手，权归晋国的智氏、魏氏、韩氏、中行氏、赵氏、范氏六卿，以后六卿火并，终于出现了三家分晋的局面。

齐国亦是如此。齐国的大族经过长期的争夺，最终田氏击败了国内的强宗大族，掌握了齐国的大权，田氏代齐。姜姓齐国变成了田姓齐国。

北方华夏诸国中两个最大的诸侯国晋、齐皆出现了大臣专权的局面，在一些小的诸侯国中也是如此。这种情况当然会限制孔子学说的发展和推行。

如前所述，孔子在其母国鲁已经失败，被逐出鲁国，他周游列国途中也未受到更好的待遇。如卫国的大权也已经落入大夫之手。《左传·僖公二十八年》载："卫侯欲与楚，国人不欲，故出其君，以说于晋，卫侯出居襄牛。"襄牛，今河南范县境。卫侯甚至没有与哪一个诸侯结盟的权力，一切听命于本国大臣和晋国。陈、蔡也是如此。陈国的大夫夏征舒杀了陈灵公；蔡太子般弑景公而自立，是为蔡灵侯。这些国家本来就很弱小，受大国的控制，而他们内部又是内乱不已，以臣弑君的现象不绝于书。

孔子生在这样的一个社会中，大臣僭越，国君地位下降，他的君臣等级制度思想是无法实现的。诸侯国君对孔子的学说和思想应该说是很欢迎、很欣赏的，但他们往往不能做主。

齐国景公曾问政于孔子。孔子说："君君、臣臣、父父、子子。"齐景公听了非常高兴说："善哉！信如君不君，臣不臣，父不父，子不子，虽有粟，吾岂得而食诸！"齐景公将欲以尼溪之田封孔子，但齐国大臣晏婴说："夫儒者滑稽而不可轨法；倨傲自顺，不可以为下；崇丧遂哀，破产厚葬，不可以为俗。游说乞贷，不可以为国。自大贤之息，周室既衰，礼乐缺有间。今孔子盛容饰，繁登降之礼，趋详之节，累世不能殚其学，当年不能究其礼。君欲用之以移齐俗，非所以先细民也。"① 于是齐景公就放弃了任用孔子的想法，孔子思想在齐国受阻。

孔子在卫、在陈和蔡，在楚，在晋皆不能为之用，发出了"苟有用我者，期月而已，三年有成"的叹息。孔子晚年回到鲁国，"鲁终不能用孔子，孔子亦不求仕"②。

孔子一生孜孜不倦地、执著地想参与政治活动，以实现他济世济民的理想，以使天下走上"正名"、正等级的轨道，维护等级制和天子、国君之权威，但春秋时期的政治形势遏制了儒家的学说和理论的发展。儒家的学说在春秋时期是难以实现的梦想。

三、战国时期儒学受厄原因试析

孟子继承了孔子的学说，以天下为己任，希望救民于水火，解民之倒悬。孟子在学成以后，像孔子一样去周游列国。虽然孟子不像孔子那样被鲁国执政贵族赶走，但他从未在鲁国得志。如果说孔子早年还曾以大司寇的身份相鲁定公，把自己的主张和抱负施行在国家政务之中的话，孟子却从来没有这种机会。

---

① 1982. 史记·孔子世家. 北京：中华书局
② 1982. 史记·孔子世家. 北京：中华书局

孟子到诸侯各国去游仕,希望得到诸侯国君重用,以实现自己的政治主张。孟子首先来到他的近邻齐国。齐正是齐威王执政时期。孟子与齐大将章子关系很好,"与之游,又从而礼貌之"①。但是齐威王欲王霸天下,孟子的仁政学说不能为他所接受。孟子离开了齐国。

宋王偃欲行仁政。孟子来到宋,劝宋国多用贤才,劝宋国实行当时较轻的什一之税,提倡轻赋薄敛。宋国的执政大夫戴盈之说:"什一,去关市之征,今兹未能。请轻之。以待来年然后已。何如?"孟子说:"今有人日攘其邻之鸡者,或告之曰:'是非君子之道。'曰:'请损之,月攘一鸡,以待来年然后已。'如知其非义,斯速已矣,何待来年。"②什一之税在当时算是轻的,所以对于孟子的这些议论和主张,宋国君臣是不能接受的。于是,孟子离开了宋国。

鲁平公即位后,孟子的学生乐正子执政,孟子就到了鲁国。但鲁平公宠幸的小臣臧仓一直攻击孟子,致使鲁平公一直未能任用孟子。孟子感叹地说:"吾之不遇鲁侯,天也。"孟子又离开了鲁国。

孟子在宋国时居住宋国都彭城(今江苏徐州市)。滕文公当时还是世子,出使楚国,来往两次路过宋国,皆拜见孟子。孟子与滕文公交情很好。

滕文公即位后,由于与其有旧交,于是孟子就来到了滕国。在滕国,孟子曾和农家许行的弟子陈相进行辩论,讲述治国的主张,反对许行的"君民并耕"思想。滕文公很想以仁政治国,但滕国之地不足50里,孟子大概认为他在这里也很难有所作为。

是时,梁惠王处于内忧外困之秋。马陵之战,魏东败于齐,太子申与大将庞涓死;西败于秦,失去河西地;又新败于楚,楚将昭阳得魏襄陵八邑。于是梁惠王卑身厚币,以招贤者。孟子从滕来到魏。在魏国,孟子与梁(即魏)惠王谈数日,他希望梁惠王以仁义治国,不要只贪求利益。但当时战争如火如荼,楚国用吴起,北却三晋,南平蛮越,军舍林中,马饮于大河,威服诸侯,兵震天下。齐国用孙膑、田忌,围魏救赵,打败强魏,称雄天下。秦国用商鞅,据河山之固,富国强兵,东向以制诸侯,奠定了王霸之业。而孟子则以仁义说梁惠王,在当时的形势下,梁惠王对孟子之言根本听不进去,认为孟子之见解"为迂远而阔于事情"。不久,魏惠王死去,魏襄王即位,孟子见到襄王,对他印象很坏,说襄王"望之不似人君,就之而不见所畏焉"。孟子于是离开魏,到齐国去了。

在齐国,齐威王死后,齐宣王曾任用孟子,让孟子做齐国的卿相,即

---

① 杨伯峻.1984.孟子·离娄(下).北京:中华书局
② 杨伯峻.1984.孟子·滕文公(下).北京:中华书局

"孟子为卿于齐"。齐宣王对齐大夫时子说:"我想在国都中为孟子建造华丽的屋子,每年拿万钟粮养他的弟子,使齐国大夫和国人有所效仿的榜样,你去问一下孟子,可否?"但是后来在是否伐燕的问题上,孟子与齐国君臣发生了矛盾(《孟子》一书记载是齐宣王,《战国策》记载是齐愍王)。当时,燕王哙以禅让的形式把国政传给子之,而遭到了燕太子平的反对。齐国准备以此为由讨伐燕国。孟子认为,虽然燕国应该受到讨伐,但不应由齐,而应由天子征伐。齐王不听孟子的意见,一意孤行。孟子就辞去了齐国的职务,离开了齐国。

从此,孟子无心于政治。在晚年,他返回了自己的家乡邹,与弟子门人一起讲学论道,作《孟子》7篇,以传于世。

孟子学说在战国时期受排斥,亦与当时形势有关。战国时期兼并战争与春秋时期争霸战争的性质不同。春秋争霸战争是在"尊王攘夷"的旗帜下进行的,霸主虽然在许多礼仪制度方面都有"僭越",但他们还不敢把周王室完全踢开。《左传·僖公九年》记载:霸主齐桓公见了周襄王还要下拜。当时周襄王还很年轻,而且他的王位亦是齐桓公为之谋定的。在公元前651年的葵丘之盟会上,"齐侯将下拜,(宰)孔曰:'且有后命,天子使孔曰:以伯舅耋老,加劳,赐一级,无下拜。'对曰:'天威不违颜咫尺,小白,余敢贪天子之命,无下拜,恐陨越于下,以遗天子羞。敢不下拜。'下、拜、登、受"。这些记载说明春秋时期下级对上级的"僭越"现象虽然严重,但毕竟臣对君的礼仪还在。

战国时期,自公元前334年,魏、齐"徐州相王"以后,诸侯各国相继称王,与周天子平起平坐。周天子虽名分上为王,实际上周已沦为一个微不足道的小国。齐、楚、燕、赵、韩、魏、秦7个诸侯大国,号称"战国七雄"。

"战国七雄"相互欺诈,相互战争。他们为了削弱对方,吞并敌国,不择手段,对所有礼义全然不顾。如秦国派使者到楚国,用欺骗的手段,应允归还秦攻占楚国的商于之地600里,让楚与齐国绝交。可是当楚与齐绝交后,秦使者只答应给楚国6里,从而引起了秦楚蓝田之战、丹阳之战,楚国惨败。秦国又骗楚怀王到秦国与秦昭王会盟,威胁他割巫郡、黔中郡与秦。当楚怀王拒绝时,秦扣留了楚怀王,楚怀王竟客死在秦邦。

秦国在与三晋的交往中,亦是以欺诈、威胁为主要手段的。"秦、魏百相交,百相欺也。""韩、魏父子兄弟接踵而死于秦者,百世矣……韩、魏之不亡，秦社稷之忧也。"①

战国时期，诸侯国之间以攻伐为目的，以阴谋欺骗为策略，以达到削弱、吞灭对方之目的。西周、春秋以来的古礼和道德全部被抛开。顾炎武在《日知录·周末风俗》中说："春秋时犹尊礼重信，而七国则绝不言礼与信矣。春秋时犹宗周王，而七国则绝不言王矣。春秋时犹严祭祀、重聘享，而七国则无其事矣。春秋时犹论宗姓氏族，而七国则无一言及之矣。春秋时犹宴会赋诗，而七国则不闻矣。春秋时犹有赴告策书，而七国则无有矣。邦无定交，士无定主，此皆变于一百三十三年之间，史之阙文，而后人可以意推者也。不待始皇之并天下，文武之道尽矣。"

顾炎武非常准确地叙述了春秋、战国时期的变化。这是一场思想意识的改变，即在秦始皇兼并天下以前，"文、武之道"已经尽了，再也没有人去"言礼与信"、"言王"、"严祭祀、重聘享"、"论宗姓氏族"、"宴会赋诗"、"赴告策书"了。战国时期的诸侯国为了能在兼并战争中取得优势，不讲礼义、不讲道德，只要能击败对方，他们不惜用最卑鄙的方式来达到目的。

在激烈的兼并战争形势下，诸侯国的朝廷廊庙上奔走着各种各样的说客，苏秦、张仪、公孙衍等纵横家大显身手。《孟子·滕文公》云："公孙衍、张仪岂不大丈夫哉，一怒而诸侯惧，安居而天下息。"公孙衍、张仪一纵一横，其声势足以倾动天下。

阴阳家也是当时诸侯国君最欢迎的人物。阴阳学派的创始人邹衍专讲阴阳五行之说，以金、木、水、火、土五行相克的原理以喻王朝的兴废，从而引起诸侯国君的极大兴趣。《史记·孟子荀卿列传》云："是以邹衍重于齐。适梁，惠王郊迎，执宾主之礼。适赵，平原君侧行撇席。如燕，昭王拥彗先驱，请列弟子之座而受业，筑碣石宫，身亲往师之。作《主运》。其游诸侯见尊礼如此，岂与仲尼菜色陈蔡，孟轲困于齐梁同乎哉！"

从以上记载可以看出邹衍在诸侯各国所受的欢迎。为了能使自己的国家统治长久，诸侯国君对阴阳五行学说表现出了极大的兴趣。燕昭王竟情愿以弟子的身份去学习接受邹衍的学说，并为邹衍筑碣石宫。而孔子、孟子当时的境况却与邹衍完全相反，"仲尼菜色陈蔡，孟轲困于齐梁"。儒家学说受到了冷落和排斥。

儒家学说在战国时期受到排斥，其原因是儒家学说与战国形势不适合。如前所述，战国时期是以兼并他国为目的，以欺诈手段进行你死我活的战争为主线的。而当时儒家的代表人物孟子却劝国君施仁政，不攻伐，爱护百

---

① 1985.战国策·秦策四.上海：上海古籍出版社

姓,这对那些丧心病狂的诸侯国君来说,简直是不能接受的。《孟子·梁惠王下》记载孟子在齐国游说齐宣王,孟子说:"老而无妻曰鳏,老而无夫曰寡,老而无子曰独,幼而无父曰孤。此四者,天下之穷民无告者。文王发政施仁,必先斯四者。"齐宣王却不愿以财产援救这四种贫民,回答说:"寡人有疾,寡人好货。"孟子又说:"王如好货,与百姓同之,于王何者?"齐宣王回答说:"寡人有疾,寡人好色。"孟子进而说周太王、古公亶父喜欢他的妃子,也好色,但"当是时也,内无怨女,外无旷夫。王如好色,与百姓同之,于王何有?"孟子要求诸侯国君与民同乐乐,不要独乐乐。然而当时的诸侯国君皆不能做到"与百姓同之",孟子的游说得不到实现。

孟子希望诸侯国君施行仁政。《孟子·梁惠王上》记载,孟子对梁惠王说:"王如施仁政于民,省刑罚,薄税敛,深耕易耨;壮者以暇日修其孝悌忠信,入以事其父兄,出以事其长上,可以制梃以挞秦楚之坚甲利兵矣。"又说"仁者无敌"。

孟子的"仁政"以及施仁政于民就可以"制梃以挞秦楚之坚甲利兵"的观点都不能被梁惠王接受。《史记·孟子列传》云:孟子"游事齐宣王,宣王不能用。适梁,梁惠王不果所言,则见以为迂远而阔于事情。当是之时,秦用商君,富国强兵;楚魏用吴起,战胜弱敌;齐威王、宣王用孙子、田忌之徒,而诸侯东面朝齐。天下方务于合纵连横,以攻伐为贤,而孟轲乃述唐、虞、三代之德,是以所如者不合。"战国时期,诸侯各国都以攻伐吞灭敌国为目的,为了达到这个目的,诸侯国君也都在努力地使自己的国家变得国富兵强。他们任用法家学派人物商鞅、吴起,进行变法改革,任用军事家孙膑、田忌等,在很短的时间内起到了立竿见影的效果。如商鞅之法,"行之十年,秦民大说,道不拾遗,山无盗贼,家给人足。民勇于公战,怯于私斗,乡邑大治"①。而孟子主张以仁政治民,诸侯国君是不能接受的。

孟子反对战争,他认为"春秋无义战","攻城一战,杀人盈城;攻地一战,杀人盈野。"因此当诸侯国君向他询问攻伐之事,孟子都是反对或者不回答。《史记·孟子列传》云:"卫灵公问陈,而孔子不答,梁惠王谋欲攻赵,孟轲称大王去邠。此岂有意阿世俗苟合而已哉!持方枘欲内圜凿,其能入乎?"《索隐》云:"方枘是笋也,圆凿是孔也。谓人工斲木,以方笋而内之圆孔,不可入也……谓战国之时,仲尼、孟轲以仁义干世主,犹方枘圆凿然。"

战国时期,齐、梁、诸侯不能接纳孟子,宋国、鲁国、邹国也不能接受

---

① 1982. 史记·商君列传. 北京:中华书局

孟子。如鲁平公想见孟子时，鲁平公的宠幸小臣臧仓就反对，结果使鲁平公中途而止。

孟子离开诸侯国是不得已而为之。他与孔子一样有强烈的参政意识，然而诸侯国君不能容他，甚至满脸怒色，大发脾气。如《孟子·公孙丑下》记，孟子云："千里而见王，是予所欲也；不遇故去，岂予所欲哉？予不得已也。予三宿而出昼（指昼县），于予心犹以为速，王庶几改之！王如改诸，则必反予。夫出昼，而王不予追也，予然后浩然有归志。予虽然，岂舍王哉！王由足用为善；王如用予，则岂徒齐民安，天下之民举安。王庶几改之！予日望之！予岂若是小丈夫然哉？谏于其君而不受，则怒，悻悻然见于其面，去则穷日之力而后宿哉？"

儒家学说在战国时期受到排斥，不能为诸侯国君所接受，是由于儒家学说与战国的兼并形势不相符合。儒家学说是使封建国家长治久安的学说，它不能为诸侯国君的穷兵黩武、吞灭敌国、不顾礼义的短期行为服务，因此战国时期诸侯国君拒绝儒家学说，并且排斥儒家。

战国后期，诸侯国君推崇并委以重任的法家学说迅速发展起来。法家学说的集大成者韩非子对儒家进行了猛烈的抨击。《韩非子·五蠹》认为儒家学说的恢复先王之道是"守株待兔"，说："今欲以先王之政治当世之民，皆守株之类也。"《五蠹》把"儒"当做"五蠹"之一，说："儒以文乱法，侠以武犯禁，而人主兼礼之，此所以乱也。"《说文》云："蠹，木中虫也。"也就是把儒家比作害虫。韩非子说："是故乱国之俗，其学者则称先王之道以籍仁义，盛容服而饰辩说，以疑当世之法而贰人主之心。……人主不除此五蠹之民，不养耿介之士，则海内虽有破亡之国，消灭之朝，亦勿怪矣。"①

韩非子把儒家学派比喻为蠹虫，认为是"乱国之俗"的邪说，有"破亡之国、削灭之朝"的危险。儒家学说经过春秋、战国二百多年的发展，在政治上不仅没有建树，并且成为被打击的对象，预示着有更悲惨的命运等待着他们。儒家学说在春秋、战国时期是受排斥的学说。

第二节 儒家学说的灭顶之灾

一、法家学说是秦国政治的指导理论

秦国在春秋初年建国，开始并不是一个强大的诸侯国。公元前627年，

---

① 1983. 诸子集成·韩非子·五蠹. 北京：中华书局

秦晋发生了崤之战,晋国全歼了秦国军队。从此,秦国无法东向,转而向西发展。史书上虽然记载秦国"独霸西戎",但是西部当时有很多蛮荒之地,而中原地区是最繁华的人文荟萃之地,才是秦国最垂涎的地方。东部强大的晋国挡住了秦东进的道路,使秦国长期处于落后的状态。

战国初年,虽然旧晋灭亡,但新兴的三晋,特别是魏国的强大仍然是秦国东进不可逾越的障碍。吴起为魏国"守西河,而秦兵不敢东乡(向)"①。"秦僻在雍州,不与中国诸侯之会盟,夷翟遇之。"② 而当魏武侯时期,魏国改变了魏文侯时期的任用贤能的政策,吴起在魏国受到排斥,离魏奔楚,这就给秦国了一个好机会。

战国早期的秦孝公是一个有为的国君,他不满意秦国当时的地位,于是下令招贤。"孝公于是布惠振孤寡,招战士,明功赏。下令国中曰:'昔我穆公自岐雍之间,修德行武,东平晋乱,以河为界,西霸戎翟,广地千里。天子致伯,诸侯毕贺,为后世开业,甚光美。会往者,厉、躁、简公、出子之不宁。国家内忧,未遑外事。三晋攻夺我先君河西地。诸侯卑秦,丑莫大焉。献公即位,镇抚边境,徙治栎阳,且欲东伐,复穆公之故地,修穆公之政令。寡人思念先君之意,常痛于心。宾客群臣有能出奇计强秦者,吾且尊官,与之分土。'"③ 这时在魏受到冷落的公孙鞅来到了秦国。

公孙鞅,卫国之诸庶孽公子,名鞅,姓公孙氏,其祖先本为姬姓。公孙鞅,因是卫国人,又称卫鞅;以后在秦受封邑于商,故又称商鞅或商君。商鞅"少好刑名之学","有奇才"④,曾入魏求仕,但未受到魏惠王的重用,听说秦孝公求贤,乃西入秦。

商鞅见秦孝公,以强国之术说之,"语数日不厌"⑤。秦孝公用商鞅以定变法之令,实行政治、经济以及军事的全面改革。商鞅变法的内容主要有以下几点。

(1)颁布法律,实行连坐政策。五家编为一伍,十家编为一什;一家有罪,而九家举发,若不举发,则十家连坐,皆有罪。商鞅用重赏和重罚的方法强行推行法令。如果不告奸者,腰斩;隐匿奸人者,与降敌同罚;如果揭发检举奸人者,与斩敌首同赏。为了保护私有财产,商鞅严明刑法,甚至轻罪重判。汉代桑弘羊《盐铁论·刑德》中说:"商君刑弃灰于道而秦民治,

---

① 1982. 史记·吴起列传. 北京:中华书局
② 1982. 史记·秦本纪. 北京:中华书局
③ 1982. 史记·秦本纪. 北京:中华书局
④ 1982. 史记·商君列传. 北京:中华书局
⑤ 1982. 史记·商君列传. 北京:中华书局

故盗马者死，盗牛者加，所以重本而绝轻疾之资也"，把盗窃马、牛者一律处死。

（2）奖励军功，废除世袭制。商鞅制定二十等军功爵位，按军功大小，授爵位和俸禄。按功劳以明尊卑、爵秩和等级，从而确定占有田宅、臣妾的多少和服饰的等级。如果宗室没有军功，则削去宗室属籍。"有功者显荣，无功者虽富无所芬华。"①

（3）奖励耕织，实行重农抑商政策。秦民如努力于本业，勤于耕织，致粟帛多者，可免除其本身的徭役；如从事商业而取利者，或怠惰以致贫困之人，官府收为奴婢。

（4）发展小农经济。令民有二男以上者皆分家，如不分家，则让其出两倍的赋税。

（5）为田开阡陌封疆，使赋税平。就是决开田中的阡陌封疆，扩大土地使用面积，废除古老的村社井田制。《汉书·食货志》曰："及秦孝公用商君，坏井田，开阡陌……倾邻国而雄诸侯。"所谓"坏井田，开阡陌"，《说文》曰："六尺为步，步百为亩，秦田二百四十步为亩。"清人段玉裁注云："秦孝公之制也，商鞅开阡陌封疆。"杜佑《通典》云："按周制，步百为亩，亩百给一夫。商鞅佐秦，以一夫力余，地利不尽，于是改制二百四十步为亩，百亩给一夫矣。"可知商鞅的"开阡陌封疆"就是扩大每亩的单位面积，把原来的每百步一亩改为240步一亩，以尽民力、地力，使赋税均平。杨宽先生认为："卫鞅的改革是在秦国境内正式废弃井田制确认自耕农的土地所有制，促进小农经济的发展，增加地税收入。"②商鞅对赋税制度的改革刺激了个体农民的生产积极性。

（6）普遍推行县制。把小的乡邑聚为县，设置县令、丞等官吏，全国共设31个县。普遍设县后，国君对地方的行政领导加强了。

（7）统一度量衡。"平斗桶，权衡丈尺。"③桶，《集解》引郑玄曰："音勇，今之斛也。"

（8）革除残留的原始社会风俗，"令民父子兄弟同室内息者为禁"④，建立了文明的社会风俗。

（9）迁都咸阳，建造宫室。商鞅将都城东迁至咸阳，为秦国的东进及后来的统一战争作了准备。

---

① 1982. 史记·商君列传. 北京：中华书局
② 杨宽. 1998. 战国史. 上海：上海人民出版社
③ 1982. 史记·商君列传. 北京：中华书局
④ 1982. 史记·商君列传. 北京：中华书局

商鞅在秦国的政治、经济、军事各个领域进行变革，建立起赏罚严明的官僚政治体制。太子犯法，商鞅刑其傅公子虔，黥其师公孙贾。商君之法，"行之十年，秦民大悦，道不拾遗，山无盗贼，家给人足。民勇于公战，怯于私斗，乡邑大治"①，秦国力大盛。

商鞅是从魏国到秦国的，商鞅游仕魏国，正值魏文侯利用布衣卿相进行改制之时，商鞅在魏国亲眼看到李悝、吴起等人的治国策略和主导政策。商鞅的变法改制是在吸收李悝、吴起变法的基础上进行的。

商鞅和韩非子都是对秦国政治影响很大的政治家和思想家，然而究其思想之源，皆与儒家有渊源关系。虽然法家学说是在儒学的基础上产生的，儒学间接地影响了秦国。但是，秦国是以法家学说为指导的诸侯国，并且反对儒学最烈。

战国后期，韩非子、李斯是对秦国影响最大的思想家和政治家。韩非子是法家思想的集大成者，他的耕战思想与民本思想与儒家有很多联系。韩非子还认为，国家的刑罚是为了让人民相亲相保，祸乱不生。"故其治国也，正明法，陈严刑，将以救群生之乱，去天下之祸，使强不凌弱，众不暴寡，耆老得遂，幼孤得长，边境不侵，君臣相亲，父子相保，而无死亡系虏之患，此亦功之至厚者也。"② 国家制定法律的目的是为了使民知法、懂法而不犯法，法律是为了保护弱、寡、耆老、幼孤者。韩非子的这些思想至今依然存其可贵的现实意义。

韩非子法家思想的核心是维护君主的绝对权威，他在《定法》、《七术》、《六微》、《八奸》、《八说》、《备内》、《二柄》、《扬权》、《三守》等文章中都为维护国君的绝对权威提出了具体的策略。

韩非子所著书传到秦国，秦王见其书，欣赏备至，说："嗟呼，寡人得见此，与之游，死不恨矣。"③ 秦王征调大批兵力，攻打韩国，威逼韩王交出韩非子。韩国自然不是秦国的敌手，于是韩王乃遣送韩非子至秦。秦王本来准备重用韩非子，但较韩非子先到秦国的李斯与韩非子同是荀子的学生，是同窗，他自以为不如韩非子，与姚贾合谋陷害韩非子，于是韩非子死在狱中。

韩非子虽死，其法制思想成为秦国的指导思想。韩非子在《五蠹》篇中反对儒、侠，对秦国有极大的影响，秦最后焚书坑儒的极端做法是孔子为代表的早期儒家学者们所料想不到的。

---

① 1982. 史记·商君列传. 北京：中华书局
② 1983. 诸子集成·韩非子·奸劫弑臣. 北京：中华书局
③ 1982. 史记·韩非子列传. 北京：中华书局

二、秦王朝的焚书坑儒

东周时期,自秦国任用商鞅进行变法,法家的统治思想始终是秦国的主导思想。在法家思想和路线的指导下,秦国愈战愈强。战国后期,秦国相对关东六国具有压倒性的优势。在这种形势下,儒家思想很少在秦国传布。孔子周游列国时,似乎从来没有考虑是否到秦国,因为儒家思想根本不会为秦国所容。

秦王政执政以后,法家学者的集大成者韩非子的书传至秦国,受到秦王政的青睐,对秦国的政治产生了强烈的影响。

秦王政对法家思想情有独钟。秦统一六国,建立起了专制皇权的大一统的封建帝国。秦王政在大臣的拥戴下,自称为"始皇帝",希望后世以数计,二世、三世至于万世,传之无穷。秦始皇时期,皇权空前强化。

秦始皇统一六国以后,继续推行法家路线,以丞相李斯的上疏为国策。《史记·秦始皇本纪》记载李斯曰:"今陛下创大业,建万世之功,固非愚儒所知。且越言乃三代之事,何足法也。异时诸侯并争,厚招游学。今天下已定,法令出一。百姓当家则力农工,士则学习法令辟禁。今诸生不师今而学古,以非当世,惑乱黔首。丞相臣斯昧死言:'古者天下散乱,莫之能一,是以诸侯并作,语皆道古以害今,饰虚言以乱实,人善其所私学,以非上之所建立。今皇帝并有天下,别黑白而定一尊,私学而相与非法教,人闻令下,则各以其学议之,入则心非,出则巷议,夸主以为名,异取以为高,率群下以造谤。如此弗禁,则主势降乎上,党与成乎下。禁之便。臣请史官非《秦记》则烧之。非博士官所职,天下敢有藏《诗》、《书》、百家语者,悉诣守、尉杂烧之。有敢偶语《诗》、《书》者弃市。以古非今者族。吏见知不举者与同罪。令下三十日不烧,黥为城旦。所不去者,医药卜筮种树之书。若欲有学法令者,以吏为师。"制曰:"可。"

秦始皇的这道命令下达以后,儒家经典书籍成为"禁书"。除个别的读书人偷偷地把书藏起来之外,一把秦火烧了自西周以来传布千余年的儒家学说的书籍。儒家学说受到空前的打击。

秦始皇本来就对儒家提倡的"王道治国"非常反感。他即位以后,为了永享富贵,派人和方士一起去寻求长生不老仙药。而那些方士骗得了钱财,却无处为之寻药,于是相继逃去。始皇闻此事大怒曰:"'吾前收天下书不中用者尽去之。悉召文学方术士甚众,欲以兴太平,方士欲练以求奇药。今闻韩众去不报,徐市等费以巨万计,终不得药,徒奸利相告日闻。卢生等吾尊赐之甚厚,今乃诽谤我,以重吾不德也。诸生在咸阳者,吾使人廉问,或为妖言以乱黔首。'于是使御史悉案问诸生,诸生传相告引,乃自除。犯禁者

四百六十余人，皆坑之咸阳，使天下知之，以惩后。益发谪徙边。"① 这就是历史上著名的"焚书坑儒"事件。

史籍或传有秦始皇秘密杀害儒生的做法。《史记·儒林列传》《正义》引卫宏《诏定古文尚书序》云："秦既焚书，恐天下不从所改更法，而诸生到者拜为郎，前后七百人，另密种瓜于骊山陵谷中温处。瓜实成，诏博士诸生说之。人言不同，乃令就视，为伏机，诸生贤儒皆至焉。方相难不决，因发机，从上填之以土，皆压，终乃无声也。"这段记载是说秦以种瓜为名，让儒生前去就视，设伏机，尽坑之。（按：根据秦始皇的淫威，根本无需设计谋，以儒生犯禁的罪名，将其坑杀即可。或许咸阳所坑杀的460多儒生，与骗取看瓜的儒生分别是两次所杀。总之，秦始皇坑杀儒生是史实。）大批的儒家经典被焚烧，儒家学者被杀戮。秦王朝"焚书坑儒"对儒家学说是一次灭顶之灾。

从秦始皇"焚书坑儒"开始，一直到西汉文帝时期，谁如果拿或看儒家的书，都是犯法的。此后，西汉文帝破"挟书律"，儒生伏胜献自己密藏之书，并因此引起了今古文之争。孔子故宅中所得书为古文经，伏胜所传之书称为今文经。汉武帝时，又广泛地搜求先秦旧书。鲁恭王坏孔子故宅，于鲁壁中得《逸礼》、《书》、《春秋》等书，儒家学说才得以重见天日。儒学重新在血泊中站起，并且与封建王朝结下了不解之缘，成为历代帝王治理国家的政治基础学说。

---

① 1982. 史记·秦始皇本纪. 北京：中华书局

第五章
两汉儒学的空前繁荣

西汉时期，儒学走出了先秦时期的低谷，达到了空前的繁荣。

探求秦王朝灭亡的原因，是汉初统治者讨论的重要内容。秦王朝用法家学说治理国家及其暴政，使秦王朝成为短命王朝，这种现象引起了西汉帝王的警惕。西汉时期，封建帝王愈来愈感到儒家学说对封建国家的重要作用。儒学的等级思想、君主至尊思想、仁政思想都是封建王朝巩固自己的统治与国家安定所必需的理论。虽然西汉王朝建立之始，由于社会经济的残破，采取了休养生息的黄老学说，但从汉高祖时开始，儒家学说就逐渐与封建政权结合；汉武帝时期，定儒学为一尊，从此儒学登上政治舞台，成为封建王朝的奠基理论。

儒学关于君主至尊及等级思想，对维护封建帝王绝对的、至高无上的地位有重要的意义；其仁政、清廉任贤又可使封建社会政治清明。隋唐以后，封建王朝又把儒家经典列为科举考试的科目。历史事实告诉我们，封建帝王如以儒家学说和理论治理国家，那么就会出现封建王朝的盛世；反之，则会导之以衰。儒家学说是适合于中国封建社会的政治学说，对中国封建社会的政治起着积极的作用。

西汉武帝时期，统治者逐渐发现儒家学说是最适合他们的理论。儒家学说要求维护严格的封建等级制度，树立国君的绝对权威，对于巩固封建王朝的统治有特别重要的作用。汉武帝采取儒生董仲舒的建议：罢黜百家，独尊儒术。从此，儒家学说开始走上政治舞台，与政权结合起来，成为治国安邦的理论。

西汉儒学有一个重要的特点，就是汉代儒家对儒学进行了改造，以孔子的儒家学说为主，吸收法家学说、阴阳家学说、墨家学说，等等，形成了西汉新儒学思想体系。西汉统治者名义上提出罢黜百家，独尊儒术，其实是博采诸家之长，从而使儒家学说变得更加丰富，成为大一统封建王朝的统治学说和理论。

儒学与中国政治

第一节　儒学与汉初政权的谨慎结合

一、叔孙通定西汉朝仪

秦朝末年，汉高祖刘邦以泗水亭亭长的身份率领民工斩白蛇起义。刘邦做亭长时，身上就有许多无赖习气，好酒好色，到酒店喝酒，常不给酒钱，所共事者无不受他的狎侮。但此人性情豁达大度，不肯委屈在田里生产，只喜欢在社会上混事，因此做了亭长。当他起义以后，在队伍中纳谏如流，知人善任，选贤任能，终于推翻了秦二世的统治，成就了西汉的帝业。

但是，刘邦建立帝业之初，对儒家思想，乃至对儒士都极为反感。长年战争的腥风血雨，剥蚀了这位皇帝最后的一点斯文。《史记·郦生陆贾列传》记载，每当有客人戴儒冠来访时，"沛公不好儒，诸客冠儒冠来者，沛公辄解其冠，溲溺其中，与人言，常大骂，未可以儒生说也"。这些话表现了汉高祖蔑视儒学的心理。

汉五年（前202年），刘邦打败了项羽，赢得楚汉战争的全胜，建立了西汉帝国，汉高祖刘邦即皇帝位。刘邦大摆宴席，以庆战功。庆功会上灯红酒绿，热闹异常，汉高祖亲自把盏，与群臣共欢。然而，刘邦的部下多无赖和亡命之徒。他们在打天下的时候奋不顾身，亲冒锋镝；然而他们没文化，没远见，在庆功会上，饮酒争功，狂呼妄叫，醉酒撒疯，拔剑击柱，全然不像国家官吏，也毫无上下的等级意识。"诸侯共尊汉王为皇帝于定陶。……高帝悉去秦苛仪法为简易。群臣饮酒争功，醉或妄呼拔剑击柱，高帝患之。"[①]这使得新即位为皇帝的刘邦非常难堪。群臣之中的流氓作风，不能适应新建成的严肃的政权。

《史记·叔孙通列传》记载，叔孙通知道刘邦已经对此不满意，但这个时期儒学尚未被汉初统治者所接受。叔孙通于是小心翼翼地对刘邦说："夫儒者难与进取，可与守成。臣愿征鲁诸生与臣弟子，共起朝仪。""臣愿颇采古礼与秦仪杂就之。"刘邦同意以后，叔孙通就挑选了30多人，在野外蕞茅树地，练习尊卑礼仪。当时有两个儒生不愿意跟随叔孙通，说："公所事者且十主，皆面谀以得亲贵。今天下初定，死者未葬，伤者未起，又欲起礼乐。礼乐所由起，积德百年而后可兴也。吾不忍为公所为。公所为，不合古，吾不行。公往矣，无污我。"这种现象表现出汉初儒学尚不能为人所接

---

① 1982. 史记·叔孙通列传. 北京：中华书局

受的情况，人们对儒学还表现出一种畏惧的情绪。叔孙通带领儒生们练习月余，就其仪号，请高祖皇帝观看礼仪参拜的情况。刘邦大喜，令群臣都去接受叔孙通的训练。

汉王朝七年（前200年），长乐宫落成。又逢十月，西汉王朝的历法，以十月为岁首（汉武帝太初元年才改为正月为岁首），故每年十月行朝岁之礼。诸侯群臣皆亲朝贺，叔孙通就把训练好的大臣卫兵以次引入殿门。廷院中陈列着车骑、步卒、卫兵，遍插旌旗，传令者皆小步、疾行致敬。郎中立于殿下两廊，每边数百人。功臣列侯武官立于西方，面向东；文臣丞相立于东方，面向西。大行设九宾，以次传令。汉高祖乘着华丽宝贵的龙辇出来，前呼后拥，威风凛凛。百官举着令旗，龙辇两边有侍帷幄者跟随左右以传令。诸侯王以下至六百石以上的官员以次执礼奉贺。文武百官莫不振恐肃敬，无敢哗然失礼者。礼毕，皇帝置酒大宴群臣，殿上所有的百官皆伏抑首，以尊卑等次向皇帝祝福，敬酒九遍后，罢酒。御史执法不如礼仪者，马上令其退下殿堂，真是天子皇皇，大臣穆穆。汉高祖刘邦起于布衣微细，如今真正感到了天下至尊的威严。他感慨地说："吾乃今日知为皇帝之贵也。"汉高祖"乃拜叔孙通为太常，赐金五百斤。叔孙通因进曰：'诸弟子儒生随臣久矣，与臣共为仪，愿陛下官之。'高帝悉以为郎。叔孙通出，皆以五百斤金赐诸生。诸生乃皆喜曰：'叔孙生诚圣人也，知当世之要务。'汉九年，高帝徙叔孙通为太子太傅"。

刘邦死后，孝惠帝让叔孙通制定汉陵园礼仪制度。《史记·叔孙通列传》记载："高帝崩，孝惠即位，乃谓叔孙生曰：'先帝园陵寝庙，群臣莫能习。徙为太常定宗庙仪法。'及稍定，汉诸仪法皆叔孙生为太常所论著也。"汉代的礼仪制度大抵皆叔孙通所定。

叔孙通按照儒家的礼制，尊卑等级以定朝仪，在群臣中树立起皇帝的至尊地位，这对西汉江山的稳定、国家政权的完善都有重要的意义。司马迁说："叔孙通希世度务制礼，进退与时变化，卒为汉家儒宗。"[①]

二、陆贾的《新语》对汉高祖的影响

西汉时期，尽管已经不再打击儒学及儒生，但是自春秋战国以来的轻视儒家以及秦王朝以政刑为本，对儒学的残酷迫害与打击，在西汉初年的统治者心中有深刻的影响。而秦王朝的短命，仅以15年而亡的历史又引起了他们的反思和警惕。于是如何保住汉室江山，使汉家王朝长治久安的问题引起

---

① 1982. 史记·叔孙通列传. 北京：中华书局

了西汉王朝有识之士的忧虑。他们也认识到儒家学说"难于进取，可与守成"，如果要安定汉家江山，非儒家学说不可。

儒生陆贾经常在刘邦面前盛赞《诗经》、《尚书》，希望能引起刘邦的兴趣，但却往往遭到刘邦的大骂。"陆生时时前说称《诗》、《书》。高帝骂之曰：'乃公居马上而得之，安事《诗》、《书》？'陆生曰：'居马上得之，宁可以马上治之乎？且汤武逆取而以顺守之，文武并用，长久之术也。昔者吴王夫差、智伯极武而亡；秦任刑法不变，卒灭赵氏。向使秦已并天下，行仁义，法先圣，陛下安得而有之？'高帝不怿而有惭色，乃谓陆生曰：'试为我著秦所以失天下、吾所以得之者何？及古成败之国。'陆生乃粗述存亡之征，凡著十二篇。每奏一篇，高帝未尝不称善，左右呼万岁，号其书曰《新语》。"①这里所说的赵氏，即秦王朝。秦始皇，嬴姓，出自赵氏。陆贾以儒学思想写成的《新语》，在西汉统治者心目中开始占据重要地位。

陆贾在《新语》一书中充分地宣扬儒家的仁义思想。他认为，仁义是治国的根本之道。任何一个国家的统治者假使不行仁义，就失去了根本，而国家也肯定会灭亡。《新语·道基》云："守国者以仁坚固，佐君者以义不倾。君以仁治，臣以义平，乡党以仁恂恂，朝廷以义便便，美女以贞显其行，烈士以义彰其名。阳气以仁生，阴节以义降。鹿鸣以仁求其群，关雎以义鸣其雄。春秋以仁义贬绝，诗以仁义存亡。乾坤以仁和合，八卦以义相承，书以仁叙九族，君臣以义制忠礼，以仁尽节乐，以礼升降。仁者道之纪，义者圣之学。学之者明，失之者昏，背之者亡。陈力就列，以义建功，师旅行阵，德仁为固。仗义而强，调气养性，仁者寿长，美才次德，义者行方。君子以义相褒，小人以利相欺，愚者以力相乱，贤者以义相治。《榖梁传》曰：'仁者以治亲，义者以利尊，万世不乱。仁义之所治也。'"

陆贾说："德为上，行以仁义为本。故尊于位，而无德者黜。富于财，而无义者刑。贱而好德者尊，贫而有义者荣。"②"在朝者忠于君，在家者孝于亲，于是赏善伐恶而润色之，兴辟雍庠序而教诲之，然后贤愚异议，廉鄙异科，长幼异节，上下有差，强弱相扶，小大相怀，尊卑相承，雁行相随，不言而信，不怒而威，岂特坚甲利兵，深刑刻法，朝夕切切而后行哉。"③

陆贾亦可称得上是先秦儒家在汉代的传人，他完全继承了儒家的忠、孝、礼、义、仁、德的思想。陆贾还进一步发挥了孔子的义利观，要求西汉统治者以儒学治国。他说："故君子笃于义而薄于利，敏于事而慎于言。"

---

① 1982. 史记·陆贾列传. 北京：中华书局
② 1983. 诸子集成·新语·本行. 北京：中华书局
③ 1983. 诸子集成·新语·至德. 北京：中华书局

"故圣人卑宫室而高道德,恶衣服而谨仁义,不损其行以增其容,不亏其德以饰其身。国不兴无事之功,家不藏无用之器,所以稀力役而省贡献也。璧玉珠玑不御于上,则玩好之物弃于下。雕刻绨画不纳于君,则淫伎曲巧绝于民。夫释农桑之事,入山海,采珠玑,求瑶琨、探沙谷、捕翡翠瑇瑁、搏犀象、消筋力、散布泉,以极耳目之好,以快淫邪之心,岂不谬哉。"①《新语》一书阐述了儒家的重义轻利思想。

陆贾说:"圣人居高处上,则以仁义为巢;乘危履倾,则以贤圣为杖。故高而不坠,危而不仆者,尧以仁义为巢,舜以禹、稷、契为杖,故高而益安,动而益固。然处高之安,乘克让之敬,德配天地,光被四表,功垂于无穷,名传于不朽,盖自处得其巢,任杖得其材也。秦以刑罚为巢,故有覆巢破卵之患。"②

有人说:"汉代重儒,开自陆生也。"陆贾以沉痛的教训、生动的史实说服了汉初君臣,使他们转变对儒学的态度,促使了儒学与君主权力的结合。《汉书·高帝纪》记载:汉高祖在途经山东曲阜时还"以太牢祠孔子"。这与他以前对儒学的谩骂、蛮横态度形成了鲜明的对比。由尚刑到尚德,由重利到重义,是由尊法到尊儒的根本思想的转变。

当此之时,汉室初定,儒学刚刚被提到政坛神庙之中,这时的儒家还不敢提出罢黜百家、独尊儒术的观点。儒家学说吸收其他学派的观点,儒法并用,外儒内法,是中国政治的特色。陆贾在《术事》中说:"故良马非独骐骥,利剑非惟干将,美女非独西施,忠臣非独吕望。""书不必起于仲尼之门,药不必出于扁鹊之方,合之者善,可以为法,因世而权行。"这些言论表现了儒学在初与政权结合时小心翼翼的权变态度。

三、贾谊的服色制度

西汉文帝时期,儒学逐渐走出低谷。贾谊是汉初重要的儒学家,对儒学在西汉初年的发展起了重要的推动作用。贾谊是一个少年才子,18岁就精通诸家之书,以儒学为主,著有《新书》10卷58篇。西汉的儒学,其实就是法、道、墨等诸子的合流与融汇。

西汉初年,叔孙通定朝仪,陆贾作《新语》,说服汉高祖。而贾谊改正朔、易服色、定朝度,基本扫清了儒学在西汉王朝发展的障碍,使儒学与西汉政治初步结合,为儒学在西汉王朝的繁荣创造了条件和基础。

贾谊年少博学,初被汉文帝召为博士,很快又破格升迁为太中大夫。贾

---

① 1984. 百子全书·新语·本行. 杭州:浙江人民出版社
② 1984. 百子全书·新语·辅政. 杭州:浙江人民出版社

谊以天下为己任，他认为西汉王朝已建 20 余年，应该建立自己的制度礼乐。《汉书·贾谊传》记载："（贾）谊以为汉兴二十余年，天下和洽，宜当改正朔，易服色制度，定官名，兴礼乐。乃草具其仪法，色上黄，数用五，为官名悉更，奏之。文帝谦让未皇也。然诸法令所更定，及列侯就国，其说皆谊发之。"

汉代的正朔、服色、官名、礼乐、仪法等制度，是贾谊根据战国以来出现的阴阳五行学说而创立的。根据五行学说的理论，秦朝是水德，色尚黑，数用六（即一切事物以六为吉）。土能克水，故西汉王朝自认为是土德，以胜秦王朝的水德。土德尚黄，故汉以黄色为上。五是奇数一、三、五、七、九之中数，故汉代以"五"为上，为吉。汉代服色制度的创立，皆由贾谊制定并解释。

《新书·制不定》云："仁义恩厚，此人主之芒刃也。权势法制，此人主之斤斧也。势已定，权已足矣。乃以仁义恩厚因而泽之，故德布而天下有慕志。"贾谊继承荀子一派的儒家思想，要求统治者治国时要礼、法并用。

《新书·礼》云："礼者，所以固国家，定社稷，使居无失其民者也。主臣，礼之正也。威德在君，礼之分也。尊卑大小，强弱有位，礼之数也。……故礼者，所以守尊卑之经，强弱之称者也。礼，天子适诸侯之宫，诸侯不敢自阼阶者，主之阶也。天子适诸侯，诸侯不敢有宫，不敢为主人礼也。君惠、臣忠、父慈、子孝、兄爱、弟敬、夫和、妻柔、姑慈、妇听，礼之至也。"贾谊认为，礼是区别尊卑大小强弱的制度，是巩固国家、稳定社稷的根本大法，否则国家社会失民、失位。礼是调整君臣、父子、兄弟、夫妇、婆媳关系的制度。

贾谊主张君臣上下、各级贵族在宫室服饰方面皆有不同的等级，这样才能表现出贵族的身份。贾谊说："所谓主者安居，臣者安在，人之情不异，面目状貌同类，贵贱之别，非人人天根著于形容也。所持以别贵贱、明尊卑者，等级、势力、衣服、号令也。乱且不息，滑曼无纪，天理则同，人事无别。然则所谓臣主者，非有相临之具，尊卑之经也。"① 又说："贵贱有级，服位有等。等级既设，各处其检。人循其度，擅退则让，上僭则诛。建法以习之，设官以牧之，是以天下见其服则知贵贱，望其章而知其势位。人定其心，各著其目，故众多而天下不眩，传远而天下识祇。尊卑已著，上下已分，则人伦法矣。于是君之与臣，若日之与星。以臣不几可以疑主，贱不几可以胄贵。下不凌等则上位尊，臣不蹦级则主位安。谨守伦纪，乱无由

---

① 1984.百子全书·新书·等齐.杭州：浙江人民出版社

生。"① 贾谊认为，只有从宫室服饰区别君臣上下的等级，使臣下望而生畏，从而不敢凌犯上司，才能维护君主的尊贵和绝对的权威。

贾谊具有浓厚的民本主义思想。他说："闻之于政也，民无不为本也。国以为本，君以为本，吏以为本。故国以民为安危，君以民为威侮，吏以民为贵贱，此之谓民无不为本也。"② 贾谊在《大政上》篇中还把民比为"国之命"，认为"国以民为安危"。"夫畜与福也，非降在天也，必在士民也。呜呼！戒之！戒之！夫士民之志，不可不要也。呜呼！戒之！戒之！行之善也。……天有常福，必与有德。天有常畜，必与夺民时。故夫民者，至贱而不可简也；至愚而不可欺也。故自古至于今，与民为仇者，有迟有速，而民必胜之。""为人臣者，以富乐民为功，以贫苦民为罪，故君以知贤为明，吏以爱民为忠。"贾谊看到了人民的力量。他说：民虽然"至贱"、"至愚"，但他们是不可欺的。自古至今，凡与民为仇者，皆是注定要失败的，只不过早迟而已，而百姓是绝对的胜利者。他还说："夫民命者，大族也。民不可不畏也。故夫民者，多力而不可敌也。与民为敌者，民必慎（胜）之。""民之不善也，吏之罪也。"③ 贾谊认为，人民皆是好的善的，如果民众起来暴乱造反，那都是官吏逼的。君主官吏更绝不能与民为敌，与民为敌者必败，故君主官吏应以民为本。

贾谊的服色制度对中国的影响非常大。西汉以后，中国上自皇帝，下至贵族和平民皆有固定的服色。明代董说撰《七国考》卷12《田齐刑法》记载的齐国曾有"锦绣之禁"，引《琐语》云："齐威王时，国中大糜，民不衣布，于是威王造锦绣之禁，罪若诽谤王矣。"④ 齐威王曾立法，如果百姓们谁敢穿锦绣的衣服，其罪相当于"诽谤王"，那是要杀头的。只有贵族才能穿锦绣的衣服。这是中国最早的服饰等级。在此之前，虽然百姓们无钱穿华丽的衣服，但如果真有钱，也是可以穿的。自齐威王始，中国有了服饰之禁。而自贾谊始，中国有了严格的服色制度。

汉代尚黄，从此黄色成为皇帝的特权。只有皇帝才能穿黄色的衣服，后来又发展为皇帝、皇后、太子才能穿黄色的衣服。后世把皇帝的衣服称为"龙袍"。其他的大臣，按照等级穿白色、红色、黑色等不同服色的衣服。如果你越级穿不符合身份服色的衣服，是要治罪的。更重要的是，如果有人敢穿黄色的衣服，那就是有谋反、犯上作乱之罪，是要杀头的。中国统治者严

---

① 1984. 百子全书·新书·服疑. 杭州：浙江人民出版社
② 1984. 百子全书·新书·大政（上）. 杭州：浙江人民出版社
③ 1984. 百子全书·新书·大政（上）. 杭州：浙江人民出版社
④ （明）董说. 1956. 七国考·田齐刑法. 北京：中华书局

格地维护自己在服色方面的等级特权。

由此可见,贾谊主张以仁义治国,以民为本,以礼法治国;君臣要有鲜明的等级,踰等级者予以诛杀。

贾谊主张重农抑商。他说:"今法律贱商人,商人已富贵矣;尊农夫,农夫已贫贱矣。故俗之所贵,主之所贱也。吏之所卑,法之所尊也。"① 他认为,重农抑商是迫切需要实行的政策。重农抑商之策,本是战国时期最早由商鞅提出的,以后韩非子又称商人为"五蠹"之一,这本来是法家的观点。汉代又由贾谊提出,因此,贾谊是接受了法家观点的儒学家。

第二节　董仲舒的新儒学理论

董仲舒,汉代广川(今河北枣强县东30里)人,西汉今文经学大师,汉代新儒学的奠基人。《汉书·董仲舒传》记载:汉武帝即位后,下诏令征天下贤良文学之士对策,"欲闻大道之要,至论之极"。董仲舒向汉武帝答对国策,提出罢黜百家、独尊儒术的主张,上疏说:"臣愚以为诸不在六艺之科,孔子之术者,皆绝其道,勿使并进。邪辟之说灭息,然后统纪可一,而法度可明,民知所从矣。"董仲舒的对策得到汉武帝的赞许并被采纳。自董仲舒以后,儒学进入一个新的时期。

董仲舒自幼年就开始学习儒家学说,主要是学习春秋、公羊学说,在汉景帝时被立为博士。董仲舒立为博士后,开始聚徒讲学。汉代讲学,皆设绛帐,即在一种赤色的帷帐里讲学。董仲舒讲学,帷帐内坐满了学生,然而慕名前来求学者仍络绎不绝,后到的学生只好坐在帐外。董仲舒只好让旧日的学生去给新生讲课,而他自己在绛帐中讲学三年,从不离开,绛帐外的学生甚至没有见过董仲舒。《汉书·董仲舒传》说他"三年不窥园,其精如此"。董仲舒平素进退有止,非礼不行,学生皆以他为楷模。

汉武帝虽然对董仲舒的学问非常赞赏,但董仲舒终生没有在中央王朝做过官。因当时的朝廷权贵主父偃、公孙弘等人在学问上远不如董仲舒,对董仲舒怀妒忌之心,常在汉武帝面前诽谤董仲舒。如有一次董仲舒准备上疏谈灾异与人事的关系,草稿写成放在案子上,刚好主父偃来访。主父偃乘董仲舒转身之机,窃走草稿,交给汉武帝,借此大肆攻击董仲舒。董仲舒被判了死刑,后遇赦,才得免一死。

---

① 1982. 汉书·食货志. 北京:中华书局

董仲舒一生没有被重用，只在两个封国中任过相，即曾为江都易王刘非和胶西王刘端的相。刘非和刘端皆汉武帝之兄，骄纵跋扈，不可一世。特别是胶西王刘端尤为纵恣无状，对封国中二千石以上的官吏皆行迫害。官吏对他稍有得罪，便求其罪名进行诬害，或以毒药杀之，凶狠异常。董仲舒恐招惹是非，遭不测之祸，于是告病离官还乡，从此在家乡著书讲学，终老乡里。

董仲舒虽然一生也没有被委以重任，但他被认为是汉代的"群儒之首"。汉代史官刘向曾说："董仲舒有王佐之材，虽伊、吕无以加，管、晏之属，伯者之佐，殆不及也。"刘向之子刘歆认为："伊、吕乃圣人之称，王者不得则不兴。故颜渊死，孔子曰：'噫！天丧余。'唯此一人为能当之。"董仲舒是自孔、孟以后又一个划时代的儒学家，是汉代新儒学的奠基人，儒学从此成为封建王朝的指导思想。

一、董仲舒春秋大一统的思想

董仲舒的汉代新儒学主要是要加强大一统的中央集权制度，进一步把皇帝神化，并且把儒学与阴阳五行学说相结合提出了谶纬学说。

董仲舒的新儒学是为了维护封建王朝的统治而创立的。为了巩固君权，董仲舒提出了君权神授说。董仲舒认为，天是万物之主，而皇帝是代表天去统治天下的，所以天下所有的人要听命于天子，而天子要听命于天。他说："唯天子受命于天，天下受命于天子。一国则受命于君。"① 天是至高无上的，那么封建帝王的权力也是至高无上的。这是一种等级制度。在此基础上，董仲舒提出了"三纲五常"的学说。这是董仲舒政治思想的核心。

三纲，即君为臣纲，父为子纲，夫为妇纲。董仲舒认为，维护君臣父子夫妻之间的伦理关系就是维护封建社会等级制度的基础，这是在孔子提出的"礼"制基础上提出来的。他说："礼者，继天地，体阴阳，而慎主客，序尊卑贵贱大小之位，而差内外远近新旧之级者也。"② 董仲舒也把君臣父子夫妇的伦理关系与天道运行结合起来。

三纲就是天之道。这种天之道是必须遵守的，如果违背了天之道，就要受到惩罚。他说："天子受命于天，诸侯受命于天子，子受命于父，臣妾受命于君，妻受命于夫。诸所受命者，其尊皆天也。虽谓受命于天亦可。天子不能奉天之命，则废而称公，王者之后是也。公侯不能奉天子之命，则名绝，而不得就位。……子不奉父命，则有伯讨之罪。……臣不奉

---

① 1992. 春秋繁露·为人者天. 北京：中华书局
② 1992. 春秋繁露·奉本. 北京：中华书局

儒学与中国政治

君命，虽善以叛。……妾不奉君之命则媵女先至者是也。妻不奉夫之命，则绝，夫不言及是也。曰不奉顺于天者，其罪如此。孔子曰：'畏天命、畏大人、畏圣人之言'。"① 董仲舒把自己所提出的理论与孔子的话相结合，从而为自己的理论找到了根据。

董仲舒从阴阳学说方面去论证这种等级学说。他说："君臣、父子、夫妇之义，皆取诸阴阳之道。君为阳，臣为阴；父为阳，子为阴；夫为阳，妻为阴。阴道无所独行，其始也不得专起；其终也不得分功，有所兼之义。……是故仁义制度之数，尽取之天。天为君而覆露之，地为臣而持载之。阳为夫而生之，阴为妇而助之。春为父而生之，夏为子而养之。秋为死而棺之，冬为痛而丧之。王道之三纲，可求于天。"② "父者，子之天也。天者，父之天也。无天而生未之有也。天者，万物之祖。万物非天不生。独阴不生，独阳不生。阴阳与天地参，然后生。"③

在孔、孟学说的基础上，董仲舒提出春秋大一统的治国思想。他说："春秋立义，天子祭天地，诸侯祭社稷。诸山川不在封内不祭。有天子在，诸侯不得专地，不得专封，不得专执。天子之大夫，不得舞天子之乐，不得致天子之赋，不得适天子之贵。"④ 董仲舒的这些政治主张确实代表了西汉王朝长治久安的利益。董仲舒认为，在衣服、宫室等方面，应根据其地位的高低有一定的等级。他说："虽有贤才美体，无其爵不敢服其服。虽有富家多赀，无其禄不敢用其财。天子服有文章，夫人不得以燕飨。公以庙，将军大夫不得以燕。卿以庙，将军大夫以朝。官吏以命，士止于带缘，散民不敢服杂采，百工商贾不敢服狐貉，刑余戮民不敢服丝、元纁、乘马，谓之服制。"⑤ 这种观点与贾谊的服色制度是一样的。

五常，即仁、义、礼、智、信，是一种道德准则。五常对于巩固封建社会的秩序也起了积极的作用。

董仲舒认为君主应该以仁爱之心对待百姓，即要施行仁政，"是故圣人要多其爱而少其严，厚其德而简其刑，以此配天"⑥。这样上天才满意君主在人间的统治。董仲舒借天意来限制帝王的暴政，提出要"限民名田，以澹不足，塞兼并之路。盐铁皆归于民。去奴婢，除专杀之威。薄赋敛，省徭役，

---

① 1992. 春秋繁露·顺命. 北京：中华书局
② 1992. 春秋繁露·基义. 北京：中华书局
③ 1992. 春秋繁露·顺命. 北京：中华书局
④ 1992. 春秋繁露·王道. 北京：中华书局
⑤ 1992. 春秋繁露·服制. 北京：中华书局
⑥ 1992. 春秋繁露·基义. 北京：中华书局

以宽民力"①。董仲舒反对帝王任刑滥杀，把皇帝至高无上的权力制约于天命之力。这些应该说对封建国家统治的稳定是有好处的。

二、董仲舒的德治思想

董仲舒认为，治理国家必以德政。他说："国之所以为国者，德也。……是故为人君者，固守其德，以附其民；固执其权，以正其臣。"② 也就是说，作为国君，必以德才能使人民团结在自己的周围，以自己的权力去匡正臣下。什么是德治呢？《春秋繁露·十指》云："亲近来远，同民所欲，则仁恩达矣。"也就是说，天子必须与民同欲，想百姓之所想，乐百姓之所乐，才是以德治国。帝王治国"什一而税，教以爱，使以忠，敬长老，亲亲而尊尊，不夺民时，使民不过岁三日。民家给人足，无怨望忿怒之患，强弱之难，无谗贼妒疾之人，民修德而美好，被发衔哺而游，不慕富贵，耻恶不犯。……风雨时，嘉禾兴，凤凰麒麟游于郊。囹圄空虚，画衣裳而民不犯。民情至朴而不文"③。这就是董仲舒心中的"德治"。

董仲舒认为要实现"德治"，首要的条件在于国君本人。《春秋繁露·王道》云："五帝三王之治天下，不敢有君民之心。"清人苏舆注曰："王者抚有天下，不敢自谓君民，敬畏之至也。"《说苑·政理篇》记载："子贡问治民于孔子。孔子曰：'懔懔焉如腐索御奔马。'子贡曰：'何其畏也？'孔子曰：'夫通达之国皆人也，以道导之，则吾畜也；不以道导之，则吾仇也，若何而毋畏？'《礼记·表记》云："下之事上也，虽有庇民之大德，不敢有君民之心，仁之厚也。"郑玄注曰："无君民之心，是思不出其位。"

儒家学说认为，作为国君，只有视民如伤，以报答人民对他的拥戴，而不敢有"君民之心"，不能把人民看成是其统治奴隶的对象。董仲舒说，"君者，民之心也；民者，君之体也。心之所好，体必安之；君之所好，民必从之。"④ 君和民的关系好像"心"和"体"的关系一样，是相互关联的。

董仲舒在政治思想上主张以德治国。他认为君王是为民而立的，而民非为王而立，故王必须有厚德去保证百姓们安居乐业，否则天就会夺去王的江山。"天之生民，非为王也，而天立王以为民也。故其德足以安乐民者，天予之；其恶足以贼害民者，天夺之。……故夏无道而殷伐之，殷无道而周伐

---

① 1982. 汉书·食货志. 北京：中华书局
② 1992. 春秋繁露·保位权. 北京：中华书局
③ 1992. 春秋繁露·王道. 北京：中华书局
④ 1992. 春秋繁露·为人者天. 北京：中华书局

之，周无道而秦伐之，秦无道而汉伐之。有道伐无道，此天理也，所从来久矣。"① 在这里，董仲舒举出了殷伐夏、周伐殷、秦伐周、汉伐秦的例子，指出了有道伐无道的必然性。如果君王不以德治国，天就会夺去其江山，换有德者去统治。

董仲舒说："春秋之所治，人与我也。所以治人与我者，仁与义也。以仁安人，以义正我。"又云："故王者爱及四夷，霸者爱及诸侯，安者爱及封内，危者爱及旁侧，亡者爱及独身。……故曰仁者爱人，不在爱我，此其法也。"② 作为君主，必须有爱民之心，如果仅仅只爱自己及左右近宠，那么就可能是"危"者、"亡"者。他的统治是不会长久的。"君人者，国之元，发言动作，万物之枢机。枢机之发，荣辱之端也。"③ 国君，是国家之元首。他的一切言行都关系到万民万物；而国君的一切行为也是给他自己带来荣辱的关键，故国君"以仁安人，以义正我"，"不敢有君民之心"，是实行德治的首要因素。

何谓有德之君呢？董仲舒认为"其德足以安乐民者"为有德。董仲舒说："五帝三王之治天下，不敢有君民之心。什一之税，教以爱，使民以忠；敬长老，亲亲而尊尊；不夺民时，使民不过岁三日，民家给人足，无怨望忿怒之患，强弱之难。"④ 他认为，统治者对百姓要轻徭薄赋，每年让百姓服役不过三日，赋税不过十分之一，不夺民时，让百姓"家给人足"。这样百姓就会无怨恨之心，这就是德治。

三、董仲舒的吏治理论

董仲舒认为，实行以德治国，关键在于政府的各级官吏。各级官吏是实施德治的重要人物，因此各级官吏必须要选用清正廉洁之人。董仲舒在其向皇帝所上的《贤良对策》中说："今之郡守、县令，民之师帅，所使承流而宣化也；故师帅不贤，则主德不宣，恩泽不流。今吏既亡教训于下，或不承用主上之法，暴虐百姓，与奸为市，贫穷孤弱，冤苦失职，甚不称陛下之意。是以阴阳错缪，氛气充塞，群生寡遂，黎民未济，皆长吏不明，使至于此也。"⑤ 董仲舒认为，能布天子之恩泽于民者，是那些为郡守、县令的人。如果这些人贪得无厌、暴虐百姓，那么百姓就会冤苦无告，贫穷孤弱，如何

---

① 1992. 春秋繁露·尧舜汤武. 北京：中华书局
② 1992. 春秋繁露·仁义法. 北京：中华书局
③ 1992. 春秋繁露·立元神. 北京：中华书局
④ 1992. 春秋繁露·王道. 北京：中华书局
⑤ 1982. 汉书·董仲舒传. 北京：中华书局

能以德治国呢？因此，吏治的清明是实行德治的基础。

《精华》云："以所任贤，谓之主尊国安；所任非其人，谓之主卑国危。……是故任非其人而国家不倾者，自古未尝闻也。故吾按《春秋》而观成败，乃切悁悁于前世之兴亡也。任贤臣者，国家之兴也。夫知不足以知贤，无可奈何矣；知之不能任，大者以死亡，小者以乱危。"董仲舒认为，任用贤能正直的官吏与否，关系到国家的兴亡成败。如果任非其人，则国家会倾亡、乱危。更不能容忍的是，知贤而不用，将会产生主卑国亡的惨重结果。

为了能够得到贤俊之才，必须设立学校，以培养德才兼备之人。董仲舒向皇帝献策曰："太学者，贤士之所关，教化之本原也。今以一郡一国之众，对亡应书者，是王道往往而绝也。臣愿陛下兴太学，置明师，以养天下之士，数考问以尽其材，则英俊宜可得矣。"① 设置学校以培养英俊人才，应是国家的首要任务。董仲舒认为，在官吏的选任上，应不待次而进。他说："勿以日月为功，实试贤能为士，量材而授官，录德而定位。则廉耻殊路，贤不肖异处矣。"②

董仲舒提出了一个非常重要的问题，那就是国家实行德治，是以吏治的清明为基础的；而在国家官吏的选任方面，不能仅以日月年限为标准，而应视其政绩，观其德才，试其贤能，分别贤才与不肖，这才是国家实行德治的首要问题。

董仲舒在《二端》中说："是故春秋之道，以元之深正天之端，以天之端正王之政；以王之政正诸侯之即位；以诸侯之即位，正境内之治。五者俱正而化大行。"其中"元之深"，《公羊传·隐公元年》何休注为"元之气"。这段话的意思是，以天之元气正"天之端"，即一年之首；以天之端正王之政，并去观察各级官吏之治。董仲舒说："人君者固守其德以附其民。"③ 又说："为礼不敬则伤行，而民弗尊；居上不宽则伤厚，而民弗亲。弗亲则弗信，弗尊则弗敬。"④ 董仲舒假春秋之道，要求统治者与各级官吏治国，必须以仁与义，以仁安人，以义责己，宽厚待民，"躬自厚而薄责于外"，这是实行德治的必要条件。只有这样，国家才会出现一个繁荣的德治盛世。

四、董仲舒的"德主刑辅"理论

董仲舒认为，刑罚是德治的辅助内容，但不是主要内容。刑罚的目的是

---

① 1982. 汉书·董仲舒传. 北京：中华书局
② 1982. 汉书·董仲舒传. 北京：中华书局
③ 1992. 春秋繁露·保位权. 北京：中华书局
④ 1992. 春秋繁露·仁义法. 北京：中华书局

为了实现德治。

法，在古代是一种刑罚，与现代意义的法有所不同。法，《说文》云："刑也，平之如水。……所以触不直者去之。"即将"不直"触而去之，使"平之如水"。在这个"触"、"平"的过程中，所使用的手段就是刑罚了。《尚书·吕刑》曰："惟做五虐之刑曰法。"古代的法就是刑。《尔雅·释名》云："法，偪也，偪而使有所限也。"法，是对不法行为的限制。在古代，这种限制不法行为的手段就是刑。

法，以后又逐渐有了法律与制度的含义。如春秋时代郑国子产"铸刑书"，晋国赵简子"铸刑鼎"。虽然"刑书"、"刑鼎"亦称为"刑"，亦有不行法、则行刑的含义，但这已经具有成文法律的含义了。如《左传·昭公二十九年》孔子抨击晋国的刑鼎时说："民在鼎矣，何以尊贵？"即根据这个刑鼎的条文，百姓无贵贱之别。这其实就是一种法律。战国时期，魏国李悝作《法经》，这是我国秦汉及后代王朝法律制度的蓝本。从此，法的含义开始转变。《礼记·曲礼》云："谨修其法而审行之。"这里所说的"法"，已经不完全是"刑"，而是具有"制度"的含义，即现代意义的"法"。

董仲舒在提倡"德治"的同时，亦提出了关于刑罚的思想。这种刑罚思想是在德治思想之下提出的，是德治思想的补充。首先，董仲舒主张，一个国家必须有刑罚，但刑罚要公正。他说："刑罚不中，则生邪气；邪气积于下，怨恶蓄于上。上下不和，则阴阳缪戾而妖孽生矣。此灾异所缘起也。"①他认为，如刑罚不中、不公正，就会产生灾异。他吸收战国时期阴阳学派鼻祖邹衍的观点，以灾异去解释政治的谬误，以使统治者警惕。

董仲舒认为，刑法是辅助德治的。他把"德"比作阳，把刑比作阴，阴是辅助阳的。阴阳调和，万物才能正常地生长发育。董仲舒说："天道之大者在阴阳。阳为德，阴为刑；刑主杀而德主生。是故阳常居大夏，而以生育养长为事；阴常居大冬，而积于空虚不用之处。以此见天之任德不任刑也。天使阳布施于上而主岁功，使阴伏于下而时出佐阳；阳不得阴之助，亦不能独成岁。终阳以成岁为名，此天意也。"②这里，董仲舒把德治比作阳，比作春夏，以生、养万物；把刑罚比作阴，比作秋冬，能够杀、藏万物。一年必须有春夏秋冬四季，才能成岁。《四时之副》曰："天之道，春暖以生，夏暑以养，秋清以杀，冬寒以藏。暖暑清寒，异气而同功，皆天之所以成岁也。圣人副天之所行为政，故以庆副暖而当春，以赏副暑而当夏，以罚副凉而当秋，以刑副寒而当冬。庆赏罚刑，异事而同

---

① 1982. 汉书·董仲舒传. 北京：中华书局
② 1982. 汉书·董仲舒传. 北京：中华书局

功，皆王者所以成德也。庆赏罚刑与春夏秋冬以类相应也……庆赏罚刑不可不具也，如春夏秋冬不可不备也。庆赏罚刑当其处不可不发，若暖暑清寒当其是不可不出也。庆赏罚刑各有正处，如春夏秋冬各有时也。四政者，不可相干也；犹四时不可相干也。"董仲舒认为，春夏秋冬，当其时必出，才能成岁；庆赏罚刑，当其处必发，才能成政。庆赏罚刑四政是德治不可缺少的条件。

董仲舒主张，天子在实施刑罚时，要有刚、坚的态度。《天地之行》云："天执其行为万物主，君执其道为一国主。天不可以不刚，主不可以不坚。天不刚则列星乱其行，主不坚则邪臣乱其官。星乱则亡其天，臣乱则亡其君。故为天者务刚其气，为君者务坚其政。"因此"警百官，诛不法"，"断刑罚，执有罪"[1]，是国家施政之必然。董仲舒在统治者立场上，要统治者必须以刚、坚去诛乱臣，执有罪，以维护自己的统治。董仲舒是为封建皇帝出谋划策的。

《基义》云："阳之出也，常县于前而任事；阴之出也，常县于后而空处。而见天之亲阳而疏阴，任德而不任刑也。"又云："故圣人多其爱而少其严，厚其德而简其刑。"天是亲阳而疏阴的，那么对待民也必须厚任德而少任刑。虽然德、刑二者"异事而同功"，德治是主体，刑法只是一种必要的辅助形式。

董仲舒认为，治理国家必须以德。德是生养万物之根本，刑罚是铲除邪恶之手段。德与刑皆是不可缺少的，国君治国实行以德为主、以刑为辅的政治措施，才能使国家繁荣昌盛。

五、董仲舒的"天人感应"与五行学说

董仲舒吸收了战国阴阳学家的理论，提出了五行学说，即木、火、土、金、水，五行相克相胜的学说。董仲舒的"天人感应论"和五行学说把天道运行与人事政治结合起来，这实际是儒家学说与阴阳学说的一次大结合。董仲舒认为，如果帝王们不遵守天之意志，那么天就会降下灾异，以警示帝王。他说："其大罟之类天地之物有不常之变者，谓之异；小者谓之灾。灾常先至，而异乃随之。灾者，天之谴也。异者，天之威也。谴之而不知，乃畏之以威。《诗》云：'畏天之威'，殆此谓也。凡灾异之本，尽生于国家之失。国家之失，乃始萌芽，而天出灾害以谴告之。谴告之而不知，变乃见怪异以惊骇之，惊骇之尚不知畏恐，其殃咎乃至。以此见天意之仁，而不欲陷

---

[1] 1992.春秋繁露·治水五行.北京：中华书局

人也。"①

在君权神授理论的基础上，董仲舒进而又提出"天不变道亦不变"的论点，也就是"天人感应"论。《汉书·董仲舒传》中记载，他在《对策》中说："臣谨案《春秋》之中，视前世已行之事，以观天人相与之际，甚可畏也。国家将有失道之败，而天乃先出灾害以谴告之，不知自省，又出怪异以警惧之，尚不知变，而伤败乃至。以此见天心之仁爱人君而欲止其乱也。"董仲舒认为，天人之间是交通感应的。封建帝王的统治如果适合天意，天就会降祥瑞；否则，天就会降灾以示怒，惩罚天子，甚至夺去他在人间的权力，也就是改朝换代，天命转移。

第三节 罢黜百家，独尊儒术

西汉王朝由汉高祖刘邦定天下，文景时期休养生息，至汉武帝时期达到鼎盛。汉武帝在位时期，儒学完全走出了低谷，与大一统的西汉帝国政治结合起来。汉武帝接受汉代儒家董仲舒的建议，定儒学为一尊。从此在中国封建社会的两千多年中，儒学成为历代封建王朝的正统治国理论，汉武帝时期儒学的独尊地位被奠定了。

一、儒学走出低谷与政权结合

汉武帝刘彻是汉景帝的第九子，幼年聪明异常，深得姑母长公主刘嫖的喜爱，刘嫖有女名曰阿娇。刘嫖问刘彻长大以后是否愿娶阿娇为妻。刘彻回答："若得阿娇，以金屋藏之。"其姑母大喜。刘嫖是汉景帝的亲姐姐，又是皇太后窦太后的爱女，在朝廷是说话算数的权贵。刘嫖多次在景帝面前赞誉刘彻。最终汉景帝废掉栗太子，改立刘彻为太子。刘彻7岁而为皇太子，16岁时景帝崩，刘彻即皇帝位，是为孝武皇帝，后世称之为汉武帝。

汉武帝初即位，政权掌握在太皇太后手中。汉武帝的祖母窦太后有很大势力。《汉书·外戚传》云："窦太后好黄帝、老子言，景帝及诸窦不得不读《老子》，尊其术。"窦太后是一个比较执拗的老太太，她自己喜爱黄老学说，让自己的儿子景帝及皇室皆诵读《老子》，用黄老之道治天下。因此，汉武帝即位之后也不得不听从祖母，以老子之术治国。

汉武帝是一个有雄才大略的皇帝。他即位之后，其周围大臣多为儒生，

---

① 1992. 春秋繁露·必仁且知. 北京：中华书局

如卫绾、王臧、赵绾等。丞相卫绾上奏曰:"所举贤良,或治申、商、苏秦、张仪之言,乱国政,请皆罢。"① 朝廷当时让臣民推举"贤良方正直言极谏之士",以谏议朝政。丞相卫绾认为持申不害、商鞅、苏秦、张仪等法家观点的人,一律不用。汉武帝认为可以,依谏而行。

汉武帝主持朝政,用儒学治国。其祖母窦太后因喜黄老之术,一直反对。汉武帝建元二年(前139年),御史大夫赵绾上奏皇帝,请求太皇太后不要参与政事,结果窦太后下令把赵绾与郎中王臧皆下狱中,二人自杀。窦太后又逼汉武帝免去窦婴的丞相之职、田蚡的太尉之职。《汉书·武帝纪》应劭注曰:"礼,妇人,不豫政事,是帝已自躬省万机。王臧儒者,欲立明堂辟雍。太后素好黄老术,非薄五经。因欲绝奏事太后,太后怒,故杀之。"总之,当汉武帝初任用儒生、倡导儒学之时,窦太后坚决反对。儒学官员或被下狱,逼迫自杀,或被免官。儒学家暂时退却。

建元六年(前135年),太皇太后驾崩,这就为热切提倡儒学的汉武帝扫清了障碍。次年,汉武帝下诏以求贤良对策曰:"今朕获奉宗庙,夙兴以求,夜寐以思,若涉渊水,未知所济。猗与!伟与!何行而可以章先帝之洪业休德,上参尧舜,下配三王。朕之不敏,不能远德,此子大夫之所睹闻也。贤良明于古今王事之体,受策察问,咸以书对,著之于篇,朕亲览焉。"② 于是一些儒生,如董仲舒、公孙弘等人以贤良对策,脱颖而出。

公孙弘时年已60岁,以贤良文学而被征为博士,出使匈奴;但不合武帝意,公孙弘乃上书奏病还乡。元光五年(前130年),汉武帝又一次征召贤良文学。地方政府推举公孙弘。公孙弘对策曰:"臣闻之,仁者爱也,义者宜也,礼者所履也,智者术之原也。致利除害、兼爱无私谓之仁;明是非,立可否,谓之义;进退有度、尊卑有分,谓之礼;擅杀生之柄,通壅塞之涂,权轻重之数,论得失之道,使远近情伪必见于上,谓之术。凡此四者,治之本、道之用也,皆当设施,不可废也。得其要,则天下安乐,法设而不用,不得其术,则主蔽于上,官乱于下。此事之情,属统垂业之本也。"③ 公孙弘的对策呈上之后,汉武帝将其擢为第一,先拜为博士,既而为左内史,迁为御史大夫;元朔年间,封公孙弘为平津侯,并任命为丞相。公孙弘以儒道受到汉武帝的赞赏,70岁时入朝廷为官,很快升为丞相。汉武帝对其"所言皆听,以此日益亲贵"。公孙弘以儒学被擢为丞相,他的政治见解对汉代政治有很大影响。

---

① 1982. 汉书·武帝纪. 北京:中华书局
② 1982. 汉书·武帝纪. 北京:中华书局
③ 1982. 汉书·公孙弘传. 北京:中华书局

元朔元年（前128年），汉武帝又下诏曰："盖闻导民以礼，风之以乐，……今礼废乐崩，朕甚闵焉。故详延天下方闻之士，咸登诸朝。其令礼官劝学，讲义洽闻，举遗兴礼，以为天下先。太常议予博士弟子，崇乡党之化，以厉贤材焉。"①

汉武帝为了鼓励儒学之士，置"五经博士"。所谓"经"就是指的儒家经典。"五经"指的是《礼》、《书》、《诗》、《易》、《春秋》。

公孙弘、王臧等承武帝之诏令：在国都与郡国"请因旧官而兴焉。为博士官置弟子五十人，复其身。太常择民十八以上仪状端正者，补博士弟子。郡国县官有好文学，敬长上，肃政教，顺乡里，出入不悖，所闻，令相长丞上属所二千石。二千石谨察可者，常与计偕，诣太常，得受业如弟子。一岁皆辄课，能通一艺以上，补文学掌故缺；其高第可以为郎中、太常籍矣。即有秀才异等，辄以名闻。其不事学若下材，及不能通一艺，辄罢之，而请诸能称者"。

由这段记载可知，汉武帝在国都和郡国中设立官学挑选仪状端正、孝敬长上、文学俊逸者，以为博士弟子；选上之后，不仅可以免除其赋役，其俸禄二千石，可比郡守及诸王相之官；如果有更好的，可以入郎中、太常的名籍。大批的知识分子通过博士弟子的途径进入仕途。从此，西汉王朝的公卿、大夫、士吏皆为儒学之士。

《汉书·武帝纪》曰："孝武初立，卓然罢除百家，表彰《六经》。遂畴咨海内，举其俊茂，与之立功。兴太学，修郊祀，改正朔，定历数，协音律，作诗乐，建封坛。礼百神，绍周后，号令文章，焕然可述。后嗣得遵洪业，而有三代之风。如武帝之雄材大略，不改文景之恭俭以济斯民，虽《诗》、《书》所称何有加焉。"

西汉自武帝以后，举贤良文学、置博士弟子以入仕途成为国策。《汉书·儒林传》云："昭帝时举贤良文学，增博士弟子员满百人，宣帝末增倍之。元帝好儒，能通一经者皆复。数年，以用度不足，更为设员千人，郡国置五经百石卒史。成帝末，或言孔子布衣养徒三千人，今天子太学弟子少，于是增弟子员三千人。岁余，复如故。平帝时，王莽秉政，增元士之子得受业如弟子，勿以为员，岁课甲科四十人为郎中，乙科二十人为太子舍人，丙科四十人补文学掌故云。"

又云："自武帝立五经博士，开弟子员，设科射策，劝以官禄，讫于元始，百有余年，传业者浸盛，支叶蕃滋，一经说至百余万言，大师众至千余

---

① 1982. 汉书·儒林传. 北京：中华书局

人，盖利禄之途然也。"

西汉武帝时期，以征召贤良文学对策的方式，吸收擢取大批儒生到西汉政权集团中，参与西汉王朝的治理，如当时的公孙弘、董仲舒、严助、朱买臣、吾丘寿王、主父偃、徐乐、严安、终军、东方朔等人。汉武帝大倡儒学，大批儒生在西汉王朝的政权中担任从丞相到地方的各级官吏。儒学是最适合封建王朝统治的学说，成为封建国家治国的正统理论。儒学至汉武帝时期进入了繁荣时期。儒学从此走出低谷，开始与政权相结合，进入辉煌时期。

二、汉武帝时期的外儒内法国策

汉武帝虽然"罢黜百家，独尊儒术"，在西汉帝国内以儒学教化国人，实行以儒学为国策的政策。但汉武帝实行的其实是外儒内法的政策。

汉武帝作为一个封建王朝的统治者，取其所需，把儒学作为其统治的有力工具。他可以用儒学的礼制去教化百姓，让百姓服膺其统治，承认其至高无上的尊贵地位。但当他有其他需要的时候，他可以随时把儒学抛开。如儒家提倡"刑不上大夫"，但汉武帝对于他不满的大臣可以随时杀戮。据粗略统计，汉武帝执政期间共任用13个宰相，但被他杀了9个，杀御史大夫之类高级官吏更是不在话下。

汉武帝时期许多官吏是不敢做他的宰相的。如汉武帝在任命公孙贺为宰相时，公孙贺坚决不接受相印。《汉书·公孙贺列传》记载："初，贺引拜为丞相，不受印绶，顿首涕泣曰：'臣本边鄙以鞍马骑射为官，材诚不任宰相。'上与左右见贺悲哀，感动下泣曰：'扶起丞相。'贺不肯起，上乃起去。贺不得已拜，出。左右问其故，贺曰：'主上贤明，臣不足以称，恐负重责，从是殆矣。'"而最后，公孙贺还是难逃一死，父子俱死于狱中。

重农抑商政策最早由早期法家的代表人物商鞅提出，儒家是绝对没有提出过重农抑商政策的。但汉武帝为了自己的统治，继商鞅之后，极力推行重农抑商政策。

西汉初年开始限制商贾。《汉书·高帝纪》记载，汉高祖八年下诏令："贾人毋得衣锦绣绮縠絺纻罽，操兵、乘骑马。"至汉武帝时期，西汉王朝以更加严厉的手段打击商人。《汉书·武帝纪》记载：天汉四年（前101年），汉武帝"发天下七科谪"，前去征战边疆，颜师古引张晏注曰："七科谪，吏有罪一，亡命二，赘婿三，贾人四，故有市籍五，父母有市籍六，大父母有市籍七，凡七科也。"汉武帝要发配的七种贬谪之人，其中有四种属商人。即贾人、过去有市籍（做过商人）者，父母做过商人者、祖父母做过商人

儒学与中国政治

者，皆在发配之列，可见商人地位之低。

元狩四年（前119年），汉武帝令"初算缗钱"。颜师古注曰："谓有储积钱者，计其缗贯而税之。"又引李斐注曰："缗，丝也，以贯钱也。一贯千钱，出算二十也。"也就是说，只要有1贯千钱，就必须出1算，即20个钱。因为汉武帝收的税重，故许多人隐瞒财产，以求少交算税。

元鼎三年（前114年），《汉书·武帝纪》载，汉武帝诏令："令民告缗者，以其半与之。"孟康注曰："有不输税，令民得告，言以半与之。"这道告缗令的内容是：如果有人告那些隐报财产者，则将隐报者的财产全部没收，告者一半，国家官府一半。此令一下，"杨可告缗遍天下，中家以上大抵皆遇告。……得民财物以亿计，奴婢以千万数；田，大县数百顷，小县百余顷，宅亦加之；于是商贾中家以上大率破"[1]。

汉武帝残酷地打击了商人，并对盐、铁等物质实行官府专卖，限制商人经营。汉王朝打击商人的政策，对我国后世有深远的影响。我国整个封建社会时期，基本上都实施重农抑商的政策，使明清以前中国几千年的封建时代几乎没出现过大商人。商业经营缓慢地发展。

重农抑商政策自战国商鞅变法时期萌芽，秦汉以后统治者用残酷的手段打击商人，从此重农抑商成为我国两千多年封建王朝的基本国策。

我国封建王朝推行的重农抑商政策，其实质是什么呢？《韩非子》与《管子》都提到，商贾之民所得之利是与农夫争利，换句话说，商贾之民剥削了农夫。这种说法只是一种表象，真正剥削农夫的是封建帝王与各级贵族。封建国家统治者与其政治家也都明白，封建国家实行重农抑商政策的真正原因是害怕商人的发展。商人们在经营商业贸易过程中会获得巨大的利润，形成雄厚的经济基础，并会以此与封建国家抗衡。

自西汉以后，我国盐、铁、粮食、茶叶、马匹、酒等皆由官府专卖。这些经济政策，是封建官府获得商贾之利的重要手段，也是封建国家重要的经济方针和政策。封建政府以手中的权力限制商业的发展，其目的是保证他们获得最大的经济利益，以加强其专制统治。

重农抑商政策给中国社会带来了重大的影响和后果。在人类社会的发展中，士、农、工、商等各个部门需要相互配合、相互调整，才能推动社会的进步。如前面所引司马迁在《史记·货殖列传》中所说的，"农不出则乏其食，工不出则乏其事，商不出则三宝绝，虞不出则财匮少"。还说："末病财不出，农病则草不辟矣。"[2] 就是说，士、农、工、商各个部门，缺少任何一

---

[1] 1982. 史记·平准书. 北京：中华书局
[2] 1982. 史记·货殖列传. 北京：中华书局

个都会使社会机制不能正常运转。

封建政府的重农抑商政策,限制了商业贸易的发展,使中国社会长期停滞在以小农为基础的农业社会中。由于商业贸易的落后,中国农民以自给自足的小农经济为基础。农民世代种地打粮、纺棉织布制衣。"一农不耕,民或为之饥;一女不织,民或为之寒。"[①] 这种以小农为基础的生产经不起天灾人祸的侵害。另外,即使大地主因兼并而形成的庄园经济,也是自给自足为基础的自然经济。这种状况严重地影响中国社会的进步和发展。

中国自给自足的小农经济和地主庄园经济,使中国社会分工不明显,限制、影响了手工业技术的发展。中国的劳动力全部被束缚在土地上,使他们不能发挥才智。

封建王朝又以科举考试的方式把读书人引向读书做官的道路。他们以"万般皆下品,唯有读书高"的理论,把知识分子困在场屋。中国知识分子"学得文武艺,货于帝王家",只有尽忠于帝王,得到帝王的赏识,才是唯一的出路。这种情况严重地限制了知识分子的发展,当然也影响了中国社会的发展。因为经商之人被认为是贱民,是可耻的。而农业在没有商业这个中间媒介的情况下,也是不可能发展的。

中国社会由于缺少商业这个促进社会经济运转的环节,故社会经济的发展呈畸形,从而出现了"末病则财不出"、"商不出财三宝绝"的现象。商业在社会经济发展中不能担当流通的功能,严重地阻碍了中国社会的发展和进步。

综上所述,中国封建王朝推行重农抑商政策,其目的在于巩固其专制统治,但在客观上阻碍了中国社会的发展和进步,是中国封建社会长期停滞不前的重要原因。西汉王朝推行重农抑商政策的做法,是受法家思想指导的。汉武帝名义上罢黜百家,独尊儒术,而实际上实行外儒内法的政策。西汉王朝推行重农抑商政策,就是外儒内法重要的表现形式之一。

第四节 王莽对儒学的逆施

儒家学说要求人们谦和、廉洁、治国以仁、慈惠爱民,然而如果违背了这种原则,生搬硬套,不适宜地剥夺人民,那么就会走向灭亡。《贞观政要》卷一云:"君,舟也;民,水也。水能载舟,亦能覆舟。"西汉末年的王莽违

[①] 1983. 诸子集成·管子·轻重甲. 北京:中华书局

背社会发展的规律，生硬模仿《周礼》上的某些制度，更重要的是其难以填平的贪欲，导致了王莽新朝的灭亡。

一、王莽篡政

王莽是西汉孝元皇帝刘奭的皇后王政君的侄子。他是以外戚的身份显贵于朝廷的。刘骜于公元前32年即位，是为汉成帝。王政君成为皇太后，王氏家族骤然显贵。

王政君让成帝对其舅父厚厚封赏。王政君的弟弟王凤被封为大司马、大将军，领尚书事；王政君所有的同父异母兄弟皆被封为侯；王谭为平阿侯、王商为成都侯、王立为红阳侯、王根为曲阳侯、王逢为平阳侯。成帝的这五个舅父同日受封，当时称为"五侯"。在王政君的策划下，王氏子弟皆封为卿、大夫、侍中、诸曹等官，布满朝廷。王家人有十位侯、五位大司马。

王氏兄弟皆列卿相，然而王莽的父亲王曼因死得早，没有被封侯。因此，当王莽的堂兄弟们皆为王侯贵胄，声色犬马，穷奢极欲之时，王莽却非常孤贫。王莽勤奋读书，温良恭俭，孝顺母亲和寡嫂，抚养哥哥的遗孤，待人接物极礼敬谦和。有一次，伯父王凤病了，王莽亲自守在床边，煎药侍奉，蓬首垢面，衣不解带数月。王凤死时，托太后及成帝一定要提携照顾王莽。王莽被封为黄门郎，又升为射声校尉。不久，王莽的叔父王商上书，愿分户邑封给王莽。成帝封王莽为新都侯，又升为骑都尉光禄大夫侍中，继而又封为大司马。王莽代替他的伯、叔父们成为西汉王朝的执政。

王莽爵位愈显，节操愈谦，克己不倦，他散施家财，收赠名士、赈济宾客，结交卿相诸大夫。王莽的母亲病了，卿大夫皆去探望，王莽的妻子出迎，衣不曳地，宾客皆以为僮仆，后听说是夫人，皆大惊。公卿儒士纷纷上疏，请求朝廷表彰王莽高尚的道德，王莽声誉日高。

就在王莽官爵日重的时候，汉成帝刘骜，也就是王莽的表兄因放纵酒色，猝然而死。刘骜无子，汉元帝原来所宠爱的傅昭仪的孙子刘欣即位，是为汉哀帝。汉哀帝对王氏家族进行打击，罢王莽大司马之职，让他回到自己的封地中，离开京师；凡王氏家族，如王根、王况、王商全部免官，王氏家族的势力被大大削弱。

哀帝即位4年而崩。王政君以太皇太后的身份收去当时大司马董贤的印绶，派使者速召王莽进宫，把印绶交给王莽，又将发兵的大权以及总管尚书、中黄门、期门兵的大权全部交给王莽。太皇太后与王莽，派王舜为车骑将军迎9岁的中山王即位，是为孝平帝，太皇太后王政君临朝称制。王政君把国政委托大司马王莽管理。9岁的小皇帝是没有能力处理政事的。

王莽重新杀回朝廷,掌握了大权,其野心也开始膨胀。王莽皆按西周周公故事进行布置。他首先让亲信上疏太皇太后王政君曰:"圣王之法,臣有大功则生有美号,故周公及身在而讬号于周。莽有定国安汉之大功,宜赐号曰安汉公。益户畴爵邑,上应古制,下准行事,以顺天心。"① 太皇太后诏:"可。"

王莽拿到了"安汉公"的头衔之后,又欲把持晋升官员之大权,使亲信上奏,二千石以下官职多不称职,宜由安汉公重新审察。太皇太后于是下诏曰:"自今以来,惟封爵乃以闻。他事,安汉公,四辅平决,州牧,二千石及茂材吏初除奏事者,辄引入至近署对安汉公,考故官,问新职,以知其称否。"② 王莽控制了官吏升黜之大权。国中大小官吏皆由王莽任命,顺者昌,逆者亡;对于异己,轻者丢官,重者丧命。王莽权侔人主。

《汉书·王莽传》记载:王莽乃"起明堂、辟雍、灵召,为学者筑舍万区,作市、常满仓,制度甚盛。立《乐经》,益博士员,经各五人。征天下通一艺教授十一人以上,乃有《逸》礼、古《书》、《毛诗》、《周官》、《尔雅》、天文、图谶、钟律、月令、兵法、《史篇》文字,通知其意者,皆诣公车。纲罗天下异能之士,至者前后千数,皆令记说廷中,将令正乖缪,壹异说云"。从表面看,王莽完全是遵循儒学的经典与学说去治理西汉王朝的。大臣们纷纷上疏,以颂安汉公,认为王莽"功德灿然"。泉陵侯刘庆上书:"周成王幼少,称孺子,周公居摄,今帝富于春秋,宜令安汉公行天子事,如周公。"当孝平帝有病时,王莽又学当年周公,写祝策"愿以身代,藏策金滕,置于前殿,敕诸公勿敢言"③。王莽完全效仿周公之形式,以达到他代汉的野心。

孝平帝9岁即位,5年后死去。王莽又立2岁的孺子婴为帝。朝政大权完全为王莽所控制。王莽为了达到称帝的野心,让人在井中投一上圆下方的石头,上有丹书:"告安汉公莽为皇帝。"至此,王莽自称"摄皇帝"或"假皇帝",仪如周公,改年号曰"居摄"。

梓潼(今四川梓潼县)人哀章,自做铜印两。一枚有字云:"赤帝刘邦传玺予黄帝金策书";另一枚是"天帝行玺金匮图",上面还有王莽八大臣的图像。哀章把这两枚铜印扔在井中,再令人淘井,得之,献于王莽。王莽封以官爵。

王莽得铜印后,改正朔,易服色,即天子位,改国号曰"新"。王莽又

---

① 1982. 汉书·王莽传. 北京:中华书局
② 1982. 汉书·王莽传. 北京:中华书局
③ 1982. 汉书·王莽传. 北京:中华书局

逼姑母王政君交出传国玉玺。王政君虽然不同意，但也无可奈何。

二、王莽生搬《周礼》，把自己引向地狱

王莽自立为皇帝，建立新朝，其规章制度一切如《周礼》。《汉书·王莽传》记载："莽以《周官·王制》之文，置卒、正、连、率。大尹职如太守，属令、属长，职如都尉。置州牧、部监二十五人，见礼如三公，监位。上大夫各主五郡，公氏作牧，侯氏卒正，伯氏连率，子氏属令，男氏属长，皆世其官。其无爵者为尹，分长安城旁六乡，置帅各一人；分三辅为六尉郡，河东、河内、弘农、河南、颍川、南阳，为六队郡，置大夫，职如太守。属正职如都尉，更名河南大尹曰保忠信卿，益河南属县，满三十，置六郊，州长各一人。人主五县，及它官名悉改大郡，至分为五郡县，以亭为名者，三百六十，以应符命文也。缘边又置竟尉以男为之，诸侯国闲田为黜陟增减云。"

王莽又在明堂上分封诸侯，"授诸侯茅土"。"州从《禹贡》为九，爵从周氏有五。诸侯之员千有八百，附城之数亦如之，以俟有功。诸功一同，有众万户，土方百里。侯伯一国，众户五千，土方七十里。子男一则，众户二千有五百，土方五十里。附城大者食邑九成，众户九百，土方三十里。自九以下，降杀以两，至于一成。五差备具，合当一则。今已受茅土者，公十四人，侯九十一人，伯二十一人，子百七十一人，男四百九十七人，凡七百九十六人。附城千五百一十一人。"王莽当真又分封了诸侯，并按五等爵制"授民授疆土"。王莽在形式完全模仿《周礼》，官职的设置一如《周礼》，并且"皆世其官"；又按公、侯、伯、子、男的爵位分封诸侯。

自从春秋末年三家分晋、田氏代齐之后，战国统治者已经认识到这种世禄世卿的世袭制度最终会形成尾大不掉之弊端，于是自战国时期就开始取消采邑的分封制。李悝变法取消"国之淫民"，吴起在楚国的变法，使"功臣二世而绝禄"；商鞅在秦国的变法，"宗室无军功者，虽富贵无所芬华"；这些皆是为消除世卿世禄制度而进行的改革。

西汉时期，由于汉高祖刘邦在汉初分封了大量的诸侯王，结果在文、景之世，诸侯王势力发展到"跨国连郡"的地步，终于酿成了吴楚七国之乱，直至汉景帝时期才消弭了吴楚之乱。汉武帝时采取"推恩令"、"酎金律"等措施削弱了诸侯王的势力。大一统封建帝国的统治经验是用沉痛的血的教训换来的。西汉皇室已经知道世袭制度给中央政权带来的威胁和危害。时代已进入西汉末年，王莽又生搬硬套《周礼》，"皆世其官"，实行世禄世卿制。

在土地制度方面，王莽亦以《周礼》："古者，设庐井八家，一夫一妇田百亩，什一而税。……更名天下田曰'王田'，奴婢曰'私属'，皆不得买卖。"

王莽采取"更名天下田"为"王田"、"皆不得买卖"的土地分配制度。其初衷或许是为了消除土地兼并，平均土地，对"强者规田以千数，弱者曾无立锥之居"的现象实行废止和规范。笔者认为，在王莽的政策中，这一条还算有一定的积极意义，其用心还是好的。然而即使如此，这在当时也是行不通的。王莽政权是在篡汉的基础上建立的，并没有经过自上而下的革命。是时，西汉王朝豪富侵凌，大地主田连阡陌，"故富者犬马余菽粟，骄而为邪；贫者不厌糟糠，穷而为奸"①。王莽欲改变这种现状，当不是易事，引起天下豪强的反对是必然的。王莽时期，"坐买卖田宅奴婢、铸钱，自诸侯卿大夫至于庶民，抵罪者不可胜数"②。

王莽设六筦之令，"命县官酤酒，卖盐铁器，铸钱，诸采取名山大泽众物皆税之"。

王莽又擅启边衅。他把"匈奴单于"改为"降奴单于"，把"高句丽"改为"下句丽"，从而引起了边疆民族"高句丽"、"匈奴"的不满，激起了边疆的干戈之争，王莽政权陷入了内外交困的境地。

王莽把自己扮成中国古代黄帝、尧、舜一样的君主，其官吏的设置、祭祀的规模皆依照《周礼》。岂不知《周礼》是战国知识分子为了树立君主的绝对权威而编写的一种理想化模式的书籍。王莽在国家制度方面处处模仿《周礼》。按照《周礼》，皇帝每年要行四巡狩，东巡、南巡、西巡、北巡，每次巡狩都要征发徭役、赋税，耗费民力民财，百姓难以负担，王莽又大兴土木，建黄帝、虞舜、禹等9个帝王庙。庙宇建的奢侈豪华，饰以金银，雕以花纹，穷极百工之巧，功费数百巨万，役徒死者数千万。农时荒废，灾荒连年，流民四起。于是农民起义席卷全国。

当农民起义的滔天巨浪以不可阻挡之势在动摇王莽统治的基石时，王莽还在征选天下美女以充其后宫。他聚敛近百柜黄金，每柜万斤，金银珠宝钱帛无数。当起义者逼近京都时，王莽舍不得出黄金募死士来保卫他，对每个守卫宫廷的"九虎人士"赏赐4000钱。众人皆无斗意，一战而溃。王莽就在黄金堆中被肢解。

王莽因谦恭礼让而博得了叔父王凤、太后王政君以及朝廷群臣的拥戴，从而获得了国家执政的尊贵地位，成为一人之下、万人之上的宰辅。而当他

---

① 1982. 汉书·王莽传. 北京：中华书局
② 1982. 汉书·王莽传. 北京：中华书局

儒学与中国政治

的权力不断膨胀的时候，其野心和贪欲也在增长，于是他冒天下之大不韪，篡夺了西汉王朝的政权。王莽对《周礼》的条文生搬硬套和对儒学的逆施，把自己引向了地狱。

第五节　东汉时期的儒学与政治

一、东汉光武帝对儒学的重视与推崇

西汉时期，儒学被推上了至尊地位。东汉承袭西汉，尤重儒学。《后汉书·儒林外传》云："及光武中兴，爱好经术，未及下车，而先访儒雅，采求阙文，补缀漏逸。先是四方学士多怀挟图书，遁逃林薮。自是莫不抱负坟策，云会京师。"东汉一代，儒学的地位进一步加强，孔子仍然被推上至尊的地位。

东汉光武帝刘秀即位以后，西汉末年纷乱的形势又归于统一。刘秀自青年时期就学习《尚书》等儒家经典，深知儒学是治国安邦的学问，即位后大力地提倡儒学，使儒学进一步与政权结合。以后经过汉明帝、章帝等东汉几代皇帝的提倡推崇，东汉儒学迅速发展。

东汉初年，刘秀提倡儒学。首先把孔子提到至尊之位。建武元年（25年），刘秀在天下未平时，大军到达鲁地曲阜，就派大司空去祭祀孔子，以后，又封孔子之后孔志为褒成侯。永平十五年（72年），汉明帝刘庄率领皇亲国戚，亲自到曲阜阙里祭祀孔子，以72弟子配享。明帝亲御讲堂，命皇太子及诸王讲习经文。从此，皇帝亲临阙里祭孔子及72弟子成为定制。

东汉初年，统治者采取各种方式来安抚长期遭受战争灾害的人民。刘秀在他所下各种安抚流民、释放奴婢的诏书中，言必称"孔子"及儒家经典。如有日食、月食之类的天象，刘秀就马上下诏自责。如建武六年九月六日，日食，光武帝下诏说："曰吾德薄不明，寇贼为害，强弱相陵，元元失所。《诗》云：'日月告凶，不用其行。'永念厥咎，内疚于心。其勒公卿，举贤良方正各一人。百僚并上封事无有隐讳。有司修职务，遵法度。十一月丁卯诏：'王莽时吏人没入为奴婢，不应旧法者，皆免为庶人。'十二月壬辰大司空宋弘癸巳诏曰：'顷者师旅未解，用度不足，故行什一之税。今军士屯田，粮储差积，其令郡国收见田租三十税一，如旧制。'"①

为了实现孔子所说的"仁政"，东汉初年的统治者连续下释放奴婢与囚徒的诏令。如公元26年下诏："民有嫁妻卖子欲归父母者，恣听之，敢拘

---

① 1982. 后汉书·光武帝纪（下）. 北京：中华书局

执，论如律。"① 建武二年、三年、七年、十一年、十二年、十四年等接连下诏。刘秀还组织屯田，减轻赋税，实行三十税一，裁并州县，省减吏员。此外，东汉政府在流民大量出现的情况下，不断采取安抚流民的政策，即把国有的荒地、苑囿以及山林川泽租借给流民进行生产。租借的前 3~5 年可以享受免除租税的特权。东汉政府还多次下达释放奴婢和宽大奴婢以及省刑法的政令。建武二年（26 年）三月，诏曰："顷狱多冤人，用刑深刻，朕甚愍之。孔子云：'刑罚不中，则民无所措手足。'其与中二千石，诸大夫、博士、议郎议省刑罚。"建武六年十一月丁卯"诏王莽时吏人没入为奴婢不应旧法者，皆免为庶人。"建武十一年二月诏云："天地之性人为贵，其杀奴婢，不得减罪。"②

东汉政府这些诏令和政策起到了与民休息的作用。省刑罚、释放奴婢以行仁政乃儒家的政治指导思想。汉光武自即位之初，就开始采用儒家的治国思想去制定国家的法令政策，这对东汉初年社会的安定起了重要的作用。

汉光武帝以节俭为务。《后汉书·光武帝纪》记载，建武七年正月诏曰："世以厚葬为德，薄终为鄙，至于富者奢僭，贫者单财，法令不能禁，礼义不能止，仓促乃知其咎。其布告天下，令知忠臣、孝子、慈兄、悌弟，薄葬送终之义。"

古代帝王对自己的陵墓是非常重视的，因为陵墓是帝王死后的居所。为了能继续维持他们在阳间的奢华，帝王生前就开始修建自己的陵墓，而且极尽华丽，使陵墓成为一个地下宫殿。而汉光武帝在修建他自己死后的陵墓寿陵时说："古者帝王之葬，皆陶人瓦器，木车茅马。……今所制地不过二三顷，无为山陵，陂池裁令流水而已。"临终时又遗诏："朕无益百姓，皆如孝文皇帝制度，务从约省。刺史、二千石长吏皆无离城郭，无遣吏及因邮奏。"

从以上记载来看，东汉初年的统治者勤政尚俭，爱护民力，尊崇礼义，并在诏令中多次提到儒家思想对所行政策的指导作用，表明儒家的政治思想已与东汉政权完全结合。儒家思想对东汉初年政治的稳定具有重要的意义。

二、白虎观会议对儒学的规范

建初四年（79 年），东汉章帝在洛阳北宫白虎观亲自主持召开会议，此会又称白虎观会议。这次会议召集当时的名儒班固、贾逵、杨终、丁鸿、楼望等人，对所传儒家的经典经义的同异进行比较统一，做出规范性的结论。

这次会议讨论的结论结集为《白虎通德论》，即《白虎通义》，简称

---

① 1982. 后汉书·光武帝纪（下）. 北京：中华书局
② 1982. 后汉书·光武帝纪（下）. 北京：中华书局

《白虎通》。在这个会议上，集中论述了爵、号、谥、立祀、社稷、三纲、六纪、宗族、姓名、天地、王者不臣、巡狩、三政、三教等43个专题，对儒家经典经义做出规范的解释，并希望使之成为永久性的制度。

白虎观会议对政府中各类官职名称，上自天子、下至群臣以及治理政治的内容进行诠释，使儒家经义更适合王朝政权的要求。白虎观会议所结集的《白虎通义》就集中地证明了这一点。《白虎通义·爵》解释"天子"一词说："天子者，爵称也。爵所以称天子者何？王者，父天母地，为天之子也。故《援神契》曰：天覆地载，谓之天子。上法斗极。《钩命诀》曰：天子，爵称也。帝王之德有优劣，所以俱称天子者何？以其俱命于天，而主治五千里内也。《尚书》曰：天子作民父母，以为天下王。何以知帝亦称天子也，以法天下也。"在这里，《白虎通义》进一步神化帝王，论证了君权神授的合理性，从而肯定了君主权力的合理性。

《白虎通义》特别地规定了三纲六纪的名分和内容。《白虎通义·三纲六纪》云："三纲者何谓也？谓君臣、父子、夫妇也。六纪者谓诸父、兄弟、族人、谓舅、师长、朋友也。故君为臣纲、父为子纲、夫为妻纲。又曰敬父兄，六纪道行；诸舅有义，族人有序，昆弟有亲，师长有尊，朋友有旧。何为纲纪？纲者，张也；纪者，理也。大者为纲，小者为纪，所以疆理上下，整齐人道也。人皆怀五常之性，有亲爱之心，是以纪纲为化，若罗网之有纪，纲而万目张也。"

白虎观会议在西汉董仲舒三纲五常的基础上又进一步论述了"六纪"的意义。三纲六纪五常是封建王朝调和内部关系的纲常伦理和道德。东汉政权把君臣、父子、夫妇关系列为三纲，要求臣、子、妇对君、父、夫绝对服从，把诸父、兄弟、族人、诸舅、师长、朋友列为六纪，从而理顺上下之纪，整齐人道。这样就可使纲举目张，使这种忠君尊长的关系成为制度，成为法律，以达到帝王至尊的目的。

为了达到帝王至尊的目的，必须推行三纲六纪；为了使百姓接受、遵从三纲六纪之规则，必须对百姓施以教化，即教育百姓以忠、以敬、以文。这称为"三教"。三教以忠为首。《白虎通义·三教》云："王者设三教者何？承衰救弊，欲民反正道也。三正之有失，故立三教以相指受。……三教所以先忠者，行之本也。"东汉王朝对民教化，以忠为先，以敬、文辅之。只有用忠、孝的思想去教育百姓，才能让百姓心悦诚服地去服从帝王的绝对权威。

白虎观会议还确定对于那些犯上作乱者要坚决予以诛伐。《白虎通义·诛伐》云："诛不避亲戚何？所以尊君卑臣，强干弱枝，明善善恶恶之义也。

《春秋传》曰：'季子杀其母兄，何善？'示诛不避母兄，君臣之义。《尚书》曰：'肆朕诞以尔东征'，诛弟也。"又云："《论语》曰：'陈恒弑其君，孔子沐浴而朝，请讨之。'王者侯之子，篡弑其君而立，臣下得讨诛之者，广讨贼之义也。《春秋传》曰：'臣弑君，臣不讨贼，非臣也。'"白虎通会议认为，对于弑君者，其他大臣当讨伐诛灭。

《白虎通义·诛伐》所要求的"忠"，是对君主绝对的忠，而且要"诛不避亲戚"。这实际上是法家学说的内容，说明两汉时期，儒家思想已经揉进了法家思想的成分。另外，东汉王朝把忠已放在亲情之上了。春秋时期，孔子曾说："子为父隐，直在其中矣"，把孝与忠同等看待。东汉王朝虽然把"孝"提倡得也很高，但"忠"是第一位的，忠为"行之本也"。

白虎观会议是汉章帝亲自主持召开的。会议对儒家的思想进行阐释，并使之成为一个制度化的条文。这种现象表明东汉时期儒学已进一步与政权相结合。东汉臣民对儒学中所规范的道德和思想的接受与实施都具有法律的含义。

三、东汉的儒学与儒臣

东汉一代，对儒学可谓推崇之至。东汉王朝通过各种形式对臣民进行教化，让臣民懂得什么是正，什么是忠。这种教育对东汉时期的官员大臣起了重要的影响和作用。

自秦国商鞅变法直至秦王朝统一后，政府对吏民实行赐爵的制度，即庶民按照功劳可以得到爵位。商鞅曾制20级军功爵位，按斩敌首的多少赐以爵位；如果犯罪，可以拿爵位去赎；如果没钱，亦可以把爵位卖掉。

东汉王朝把授爵制度与儒家学说结合起来。东汉政府按照百姓在乡里、家庭中的"孝悌"行为来决定赐予爵位的标准。东汉明帝在中元二年下诏："赐天下男子爵，人二级，三老、孝悌、力田人三级。"[①] 这里的"男子"指每家的男家长；"三老"指的是乡官；"孝悌"指的是孝父母、悌兄弟者；力田指勤劳耕作的人。自汉明帝始，章帝、和帝等，皆对孝悌和勤劳耕作的人赐爵位，以鼓励天下百姓重孝道，讲忠义。

在任官制度方面，东汉政府实行举孝廉的政策。虽然当时亦有"博学鸿词"、"贤良方正"等科，但却以"孝廉"为重。孝者即孝悌，廉即廉洁。孝则忠君，廉则爱民。东汉统治者认为，如果对待自己的双亲忠孝，那么这种"忠"可移于对待君主，求忠臣必于孝子之门，因此东汉政府在选择官吏时，

---

① 1982. 后汉书·明帝纪. 北京：中华书局

以贤才、德行为先决条件。每年，东汉政府在州郡乡里之中选拔孝悌、廉洁之人百余名出仕为官，称为"举孝廉"。孝廉在乡里有重名，是乡里推荐出来的。

东汉一代，知识分子大多注重自己的名节，出现了许多忠孝清廉之士。光武帝时，有一扶风平陵人（今陕西扶风县）张湛，平日矜严好礼，动止有则，既使独处时，也自我修整，对待妻子，相敬如宾，在乡党士绅面前，更是慎言正色。光武帝曾封他为左冯翊。张湛在州郡修饬各种政典礼法，设立规章教条，以教育百姓，使郡中政化大行。有一次，张湛归故里探亲，在望见平陵县门时，就下马步行。部下对他说："明府位尊德重，不宜自轻。"张湛说："礼下公门，轼辂马。孔子于乡党，恂恂如也。父母之国，所宜尽礼，何谓轻哉？"① 建武五年（29年），汉光武帝任命张湛为光禄勋（即郎中令）。刘秀即位后，有些倦怠。张湛每次上朝，直言刘秀朝政之失，把刘秀搞得很难堪。张湛经常乘白马，刘秀每次见到张湛，就说："白马生且复谏矣！"张湛以后又被任命为光禄大夫、太子太傅。张湛处处以儒家礼制要求自己，并施之以政，是东汉清廉官吏的一个典型。

东汉初，东海兰陵人（今山东峰县）王良，自小就学习儒家学说，德行高尚，被朝廷任命为谏议大夫，教有忠言，以礼进止，受到朝廷的尊重。王良虽处高贵之位，但非常节俭。他的妻子留在庄里，不入官舍居住。家中所用的是粗布衣被和粗糙的陶器餐具。王良"在位恭俭，妻子不入官舍，布被瓦器。时司徒史鲍恢以事到东海，过候其家。而良妻布裙曳柴从田中归。恢告曰：'我司徒史也，故来受书，欲见夫人。'妻曰：'妾是也，苦掾，无书。'恢乃下拜，叹息而还。闻者莫不嘉之"。唐代章怀太子李贤注引《东观记》曰：曳柴，"徒跣曳柴"。"掾，即谓鲍恢司徒之掾史也，言劳苦相过，更无书信。"② 朝中皆感叹王良夫妇的美德。

东汉时期，出现了许多识礼、谦恭、礼让的清廉之士。他们睦亲族、敬乡里、讲孝悌、责己宽人，对东汉社会风化的敦厚、秩序的安定起了重要的作用。

儒家学说不仅要求知识分子自身的廉洁和清高，还要求他们向不良不法之事做斗争。孔子说："乱臣贼子，人人得而诛之。"东汉时期，还出现了一些除暴安良之士。光武帝时，有一河内人名叫杜诗。刘秀曾任命他为侍御史，治理洛阳。当时洛阳有一大将军名叫萧广，仗恃有功，对士兵非常放纵，暴横民间，奸淫抢掠，无恶不作。杜诗曾多次规劝，萧广不听。杜诗遂格杀萧广，然后向皇帝禀告此事。光武帝对杜诗杀萧广非常欣赏，不仅不责

---

① 1982. 后汉书·张湛传. 北京：中华书局
② 1982. 后汉书·王良列传. 北京：中华书局

罚，而且亲自召见了他，赐以荣戟，又派到了河东，诛杀了叛逆杨异等。光武帝大喜，任杜诗为成皋令（河南洛州汜水一带），在此3年，政绩优异。杜诗历任沛郡都尉、汝南都尉，所到之处皆称政绩。建武七年（31年）杜诗被任命为南阳太守，南阳地区政治清平，杜诗诛暴立威，省役爱民，修治陂池，广招土田，境内百姓，家家富余。杜诗身居在州郡，尽心朝廷，经常上疏进谏善言良策，以辅朝政。而当杜诗死时，家中贫困无田宅，连埋葬坟地都没有，可谓清廉之吏。

安帝时扶风平陵人苏章被举为贤良方正，因答对朝廷策问而高第，命为议郎，数陈朝政得失，其言甚直。苏章在出任武原地方官（今安徽下邳县）时，灾荒年间，开仓赈民，救民3000余户。汉顺帝时期，苏章被任命为冀州刺史。《后汉书·苏章传》云："顺帝时，迁冀州刺史，故人为清河太守。章行部案其奸臧，乃请太守为设酒肴，陈平生之好，甚欢。太守喜曰：'人皆有一天，我独有二天。'章曰：'今夕苏孺文与故人饮者，私恩也。明日冀州刺史案事者，公法也。'遂举正其罪，州境知章无私，望风畏肃。"苏章公私分明，纠查清河太守之罪，上报朝廷。州境皆知苏章无私，望风畏肃，皆不敢做犯罪之事。以后，苏章又被任命为并州刺史，多次摧折权豪，刚直不阿，铁面无私，以致受到权贵排斥，被免官回家。

东汉一代，统治者大力提倡儒家之忠孝、清廉。政府以举孝廉的方式任命官吏，又以赐爵方式奖励孝悌、力田的庶民，这样就不仅刺激了大批的知识分子重名节、讲德行，在他们治理国家和地方的行政事务中，尽忠尽孝，清廉自爱，打击奸官贪官，刚正不阿，政绩有声，政化大行。而在东汉庶民之中提倡孝悌善行，也给东汉社会的稳定提供了条件。

四、东汉"党锢"与党人气节

东汉后期，东汉王朝陷入了外戚与宦官轮流执政的局面。由于帝王们的荒淫奢侈，沉湎酒色，很多在青壮年时就死去。小皇帝尚在幼冲，由母后及外戚掌握政权。外戚经营数年，朝廷内外布置党羽亲信。当小皇帝长大以后，往往难以主政。小皇帝就依靠宦官杀掉外戚，夺回政权。这样就出现了外戚、宦官交替执政的现象。外戚、宦官交替执政，使得朝廷贿赂公行，贪赃枉法，然而东汉王朝能维持二百余年，与东汉王朝用儒学教化出来的清廉之吏，在国难当头之际，成为国家的栋梁之材有密切的关系。儒家学说是东汉王朝安身立命的基础理论。

东汉末年，桓、灵二帝执政时期，宦官张让、赵忠、夏恽、郭胜、孙璋等皆为中常侍，号曰"十常侍"。"十常侍"之父兄子弟、姻亲、宾客"布

列州郡,所在贪残,为人蠹害",侵掠百姓,鱼肉乡里,百姓有怨无处申告。而在朝廷之上,宦官当道,官吏只有献媚讨好宦官,才能得到升迁。

东汉后期一些较正直的官员,不愿与宦官们合流,在其治理国家的过程中,受儒家思想的熏陶,洁身自好,敢言朝政得失,抨击宦官的罪恶,最后被荒淫昏庸的东汉皇帝禁锢乡里,不得为官,甚至被杀害或被迫自杀。这就是所谓的"党锢"。

《后汉书·党锢列传》云:"逮桓灵之间,主荒政缪,国命委于阉寺,士子羞与为伍,故匹夫抗愤,处士横议,遂乃激扬名声,互相题拂,品核公卿,裁量执政,婞直之风,于斯行矣。"东汉末年,党人之议大起。

李膺,字元礼,颍川襄城(今河南襄县)人,曾被举为孝廉,升迁为青州刺史。由于李膺执法严明,许多贪婪的官吏,望风弃官,不敢在李膺手下为官。李膺曾担任过乌桓校尉,与进犯的鲜卑作战,亲蒙矢石,身被疮痍,拭血进战,多次攻破敌寇。

延熹二年(159年),李膺迁为河南尹,后拜为司隶校尉。宦官张让(十常侍之一)的弟弟张朔为野王令,贪残无道,诛杀孕妇。张朔听说李膺执法不挠,弃官逃到京城,藏在张让舍的合柱之中。李膺知道后,乃率吏卒破柱逮捕张朔,付洛阳狱中,杀之。

党锢是由河南尹李膺所起。当时有一个河内人名曰张成,善于占卜,结交宦官,仗势教子杀人。李膺将张成收捕在狱。而宦官们游说皇帝下旨释放张成。李膺气愤之极把张成杀掉了。于是张成的弟子与宦官相谋,上书皇帝,诬告李膺"交结诸郡生徒、更相驱驰,共为部党,诽讪朝廷,疑乱风俗。于是天子震怒,班下郡国,逮捕党人,布告天下,使同忿疾,遂收执膺等。其辞所连及陈寔之徒二百余人。或有逃遁不获,皆悬金购募,使者四出,相望于道。明年,尚书霍谞,城门校尉窦武并为表请,帝意稍解,乃皆赦归田里,禁锢终身"①。这次被列名逮捕的党人有200余人。

党锢在东汉末年有很大的影响,如当时的太尉陈蕃,曾任光禄勋,主持选拔官员的事务,在选举中不偏权贵,为权势之家愤恨,被罢官;但后又被任命为尚书仆射、太中大夫、太尉、太傅等官职,忠清亮直,不阿权贵。杜密曾任代郡太守、太山太守、北海相、尚书令、河南尹、太仆等职;刘佑曾为任城令、扬州刺史、尚书令、河南尹等职;魏朗曾为司徒府、彭城令、河内太守、尚书等职;范滂,曾为清诏使,案察地方州郡的不法行为。"守令自知藏污,望风解印绶去。其所举奏,莫不厌塞众议,迁光禄勋主事。"②

---

① 1982. 后汉书·党锢列传. 北京:中华书局
② 1982. 后汉书·党锢列传. 北京:中华书局

东汉末年，桓、灵二帝昏庸，宦官凶残，邪曲倡炽，正义之士受到陷害。在这种情况下，党人挺身而出，危言深论，不畏豪强，厉俗清志，犹如混浊水中的一股清流，在社会上有极大的影响。当时京师太学中有歌谣："天下模楷李元礼，不畏强御陈仲举（指陈蕃），天下俊秀王叔茂。""汝南太守范孟博，南阳宗资主画诺。南阳太守岑公孝，弘农成瑨但坐啸。"李膺、陈蕃等人遂成为天下名士。"窦武、刘淑、陈蕃为'三君'，君者，言一世之所宗也。李膺、荀昱、杜密、王畅、刘佑、魏朗、赵典、朱寓为'八俊'。俊者，言人之英也。郭林宗、宗慈、巴肃、夏馥、范滂、尹勋、蔡衍、羊陟为'八顾'。顾者，言能以德行引人者也。张俭、岑晊、刘表、陈翔、孔昱、苑康、檀敷、翟超，为'八及'。及者，言其能导人追宗者也。度尚、张邈、王考、刘儒、胡母班、秦周、蕃向、王章，为'八厨'。厨者，言能以财救人者也。"①

东汉末年的"党人"，皆以举孝廉而出仕，以天下为己任，是希望用儒家学说济世的学者。他们踏入仕途，在东汉王朝担任相当重要的官职。李膺、范滂等任官时期，豪强与不法之徒望风逃匿，这不能不说明党人品质的高尚和执法的严明。但由于东汉党人以孝忠朝廷、忠于东汉王朝为己任。他们反贪官而不反皇帝，其矛头所向是贪官污吏和当权的宦官。而事实上宦官与污吏的总后台就是东汉的桓、灵二帝，因此许多党人遭终身禁锢之祸，甚至被杀害或被迫自杀。

在国家政治昏暗、宦官当道之际，儒生们以自己的力量，"振拔污险之中，蕴义生风，以鼓动流俗。激素行以耻威权，立廉尚以振贵势，使天下之士奋迅感慨，波荡而从之，幽深牢破室族而不顾，至于子伏其死而母欢其义，壮矣哉！子曰：'道之将废也与，命也！'"②

东汉党人愤世嫉俗、与凶残的邪恶势力进行斗争的行为对东汉社会产生了极大的影响。后当黄巾起义爆发时，东汉统治者为了利用人才，解除了党锢，然而陈蕃、李膺等人皆死，又有何颙被任命为司空。当董卓秉政时，何颙曾与司空荀爽、司徒王允共谋划杀董卓。董卓因何颙不与之合作，而囚禁了何颙，而王允终于用计杀死了董卓。东汉党人尽管无法从根本上澄清东汉王朝的昏庸政治，但以自己的行动乃至用生命维护正义，表现了中国古代知识分子的高尚气节，对东汉的政治产生了重要的影响。

---

① 1982. 后汉书·党锢列传. 北京：中华书局
② 1982. 后汉书·党锢列传. 北京：中华书局

第六章
魏晋玄学与政治

东汉以后，中国出现了魏、蜀、吴三国鼎立的局面。魏、蜀、吴三国为了自己的生存，在与其他两国的争斗中争取优势，相继用儒学治国。三国时期，魏、蜀、吴各国的经济都得到了较大的发展。

曹魏衰亡时期，失意的曹魏贵族对西晋统治者不满，对儒学产生了怀疑，魏晋玄学之风兴起。玄学的兴起强烈地冲击了两汉以来的儒学，是一次大的思想解放运动。但是玄学的兴起主要是由失意贵族对现实社会的不满造成的，故玄学对儒学的冲击不是致命的。玄学促进了儒学与道学的合流。西晋后期，统治者组织力量对玄学进行反攻，并对玄学家进行打击，儒学在魏晋仍然占据统治地位。

西晋短暂的统一后，北方又陷入了"五胡十六国"的混乱时期。长期的分裂使得一些知识分子开始重新审视儒学。

西晋以后的"五胡十六国"多是少数民族建立的政权。其君主大多争取利用汉族知识分子，采取儒学治国。儒学是适合封建社会发展巩固的政治理论。历史事实证明，采取儒学治国的少数民族政权一般都能走向繁荣和稳定；而当他们放弃儒学时，一般都会走向衰落和灭亡，如南朝宋、齐、梁、陈政权的兴衰，就是有力的证据。魏晋南北朝时期，也曾出现了一些有为的皇帝和君主，他们举贤任能，任用儒臣治国，并创造了一些治世，这些皆是儒家思想和学说的结晶。

第一节　儒学与三国政治

东汉末年，豪强兼并，战乱频仍，官场腐败，生灵涂炭，于是爆发了著名的黄巾大起义。各地豪强纷纷组织武装，投靠东汉王朝镇压起义军。当黄巾大起义被镇压以后，中国历史上出现魏、蜀、吴三国鼎立的局面，并渐趋稳定。魏、蜀、吴三国为了在争斗中取得优势，以吞灭对方，在治理国家的过程中都采取了儒家学说，这促进了三国时期经济的发展。

一、儒学与曹魏社会的繁荣

东汉末年，黄巾军大起义推翻了腐朽的东汉王朝。曹操拥百万之众，占据中原，挟天子以令诸侯；孙权承父兄之业，据有江东，国险而民附；刘备拥有荆、益二州，关陇险塞，沃野千里。是时，魏、蜀、吴三国鼎立相峙，雄踞一方，谁都无法吞灭对方。然而三国君主为了统一天下，以成帝业，总揽英雄，思贤如渴。刘备三顾茅庐，请出诸葛亮；孙权举贤任能，江东英豪皆为之用；曹操"唯才是举"，甚至是"负污辱之名，见笑之行。或不仁不孝而有治国用兵之术者，其各举所知，勿有所遗"①。在统治者这种求贤若渴的政策下，一大批中小地主出身的贤能之士被吸收到各国的政治集团中来，可谓"江山如画，一时多少豪杰！"

然而，当三国相对稳定之时，统治阶级非常明白，儒学是他们治国安邦的统治理论。曹操说："故明君不官无功之臣，不赏不战之士。治平尚德行，有事赏功能。"② 这句话真是道破了天机，在和平稳定的年代里，必须以儒学去统治臣民。曹操还为儒学在战争年月中的衰微而伤感。他说："丧乱以来，十有五年，后生者不见仁义礼让之风，吾甚伤之。今郡国修文学，置教官，选其乡之俊者教学之。"③ 魏文帝曹丕在位时期，一切如东汉时期，赐"孝悌"爵位、举孝廉。曹丕又把孔子的后人孔羡封为宗圣侯，给百户之邑，以祭祀孔子；并下令鲁郡修起旧孔庙，又置百户吏卒守卫之，又修筑房屋让求学者居住。曹丕还认为限年送贡士不妥。黄初三年（222年）下诏令："今之计、（孝），古之贡士也；十室之邑，必有忠信，若限年然后取士，是吕尚、周晋不显于前世也。其令郡国所选，勿拘老幼，儒通经术，吏达文法，到皆试用。有司纠故不以实者。"④

曹丕在黄初五年（224年）"立太学，制五经课试之法，置《春秋》、《穀梁》博士"⑤。曹丕是在通过取士等措施引导魏王朝尊崇儒学。

魏文帝身体力行，反对厚葬，以节省人力、财力为务。黄初三年（222年），他选首阳山为自己的寿陵，并作《终制》曰："礼，国君即位为椑，存不忘亡也。昔尧葬谷林，通树之；禹葬会稽，农不易亩。故葬于山林，则合乎山林；封树之制，非上古制也，吾无取焉。寿陵因山为体，无为封树，

---

① 1982. 三国志·武帝纪. 注引魏书. 北京：中华书局
② 郝经.1986. 四库全书·续后汉书·魏·曹操（上）. 台湾商务印书馆景印本文渊阁
③ 陈寿.1982. 三国志·武帝纪. 北京：中华书局
④ 陈寿.1982. 三国志·文帝纪. 北京：中华书局
⑤ 陈寿.1982. 三国志·文帝纪. 北京：中华书局

无立寝殿，造园邑，通神道。夫葬也者，藏也，欲人之不得见也。骨无痛痒之知，冢非栖神之宅，礼不墓祭，欲存亡之不黩也。为棺椁足以朽骨，衣衾足以朽肉而已。故吾营此丘墟不食之地，欲使易代之后，不知其处。无施苇炭，无藏金银铜铁，一以瓦器，合古涂车、刍灵之义。棺但漆际会三过，饭含无以珠玉，无施珠襦玉匣，诸愚俗所为也。……宜思仲尼、丘明，释之之言，鉴华元、乐莒、明帝之戒，存于所以安君定亲，使魂灵万载无危，斯则贤圣之忠孝矣。"①

从曹丕所作的《终制》来看，固然是因曹丕害怕其死后陵墓被人发掘，但他以仲尼之言为戒反对厚葬，也可谓一个清明的皇帝。

魏明帝曹叡是曹丕之子，曹操的孙子。魏太和四年（230年）春二月壬午，魏明帝下诏："世之质文，随教而变。兵乱以来，后生进趋，不由典谟。岂训导未洽，将进用者不以德显乎？其郎吏通学一经，才任牧民，博士课试，擢其高第者，亟用；其浮华不务道本者，皆罢退之。"②

曹氏王朝的前三代君主皆有拨乱反正之意，即他们认为，自东汉末年战乱以来，军阀四起，干戈大动。为了在战争中取得优势地位，采取任人唯才而不唯德的政策，但当三国鼎立局面形成，国家稍有稳定时，便希望以儒学去治理国家。

曹氏君主提倡儒学的政策对曹魏政治有重要的影响。魏明帝在位时期，大兴土木宫室，百姓辗转服役，劳苦不堪，耽误农时；又广选天下美女，充盈后宫。大臣们纷纷上疏，以儒家理论去劝谏魏明帝曹叡。颍川阳翟（今河南省禹县）人辛毗，时为颍乡侯，上疏曰："今者宫屋大兴，加连年谷麦不收。《诗》云：'民亦劳止，迄可小康，惠此中国，以绥四方。'唯陛下为社稷计。"③ 山东平阳人高堂隆，时为魏明帝的侍中、太史令。高堂隆上疏云：陛下"崇饰居室，土民失业。外人咸云宫人之用，与兴戎军国之费，所尽略齐。民不堪命，皆有怨怒。《书》曰：'天聪明自我民聪明，天明畏自我民明威。'与人作颂，则向以五福，民怒呼嗟，则威以六极。言天之赏罚，随民言，顺民心也。是以临政务在安民为先，然后稽古之化，格于上下，自古及今，未尝不然也。"又上疏曰："仲尼云：'人无远虑，必有近忧。'由此观之，礼义之制，非苟拘分，将以远害而兴治也。"魏明帝见到高堂隆的上疏后，说："观隆此奏，使朕惧哉！"④

---

① 陈寿.1982.三国志·文帝纪.北京：中华书局
② 陈寿.1982.三国志·明帝纪.北京：中华书局
③ 陈寿.1982.三国志·辛毗传.北京：中华书局
④ 陈寿.1982.三国志·明帝纪.北京：中华书局

魏明帝时，涿郡（今河北涿县）太守王观是一个清正廉洁的官员。涿郡地与鲜卑相接，经常受鲜卑族的骚扰。王观在任时，积极组织边民防御，令边民10家以上，屯居，筑京候，以为斥候报警，使守御有备，能有效地保卫家园。魏明帝下诏，令各州郡自报，把州郡分为剧、中、平三等。涿郡官吏皆望将本郡划为中、平之郡。原来如果把自己的郡划为"剧"等郡，那么太守的儿子必须送到朝廷做人质。王观说："夫君者，所以为民也。今郡在外剧，则于役条当有降差，岂可为太守之私而负一郡之民乎？"①《三国志·魏书·王观传》云：王观"遂言为外剧郡，后送任子诣邺。时观但有一子而又幼弱。其公心如此"。在王观的带动下，涿郡官吏莫不清廉自励，涿郡风化大行。

由于王观清廉无私，克己奉公，政绩卓著，魏明帝把王观提拔为治书侍御史，典行台狱；继而又迁为尚书，出任河南尹，转迁少府。当时曹魏宗室大将曹爽指使管木料的材官张达把官府的建筑材料据为私家之物。王观知道后非常生气，他不畏曹爽的权势，把那些建材全部没官府。少府是管理皇室内府所藏的珍宝之物的官职，曹爽等权贵多次干求，但害怕王观执法严明，不敢奢望，就想法罢王观的少府，而迁为太仆。曹爽被诛后，王观被封为关内侯，复为尚书。

魏明帝时期，蓟（今河北省蓟县）人徐邈，任凉州（今甘肃武威县治）刺史。《三国志·魏书·徐邈传》云："河右少雨，常苦乏谷，邈上修武威、酒泉盐池以收虏谷，又广开水田，募贫民佃之。家家丰足，仓库盈溢。……然后率以仁义，立学明训，禁厚葬，断淫祀，进善黜恶，风化大行，百姓归心焉。"徐邈把朝廷"赏赐皆散与将士，无入家者，妻子衣食不充"。他死后，家无余财。

曹魏君主提出在战乱和稳定的不同社会形势下，应有不同的管理模式和标准，而儒学则是治理国家的最佳理论。他们提出了尊孔崇儒的方针，于是出现了大批儒生，如辛毗、高堂隆、高柔等大臣，以儒学精神匡正朝政得失、劝谏帝王等。这些对曹魏王朝前期的政治经济发展起了重要的作用。

曹魏时期，北方经济迅速发展，国都洛阳已是商贾繁荣、人文荟萃的大都市。中原地区良田千里，阡陌相属。曹魏很快地平复了战争的创伤，政治经济得以迅速发展。

---

① 陈寿.1982.三国志·魏书·王观传.北京：中华书局

二、儒学与蜀汉政治

蜀是刘备建立的国家,亦称汉王朝。当曹丕建立曹魏政权以后,刘备自以为是汉中山靖王之后,刘氏后裔,更应该即位称帝。于是蜀中大臣上疏:"今上天告祥,群儒英俊,并起河、洛,孔子谶、记,咸悉具至。伏惟大王出自孝景皇帝中山靖王之胄,本支百世,干祇降祚,圣姿硕茂,神武在躬,仁覆积德,爱人好士,是以四方归心焉。"[①]

中国帝王自西汉以后,皆以儒家思想为依据。刘备以汉家后裔的身份,"恭行天罚","建立礼仪","昭告皇天上帝,后土神祇","绍嗣昭穆",以即皇帝之位。

刘备在打天下的过程中,以儒家的忠孝诚信为行为的准则,他为请诸葛亮三顾茅庐。诸葛亮当时才27岁,是一个名不见经传的田舍郎。诸葛亮感激刘备的三顾之恩和诚意,感谢刘备不以年龄门第判断反而给予自己尊重和信任,于是在草庐之中与刘备分析了天下形势,提出了著名的草庐对策。从此,诸葛亮随其出茅庐,受任于败军之际,奉命于危难之间,辅助刘备,联吴抗曹,在赤壁大破曹操的八十多万军队。在诸葛亮的策划之下,刘备占领荆州,南取武陵、长沙、桂阳、零陵,又西取益州,占领蜀地,从而形成了三国鼎足之势,成就了帝业。

正是刘备的诚信待人,思贤如渴,才使诸葛亮感激涕零,忠心辅助,以致在刘备死后,忠心耿耿,辅助后主刘禅,鞠躬尽瘁,死而后已。刘备的诚信宽厚,使关羽、张飞、赵云、马超、黄忠等人愿意为他拼死效力。

《三国志·蜀志·先主传》记载,建安十二年(207年),曹操南征,刘备弃新野、走樊城、荆州等,十余万百姓追随刘备,每日行10余里。有人对刘备说:"宜速行保江陵,今虽拥大众,被甲者少,若曹公兵至,何以拒之?"刘备曰:"夫济大事,必以人为本。今人归吾,吾何忍弃去?"裴松之注引习凿齿曰:"先主虽颠沛险难而信义愈明,势偪事危而言不失道,追景升之顾,则情感三军;恋赴义之士,则甘与同败。观其所以结物情者,岂徒投醪抚寒蓼问疾而已哉。其终济大业,不亦宜乎!"刘备重信义,礼贤下士,民众义附。这当是刘备虽起于微细,但最终能取得三分天下的基础。

刘备之所以得三分天下,建立蜀汉王朝,所倚赖的重臣是诸葛亮等人。从军事、经济到政治,其政策谋划到国家的管理基本上皆出自诸葛亮。时诸葛亮为蜀汉丞相,特别是刘备死前,托孤诸葛亮:"政事无巨细,咸决于

[①] 陈寿.1982.三国志·蜀志·先主.北京:中华书局

亮"①。

诸葛亮治理蜀汉时，南中蛮夷之族反叛。诸葛亮为了蜀汉的安全，率众南征。《三国志·诸葛亮传》裴松之注引习凿齿《汉晋春秋》曰："亮至南中，所在战捷。闻孟获者，为夷、汉所服，募生致之。既得，使观于营阵之间，问曰：'此军何如？'获对曰：'向者不知虚实，故败。今蒙赐观看营阵。若祗如此，即定易胜耳。'亮笑，纵使更战，七纵七擒，而亮犹遣获。获止不去，曰：'公，天威也，南人不复反矣。'遂至滇池。南中平，皆即其渠率而用之。"诸葛亮以高超的战术对孟获七擒七放，终于以诚信感动了川南的少数民族酋长孟获。诸葛亮此举不仅维护了蜀汉政权的安全，也加强了蜀中与少数民族的团结。

诸葛亮自受托孤以后，主宰蜀汉政治。他感激刘备的知遇之恩，对后主刘禅的忠心可对天表。他的前、后出师表，表现了对刘禅的赤诚，也表现了他治国的方略。诸葛亮《出师表》云："亲贤臣，远小人，此先汉所以兴隆也；亲小人，远贤臣，此后汉所以倾颓也。"又《三国志·诸葛亮传》云："诸葛亮之为相国也，抚百姓，示仪轨，约官职，从权制，开诚心，布公道；尽忠益时者虽仇必赏，犯法怠慢者虽亲必罚，服罪输情者虽重必释，游辞巧饰者虽轻必戮；善无微而不赏，恶无纤而不贬；庶事精练，物理其本，循兵责实，虚伪不齿，终于邦域之内，咸畏受之，刑政虽峻而无怨者，以其用心平而劝戒明也。"

诸葛亮治蜀之国策，是以典型的儒法合流的思想为指导的。西汉武帝时期，曾以外儒内法的策略去治理国家，而纵观诸葛亮治蜀，科教严明，赏罚必信，无恶不惩，无善不显，吏不容奸，人怀自厉，道不拾遗，强不凌弱，风化肃然。诸葛亮熟读经史，精通管理之术。他以儒家学说为治国方略，但由于诸葛亮是随刘备打天下的军事统帅，所以在纪律的严明、赏罚的公正方面，更有独到之处。诸葛亮克己奉公，廉洁诚信，忠义报国。他曾上表后主刘禅说："成都有桑八百株，薄田十五顷，子弟衣食，自有余饶。至于臣在外任，无别调度，随身衣食，悉仰于官，不别治生，以长尺寸。若臣死之日，不使内有余帛，外有赢财，以负陛下。"②当诸葛亮死后，其家皆如其所言，由此可以看出诸葛亮精忠报国的品德。

三、儒学与蜀汉名将

蜀汉政权是由昭烈皇帝刘备建立的，然而蜀汉政权却与几个盖世名将的

---

① 陈寿.1982.三国志·蜀书·诸葛亮传.北京：中华书局
② 陈寿.1982.三国志·蜀书·诸葛亮传.北京：中华书局

功勋分不开，如关羽、张飞、马超、黄忠、赵云等，此五人被封为五虎上将，并谥为侯。尽管这几位将军皆行伍出身，在战斗中英武无比，但都深受儒家学说的影响。他们从人际关系到政治趋向，都表现出强烈的儒文化的特色。

关羽，字云长，河东解良（今山西临猗县西南）人。关羽在家乡时，曾因仗义杀人而亡命到涿县（今河北涿县）。东汉末年爆发了历史上有名的黄巾军大起义，给统治阶级以致命的打击。为了维护东汉王朝的统治，各地豪强招兵买马镇压起义军。刘备得到同郡富户的支持，招募兵卒，关羽和张飞于是参加了刘备的军队。

刘备见关羽、张飞皆勇武非常，"先主与二人寝则同床，恩若兄弟"。建安五年（200年），刘备驻在小沛（今江苏沛县），关羽驻在下邳（今江苏邳县南）。曹操发兵攻刘备，由于寡不敌众，刘备落荒而逃，投奔袁绍。关羽所率军队被围得水泄不通，又保护着刘备的家眷。当时曹操答应，如果现在关羽投降，一旦知刘备下落，允许关羽立刻离开曹营去追寻刘备。关羽在这种情况下被迫投降。曹操知关羽为骁将，礼遇关羽甚厚，封为汉寿亭侯，赐之金银。曹操派大将张辽前去试探关羽，关羽说："吾极知曹公待我厚，然吾受刘将军厚恩，誓以共死，不可背之。吾终不留，吾要当立效以报曹公乃去。"① 后来有一次曹操被袁绍军围困。袁绍军中有一大将颜良，骁勇善战，无人敢敌。关羽策马直前，杀了颜良，以解曹军的白马之围。关羽在为曹操立功之后，"挂金封印"，即尽封曹操赏赐的金银和侯印，保护二位皇嫂，拜书告辞，寻找刘备而去。

关羽的忠义在历史上传为佳话，被后人尊为兵圣和关帝。我国各地大都有关帝庙，人们为关羽的义气所感动。而关羽的忠义是在儒家学说的仁、义、礼、智、信的文化积淀基础上形成的。

赵云是刘备麾下的猛将，常山真定（今河北）人。因当时社会"民有倒悬之厄，鄙州论议，从仁政所在"②，赵云因英武为本郡所举，带领义兵而投奔了公孙瓒。在公孙瓒处赵云遇到刘备。刘备对赵云倾心结交，赵云认为公孙瓒非为明主，乃以奔兄丧为由，辞别公孙瓒。其时刘备正当败依栖公孙瓒。当赵云告辞时，刘备送别，赵云说："终不背德也。"

赵云辞别公孙瓒后就不再回去。刘备也从公孙瓒那里转而到邺城依栖袁绍。赵云奔兄丧之后，就到邺城寻找刘备，并为刘备又密募兵卒数百人，保护刘备离开袁绍到了荆州。

---

① 陈寿.1982.三国志·关羽传.北京：中华书局
② 陈寿.1982.三国志·赵云传.裴松之注引云别传.北京：中华书局

赵云见刘备，正是刘备失势之时。赵云忠心地跟随刘备，是他认为刘备能行仁政。当刘备被曹操追杀到当阳长阪之时，刘备弃妻、子而向南逃走。赵云怀抱幼子阿斗，即后主刘禅，保护甘夫人，使他们幸免于难。

赵云臣事刘备，忠心耿耿而且顾大局，识大体，以百姓为务。当刘备等攻克益州（今四川省成都市）时，《三国志·赵云传》裴松之引《云别传》记载："益州既定，时议欲以成都中屋舍及城外园地桑田分赐诸将。云驳之曰：'霍去病以匈奴未灭，无用家为。今国贼非但匈奴，未可求安也。须天下都定，各反桑梓，归耕本土，乃其宜耳。益州人民，初罹兵革，田宅皆可归还，今安居复业，然后可役调，得其欢心。'先生即从之。"

《云别传》又记载：当诸葛亮错用马谡，失了街亭。魏将张郃大败蜀军。但是赵云、邓芝一支拥据箕谷，却安全退出。邓芝对诸葛亮说："云身自断后，军资什物，略无所弃，兵将无缘相失。"诸葛亮将所保护的"军资余绢"，让赵云分赐将士。赵云说："军乃无利，何为有赐？其物请悉入赤岸府库，须十月为冬赐。"

从《三国志》及裴松之在注引的《云别传》可以看出，赵云对刘备以忠义为上；当攻下益州时，他认为不该仗势侵占成都人民的田宅，应让百姓迅速复业安居。赵云不贪功，也不得不义之财。他让诸葛亮对自己及将士的赏赐，悉入府库，以待对全军之赏。赵云是一个见得思义，见利思义，而且是行仁政的儒将。

三国时期的蜀汉王朝，以刘备为首，多以儒家的仁义去治理国家，如黄忠、马超等人，皆是为刘备、诸葛亮仁义而感动投降，而又成为蜀汉名将的。蜀汉王朝的政治充满儒家的人文精神，其政权亦是在儒家学说的基础上建立起来的。

四、儒学与孙吴政治

东汉末年，政治腐败，生灵涂炭，黄巾军大起义，天下大乱，各地军阀相继而起，拥兵割据。孙权承父兄之业，建立孙吴政权。

孙策临终前，将印绶授予孙权，并说："举江东之众，决机于两阵之间，与天下争衡，卿不如我；举贤任能，各尽其心，以保江东，我不如卿。"[1] 孙权15岁时就被郡察举为孝廉，又被州举为茂才，当为儒术出身。孙权即位后，更是通读经史。《三国志·吴书·吴王传》裴松之引韦昭《吴书》记载，孙吴都尉赵咨在议论孙权时说："吴王浮江万艘，带甲百万，任贤使能，

---

[1] 陈寿.1982.三国志·吴书·孙破虏传.北京：中华书局

志存经略，虽有余闲，博览书传历史，藉采奇异，不效诸生寻章摘句而已。"由此可见，孙权治理东吴的政治是以儒学为本的，他能总结历史上的成败得失教训，并将之运用在吴国的政治中。

孙权是一个有谋略而又大度的君主，他所任用的文臣、武将皆通习儒术，如西曹掾沈珩。《三国志》裴松之注引《吴书》云："珩，字仲山，吴郡人，少综经艺，尤善《春秋》内、外传。"

又如张昭，曾被孙策比作管仲，是孙策所重用的贤相。孙策临终，曾将孙权托于张昭。《三国志·吴书·张昭传》裴松之注引韦昭《吴书》曰："是时天下分裂，擅命者众。孙策莅事日浅，恩泽未洽，一旦倾殒，士民狼狈，颇有同异。及昭辅权，绥抚百姓，诸侯宾旅寄寓之士，得用自安。"张昭告老后，曾著《春秋左传解》、《论语注》等书。后代学者皆因张昭在赤壁之前主和，而否定了张昭在孙吴政权中的作用。而事实上，孙策生前重用张昭，"文武之事，一以委昭"。孙策说："昔管仲相齐，一则仲父，二则仲父，而桓公为霸者宗。今子布贤，我能用之，其功名独不在我乎！"① 由此可见，张昭在孙吴政权中的地位。

周瑜是孙吴政权建立过程中的一号重臣。古典名著《三国演义》把周瑜写成一个心胸狭窄、嫉贤妒能，而在才智上逊诸葛亮一筹的大将，而其实周瑜是一个忠义诚信、谦恭礼让，而且足智多谋，与诸葛亮相比毫不逊色的军事将领。

周瑜，字公瑾，庐江舒（今安徽省舒城县）人。他的祖父、父亲都曾做过东汉王朝的太尉。父亲周异还曾做过东汉国都洛阳令。周瑜就生长在这样一个世胄之家。周瑜与孙权之兄孙策是朋友，友善异常，患难与共。他与孙吴政权的关系可谓"外托君臣之义，内结骨肉之恩，言行计从，祸福共之"。②

当孙策尚未取得东吴之地时，周瑜所在的寿春还在袁术治辖之下。袁术看得出周瑜具有大将之材，乃请周瑜为将。周瑜对孙策有朋友之义，又因认为袁术无大作为，就借故离开袁术，投奔了孙策。孙策临终，将国事托付周瑜，并遗言请周瑜辅助弟孙权。

孙权承父兄之业，即位为东吴主。是时孙权才15岁，年轻而无威望。东吴的很多将领对孙权在礼节上从简。周瑜数立战功，是东吴依赖的大将。他认为如果东吴将领对孙权礼数不够，势必影响孙权的权威和信任度。周瑜对孙权事必恭敬，克尽臣节，以全君臣之礼。在周瑜的带动下，东吴将领开

---

① 陈寿. 1982. 三国志·吴书·孙破虏传. 北京：中华书局
② 陈寿. 1982. 三国志·周瑜传. 裴松之引江表传. 北京：中华书局

始以臣事君的态度对待孙权,使孙权很快地树立起了君主的绝对权威。

孙策部下曾有一老将程普,原是孙坚部下,数有战功,对周瑜的年少得志颇为不满。《三国志·周瑜传》裴松之引《江表传》云:"普颇以年长,数凌侮瑜。瑜折节容下,终不与校。普后自敬服而亲重之,乃告人曰:'与周公瑾交,若饮醇醪,不觉自醉。'时人以其谦让服人如此。"周瑜乃一谦让忠义而又能征善战的儒将。

建安七年(202年),曹操在破袁绍以后,兵威日盛,完全占有了北部大半个中国。曹操盛气凌人,有并吞天下之心,投书孙权,封孙权为侯,但要以孙权之子为人质,送往许都。孙权召集群臣议论,张昭等人犹豫不决。周瑜坚决反对。《三国志·吴志·周瑜传》注引《江表传》记载:"瑜曰:昔楚国初封于荆山之侧,不满百里之地,继嗣贤能,广土开境,立基于郢。……传业延祚,九百余年。今将军承父兄余资,兼六郡之众,兵精粮多,将士用命,铸山为铜,煮海为盐,境内富饶,人不思乱,泛舟举帆,朝发夕到,士风劲勇,所向无敌,有何逼迫,而欲送质?"周瑜的一席话坚定了孙权的决心,吴遂不向曹营送人质,与曹分庭抗礼。

曹操见孙权不服,大怒,率大军征江东。建安十三年(208年),曹操攻下荆州。荆州令刘琮投降,曹操又得其水军,船步兵数十万以讨伐孙权,东吴将士皆恐惧异常。孙权在大兵即将压境之际,又召群臣计议。有臣下胆怯地说:"曹公,豺虎也,然托名汉相,挟天子以征四方,动以朝廷为辞。今日拒之,事更不顺。且将军大势可以拒操者,长江也。今操得荆州,奄有其地,刘表治水军,蒙冲斗舰乃以千数。操悉浮以沿江,兼有步兵,水陆俱下,此为长江之险已与我共之矣。而势力众寡又不可论,愚谓大计不如迎之。"① 在这决定命运的关键时刻,周瑜成为东吴的中流砥柱,国家之栋梁。他力排众议,慷慨陈词说:"不然,操虽托名汉相,其实汉贼也。将军以神武雄才,兼仗父兄之烈,割据江东,地方数千里,兵精足用,英雄乐业,尚当横行天下,为汉家除残去秽。况操自送死,而可迎之邪?请为将军筹之,今使北土已安,操无内忧,能旷日持久来争疆场,又能与我校胜负于船楫可乎?今北土既未平安,加马超、韩遂,尚在关西,为操后患。且舍鞍马仗舟楫,与吴越争衡,本非中国所长。又今盛寒,马无藁草,驱中国士众远涉江湖之间,不习水土,必生疾病。此数四者用兵之患也,而操皆冒行之。将军禽操,宜在今日。瑜请得精兵三万人,进住夏口,保为将军破之。"②

周瑜力排众议独言抗敌之计,使孙权有了依靠,于是对周瑜说:"孤与

---

① 陈寿.1982.三国志·吴志·周瑜传.北京:中华书局
② 陈寿.1982.三国志·吴志·周瑜传.北京:中华书局

老贼,势不两立。君言当击,甚与孤合,此天以君授孤也。"①

孙权令周瑜与程普等人在长江赤壁(今湖北蒲圻西北)以抗曹操。周瑜让部将黄盖诈降曹操,带数十艘战船,蒙以帷幕,实以薪草,用膏油灌其中,直抵曹军之中,当时曹操的战船首尾相接,停次江中。黄盖率战船快驰向曹军战船时,黄盖令战船同时发火,乘风势正猛,一条条战船似火箭直射曹军。顷刻,曹军战船火焰冲天,又延烧岸上营寨,曹军大乱。曹操狼狈败逃,八十万大军被击溃。这就是有名的赤壁之战。周瑜也成为古今传颂的英雄名将。宋朝苏东坡词云:

大江东去,浪淘尽,千古风流人物。故垒西边,人道是,三国周郎赤壁。乱石穿空,惊涛拍岸,卷起千堆雪。江山如画,一时多少豪杰。

遥想公瑾当年,小乔初嫁了。雄姿英发,羽扇纶巾,谈笑间,樯橹灰飞烟灭。故国神游,多情应笑我,早生华发。人间如梦,一樽还酹江月。(《念奴娇·赤壁怀古》)

赤壁大战中,周瑜谈笑间指挥吴军,凭借长江天堑,把曹操杀得丢盔弃甲,大败而归。从此,曹操至死再也不敢南犯吴境,魏、蜀、吴三国鼎立的局面形成。赤壁之战是我国以少胜多的著名战例,周瑜也随之成为我国历史上最著名的将领之一。

赤壁之战后,曹操见周瑜才能出众,年轻有为,曾派能言善辩的蒋干前去劝降周瑜。周瑜迎之说:"丈夫处世,遇知己之主,外托君臣之义,内结骨肉之恩,言行计从,祸福共之,假使苏、张更生,郦叟复出,犹抚其背而折其辞,岂足下幼生所能移乎?"②蒋干终不敢说出劝降的话,回去对曹操盛赞周郎雅量高致,非言辞所动。

周瑜对孙吴政权忠心耿耿,谦恭礼让,始终如一,是孙吴政权最为依赖的柱臣。而周瑜也在忠义谦仁中实现了他的人生价值。

第二节 玄学与魏晋政治

两汉时期,儒学完全地与政权结合,成为封建王朝正统的理论纲领和精神支柱。三国时期,由于统治者的争战,在任人制度方面已经突破了儒家的标准,如魏武帝曹操就曾说过:"今负侮辱之名,见笑之行,不仁不义之人,

---

① 陈寿.1982.三国志·吴志·周瑜传.北京:中华书局
② 陈寿.1982.三国志·吴志·周瑜传.裴松之引江表传.北京:中华书局

有能则使之。"① 但在三国鼎足之势形成以后,三国在国家的治理方面皆采用儒家学说。曹魏王朝后期,统治者矛盾尖锐,司马氏逐渐控制朝政大权,公元265年,司马炎终于逼魏元帝曹奂禅让退位,建立晋王朝,是为晋武帝。

战争的惨烈及政权内部的倾轧与篡夺,对儒学产生强烈的冲击。司马氏集团的篡权使曹魏集团的一部分知识分子感到了穷途末路的悲哀。这些知识分子的思想是以儒学为基础,但又表现出对未来的无望,对儒学的怀疑;于是他们在思想上开始向道家转移。在这种形势下,魏晋玄学即"正始玄风"兴起了。

一、正始玄风的兴起

魏明帝叡临终曾立齐王曹芳为太子。曹芳自正始元年(240年)至正始九年(248年),在位9年。因司马氏集团的专横,曹芳又被贬为齐王。曹芳在位时期,即正始年间,玄学之风渐起,称为"正始玄风"。

正始年间,曹魏政权已逐渐显露衰微之象,曹魏政权集团的核心人物和上层贵族在司马氏集团的压抑之下,看不清前途,感到了一种穷途末路的悲哀。

何晏,字平叔,是东汉末年大将军何进的孙子,其母被曹操纳之为夫人。何晏又娶曹操的女儿金乡公主为妻。何晏曾任曹魏王朝的尚书,属于曹魏集团的上层人物。曹魏后期,何晏属于受压抑的曹魏集团贵族成员。

何晏、王弼是正始玄学的代表人物,正始玄学的主要特点是发端于儒学但向道学靠拢。如《三国志·魏书·三少帝纪》记载,正始八年(247年)秋七月,尚书何晏向魏少帝曹芳奏曰:"善为国者必先治其身,治其身者慎其所习。所习正则其身正,其身正则不令而行;所习不正则其身不正,其身不正则虽令不从。是故为人君者,所与游必择正人,所观览必察正象,放郑声而弗听,远佞人而弗近,然后邪心不生而正道可弘也。季末暗主,不知损益,斥远君子,引近小人,忠良疏远,便辟褻狎,乱生近昵,譬之社鼠,考其昏明,所积以然。故圣贤谆谆以为至虑。舜戒禹曰:'邻哉邻哉',言慎所近也。周公戒成王曰:'其朋其朋',言慎所与也。《诗》云:'一人有庆,兆民赖之。'可自今以后,御幸式干殿及游豫后园,皆大臣侍从,因从容戏宴,兼省文书,询谋政事,讲论经义,为万世法。"

《三少帝纪》还记载:魏帝曹芳正始二年(241年),"帝初通《论语》,使太常以太牢祭孔子于辟雍,以颜渊配"。正始七年(246年),"讲《礼

---

① 陈寿.1982.三国志·吴志·三少帝纪.北京:中华书局

记》通,使太常以太牢祀孔子于辟雍,以颜渊配"。

魏帝曹芳即位时还是一个少年,他学习的是《论语》、《礼记》等儒家经典,祭祀的是孔子及其弟子颜渊,可见曹魏政权对儒学的重视。

从以上记载可知,何晏对少帝曹芳的上奏多么的苦口婆心,忠心耿耿。他引用孔子《论语》、《诗经》的话,用舜对禹、周公对成王讲的话,皆是儒家学说的内容;又谆谆地告诫曹芳"讲论经义,为万世法"。何晏对曹芳提出的治国方略,完全是儒家学说的观点和方法。

然而,何晏以后的思想却向道家学派发展。《晋书》卷43《王戎传》云:"魏正始中,何晏、王弼等祖述老庄,立论以为天地万物皆以无为为本。无也者,开物成务,无往不存者也。阴阳恃以化生,万物恃以成形,贤者恃以成德,不肖恃以免身,故无之为用,无爵而贵矣。"

王弼,字辅嗣,是与何晏齐名的早期玄学家。《三国志·钟会传》裴松之注引何邵所著《王弼传》记载,何晏时为吏部尚书,当他见到王弼时,王弼才是19岁的少年。何晏与之交谈后,非常赞赏王弼,叹曰:"仲尼称后生可畏,若斯人者,可与言天人之际乎!"何晏推荐王弼为黄门侍郎,因有人反对,王弼被任命为台郎。正始末年,何晏与大将军曹爽一起为司马氏所杀。王弼也因此被免职,不久病死,时年24岁。

何晏著有《道德论》、《周易解》、《论语集解》。王弼为《老子》、《周易》作注,还有《论语释疑》等。何晏、王弼为《论语》、《周易》所做的注疏解释在儒学史上都占有重要的地位。孔颖达《周易正义序》云:"唯魏世王辅嗣之注,独冠古今。所以江左诸儒,并传其学,河北学者,罕能及之。"陆德明《经典释文》卷1云:"(易)唯郑康成,王辅嗣所注行于世。而王氏为世所重,今以王为主。"又卷25云:"其后谈论者,莫不宗尚玄言,唯王辅嗣妙得虚无之旨。"南朝刘宋时期人刘义庆《世说新语序》中说:"解《庄》、《易》则辅嗣、平叔擅其宗。"

何晏、王弼等人在儒学的基础上向道学转移,其原因是由于曹魏集团的倾颓之势已成。他们作为曹魏集团的显贵而看不见前途,并由此产生了对命运的虚无主义。这在客观上促进了玄学的产生。玄学实际是冲破两汉儒学的束缚,以义理对儒学进行诠释。如何晏的《论语集释》在释《述而篇》的"志于道"时说:"志,慕也。道不可体,故志之而已。"他把儒家的政治伦理之道解释成道家的以虚无为本体的道。但何晏主张自然为本,名教为末。他并不反对名教儒学。《列子·仲尼篇》张湛注引何晏《无名论》云:"天地以自然运,圣人以自然用。"自然,就是道;而道则是为儒家的圣人所用。

何晏、王弼等人虽在儒学的基础上向道学转移,但是他们的思想基础毕竟是儒家的。如王弼在《老子注》32章说:"始制,谓朴散,始为官长之时也。始制官长,不可不立名分以定尊卑,故始制有名也。过此以往,将争锥刀之末,故曰名亦既有,夫亦将知止也,遂任名以号物,则失治之母也。故知止所以不殆也。始制,谓朴散始为官长之时也。始制官长,不可不重名分以定尊卑,故始制有名也。"以老、庄为代表的道家学派认为,标志名分尊卑的礼乐制度是对自然之道的破坏,因此人们就应该"知止","知止所以不殆也"。这是典型的中国知识分子的那种得志为儒家、兼治天下;不得志为道家、独善其身的思想。

何晏、王弼等人与道家的思想观点还不完全一样。道家学派把礼乐尊卑看成是对自然人性的扭曲和破坏。如《道德经》38章云:"夫礼者,忠信之薄而乱之首。前识者,道之华,而愚之始。""上礼为之而莫之应,则攘臂而扔之。"《庄子·马蹄》云:"及至圣人,蹩躠为仁,踶跂为义,而天下始疑矣。澶漫为乐,摘僻为礼,而天下始分矣。……及至圣人,屈折礼乐以匡天下之形,县跂仁义以慰天下之心。而民始踶跂好知,争归于利,不可止也,此亦圣人之过也。"《庄子·胠箧》中说:"故绝圣弃知,大盗乃止;擿玉毁珠,小盗不起;焚符破玺,而民朴鄙;掊斗折衡,而民不争。"

魏晋早期的玄学家何晏、王弼等人则用义理天道去解释儒家的政治伦理。但其又以自然为本、名教为末。他们的思想基础当还是儒家思想的基础,但又强调"自然为本"。因此所谓"正始玄风",其实反映了以何晏为首的曹魏集团上层贵族的矛盾心理。

二、嵇康、阮籍的"越名教而任自然"的玄学思想

魏晋之际,曹魏政权正一步步走向衰亡,司马氏集团完全控制了政权,对曹魏集团的上层贵族构成了更大的压力。公元265年,司马炎逼魏王曹奂退位"禅让",建立晋王朝,是为晋武帝,曹魏政权灭亡。

在此政治形势下,曹魏政权的贵族一部分投靠了新的晋王朝统治集团,而一部分曹魏集团的亲信贵戚却陷入了无力自拔的悲哀之中。他们怀着悲愤绝望地心理采取与晋王朝权贵不合作的态度,遁入江湖。如当时阮籍、嵇康、山涛、向秀、阮咸、刘伶、王戎等,隐居在竹林(今河南沁阳、温县一带之竹林),史称"竹林七贤"。"竹林七贤"的思想较何晏、王弼等人大大地向道家学派跨进一步,是典型的玄学思想,形成了所谓的魏晋玄风。《晋书·阮籍传》云:"籍本有济世志,属魏晋之际,天下多故,名士少有全者,籍由是不与世事,遂酣饮为常。文帝初欲为武帝求婚于籍,籍醉六十日,不得言而止。"阮籍"率意独驾,不由径路,车迹所穷,辄恸哭而反"。这些

都表现了阮籍穷途末路、愤世嫉俗的心理。

"竹林七贤"不拘形迹，放荡形骸。他们的思想基础是反对儒家的礼法制度，反对儒家的《六经》。最有代表性、影响最大的是嵇康。

嵇康（223～262 年），字叔夜，安徽亳州人，《三国志·嵇康传》裴松之注引《嵇氏谱》中嵇康之兄喜为其作传云："家世儒学，少有俊才，旷迈不群，高亮任性，不修名誉，宽简有大量。学不师授，博洽多闻，长而好老、庄之业，恬静无欲。"《晋书·嵇康传》记载，山涛将去选官，曾举嵇康自代。嵇康乃回书谢绝，说自己只愿住在陋巷，"浊酒一杯，弹琴一曲，志意毕矣。岂可见黄门而称贞哉！若趣欲共登王涂，期于相致，时为欢益，一旦迫之，必发狂疾。"这段记载说明嵇康不愿为官，如果为官，"必发狂疾"。但《嵇康传》又说：嵇康"与魏宗室婚，拜中散大夫"。嵇康不是不愿为官，而是因他与魏宗室的关系，不愿为晋王朝之官。

嵇康反对名教，反对学习儒家经典。他比何晏、王弼更进一步。他说："道者也，何以言之。夫气静神虚者，心不存于矜尚。体亮心达者，情不系于所欲。矜尚不存乎心，故能越名教而任自然。情不系于所欲，故能审贵贱而通物情。物情顺通，故大道无违，越名任心，故是非无措也。"① 又说："《六经》以抑引为主，人性以从欲为欢。抑引则违其愿，从欲则得自然。然则自然之得不由抑引之。《六经》全性之本，不须犯情之礼律，故仁义务于理伪，非养真之要术。廉让生于争夺，非自然之所出也。由是言之，则鸟不毁以求驯，兽不羣而求畜，则人之真性无为，正当自然，就此礼学矣。……吾子谓六经为太阳，不学为长夜耳。今若以虚堂为丙舍，以诵讽为鬼语，以六经为芜秽，以仁义为臭腐，觌文籍则目瞧，修揖让则变伛，袭章服则转筋，谭礼典则齿龋。于是兼而弃之，与万物为更始，则吾子虽好学不倦，犹将阙焉。则向之不学未必为长夜，六经未必为太阳也。"② 嵇康认为，儒家《六经》所提倡的仁义礼律是对人性的压抑，所说的"廉让"其实是非常虚伪的，实际上是一种争夺，不是出于人们自然的本性。

阮籍，字嗣宗，陈留尉氏（今河南省尉氏县）人。其父阮瑀，是魏丞相掾，是曹魏王朝知名的学者。阮籍对仁义礼制的本质进行了更彻底的揭露。在这里，阮籍认为，所谓"仁义礼制"，其实就是统治者用来维护自己无穷声色的工具，是其"欺愚诳拙"、"束缚下民"、"凌暴弱者"的工具，因此，仁义礼制法"诚天下残贼、乱危、死亡"的理论。阮籍对王公

---

① 1982. 晋书·嵇康传. 北京：中华书局
② 嵇康. 1986. 四库全书·嵇中散集·难自然好学论. 台湾商务印书馆景印本文渊阁

大人的仁义礼制的分析入木三分。

阮籍还有更重要的"无君"观点，他认为如果世界上无君无臣，那么世界就会安定；正因为世界上有了君，有了臣，才产生了暴虐、残杀。其原因就是因为君主们用礼法去欺骗下民，他们搜刮来的财富，绝不是去养天下的百姓的，而是为了满足自己无穷的声色欲望。君主的礼法是"天下残贼乱危死亡之术"。他说："无君而庶物定，无臣而万事理，保身修性不违其纪，惟兹若然，故能长久。今汝造音以乱声，作色以诡形。外易其貌，内隐其情，怀欲以求，多诈伪以要名。君立而虐兴，臣设而贼生，坐制礼法，束缚下民，欺愚诳拙，藏智自神。强者睽眠而凌暴，弱者憔悴而事人。"又说："竭天地万物之至，以奉声色无穷之欲，此非所以养百姓也。于是惧民之知其然，故重赏以喜之，严刑以威之，财匮而赏不供，刑尽而罚不行，乃始有亡国戮君，溃散之祸，此非汝君子之为乎。汝君子之礼法，诚天下残贼乱危死亡之术耳。"① 阮籍的这些思想在当时应该说是很进步的，是看透了封建帝王本质而发出的声音，在中国历史上应该有一定的地位。

嵇康、阮籍"越名教而任自然"的思想、认为名教是对人性的压抑的思想与老、庄学派有共同之处。但是嵇康、阮籍等玄学思想与老、庄有极大的区别，那就是嵇康、阮籍等反对的是司马氏集团虚伪的名教和他们对曹魏集团的压制。嵇康等人皆出自儒学世家，以儒学为本；当其在政治上不得志时，才转而依托老、庄思想。嵇康、阮籍等人的蔑视礼法，实际上是对司马氏集团的蔑视。嵇康等人利用老、庄道家思想对司马氏集团的名教礼法的批判，其矛头直指儒学，在客观上破除了两汉以来对儒学的推崇，表现了君臣关系的对立，大大地冲击了封建王朝的等级制度。玄学思想的出现，反映了中国古代知识分子朦胧的觉醒，对封建王朝的统治产生了非常不利的影响。

曹魏末年，司马昭以大将军的身份杀害了在柳树下锻铁的嵇康。嵇康临受刑之前，索琴弹奏《广陵散》而死，时年 40 岁。一代玄学家死于非命，表现出嵇康思想与封建王朝不能调和的矛盾。

三、裴頠的《崇有论》及其挽救儒学的失败

晋王朝初年，由于一些知识分子与司马氏政权采取不合作态度，玄学之风大盛。一些有识之士认为这对晋王朝的统治是非常不利的。于是以裴頠为代表的西晋上层贵族开始为维护儒学而努力。

裴頠（263~300 年），山西闻喜县人，其父裴秀是西晋建国初年的尚书

---

① 阮籍.1986.四库全书·汉魏六朝百三家集·大人先生传.台湾商务印书馆景印本文渊阁

令、右光禄大夫,加给事中,并为王公,地位非常显赫。裴秀死后,裴頠袭爵。裴頠的儿子又娶了晋室的公主。裴頠进入了晋王朝的核心统治集团。

裴頠以维护晋室统治为己任,认为当时迫切的任务为重修儒学,《晋书·裴頠传》云:"时天下暂宁,頠奏修国学,刻名写经。皇太子既讲,释奠祀孔子,饮飨射侯,甚有仪序。又令荀藩终父勋之志,铸钟凿磬,以备郊庙朝享礼乐。"又云:"頠深患时俗放荡,不尊儒术,何晏、阮籍素有高名于世,口谈浮虚,不遵礼法,尸禄耽宠,仕不事事;至王衍之徒,声誉太盛,位高势重,不以物务自婴,遂相放效,风教凌迟。乃着'崇有'之论以释其蔽。"裴頠认为,当世"不遵儒术"、"不遵礼法"的形势对晋王朝的统治是一种威胁,而且玄学家们的尚虚无、放任自流之风对社会也是一种很不好的影响,于是裴頠作《崇有论》[①],以反对玄学的"尚无"之风。

《崇有论》云:治理国家,"惟夫用天之道,分地之利,躬其力任,劳而后飨。居以仁顺,守以恭俭,率以忠信,行以敬让,志无盈求,事无过用,乃可济乎!故大建厥极,绥理群生,训物垂范,于是乎在,斯则圣人为政之由也"。裴頠认为,治理国家必须以儒家的仁顺、恭俭、忠信、敬让,才可以成功;并且建立一个标准,即"大建厥极",即精神方面的最高境界,使臣民可以去追求,从而"绥理群生,训物垂范,"这是为政治国者必须拥有的理论基础。

裴頠在《崇有论》中亦驳斥了玄学家的虚无主义,说:"悠悠之徒,骇乎兹之崒,而寻艰争所缘。察夫偏质有弊,而觊简损之善,遂阐贵无之议,而建贱有之论。贱有则必外形,外形则必遗制,遗制则必忽防,忽防则必忘礼。礼制弗存,则无以为政矣。"裴頠认为,玄学之徒"贵无"、"贱有",实际上是对"礼"的摈弃,礼制不存,"则无以为政矣",怎么立国呢?裴頠还痛斥:"而虚无之言,日以广衍,众家扇起,各列其说,上及造化,下被万事,莫不贵无,所存佥同。情以众固,乃号凡有之理皆义之埤者,薄而鄙焉。"裴頠认为这是一种很坏的现象,对此进行了驳斥。

裴頠还从哲理上对"贵无"进行了批判。他说:"夫有非有,于无非无;于无非无,于有非有。是以申纵播之累,而著'贵无'之文。将以绝所非之盈谬,存大善之中节,收流遁于既过,反澄正于胸怀,宜其以无为辞,而旨在全有。故其辞曰:以为文不足。若斯,则是所寄之途,一方之言也。若谓至理,信以无为宗,则偏而害当矣。""夫至无者,无以能生,故始生者自生也。自生而必体有,则有遗而生亏矣。生以有为己分,则虚无是有之所

---

① 1982. 晋书·裴頠传. 北京:中华书局

谓遗者也。故养既化之有，非无用之所能全也。理既有之众，非无为之所能循也。"① 裴頠的论点遭到了玄学家们的攻难。裴頠又做《辩才论》，但此论尚未写成，裴頠在晋王朝内部的倾轧斗争中败北，因曾谋划废皇后贾南风而被赵王伦杀掉了。

尽管裴頠为维护儒学做出了非常大的努力，但当时西晋王朝从建国之始，就陷入了极度的浮华之中，裴頠的努力并没有对晋王朝起太大的作用。

四、玄学与晋王朝的灭亡

魏晋之际，正始玄风出现。两晋时期，士大夫"贵无"，尚浮华和清谈，严重地冲击了晋王朝的统治。晋武帝司马炎杀"竹林名士"嵇康，但其主要原因并不是因为嵇康的玄学思想和学说，而是由于钟会的陷害。晋朝皇帝没有意识到玄学对其统治的影响。

笔者认为，晋灭亡的原因是多方面的，如晋王朝统治贵族的残酷剥削压迫、内部斗争的倾轧等，皆是其灭亡的重要原因。但是玄学与晋王朝灭亡也是有很大关系的。

晋朝统治者没有建立起治理国家的学说和理论，使得晋朝贵族自建国起，就没有精神支柱。玄学虽然揭露了礼法中的某些虚伪和不平等，但玄学的颓废、放荡不羁给了晋朝贵族极大的负面影响，因此玄学的兴起是使晋朝灭亡的一个重要原因。如裴頠在《崇有论》中所说的，晋王朝没有"大建厥极，绥理群生，训物垂范"，引起了晋朝贵族的浮华、腐朽、堕落、荒诞，这些是使晋王朝迅速走向灭亡的原因。

明人袁褧为南朝刘宋王朝刘义庆的《世说新语》所作的《序》云："昔人论司马氏之祚亡于清谈，斯言也，无乃过甚矣乎！竹林之俦，希慕沂乐兰亭之集，咏歌尧风。陶荆州之勤敏，谢东山之恬镇；解《庄》、《易》，则辅嗣、平叔擅其宗；析梵言，则道林、法深领其乘；或词冷而趣远，或事琐而意奥，风旨各殊，人有兴托王茂弘祖士雅之流，才通气峻，心翼王室，又班班载诸册简，是可非之者哉！……（诸贤）类以标格相高，玄虚成习，一时雅尚，有东京厨俊之流风焉。然旷达拓落，滥觞莫拯，取讥世教。抚卷惜之，此于诸贤不无遗憾焉。"在这里，袁褧只看到了玄学家们的风流潇洒，清高娴雅，却没有看到玄学对儒学的批判不仅摧毁了西晋政权赖以生存的理论基础，而且也使西晋王朝的贵族没有做人的标准，丧失了道德准则。

晋朝的开国皇帝司马炎并非是打天下者，他是继承其祖父司马懿、伯父

---

① 1982. 晋书·裴頠传. 北京：中华书局

司马师、父亲司马昭而得到权力和地位的。因此，晋朝司马氏政权在建国之初就表现出了腐朽性。

晋朝司马氏政权自建国伊始就没有治国的纲纪、理论和准则，自皇帝至于大臣骄奢淫逸，毫无国章制度。《晋书·武帝纪》云：晋武帝司马炎"居治而忘危，则治无常治。加之建立非所，委寄失才，志欲就于升平，行先迎于祸乱。是犹将适越者指沙漠以遵途，欲登山者涉舟航而觅路。所趣逾远，所尚转难，南北倍殊，高下相反，求其至也，不亦难乎！况以新集易动之基，而无久安难拔之虑"。

西晋一代，君臣奢侈成风，奸佞之臣横行。晋武帝"怠于政术，耽于游宴"①。《晋书·杨骏传》云："帝自太康以后，天下无事，不复留心万机，惟耽酒色，始宠后党，请谒公行。而骏及珧、济势倾天下，时人有'三杨'之号。"杨骏、杨珧、杨济为三兄弟，是晋武帝之杨皇后的叔父。

《晋书·石崇传》记载：石崇被晋王朝封为鹰扬将军，出为南中郎将、荆州刺史，领南蛮校尉。石崇"在荆州，劫远使商客，致富不赀"。石崇巴结当时贾充的夫人广城君（惠帝皇后贾南风的母亲），"广城君每出，崇降车路左，望尘而拜，其卑佞如此"。石崇巴结逢迎权贵到了不知羞耻的地步。石崇与晋武帝的舅父王恺斗富。"恺以粘澳釜，崇以蜡代薪。恺作紫丝布障四十里，崇作锦步障五十里以敌之。崇涂屋以椒，恺用赤石脂。崇、恺争豪如此。武帝每助恺，尝以珊瑚树赐之，高二尺许，枝杆扶疏，世所罕比。恺以示崇，崇便以铁如意击之，应手而碎。恺既惋惜，又以为嫉己之宝，声色方厉。崇曰：'不足多恨，今还卿。'乃命左右悉取珊瑚树，有高三四尺者六七株，条干绝俗，光彩曜目，如恺比者甚众。"

晋朝太傅何曾"性奢豪，务在华侈。帷帐车服，穷极绮丽，厨膳滋味，过于王者。每燕见，不食太官所设。帝辄命取其食，蒸饼上不坼作十字不食。食日万钱，犹曰'无下箸处'"。何曾的儿子何劭"骄奢简贵，亦有父风。衣裘服玩，新故巨积。食必尽四方珍异，一日之供以钱二万为限"②。

晋惠帝的皇后贾南风性情残暴酷虐。《晋书·后妃传》记载：贾皇后"尝手杀数人。或以戟掷孕妾，子随刃堕地"。她"荒淫放恣，与太医令程据等乱彰内外。洛南有盗尉部小吏，端丽美容止，既给厮役，忽有非常衣服，众咸疑其窃盗。尉嫌而辩之。贾后疏亲欲求盗物，往听对辞。小吏云：'先行逢一老妪，说家有疾病，师卜云宜得城南少年厌之，欲暂相烦，必有重报。于是随去，上车下帷，内簏箱中，行可十余里，过六七门限，开簏

---

① 1982. 晋书·武帝纪. 北京：中华书局
② 1982. 晋书·何曾传. 北京：中华书局

箱，忽见楼阙好屋。问此是何处，云是天上，即以香汤见浴，好衣美食将入，见一妇人，年可三十五六，短形青黑色，眉后有疵。见留数夕，共寝欢宴，临出赠此众物。'听者闻其形状，知是贾后，惭笑而去，尉亦解意。时他人入者多死，惟此小吏，以后爱之，得全而出。"

司马师的夫人羊徽瑜的堂弟羊琇"喜游燕，以夜续昼，中外五亲，无男女之别，时人讥之"①。

晋朝权贵不仅厚颜无耻，而且视国法如儿戏。如外戚羊琇任用无赖狂命之徒，目无国法，为所欲为。《晋书·羊琇传》云："选用多以得意者居先，不尽铨次之理。将士有冒官位者，为其致节，不惜躯命。然放恣犯法，每为有司所贷。其后司隶校尉刘毅劾之，应至重刑。武帝以旧恩，直免官而已。寻以侯白衣领护军。倾之，复职。"又《晋书·王恺传》记载：王恺乃晋武帝之舅。王恺曾与石崇以鸩毒之事违犯晋朝之法，"司隶校尉傅祗劾之，有司皆论正重罪，诏特原之。由是众人金畏恺，故敢肆其意，所欲之事无所顾惮焉"。

西晋贵族在玄学的影响下，穷奢极侈者不是个别的现象，而是普遍现象。西晋贵族没有正确的理念，没有事业心，没有治国的主导思想和纲领，他们以浮华、荒淫、残忍去弥补内心的空虚。自皇帝以及各级贵族没有纲纪，没有国法，如《晋书·惠帝纪》载：晋惠帝是一个白痴皇帝，当天下荒乱，百姓饿死，他竟然说："何不食肉糜？"晋惠帝时期，"政出群下，纲纪大坏，货赂公行，势位之家，以贵陵物，忠贤路绝，逸邪得志，更相荐举，天下谓之互市焉"。

西晋贵族没有羞耻心，如惠帝皇后贾南风及其父贾充、其母广城君、外戚羊琇、以摽劫商客而聚敛财富的太守石崇等人，皆是不知耻辱的衣冠禽兽之类。孟子说："人而无耻，耻矣！"仁、义、礼、智、信、忠、孝、廉、耻是儒家学说的重要内容。然而自曹魏末年的正始玄风兴起，西晋王朝建立以后，统治者的腐朽与堕落，根本认识不到玄学对其统治的影响，玄学中的"贵无"思想使西晋贵族完全丧失了奋发图强的意志。他们成为追逐浮华、虚荣、荒淫无耻的蠹虫，使西晋本来就不牢固的政权完全瘫痪。贾南风的专制，阴险无耻；八王之乱的暴虐，烧杀抢掠，给人民带来了深重的灾难。西晋末年，流民起义风起云涌。流民与内迁中原的少数民族相结合，反对西晋王朝。西晋王朝贵族在人民起义的猛烈打击之下，迅速走向了灭亡。

从思想史的意义上来说，玄学、清谈冲击了两汉以来儒学对知识分子的

---

① 1982. 晋书·羊琇传. 北京：中华书局

束缚,使魏晋时期的知识分子认识到自身与封建王朝并非一体。知识分子应有自己的人格和尊严,愚忠愚孝皆不应是知识分子努力的目标和方向。但是由于早期玄学家多是曹魏的宗亲贵族,他们是出于对司马氏的不满而转向玄学的,故玄学自兴起就有其先天不足之处。玄学家们没有理想、没有意志、放浪形骸,悲观失望,穷途末路,散布虚无主义。而这些与西晋统治贵族相结合,则表现出了浑浑噩噩、荒淫度日、不知羞耻,相互攀比奢华的现象。他们没有治理国家的宗旨和理论,也丝毫没有想到奢华是建立在百姓的血泪和尸骨之上的。"种瓜得瓜,种豆得豆",当西晋贵族的残酷剥削压榨使百姓无法生存时,西晋王朝统治的垮台是必然的了。

第三节 儒学与南北朝政治

一、儒学与十六国君主

公元316年,西晋灭亡,晋室南迁,北方陷入了混乱时期。在这一段历史时期内,北方的一些少数民族,如匈奴、鲜卑、羯、氐、羌等族入主中原,建立起政权,历史上叫做十六国时期。

少数民族入主中原,并建立自己的政权。为了站稳脚跟,使政权得到巩固,以控制文化素质较高的汉民族,他们必须学习汉族文化,用汉族的学说理论和思想去治理国家。而汉族文化的主流和统治思想的基础理论就是儒学,少数民族的统治者以儒家文化去团结拉拢汉族知识分子,以取得汉族人士的支持,于是儒学成为少数民族上层统治者的工具。

十六国时期,第一个建立政权的前赵,其统治者是刘渊。刘渊系匈奴贵族,幼年时曾跟随上党人崔游学习经史和兵法,精通汉族文化。刘渊的祖父是南匈奴的单于,父亲是匈奴的左贤王。因刘渊的远祖冒顿曾娶汉高祖刘邦的宗女为妻,自认为是西汉皇室的外孙,故因冒顿之后,遂冒姓刘氏。

晋武帝时,刘渊曾在洛阳做过任子(因父任得官而称任子)。晋朝末年,刘渊从洛阳到左国城(今山西离石)率领匈奴起兵。刘渊因姓刘,故打起了反晋尊汉的旗帜,建国号曰汉(即前赵),自称汉王,发布诏书,尊刘禅为孝怀皇帝。刘渊以光复汉室为号召,赢得了汉族知识分子的支持。刘渊又设立太学、小学,挑选13~25岁的年轻男子1500人,到学校中接受儒学教育。

刘渊的儿子刘和、刘聪等皆学习《毛诗》、《左传》等儒家经典,以儒家思想去指挥自己的政治军事行动。他们选拔汉族地主做官,采取封建的租赋制度，从而稳定了前赵王朝的统治。

后赵的建国者叫石勒，建都襄国（今河北邢台）。石勒是上党（今山西榆社县境）羯族人。石勒自小曾被掠卖做奴隶，后被免为佃客，为人庸工。晋朝末年，石勒参加了反对晋王朝的起义，公元319年，石勒建立了后赵政权。

石勒本人不识字，但却非常懂得以儒学去治理天下的道理。在戎马沙场的军旅之中，他常令儒生为他读史书而听，与左右大臣讨论古代帝王的善恶、朝政的得失，儒生对朝廷的匡辅，等等，这些对于石勒施政有重要的影响。

后赵建国前，石勒就设立太学，并增置宣文、宣教、崇儒、崇训等10余所小学，选将左豪右之子弟学习儒家经典。石勒即皇帝位以后，经常到太学、小学中去考诸生经义，成绩好者赐帛奖励。石勒恢复曹魏时期的九品中正制，令各州郡推举秀才，至孝、至廉、贤良、直言、武勇之士以入仕为官，这样，石勒政权就为汉族知识分子的参政打开了道路。石勒又以右常侍霍皓为劝课大夫，朱表为典农使者，陆充为典劝都尉到各州郡，核定户籍，劝课农桑，对务农最好者赐以五大夫爵位。从而使后赵的农业生产得以恢复和发展。石勒崇儒学，劝农桑，纳忠言，其势力迅速发展。后赵全盛时，其境土北起燕赵，南过淮河，西从河西，东至大海，成为与东晋对抗的大国。它的声威远及西域和辽东塞外，河西鲜卑、凉州的张骏、西域的高昌、于田、鄯善、大宛以及东北的高句丽、肃慎等，都遣使进贡。

苻坚，陕西略阳临渭的氐族人，是十六国时期前秦的一位有为的皇帝，苻坚继承叔父苻健所建立的前秦，建都长安。苻坚对于"诸非正道典学，一皆禁之"，坚决禁止老庄玄学和图谶神学，提倡儒学，广立学校，调郡国中精通儒学的人充任学官，令公卿、贵族，将佐子弟以及宿卫战士皆习儒学，宫中后妃也入学受业。对于那些精通儒道、才堪任事、清修廉直、孝悌力田者皆予以表扬，提拔为官。苻坚每个月都亲临太学，躬亲策问太学博士，使诸生竞劝学习。

苻坚任用汉人王猛进行内政改革。王猛不避权贵，不畏豪强，不负苻坚的知遇之恩。当时前秦有许多氐族豪强是跟随苻健打天下的宗戚旧臣，自以为对朝廷有功，骄横异常，胡作非为。苻坚派王猛做始平（今陕西兴平）令，而始平正是豪右权臣集中的地方。王猛到始平后，推行儒学，劝课农桑，贯彻前秦朝廷的各项政令。这样就惹恼了氐族的贵族。氐族大臣樊世，曾跟随苻坚征伐有功，对王猛非常不满，对王猛说："吾辈与先帝共兴事业而不预时权，君无汗马之劳，何敢专管大任。是为我耕稼，而君食之乎！"

并说:"要当悬汝头于长安城门,不尔者,终不处于世也!"① 樊世扬言,有一天要杀王猛之头并把它挂在长安城门上。王猛将樊世不服法度之事告诉了苻坚。苻坚认为只有制服樊世,才能整顿百僚,于是就将樊世斩首。王猛被提拔为侍中、中书令、领京兆尹,全面参加前秦王朝的政务。

王猛在长安整顿社会秩序,打击不法豪强。前秦的开国皇帝苻健的妻弟强德,仗借强太后的势力,在京都无法无天,经常喝醉酒在长安城里抢掠别人的财产、子女,无恶不作,百姓痛恨万分。王猛令人逮捕了强德,将其处死,陈尸于市以示众。御史中丞邓羌亦是一耿直不挠之人,他与王猛相配合,仅仅数旬之间,诛死了贵戚豪强20多人。于是,前秦王朝"百僚震肃,豪右屏气,道不拾遗,风化大行"。中央集权也大大加强,苻坚说:"吾今始知天下之有法也,天子之为尊也。"②

西晋末年以来,羌中地区战乱频仍,饥疫繁生,社会经济遭到了严重的破坏。苻坚即位后,劝课农桑,与民休息,大力恢复发展农业生产;开放山泽,让利于民;每遇灾害,赈济贫民,为减少政府和皇室的开支,文武百官也要减少俸禄。苻坚还重视水利建设,组织民众,开泾水之源,凿山起堤,通渠引渎,使大片的泻卤之田得到灌溉,"百姓赖其利。"苻坚还实行"通关市,来远商"的政策,鼓励前秦商人与外界进行贸易,互通有无,由于苻坚采取一系列劝农利商的措施,前秦社会经济得到恢复和发展,田畴开辟,百姓安居,仓廪充实。

前秦社会经济的繁荣,为苻坚军事上的成功打下了基础。苻坚灭了前燕、前凉、代等政权,占领了东晋的梁(今陕西汉中)、益(今四川境内)二州,进驻西域,统一了北方。前秦的版图"东极沧海,西并龟兹,南包襄阳,北尽沙漠"。前秦成为北方的强大帝国。尽管以后苻坚在对东晋的淝水之战中失败,永远失去了统一中国的机会,但他执政时期以儒家文化为纲,政通人和,发展生产,这些都是难能可贵的。

十六国时期,一些少数民族的统治者入主中原,推崇、振兴儒学,除前面所说的几个以外,又如前燕、后燕的慕容氏、后秦的姚兴、凉州胡辩等皆以儒家思想治国。前凉统治者张轨,汉族人,在凉州提倡儒学,"课农桑",拔贤才,置崇文祭酒,"征九郡胄子五百人,立学校以教之"。西凉统治者李暠,汉儒出身。他在西凉设立学校,招收世族子弟500人,教授儒学。这些学生学习儒家经典,而他们又将是政权的官僚基础。儒家思想是十六国时期的统治思想。十六国时期,这些汉族或少数民族推崇儒学也是实行封建化和

---

① 1982. 晋书·苻坚载记. 北京:中华书局
② 1982. 晋书·苻坚载记. 北京:中华书局

汉化的过程，促进了少数民族与汉族的团结，加强了华夏民族的凝聚力。在民族分裂混乱时期，儒家文化对民族融合以及国家政权的安定起了重要的作用。

二、儒学在北魏

北魏是我国鲜卑族拓跋氏建立的封建王朝。北方民族以"土"为"拓"，谓"后"为"跋"，故以为氏。"后"，在我国古语中是"王"的意思。拓跋氏在什翼犍时期建立国家，"置百官，分掌众职"，① 国号为代。什翼犍曾在后赵的都城襄国（今河北邢台）为质十年，深谙汉族文化、制度和礼仪。

十六国时期，氐族人苻坚建立的前秦曾征服了拓跋氏部落，把代国拓跋氏的世子拓跋硅及部族成员俘虏至长安。苻坚让拓跋硅等人在长安学习汉族礼仪和经典，准备让他们将来为前秦的统治服务。公元383年，前秦皇帝苻坚大举南征，发动了历史上有名的淝水之战，欲吞灭东晋，统一中国。然而苻坚在淝水之战中惨败，前秦政权也随之土崩瓦解。原被前秦征服的北方各少数民族纷纷脱离前秦，各自立国。拓跋珪在鲜卑贵族的支持下，重建代国。公元386年，拓跋珪即代王位，国都盛乐（今内蒙古和林格尔县北土城子）。同年，又改国号为魏，史称北魏。

拓跋珪周围聚集着一批文臣谋士，皆为汉族士大夫，如张衮、崔宏、崔浩、邓渊、王德等人。在汉族知识分子的支持下，拓跋氏渐渐发展强大。

《魏书·太祖纪》记载，登国三年（388年）五月，拓跋珪"北征库莫奚，六月大破之，获其四部，杂畜十余万"。登国五年（390年）三月"帝西征次鹿浑、海袭、高车、袁纥部，大破之，虏获生口马牛羊二十余万。慕容垂遣子贺驎率众来会。夏四月丙寅，行幸意辛山与贺驎，讨贺兰、纥突、邻讫奚诸部落，大破之"。经过南征北讨，拓跋珪大败蠕蠕（即柔然或芮芮）、直力鞮、卫辰诸、侯吕邻部，"自河以南诸部悉平，簿其珍宝、畜产、名马三十余万匹，牛羊四百余万头"②。

北方的慕容氏内乱，慕容德自称燕王，即后燕。公元395年，北魏与后燕发生了参合之战。在此之前，后燕灭了西燕，获得长子（今山西省长子县）之胜。当后燕又来攻伐北魏时，张衮对拓跋珪说，后燕慕容宝"乘滑台之功，因长子之捷，倾资竭力，难与争锋。愚以为宜羸师卷甲以侈其心"。③

---

① 魏收.1984.魏书·帝纪.北京：中华书局
② 魏收.1984.魏书·太祖纪.北京：中华书局
③ 魏收.1984.魏书·张衮传.北京：中华书局

拓跋珪采用了张衮的骄兵之计,大败后燕。后燕的辖地纳入了北魏的版图。公元397年,北魏灭了后燕,统一北方,成为北方实力最强大的政权。北魏统治者拓跋氏以其文治武功,成为雄踞北方的强大帝国。

天兴元年(398年),北魏迁都平城(今山西省大同市),拓跋珪开始按儒家之礼仪制定王朝典章制度。《魏书·太祖纪》载,天兴元年六月,拓跋珪诏曰:"昔朕远祖总御幽都,控制遐国,虽践王位,未定九州。逮于朕躬,处百代之季,天下分裂,诸华乏主,民俗虽殊,抚之在德。故躬率六军,扫平中土,凶逆荡除,遐迩率服,宜仍先号以为魏焉。布告天下,咸知朕意。秋七月,迁都平城,始营宫室,建宗庙,立社稷。……十有一月辛亥诏,尚书吏部郎中邓渊典官制,立爵品,定律吕,协音乐。仪曹郎中董谧撰郊庙、社稷、朝觐、飨宴之仪。三公郎中王德定律令,申科禁。太史令晁崇造浑仪,考天象。……诏百司议定行次。尚书崔元伯等奏,从土德,服色尚黄,数用五。未祖辰腊,牺牲用白,五郊立气,宣赞时令,敬授民时,行夏之正。徙六州二十二郡守宰、豪杰、吏民二千家于代。"拓跋珪在北魏的都城平城仿照长安、洛阳、邺城等都城的形式格局,规划街市,建立宫殿。

《魏书·太祖纪》又载,天兴二年(399年)三月:"甲子初令五经群书,各置博士,增国子太学生员三千人。"天兴三年(400年)十二月诏曰:"道义治之本,名爵治之末。名不本于道,不可以为宜。爵无补于时,不可以为用。用而不禁,为病深矣。能通其变不失其正者,其惟圣人乎"。北魏建立之后,无论治国的理论思想还是处理国家政务时所用的礼仪皆以儒家思想为指导。

拓跋焘时期,北魏继续对北方各少数民族政权进行征伐。当时蠕蠕部落迅速发展,日益强大,并经常南下进犯北魏。拓跋焘带领军队征伐柔然,大败之,俘获30多万家畜,牛羊100多万头。公元439年,拓跋焘率兵征伐北方的最后一个割据政权北凉,攻取了北凉都城姑臧(今甘肃武威县),将凉州3万多居民迁往平城。北魏王朝经过几代皇帝的努力,终于统一了北中国,结束了北方长期以来混乱分裂的局面,促进了北方民族的大融合。北魏王朝成为一个空前强大且能够与南朝对峙的王朝。

北魏历朝皇帝均能坚持倡导儒学,如魏世祖拓跋焘,在京师平城办太学,招收鲜卑贵族子弟学习儒家经典,在太学内祭祀孔子及其弟子。魏孝文帝拓跋宏在位时期,亲临太学,数次下诏,尊崇儒学,建立孔庙。《魏书·高祖纪》记载,太和十五年(492年)八月,魏孝文帝"诏诸州举秀才,先尽才学"。太和十六年(493年)二月"帝临思义殿,策问秀孝"。"诏:祀唐尧于平阳,虞舜于广宁,夏禹于安邑,周文于洛阳。丁未,改谥宣尼曰文圣尼父，告谥孔庙"。太和十六年（493年）四月甲寅，孝文帝"幸皇宗学，亲问博士经义"。在北魏统治者的提倡下，大批的汉族儒林名士来到平城，支持北魏政权，推动了北魏经济文化的发展。

在汉族知识分子的支持下，北魏政府制定律令，并进行了一系列的政治改革。拓跋焘时期，曾采取"计口授田"的制度，使北魏田野大辟。魏太宗拓跋嗣"教行三农，生殖九谷；教行园圃，毓长草木；教行虞衡，山泽作材；教行薮牧，养蕃鸟兽；教行百工，饬成器用；教行商贾，阜通货贿；教行嫔妇，化治丝枲；教行臣妾，事勤力役。自是民皆力勤，故岁数丰穰，畜牧滋息"。[①] 北魏拓跋弘时期，颁布均田令，"九年下诏：均给天下民田，诸男夫十五以上受露田四十亩，妇人二十亩，奴婢依良丁。牛一头受田三十亩，限四牛所授之田率倍之，三易之田再倍之，以供耕作及还受之盈缩。诸民年及课则受田，老免及身，没则还田，奴婢牛随有无，以还受诸桑田不在还受之限"。北魏政府还实行租调制，规定一夫一妇应出的币帛，即租调；实行班禄制，按照官吏的级别给俸禄，禁止官吏在地方上横征暴敛。均田制保证农夫有田可耕，这项政策大大地刺激了北魏农业的发展。

冯太后与孝文帝时期，冯太后又接受汉族儒生李冲的建议，实行三长制以代替原来的宗主督护制。三长制，即"五家立一邻长，五邻立一里长，五里立一党长"。三长的职责是检查户口，管理农民，征发租调力役。

公元493年，魏孝文帝迁都洛阳，并推行汉化政策。孝文帝命令改官制，官号使用汉族制度；禁止穿鲜卑衣服，一律穿汉服；30岁以下的官吏在朝廷必须说汉语，改汉姓，把鲜卑的复姓改成音近的单姓。如拓跋氏改为元氏，独孤氏改为刘氏等。孝文帝改制促进了北方少数民族与汉族的融合，同时也加速了鲜卑族的封建化进程。

北魏王朝的文治武功，与北魏历代皇帝坚持推行汉化政策，坚持信任利用汉族知识分子，坚决采取以儒家思想治理国家的国策是分不开的。北魏王朝对北中国的统一，为隋唐时期中国的重新统一打下了良好的基础。

三、儒学在南朝与梁武帝亡国之鉴

东晋以后，我国历史上相继出现了宋、齐、梁、陈四个王朝，又称为南朝。南朝宋、齐、梁、陈的开国皇帝皆为开明之君。刘宋王朝的刘裕曾下诏："古之建国，教学为先……便宜博延胄子，陶奖童蒙，选备儒官，弘振国学。"[②] 刘裕在开国之初就请儒生讲授儒家经典。另外，南齐萧道成、南梁

---

① 魏收.1984.魏书·食货六.北京：中华书局
② 1982.宋书·武帝纪.北京：中华书局

萧衍等皆提倡儒学。

梁武帝萧衍是南梁的开国之君,他是一个有胆识的皇帝。他在位48年,文治武功赫然,然而晚年却舍身归佛,饿死台城。《南史·梁本纪》在评价梁武帝时说:"自古拨乱之君,固已多矣,其或树置失所,而以后嗣失之,未有自己而得,自己而丧。追踪徐偃之仁,以至穷门之酷,可为深痛,可为至戒者乎?"

公元502年,萧衍取代了南齐和帝萧宝融,建立南梁王朝,是为武帝。萧衍即位后,治国以儒学劝本,下诏令开五馆,建立国学,置五经博士各一人。每馆有数百学生,就学授业。其射策通明经者,即委以官职。士人如果不通晓一经者,不得脱离布衣之身为官。梁武帝经常以宋齐灭亡的沉痛教训来提醒自己,提倡节俭、清廉。因此,他特别重视吏治,要求官吏学习儒家经典,以儒家统治思想去治理国家。

梁武帝派出宫中内侍分别到各州郡视察州郡之官的政治是否清正廉洁,地方上有何冤屈案件,贤能之士是否被埋没,如果有田野不辟,狱讼无章,忘公徇私,侵渔公务,横行乡里之人上报朝廷,必定严惩不贷;而对于那被掩滞的贤能之士则破格提拔任用。南朝时期,门阀制度已经形成。是时,官分清、浊,清官是位尊禄厚而又清闲自在的美职,而浊官则是位卑禄薄而勤劳忙碌的职位。世族大家只做清官。梁武帝下诏:要有真才实学者才能做清官,如果不通晓儒经,品行高尚则不能做官,即使是高门世族也不能做官。如广平人(今河北广平县)冯道根自幼就很穷困。《南史·冯道根列传》记载说:他"少孤,家贫,佣赁以养母"。又江淹13岁时,"孤贫,采薪以养母"。另外,吕僧珍、席阐文等皆出自贫寒之家,然而这些人皆因为有才有功而被委以重任。冯道根身为武将,军纪严明,部队如经过州郡,其将士皆不敢掳掠。他所治理的州郡政通人和。他在朝廷虽然显贵,但却非常俭朴,住室简陋,家无余财,犹如贫贱之士的居处,是南梁朝廷的栋梁之臣。又如郑绍叔亦出自孤贫之家,梁武帝任为卫尉卿。郑绍叔忠心事朝廷,在地方上治理有贤名,安抚百姓,缮兵积谷,亦是南梁政权中有名的能臣。梁武帝认为,只要有治国之材,即使是牛倌羊贩、寒门贱民亦可铨为官。

梁武帝任贤使能,奖励农桑,修订律令,招还流民,南梁国势迅速强盛,使南梁相对于北魏一直处于优势。《南史·曹景宗列传》记载:公元507年,南梁将军曹景宗、韦叡大破魏军。魏军被斩杀者万余人,被俘获5万余人,"收其军粮器械山积,牛马驴骡不可胜计"。南梁赢得了刘宋以来近90年间对北魏的第一次胜利。以后,南梁在与北魏的斗争中,夺取了朐山(今江苏连云港市西南锦屏山);公元525年,南梁调兵遣将乘北魏胡太后当政、政权不稳之机，大举北伐破城夺郡，攻破北魏的南乡、新蔡等县；公元527年，南梁夺取北魏50多座城池，进入山东半岛，北魏徐州刺史元法僧以彭城来降。南梁的北伐大军取得了辉煌的胜利。

南梁国力强盛，对北魏的战争取得了节节胜利，梁武帝极有可能成为统一南北的中兴之主。然而，在这种形势下，梁武帝舍身归佛，他亲自做法会，如曾设四部无遮大会，设平等会。在法会上，梁武帝脱去皇帝的御服，穿上和尚法衣袈裟，坐在寺院讲堂的法座上，亲为"四部大众"，即善男信女讲解《涅磐经》。梁武帝讲经，听众多达5万人。他用没有雕饰的木床，使用粗糙的瓦器，乘小车，使用小僧执役，不到50岁，便舍弃后宫妃子，独眠陋室。他吃斋念佛，每日只一餐，唯豆羹粝食而已，完全成为一个出家的和尚。梁武帝舍身归佛，不理国政，驰于刑典，南梁政权陷于瘫痪。群臣为了让皇帝治理国家，重返朝廷，凑足1亿万银钱，捐给寺院，替梁武帝赎身。同泰寺的僧人得了银钱，默许之。群臣百姓乃齐集同泰市东门，奏请皇帝还临宫殿执政，三请乃许。梁武帝对群臣的奏表，有三次答书。答书中不用皇帝对群臣所常称的"制"、"诏"，而是用"顿首"。梁武帝舍身归佛，对佛教的狂热，在历代皇帝中，真是"独步古今"、空前绝后了。

梁武帝晚年，尽管有时在政坛上还说几句崇儒劝学的话，但这不过是他政治用语，他所谓的"舍身归佛"，实际上是"舍儒归佛"。梁武帝以身作为表率，礼佛信佛，南梁的百僚公卿、士庶百姓，几乎人人信佛。建康城内有寺庙700多座，僧尼十余万，州郡更不可胜数，"天下户口，几亡过半"。当此之时，神像林立，佛香弥漫，诵声如潮，佛教达到了登峰造极的地步。南梁政权也面临着危亡之秋。

南梁统治者的荒唐迷信使政事全废，贪官污吏横行乡里，歪僧邪道，鱼肉百姓，《南史·鱼弘传》载：当时南梁地区是"水中鱼鳖尽，山中獐鹿尽，田中米谷尽，村里人庶尽"，民不聊生，起义四起。公元584年，终于酿成了侯景之乱。侯景原为南梁大臣，他利用南梁统治集团的内部矛盾和手中的兵权，一举包围了梁武帝的宫室，不久，梁武帝被活活饿死，享年86岁。

武帝死后，太子萧纲即位，是为简文帝。侯景杀简文帝，立萧栋；又杀萧栋，自立为帝。南梁大将陈霸先率兵平服侯景之乱。公元557年，陈霸先代梁称帝，建立陈朝政权。南梁政权终于灭亡。

唐朝诗人杜牧诗云：
千里莺啼绿映红，水村山郭酒旗风。
南朝四百八十寺，多少楼台烟雨中。

梁武帝在建国之初，神武英俊，教崇儒学，文治武功，创造了六朝二百年以来少有的盛世，而晚年沉溺于释佛，帝纪不立，朝政败坏，一步一步地把国家推向了灭亡，岂不是历史的沉痛教训？南梁统治者笃佛信道，求佛福佑，以希图修行来生，然而在他们的今生就受到了历史的嘲弄和报应。

事实上，南北朝时期，佛学最为兴盛。梁武帝定佛教为国教，并亲自舍身归佛，确实是"千古一帝"。然而北魏后期，统治者对佛学的狂热也是空前的。各地的石窟皆在这个时期开凿，如大同的云冈石窟、洛阳的龙门石窟、敦煌的莫高窟—千佛洞，皆自北魏时期开挖。这些石窟虽然创造了灿烂的文化艺术珍品，但也反映了佛学的兴盛和儒学的倾颓。隋人王通的《中说》卷4《周公篇》云："虚玄长而晋室乱"，"斋戒修而梁国亡"。自魏晋时期始，儒学的凋废与变形、统治者无治国的主导思想与纲纪是引起我国历史上近300年混乱的重要原因之一。

第七章

儒学与隋唐政治

隋唐时期，中国从"五胡十六国"的分裂局面又走向统一。儒学在隋唐的政治生活中起着非常重要的作用。在儒学理论的指导下，中国历史上出现了鼎盛时期——唐朝盛世。特别是隋唐时期确立的科举制度，以儒家经典为考试的内容，大大促进了儒学的发展。隋唐时期科举制度的出现与形成对我国后世产生了深远的影响。

第一节 儒学与隋朝政治

隋朝结束了东汉魏晋以来的混乱局面，实现了统一。如何治理朝政，用什么思想去指导大隋王朝的国策，这个问题摆在了统治者的面前。隋朝的开国皇帝隋文帝杨坚采取儒学治国的方针政策。

一、隋文帝以儒学开国

隋文帝杨坚是弘农郡华阴（今河南省灵宝县）人，是东汉太尉杨震的八世孙杨铉之后裔。杨铉生杨元寿，元寿生惠嘏，惠嘏生杨烈，杨烈生杨祯，杨祯生杨忠。杨忠，即杨坚之父。杨忠跟随周太祖宇文泰起义关西，赐姓普六茹氏，位至柱国、大司空、隋国公，是北周的重臣。杨坚之名曾为普六茹坚。北周大定元年（581年）二月壬子，杨坚控制了8岁的小皇帝静帝宇文阐，使宇文阐下诏曰："以前赐姓，皆复其旧。"① 就这样普六茹坚，改名为杨坚。杨坚的祖上杨震是东汉有名的清正之臣。杨坚改姓为杨，继承其祖，说明他要以汉人、汉文化的面目出现在历史上。

大定元年（581年）二月甲子，杨坚以外戚的身份逼北周静帝宇文阐退

---

① （唐）李延寿.1982.北史·隋本纪.北京：中华书局

儒学与中国政治

位，代周称帝，建立隋朝，是为隋文帝。杨坚是历史上有名的节俭皇帝。隋文帝即位以后，很多地方官员相继向朝廷献珍物玩好。开皇元年（581年）隋文帝下诏曰："三月辛巳，高平获赤雀，太原获苍乌，长安获白雀各一。宣仁门槐树连理众枝内附。壬午，白狼国献方物，甲申太白昼见，乙酉又昼见，以上柱国元景山为安州总管。丁亥诏：犬马器玩口味不得献上。"① 这些诏令表现了隋文帝勤政重民的治国理念。

隋文帝在征伐南陈时，看到南陈后主陈叔宝的荒淫豪奢之器，令把这些淫器全部毁掉，并非常感慨地说：（陈）"威侮五行，怠弃三正，诛翦骨肉，夷灭才良。据手掌之地，恣溪壑之险；劫夺闾阎，资产俱竭；驱蹙内外，劳役弗已；征责女子，擅造宫室；日增月益，止足无期，帷薄嫔嫱，有踰万数；宝衣玉食，穷奢极侈；淫声乐饮，俾昼作夜，斩直言之客，灭无罪之家；剖人之肝，分人之血；欺天造恶，祭鬼求恩；歌儛衢路，酣醉宫闱；盛粉黛而执干戈，曳罗绮而呼警跸；跃马振策，从旦至昏，无所经营。"② 并且在开皇十一年（592年）春正月丁酉，"以平陈所得古器多为妖变，悉命毁之"。③ 隋文帝认为南陈的许多奢玩之器，皆为妖器，是会败坏隋朝的江山的，因此"悉命毁之"。

隋文帝即位之初，对贫民表现出很大的关怀，《隋书·高祖本纪上》记载，开皇元年二月诏曰："以官牛五千头分赐贫人。""五月辛酉，京师地震，关内诸州旱。六月丁卯诏：'省府州县皆给公廨田，不得治生，与人争利。'"

在中国历史上，隋文帝是唯一的只有一个夫人，即只有一个皇后的皇帝。《隋书·独孤皇后列传》云："高祖与后相得，誓无异生之子。"独孤皇后死后，隋文帝才宠幸了宣华夫人陈氏、容华夫人蔡氏两位妃子。这在中国历史上是绝无仅有的，从侧面反映了隋文帝的节俭。

隋文帝与历史上的其他帝王一样崇礼，以礼治国。他被认为是"心同伊尹，必致尧舜；情类孔丘，宪章文武"④ 的帝王。当隋文帝平定江南，统一全国，政治局面安定之后，开始令修订五礼。《隋书·高祖本纪下》记载，仁寿二年（602年）春二月己丑诏曰："礼之为用，时义大矣。黄琮苍璧，降天地之神。粢盛牲食，展宗庙之敬，正父子君臣之序，明婚姻丧纪之节。故道德仁义，非礼不成。安上治人，莫善于礼。自区宇乱离，绵历年代，王

---

① 魏征．1982．隋书·高祖本纪下．北京：中华书局
② 魏征．1982．隋书·高祖本纪下．北京：中华书局
③ 魏征．1982．隋书·高祖本纪下．北京：中华书局
④ 魏征．1982．隋书·高祖本纪下．北京：中华书局

道衰而变风作，微言绝而大义乖，与代推移，其变日甚。至于四时郊祀之节文，五服麻葛之隆杀；是非异说，蹉驳殊涂，致使圣教凋讹，轻重无准。朕祗承天命，抚临生人。当洗涤之时，属干戈之代，克定祸乱，先运武功，删正彝典，日不暇给。今四海乂安，五戎勿用，理宜弘风训俗，导德齐礼；缀往圣之旧章，兴先王之茂；则尚书左仆射越国公杨素、尚书右仆射邳国公苏威、吏部尚书奇章公牛弘、内史侍郎薛道衡、秘书丞许善心、内史舍人虞世基、著作郎王劭，或任居端揆，博达古今；或器推令望，学综经史；委以裁缉，实允佥议；可并修定五礼"。

隋文帝崇尚礼制节俭。在他执政时期，隋王朝改革官制，建立三省六部制度，发展府兵制，改革刑律，颁布均田令，使隋王朝出现了一个非常良好的开端。隋朝的政治制度对以后唐宋元明清有极大的影响。

二、隋朝的科举制度

隋王朝对后代影响最大的是其开始形成的科举制度。隋唐时期出现一个重要的文化现象，其实也可以说是政治现象，那就是实行以科举考试为入仕的制度。两汉时期实行"察举"、"征召"的入仕制度。"察举"，就是让地方官员推举那些"贤良"、"孝悌"之人到朝廷做官；"征召"就是朝廷征召那些隐居山林的贤能之士到朝廷做官。汉武帝时期"举贤良文学"，能够"通一经"者，可以为官。"通一经"者，即通儒学之一经。魏晋时期，由于天下处于分裂局面，特别是三国时期，为了能够在战争中取得优势地位，曹操提出了"唯才是举"的用人方针。之后，曹丕为了争取大世族的支持，实行"九品中正"制度。虽然曹魏政权也推行儒学，但在用人制度方面始终没有稳定的政策。当隋王朝统一之后，制定选官制度和用人政策是一个十分紧迫的问题。隋文帝杨坚、隋炀帝杨广相继采取科举考试的入仕制度开我国科举制度之先河，对后世产生了重要的影响。

隋文帝即位之后，推崇儒学。他说："君子立身，虽云百行，唯诚与孝最为其首。"[①] 但隋文帝对当时的用人制度不满。《隋书·高祖本纪下》记载，隋文帝仁寿元年（601年）春正月乙丑诏曰："儒学之道，训教生人，识父子君臣之义，知尊卑长幼之序，升之于朝，任之以职，故能赞理时务，弘益风范。朕抚临天下，思弘德教，延集学徒，崇建庠序，开进仕之路，伫贤隽之人。而国学胄子，垂将千数；州县诸生，咸亦不少；徒有名录，空度岁时，未有德为代范，才任国用良；由设学之理多而未精。今宜简省，明加

---

① 魏征.1982.隋书·高祖本纪下.北京：中华书局

奖励。于是国子学唯留学生七十人，太学四门及州县学并废。其日颁舍利于诸州。秋七月戊戌改国子为太学。"隋文帝认为儒学是教育人们识君臣父子之道的学问，建立学校是为了"开进仕之路，佇贤隽之人"。而当时的学校却是"徒有名録，空度岁时"，"由设学之理多而未精"。隋文帝认为，当时的学校应该先废止一些，进行改革。

仁寿三年（603年）六月，隋文帝又下诏曰："秦灭学而经籍焚者乎？有汉之兴，虽求儒雅人，皆异说义非一；又近代乱离，唯务兵革，其于典礼，时所未遑；夫礼不从天降，不从地出，乃人心而已。……王道衰人风薄，居上莫能公道以御物，为下必蹈私法以希时。上下相蒙，君臣义失。义失则政乖，政乖则人困，盖同德之风难嗣，离德之轨易追。则任者不休，休者不任，则众口铄金，戮辱之祸不测，是以行歌避代，辞位灌园，卷而可怀，黜而无愠，放逐江湖之上，沈赴河海之流，所以自洁而不悔者也。至于间阎秀异之士，乡曲博雅之儒，言足以佐时，行足以励俗，遗弃于草野，岂胜道哉？"①隋文帝认为，九品中正制度扼制了很多人才，使这些人"遗弃于草野，埋灭而无闻"，不能为朝廷服务，是非常可惜的。

隋文帝时期，二科举人。开皇十八年（600年），隋文帝"诏京官五品已上，总管刺史以志行修谨、清平干济二科举人"。②宋郑樵《通志·选举略第一》亦记载，隋开皇十八年诏："京官五品以上及总管刺史，并以志行修谨、清平干济，二科举人。牛弘为吏部尚书，高构为侍郎，最为称职。当时之制，尚书举其大者侍郎，铨其小者则六品以下，官吏咸吏部所掌。自是海内一命以上之官，州郡无复辟署矣。"

自隋文帝开始科举制度。所谓科举，即是按科而举士。科举制度逐渐发展到按科举而考试的选官入仕制度。隋炀帝时期，科举考试进一步发展。隋炀帝开四科、十科举士。

《隋书·炀帝上》记载，大业三年（608年）正月甲午诏曰："天下之重非独治所安，帝王之功岂一士之畧。自古明君哲后立政经邦，何尝不选贤与能？收采幽滞，周称多士，汉号得人。常想前风，载怀钦伫。朕负扆夙兴，冕旒待旦，引领岩谷，寘以周行，冀与群才共康庶绩，而汇茅寂寞，投竿罕至，岂美璞韬采；未值良工，将介石在怀，确乎难拔，永鉴前哲，忾然兴叹，凡厥在位，譬诸股肱；若济巨川，义同舟楫，岂得保兹宠禄，晦尔所知。优游卒岁，甚非谓也。祈大夫之举善，良史以为至公，臧文仲之蔽贤，尼父讥其窃位。求诸往古，非无褒贬，宜思进善，用匡寡薄，夫孝悌有闻，

---

① 魏征.1982.隋书·高祖本纪下.北京：中华书局
② 魏征.1982.隋书·高祖本纪下.北京：中华书局

人伦之本，德行敦厚，立身之基，或节义可称、或操履清洁，所以激贪励俗，有益风化，强毅正直，执宪不挠，学业优敏，文才美秀，并为廊庙之用，实乃瑚琏之资，才堪将畧，则拔之以御侮；膂力骁壮，则任之以爪牙；爰及一艺可取，亦宜采录；众善毕举，与时无弃；以此求治，庶几非远。文武有职事者，五品已上，宜依令十科举人。有一于此，不必求备。朕当待以不次，随才升擢，其见任九品已上官者，不在举送之限。"大业五年（610年）六月辛亥诏："诸郡学业该通，才艺优洽；膂力骁壮，超绝等伦；在官勤奋，堪理政事；立性正直，不避强御；四科举人。"

经过隋文帝、隋炀帝时期的发展，科举制度成熟。

《通志·选举略第一》云："隋制，上郡岁三人，中郡二人，下郡一人。有才能者，无常数。其常贡之科，有秀才、有明经、有进士、有明法、有书、有算。自京师郡县皆有学焉。每岁仲冬，峻险馆监课试其成者，长吏会属僚，设宾主、陈俎豆、备管弦、牲用少牢，行乡饮酒礼，歌鹿鸣之诗，征耆艾，叙少长而观焉。既饯，而与计偕，其不在馆学而举者，谓之乡贡。旧令诸郡，虽一二三人之限，而实无常数。到尚书省，始由户部集阅，而关于考功课试可者为第。律曰：诸贡举非其人，及应贡举而不贡举者，一人徒一年，二人加一等，罪止徒三年。初秀才科等最高，试方略策五条，有上上、上中、上下、中上，凡四等。贞观中有举而不第者，坐其州长，由是废绝。自是士族所趣向唯明经、进士二科而已，其初止试策。"

隋朝科举的科目有秀才、明经、进士、明法、书、算等，这些科目中的"算"是属于自然科学的算法，其他科目基本上是以儒家经典为基础的。

隋朝最初是贡举与考试相结合的制度，虽经州、郡、县的推举，每年都有人数限制，但"每岁仲冬，峻险馆监课试其成者"，"考功课试可者，为第"。如果贡举非人，或者"应贡举而不贡举者"，就要治罪。其罪罚是"一人徒一年，二人加一等，罪止徒三年"。至唐朝时期，如果州郡贡举，但考试有不第者，说明郡县贡举有徇私情况，对州长要治以罪。

隋朝开始、唐朝成熟的科举制度对中国后世有非常深远的意义。科举制度是中国选官入仕制度的重大变革，改变了魏晋以来的门阀贵族把持仕途的局面，使中国大批的庶族知识分子经过努力奋斗，走上政治舞台，进入封建国家的政治权力的核心，乃至成为封建王朝的栋梁之材，使封建国家的统治基础大大加强。

科举制度的考试形式也为中国后代树立了样板，开考试制度的公平、公正之先河，对中国乃至世界的考试制度有深远的影响。

科举制度发展到明清时期，使一些知识分子把参加科举考试当成终生奋

斗的目标。他们穷经皓首，老死场屋，大大束缚了知识分子的聪明才智。任何事物都是相对的，一个新事物出现时，肯定有其一定的社会基础和意义，但发展起来之后就不可避免的会产生弊病。

第二节 儒学与唐朝政治

一、唐朝初年对儒学的重视

公元589年，隋文帝统一中国，但隋朝是一个短命的王朝，建国仅30余年就被灭亡了，历史进入唐朝。唐王朝是我国封建社会的鼎盛时期。

唐朝初年，统治者充分地认识到儒学对治理国家的重要性。他们认为，"武创业，文守成，百世不易之道也。若乃举天下一之于仁义，莫若儒。儒待其人，乃能光明厥功。宰相大臣是已。至专诵习传授，无他大事业者，则次为儒学篇"。① 汉代以来的经验和教训告诉我们，儒学的确是治理封建国家的最有效的理论。

唐初统治者对儒学非常重视。《新唐书·儒学》云："高祖始受命，钮类夷荒，天下略定，即诏有司立周公、孔子庙于国学，四时祠。求其后，议加爵士。国学始置生七十二员，取三品以上子、弟若孙为之；太学百四十员，取五品以上；四门学百三十员，取七品以上，郡县三等，上郡学置生六十员，中、下以十为差；上县学置生四十员，中、下亦以十为差。又诏宗室、功臣子孙就秘书外省，别为小学。"李渊数次到国子监祭孔，并听诸生讲解经义。

唐高祖李渊为了清除佛道的影响，曾于武德九年（626年）四月下诏："废浮屠、老子法。"然而两个月之后，唐王室发生了"玄武门之变"，骨肉相残，秦王李世民杀了太子李建成。李渊又下令"复浮屠，老子法。"虽然佛、道又被恢复，但也说明李渊对佛、道之说的反感。李渊见佛、道之学一时难以禁止，就想办法进行遏制。《旧唐书·高祖本纪》记载，武德九年，高祖下诏云："诸僧、尼、道士、女冠等，有精勤练行，守戒律者，并令大寺观居住，给衣食，勿令乏短。其不能精进，戒行有阙，不堪供养者，并令罢遣，各还乡梓。所司明为条式，务依法教，违制之事，悉宜停断。京城留寺三所，观二所。其余天下诸州，各留一所，余悉罢之。"这条诏令其实是对僧寺、道观的限制。诏令下达之后，全国有很多佛寺、道观被罢废，大批

---

① 欧阳修.1987.新唐书·儒学（上）.北京：中华书局

僧、尼、道士被勒令解散还俗，从而达到了限制佛、道影响的目的。

唐太宗李世民在打天下的过程中就崇尚儒学，收罗天下儒学名士，参与其政，即皇帝位之后，更重视儒学与治国的关系。《新唐书·儒学》云："太宗身橐鞬，风纚露沐，然锐情经术，即王府开文学馆，召名儒十八人为学士，与议天下事。既即位，殿左置弘文馆，悉引内学士番宿更休。听朝之间，则与讨古今，道前王所以成败，或日昃夜艾，未尝少怠。贞观六年，诏罢周公祠，更以孔子为先圣，颜氏为先师，尽天下惇师老德以为学官。数临幸观释菜，命祭酒博士讲论经义，赐以束帛。生能通一经者，得署吏。广学舍千二百区，三学益生员，并置书、算二学，皆有博士。大抵诸生员至三千二百。自玄武屯营飞骑，皆给博士受经，能通一经者，听入贡限。四方秀艾，挟策负素，坌集京师，文治煟然勃兴。于是新罗、高昌、百济、吐蕃、高丽等群酋长，并遣子弟入学。鼓笥踵堂者凡八千余人，纡侈袂曳方履，闾闾秩秩，虽三代之盛所未闻也。帝又雠正五经缪阙，颁天下示学者，与诸儒粹章句为义疏，俾久其传。"

唐太宗大倡儒学，扩大学舍，使得诸国之君纷纷仰慕，派遣子弟到长安求学。如当时的新罗、高昌、百济、高丽、吐蕃等国皆遣生员来学习。当时在国都长安的外国学生有8000人之多。太宗还下诏，让天下学者对儒家经典作义、作疏、作章句，进行释读，以传于后世。贞观二十一年，太宗又诏："左丘明、卜子夏、公羊高、谷梁赤、伏胜、高堂生、戴圣、毛苌、孔安国、刘向、郑众、杜子春、马融、卢植、郑玄、服虔、何休、王肃、王弼、杜预、范宁二十一人，用其书，行其道，宜有以褒大之，自今并配享孔子庙廷。于是唐三百年之盛，称贞观，宁不其然。"①

唐朝初年，统治者以儒学治国。为了促进对儒学的学习，唐朝继隋朝以后，继续采取科举制度，把科举得中做为入仕为官的途径。根据《新唐书·选举志》记载，唐朝科举考试的主要内容是，"凡《礼记》、《春秋左氏传》为大经；《诗》、《周礼》、《仪礼》为中经；《易》、《尚书》、《春秋公羊传》、《谷梁传》为小经。通二经者，大经、小经各一，若中经二；通三经者，大经、中经、小经各一；通五经者，大经皆通，余经各一，《孝经》、《论语》皆兼通之"。"凡进士，试时务策五道，帖一大经。经、策全通为甲第。策通，四帖过四以上为乙第。凡明法试律七条，令三条全通为甲第，通八为乙第"。

入仕为官者，必须经过科举考试"童子科，十岁以下能通一经及《孝

---

① 欧阳修. 1987. 新唐书·儒学. 北京：中华书局

经》、《论语》卷诵文十,通者予官;通七,予出身。凡进士,试时务策五道,帖一大经。经、策全通为甲第,通八为乙第。"凡弘文、崇文生,试一大经、一小经,或二中经,或《史记》、《前、后汉书》、《三国志》各一,或时务策五道。经史皆试策十道。经通六、史及时务策,通三,皆帖《孝经》、《论语》共十条,通十为第。"

除此之外,唐王朝还有秀才科、史科亦需考试儒家经典,另有时务策、书学、算学等。科举考试对中国的影响是巨大的。在中国这样一个重农抑商的封建社会中,读书做官是知识分子上升的惟一途径。而科举考试以儒学经典为试题,以衡量学问的高低作为录取的标准,这就更奠定了儒学是国家指导思想的地位,儒学的地位进一步上升。

唐太宗说:"梁武帝父子志尚浮华,惟好释氏、老氏之教。武帝末年,频幸同泰寺,亲讲佛经,百寮皆大冠高履乘车扈从,终日谈论苦空,未尝以军国典章为意。及侯景率兵向阙,尚书郎已下多不解乘马,狼狈步走,死者相继于道路。武帝及简文卒被侯景幽逼而死。孝元帝在江陵为万纽、于谨所围,帝犹讲老子不辍。百寮皆戎衣以听,俄而城陷,君臣俱被囚絷。庾信亦叹其如此,及作《哀江南赋》,乃云宰衡以干戈为儿戏,缙绅以清谈为庙略。此事亦足为鉴戒。朕今所好者,惟在尧舜之道、周孔之教,以为如鸟有翼,如鱼依水,失之必死,不可暂无耳。"① 唐太宗认为,治国绝不能像梁武帝那样,空谈佛法,像孝元帝那样只讲老子;治国必须用儒家之道,否则就是死路一条。

唐朝初年,唐高祖李渊"颇好儒臣",② 兴修国子监及州县儒学学舍。唐太宗李世民,"益崇儒术",③ 从而使唐朝初年的儒学得到迅速恢复和发展。当然,唐朝统治者对儒学的重视还是将其作为治国平天下的学说才重视的。儒学对唐初政治经济文化的发展起了重要的作用。

二、儒学与贞观之治

公元626年6月4日,唐高祖李渊的第二个儿子李世民发动"玄武门之变",杀死他的哥哥——太子李建成和四弟李元吉,从而得到了太子的地位。同年8月,李渊退位为太上皇,太子李世民即位,他就是创造盛唐贞观之治的皇帝唐太宗。

唐太宗是一个有为的皇帝。隋朝末年,李世民曾暗中结交英豪,动员李

---

① (唐)吴兢.1986.四库全书·贞观政要·俭约.台湾商务印书馆景印本文渊阁
② 刘昫.1975.旧唐书·儒学.北京:中华书局
③ 欧阳修.1987.新唐书·儒学.北京:中华书局

渊起义。从此李世民南征北战，攻长安，定天下，建立了李唐王朝。

李世民自晋阳起兵时就有一班文臣、武将，作为他决策的智囊团。如房玄龄、杜如晦等18位学士，这些人自幼皆熟读经史，贯综坟典，是儒学家，亦是政治家。他们在辅助李世民打天下的过程中出谋划策，商定大计。唐太宗在做秦王时，以房玄龄为记室参军，每次征伐得胜，众人皆争夺稀世珍宝，而房玄龄却将一些出色的立功人物记载下来，把敌方投降的贤能之士亦记录在册，上报李世民，使奖惩分明，将士舒畅。李世民说："汉光武得邓禹，门人益亲。今我有玄龄，犹禹也。"①

李世民即位以后，置弘文馆，广选天下儒生，如虞世南、褚亮、姚思廉等，让他们以本官署兼学士，令更日宿直。听朝之暇，引入内殿，论讲经义，商略政事。贞观年间，儒家思想是最活跃、最受重视的时期。

《贞观政要》卷七云，贞观二年，"始立孔子庙堂于国学。稽式旧典，以仲尼为先圣，颜子为先师。两边俎豆干戚之容，始备于兹矣。是岁大收天下儒士，赐帛，给传，令诣京师。擢以不次，布在廊庙者甚众，学生通一大经已上咸得署吏。国学增筑学舍四百余间，国子太学四门广文亦增置生员，其书算各置博士，学生以备众艺。太宗又数幸国学，令祭酒、司业、博士讲论，毕各赐以束帛。四方儒士负书而至者，盖以千数。俄而吐蕃及高昌、高丽、新罗等诸夷酋长，亦遣子弟请入于学。于是国学之内，皷箧升讲筵者，几至万人。儒学之兴，古昔未有也"。②

唐朝在中央设立学校，有国子、太学、四门、律学、书学、算术等六学，招收学生两千多人。其次，各州县也开设学校，也允许百姓任立私学。这些学生除书学、算学、律学有专业课本以外，其余皆学习儒家经典。每年11月，各官办学校或私立学校把毕业生贡给尚书省，参加科举考试。考试内容为儒家经典，学生一旦被录取就是国家官吏。从此这种科举考试之制成为我国封建社会选拔官吏的定制，一直沿袭到清朝戊戌变法之前。科举考试以儒家经典为考试内容，表明统治者以儒学治国的决心，经科举考试而被选拔的官吏自然以儒家学说为统治思想，这是唐朝以后封建社会官制的重要特点。

唐太宗任房玄龄为中书令，进爵为邗国公；杜如晦被任命为兵部尚书，又进为尚书左仆射，封为蔡国公。房玄龄与杜如晦皆成为创造唐朝盛世"贞观之治"的著名宰相，史称"房、杜"。

房玄龄任宰相时期，总揽朝政，任总百司，事无巨细，认真谨慎，虔恭

---

① （宋）宋祁.1987.新唐书·房玄龄.北京：中华书局
② （唐）吴兢.1986.四库全书·贞观政要·崇儒学.台湾商务印书馆景印本文渊阁

夙夜，尽力竭节，不敢有丝毫懈怠。房玄龄帮助唐太宗对官员进行审核考评，他知人善任，用人不拘一格，不求全责备，不讲门第贵贱，有才则使，有贤则用。有人说："贞观之盛，群材蚁附"，这与房玄龄铨选英才、任人唯贤有极大的关系。唐太宗在贞观后期曾连年对高丽发动战争，给人民带来沉重的灾难和负担，然而群臣无人敢谏。房玄龄已70多岁，且身染重病，年迈力衰，他对自己的儿子们说："吾知而不言，可谓衔恨入地。"遂上疏李世民，他引用《易经大传》的话说："知足不辱，知止不殆。臣谓陛下威名功德亦可足矣，拓地开疆亦可止矣。"要唐太宗停止拓地开疆，说："焚凌波之船，罢应募之众。自然华夷庆赖，远肃迩安。"太宗得了房玄龄的上疏，非常感动地说："此人危笃如此，尚能忧我国家，虽谏不从，终为善策。"①

杜如晦与房玄龄共同管理朝政，荐贤能，退不肖，朝廷官吏皆得其位。房玄龄善于谋划，杜如晦长于决断，二人同心协力，辅助太宗。

唐初魏征是历史上有名的谏臣。魏征原是李世民的长兄李建成的谋臣，曾劝说过李建成尽早除去李世民，玄武门之变以后，建成被杀，魏征被俘，李世民质问他："尔阋吾兄弟，奈何？"魏征回答："太子早从征言，不死今日之祸！"李世民认为魏征很有才气，是一个贤能之士，就效仿春秋时代齐桓公不计管仲的"带钩之仇"一事，释放了魏征，并任命魏征为谏臣。唐太宗是一个善于听取臣下意见的有为的皇帝，所以贞观年间，君臣共议朝政，共商国事，政治开明，谏议之风大盛，而最敢于犯颜直谏之人要首推魏征了。

《新唐书·魏征传》记载：唐太宗曾问魏征："为君者，何道而明，何失而暗？"魏征曰："君所以明，兼听也；所以暗，偏信也。尧、舜氏辟四门，明四目，达四聪。虽有共、鲧，不能塞也，靖言庸违，不能惑也。秦二世隐藏其身，以信赵高，天下溃叛而不得闻，梁武帝信朱异，侯景向关而不得闻；隋炀帝信虞世基，贼遍天下而不得闻。故曰：君能兼听，则奸人不得雍蔽，而下情通矣。"在这里，魏征用"兼听则明，偏信则暗"去启示唐太宗李世民。他的"辟四门，明四目，达四聪"的话来自儒家经典《尚书》。魏征又以历史的教训，如秦二世受赵高的蒙骗而失天下，梁武帝信朱异而侯景已经兵临城下而不闻，隋炀帝偏信虞世基，而天下哀鸿遍野，起义云涌而不自知，这实在是历史的悲剧。魏征谏议唐太宗，只有兼听，才能使奸人不得其志，下情上通。

魏征劝谏皇帝不要追求享乐，放纵嗜欲，要关心百姓疾苦；不要大兴土

---

① （唐）吴兢. 1986. 四库全书·贞观政要·征伐. 台湾商务印书馆景印本文渊阁

木,滥用民力,要亲贤臣,远小人;不要擅开边衅等等。他认为,人君如舟,百姓是水,水能载舟,亦能覆舟,因此要爱惜百姓,统治才能长久。有一次,李世民要去泰山封禅,而一些大臣就附和说太宗功劳大,应该去泰山祭天。魏征认为,现在虽天下太平,但国家元气尚未恢复,此时,若去行封禅大典,必然会劳民伤财。唐太宗接受魏征的建议,取消了泰山封禅之举。魏征的直言力谏,虽然使唐太宗很难堪,但太宗盛怒之后,必然听从魏征的建议。魏征死后,唐太宗伤心地说:"以铜为鉴,可正衣冠;以古为鉴,可知兴替;以人为鉴,可明得失。朕尝保此三鉴,内防己过。今魏征逝,一鉴亡矣。"①

李世民崇尚儒学,排斥佛道。有一次,唐太宗的长孙皇后有疾病,太子李承乾想请求太宗大赦天下,并请道人做法,以祓塞灾会。长孙皇后说:"死生有命,非人力所支;若修福可延,吾不为恶,使善无效,我尚何求?且赦令,国大事,佛、老异方教而。皆上所不为,岂宜以我乱天下法?"②

唐太宗热诚地提倡儒学。儒学思想最重要的核心就是民本思想,把顺应民心当做治理国家的首要原则。唐太宗说:"天子者,有道则人推而为主,无道则人弃而不用,诚可畏也。"又曰:"为君之道,必须先存百姓。若损百姓以奉其身,犹割股以啖腹,腹饱而身毙。若安天下,必须先正其身,未有身正而影曲,上理下乱者。朕每思伤其身者不在外物,皆由嗜欲以成其祸。若耽嗜滋味玩悦声色,所欲既多,所损亦大,既妨政事,又扰生人。且复出一非理之言,万姓为之解体,怨讟既作,离叛亦兴。朕每思此,不敢纵逸。"③唐太宗所说的"道",也就是儒家提倡的"王道",以百姓为本。人君所做的一切都要符合人民的利益。唐太宗还说:"君依于国,国依于民。刻民以奉君,犹割肉以充腹。腹饱而身毙,君富而国亡。"④唐太宗经常与大臣讨论人君与百姓的关系。王珪劝谏太宗要"以百姓之心为心",魏征则引"君,舟也;民,水也。水能载舟,亦能覆舟"的话去告诫太宗。唐初贞观年间,唐太宗君臣的这种民本思想体现在国策政务上,便是爱民之政,即儒家的仁政思想。

唐太宗所重用的大臣皆是具有儒家仁政思想的政治家。唐王朝政治清明,经济繁荣、文化昌盛,出现了空前的盛世,史称"贞观之治"。贞观盛世是封建王朝以儒家学说统治天下而创造的。

---

① 欧阳修.1987.新唐书·魏征传.北京:中华书局
② 欧阳修.1987.新唐书·后妃(上).北京:中华书局
③ (唐)吴兢.1986.四库全书·贞观政要·君道.台湾商务印书馆景印本文渊阁
④ (宋)司马光.1995.资治通鉴·唐纪(八).太原:北岳文艺出版社

儒学与中国政治

三、由盛而衰的开元盛世

大唐王朝自贞观年间，政治经济迅速发展，又经武则天女皇的励精图治，至唐玄宗开元年间，其国力达到顶峰。杜甫的《忆昔》诗云：

忆昔开元全盛日，小邑犹藏万家室。
稻米流脂粟米白，公私仓廪俱丰实。
九洲道路无豺虎，远行不劳吉日出。
齐纨鲁缟车斑斑，男耕女织不相失。

就是这样一个开元盛世，由于唐玄宗贪图女色，任用奸佞，不务国事，使开元盛世成为唐王朝由盛而衰的转折点。

唐朝自唐太宗以后，唐高宗乃平庸之辈，又常年有病，大权落到了皇后武则天手中。武则天临朝，改唐为周。武则天死后，唐朝的政局陷于动荡的局面。唐中宗昏庸懦弱，大权落到韦皇后手中。韦后欲效仿武则天，先后杀死太子李重俊和唐中宗李显。武则天第四子李旦的儿子李隆基与太平公主发动羽林军攻进皇宫，杀死韦后及其党羽，李旦即位，为唐睿宗。睿宗无能而昏庸。公元712年，唐睿宗将帝位传给李隆基，他就是历史上有名的唐玄宗。

尽管中宗、睿宗执政时间很短，但是执政期间政治昏暗，弊端丛生。唐玄宗即位以后，任用正直能干的官员，针对时弊进行了改革。唐玄宗所任用的大臣大部分是武则天时期考中进士者，如宋璟、张说、魏知古、卢怀慎、姚崇、张九龄等。这些人治儒学，中进士，辅助唐玄宗执政，以儒家的修身、治国、平天下的原则，治国安民，政通人和，从而创造了开元盛世，把唐朝的历史推向了极盛时期。

唐玄宗即位后，首先整顿宫中的奢侈之风。开元二年，下令禁女乐，遣散宫女，严禁奢靡，勤政务本，崇尚俭朴。

开元年间的名相姚崇曾向唐玄宗提出10项建议：①废除自武则天以来实行的严刑峻法，改行仁恕之政。②对边境少数民族采取安抚怀柔政策，不启边患，不求边功。③朝廷之法要不避权贵，王子犯法与庶民同罪。④禁止宦官参预朝政。⑤地方上为了讨好朝中官员，贡献送礼，摊派百姓，今应下令地方上除租赋以外，杜绝一切摊派，以减轻百姓负担。⑥外戚不预朝政。⑦严格君臣大礼，不得轻薄。⑧愿皇上能纳忠谏，听直言。群臣能批逆鳞，冒忌讳，犯颜直谏。⑨正直净臣忠心辅政，朝廷应以褒奖。⑩武后时期曾大兴佛教，营造寺院；上皇又造金仙、玉真等道观，费钱巨万，请皇帝杜绝佛、道二教，以仁政为本，永为大唐王朝之万代法。唐玄宗完全接受姚的建议，第二天，就任命姚崇为宰相。

睿宗时期，太平公主干政，纲纪大坏，朝廷中冗职冗员。宰相就有17名，台、省中央要职官员数不清。姚崇辅助唐玄宗裁汰冗官，罢去冗职，以修制度。玄宗诏令，朝廷各部、司官员一共不准超过700名。史书记载是"大革奸滥，十去其九"，精减了庞大的官僚机构，大大缩小了朝廷的开支。唐玄宗对吏部选用的官员亲自进行复试，对各州郡的地方官的政绩进行考核，以定升迁或罢黜。

开元四年（716年）的夏天，天气炎热多雨，田中的禾苗在湿热的气候下拔节生长，青翠喜人。然而不久，黄河流域的河南、山东一带发生了蝗灾，遮天盖地的蝗虫像狂风一样席卷田野，大片的庄稼被蝗虫吞食。当时的老百姓都非常迷信，他们不敢捕杀，只在田边地头焚香上供，以求上天保佑。然而，发了疯的蝗虫毫不理会，照样吞吃庄稼，眼看秋天的好收成变为泡影。有见识的知识分子宰相姚崇挺身而出，上奏玄宗，要求朝廷组织捕杀蝗虫。他说早在西周、春秋和东汉时期，就有捕杀蝗虫的先例。《旧唐书·姚崇列传》记载，姚崇奏曰："毛《诗》云，'秉彼蟊贼，以付炎火'。又汉光武诏曰，'勉顺时政，劝督农桑。去彼螟蜮，以及蟊贼。此并除蝗之义也。虫既解畏人，易为驱逐。又苗稼皆有地主，救护必不辞劳。蝗既解飞，夜必赴火。夜中设火，火边掘坑，且焚且瘗，除之可尽。时山东百姓皆烧香礼拜，设祭祈恩，眼看食苗，手不敢近。自古有讨除不得者，只是人不用命。但使齐心戮力，必是可除。"姚崇提出了具体的捕杀蝗虫的措施，让百姓于夜间在自己田中燃起火堆，火堆边上挖好坑，蝗虫看见火光肯定会投入火堆，对蝗虫边焚边埋，肯定会把蝗虫除尽。"汴州（今河南省开封市）刺史倪若水执奏曰：'蝗是天灾，自宜修德。刘聪时除既不得，为害更深。'仍拒御史，不肯应命。"姚崇回信讽刺他说："古之良守，蝗虫避境。若其修德可免，彼岂无德致然。今坐看食苗，何忍不救？因以饥馑，将何自安？"倪若水害怕别人说他无德，马上组织捕杀蝗虫，得蝗虫14万石。又有黄门监户卢怀慎说："蝗是天灾，岂可制以人事。外议咸以为非又杀虫太多，有伤和气。今犹可复，请公思之。"姚崇曰："今蝗虫极盛，驱除可得，若其纵食，所在皆空，山东百姓，岂宜饿杀！此事崇已面经奏定讫，请公勿复为言。若救人杀虫因缘致祸，崇请独受，义不仰关。"唐玄宗也坚决支持姚崇，下诏说："谁再反对捕蝗，即将处死！"这样才禁止了不敢捕蝗的议论，朝廷分遣官吏到各州县指挥捕蝗。蝗害渐息，当年的农业没有受太大的损失，获得了较好的收成。这对封建国家的稳定起了良好的作用。

唐玄宗还在河东道、关内道、河南道、剑南道、河西道、陇右道等发展

屯田，当时全国共有将近 1000 个军屯，垦田面积 500 万亩。玄宗又派劝农使到各地检查农田水利及庄稼收成的情况，安抚流民，免租税徭役 6 年，奖励生产和开荒，使农业生产迅速发展起来。

在姚崇、宋璟等人的建议下，唐玄宗采取了灭佛政策。武则天时期，全国曾兴建了很多佛寺，富户强丁为了逃避徭役，多削发为僧。全国僧尼人数膨胀至几十万人。唐玄宗下令减汰僧尼，强迫还俗，并下令不准再建造佛寺，禁止民间抄写佛经和铸造佛像。唐玄宗抑制佛、道，发展儒家学说，是把李唐王朝推向全盛的重要措施。

姚崇、宋璟等人被称为开元盛世的名相。史书记载说："前称房、杜，后称姚、宋。"①

唐玄宗即位初期，君明臣忠，兢兢业业，一心为民，勤劳于政，唐朝的纺织、冶铸、烧瓷都得到了空前的发展。丝织物争美斗艳，精美异常；瓷器光泽晶莹，雅致瑰丽。中国丝绸、瓷器远销新罗、日本、东南亚、伊朗、阿拉伯和罗马。唐朝与各国互派使者、留学生、僧侣进行经济文化的交流。

唐玄宗时期，在劝农政策下，农业发展迅速。《新唐书·食货志一》云："是时，海内富实。米斗之价钱十三，青、齐间斗才三钱，绢一匹钱二百。道路列肆，具酒食以待行人。店有驿驴，行千里不持尺兵。天下岁入之物，租钱二百余万缗，粟千九百八十余万斛，庸调绢七百四十万匹，绵百八十余万屯，布千三十五万余端。天子骄于佚乐而用不知节，大抵用物之数常过其所入。于是钱穀之臣始事朘刻。太府卿杨崇礼句剥分铢，有欠折渍损者，州县督送，历年不止。其子慎矜专知太府，次子慎名知京仓，亦以苛刻结主恩。王鉷为户口色役使，岁进钱百亿万缗，非租庸正额者，积百宝大盈库，以供天子燕私。及安禄山反，司空杨国忠以为正库物不可以给士，遣侍御史崔众至太原纳钱度僧尼、道士，旬日得百万缗而已。自两京陷没，民物耗弊，天下萧然。"

以上这段记载非常具体地叙述了唐中期的经济由盛而衰的情况。唐玄宗在承平盛世，不知居安思危，而是"骄于佚乐而用不知节"，使唐王朝的财政入不敷出，捉襟见肘。特别是唐玄宗后期，贪恋寿王妃杨玉环的美色，于是不顾天伦，将自己的儿媳纳入宫中，从此深居简出，以声色自娱。朝中李林甫、杨国忠权臣当政，朝纲渐坏。安禄山以讨杨国忠为名，发动叛乱反唐。"渔阳鼙鼓动地来，惊破霓裳羽衣曲。"安史军队迅猛发展，攻破唐东都洛阳，向都城长安进发。唐玄宗率领宫中臣属匆匆逃离长安，迁往巴蜀。安

---

① 欧阳修.1987.新唐书·姚崇宋璟传.北京：中华书局

禄山入长安。关中地区被抢掠,致使唐朝几百年的基业毁于一旦。大唐王朝彻底衰败。这是唐王朝由盛而衰的转折点。

历史上曾把唐王朝的衰败归罪于杨玉环,说是"女祸"。其实,这种说法是不公平的。唐玄宗李隆基执政初期,采取儒家思想,废除严刑峻法,以行仁恕之道,纳忠谏,听直言,严格君臣之礼,对国内百姓实行仁政为本的方针,基本继承了唐初以来的治国政策和路线;而其后期,昏庸淫乐,"从此君王不早朝",把朝廷政务交给了奸佞之臣李林甫、杨国忠之流,完全把儒家的勤政爱民思想抛在脑后,这才是大唐王朝衰败的主要原因。

四、唐朝儒生发动的永贞革新

唐朝后期,皇帝为了聚敛财富,兴"宫市",即以"宦者主官中市买,谓之宫市"。皇宫置宦官百余名为宫市使,负责在长安街上为宫廷购买日用货物。"宫中选内官买物于市,倚势强买,物不充价。人畏而避之,呼为宫市。掌赋者多与中贵人交结假借,不言其弊。"① 宫市使横行不法,仗势欺人,宦官们"率用直百钱物,买人直数千物,仍索进奉门户及脚价银。人将物诣市,至有空手而归者,名为宫市,其实夺之"。②《旧唐书·张建封列传》记载,当时有一个农夫到集市上卖柴,宦官们用几尺绢换农夫的柴,并要农夫把柴送进大内,还不给脚价银。农夫哭着说:"我有父母妻子,待此而后食;今与汝柴,而不取值而归,汝尚不肯,我有死而已。"农夫气急,拼死打了宦官。后来事情闹大,在一些政治官员的调解下,宫中又增加了一些绢给农夫。"宫市"之危害可见一斑。"德宗晚年,政出多门。宰相不专机务,宫市之弊,谏官论之,不听。"③长安一带的百姓个个愤恨,民怨沸腾。白居易的《卖炭翁》一诗就是讽刺宫市的。那些"手持文书口称敕"的宫中使者,用"半匹红纱一丈绫,系向牛头充炭直",将老人的一车千余斤的炭夺走。

一些正直的知识分子对朝廷这种做法极为不满,认为如不改革弊端,会影响社会的稳定。当时东宫侍读(太子的老师)王叔文、王伾等人,给太子讲读儒家经典,明晓治国安邦之道,以忠正信义为志,以安国利民为己任,愿竭力纠正时弊。这些都给太子李诵以极大的影响。王叔文与太子志向一致,互相支持,希望将来能够改革时政。

王叔文、王伾等人结交了许多当朝的名士,如韦执谊、陆质、吕温、李

---

① 刘昫.1975.旧唐书·王仁皎列传.北京:中华书局
② 刘昫.1975.旧唐书·张建封列传.北京:中华书局
③ 刘昫.1975.旧唐书·韩愈列传.北京:中华书局

景俭、韩谏、韩泰、陈谏、柳宗元、刘禹锡等人，形成一个要求革除弊政的政治势力。这个政治集团以王叔文、王伾、柳宗元、刘禹锡为主，史称他们为"二王刘柳"；后来当他们失败后，有8人被贬为外州司马，所以亦有人称他们为"二王八司马"。

正当改革派紧锣密鼓的进行时，太子李诵中风、失语。永贞元年（805年）正月初一，德宗皇帝在皇宫接受大臣的朝贺新年，而太子却因病不能前来，德宗心中悲伤涕泣，因此得病。20多天后，德宗驾崩。太子李诵穿着缞服麻鞋，勉强支撑着朝见百官，登上皇位，他就是唐顺宗。

顺宗即位后，以吏部郎中韦执谊为尚书右丞相同中书门下平章事；诏王伾为左散骑常侍充翰林学士，以前司功添军翰林待诏；王叔文为起居舍人充翰林学士，又转尚书户部侍郎领使学士，以鸿胪卿王权为京兆尹；以后王叔文又被任命为宰相。顺宗全面起用革新派。自永贞元年（805年）二月开始，王叔文、王伾、柳宗元、刘禹锡开始实行革新，打击不法、纠正时弊。这个改革发生在顺宗永贞年间，史称"永贞革新"。

永贞革新派上台之后，马上进行改革。尽管改革仅半年就夭折，但革新派的勇气可嘉，取得的成绩也是可观的。永贞革新的内容主要有：

（1）废除"宫市"，不准宦官们再以宫廷名义到民间去巧取豪夺，四处作恶。永贞元年二月"甲子大赦，罢宫市"。①

（2）罢除了地方上的"月进"、"日进"钱。永贞元年二月乙丑，顺宗下诏："罢盐铁使月进。"② "诸道除正勅率税外，诸色榷税并宜禁断；除上供外，不得别有进奉。"③

在此之前，地方节度使、盐铁史及一些州刺史等地方官员为了讨好皇帝，以便获取更大的权力，于常贡以外，另外再进奉些贡品。有的每月进奉一次，称为"月进"；有的每日进奉一次，称为"日进"。"常赋之外，进奉不息。韦皋剑南有日进，李兼江西有月进，杜亚扬州、刘赞宣州、王纬、李锜浙西，皆竞为进奉，以固恩泽。贡入之奏，皆曰：臣于正税外方圆，亦曰羡余"④ "盐铁使王播进羡余绢一百万匹，仍请日进二万，计五十日方毕。播自掌盐铁以正，入钱进奉，以希宠固位，托称羡余物。议欲鸣鼓而攻之。"⑤ 这些进奉贡品自然是搜刮百姓而得，王叔文等悉罢进奉，也多少减轻

---

① 欧阳修.1987.新唐书·柳宗元传.北京：中华书局
② 欧阳修.1987.新唐书·顺宗本纪.北京：中华书局
③ 刘昫.1975.旧唐书·顺宗本纪.北京：中华书局
④ 刘昫.1975.旧唐书·食货志上.北京：中华书局
⑤ 刘昫.1975.旧唐书·敬宗本纪.北京：中华书局

了人民的负担。

（3）是时，地方上以各种名义上贡，不仅有金银珠宝，而且掠夺强迫大批的民间子女到宫中。革新派对此深为不满。永贞元年三月庚午，"放后宫三百人，癸酉放后宫及教坊女妓六百人"。①

（4）免除百姓所欠的赋税。永贞元年六月丙申，"诏二十一年十月巳前，百姓所欠诸色课利租赋钱帛共五十二万六千八百四十一贯石匹束，并宜除免"。②

（5）永贞革新的另一个重要内容就是打击贪官，支持忠正之臣。李实本为皇族李元庆的玄孙，封道王，德宗时期任命为京兆尹。《旧唐书·李实列传》记载，李实"自为京尹，恃宠强愎，不顾文法，人皆侧目。（贞元）二十年春夏旱，关中大歉。（李）实为政猛暴，方务聚敛进奉，以固恩顾。……由是租税皆不免，人穷无告，乃彻屋瓦木，卖麦苗，以供赋敛。……二十一年有诏蠲畿内逋租。（李）实违诏征之，百姓大困，官吏多遭笞罚，剥割掊敛，聚钱三十万贯，胥吏或犯者，即按之"。李实就是这样一个盘剥百姓、巴结上司的贪官。李实还私设刑罚，在自己的府中毙杀十数人。顺宗即位之后，守孝逾月，就将李实贬为通州长史。诏令一出，"制出，市人皆袖瓦石投其首。（李）实知之，由月营门自苑西出。人人相贺，后遇赦，量移虢州，在道卒"。

永贞革新者除奸佞、废弊政，扶社稷，立善政，以扭转乾坤的勇气和魄力将改革推向深入。然而这时发生了一件置革新于死地的大事，那就是顺宗病情恶化，不能视朝政。在宦官们的操纵下，太子李纯即位，是为宪宗。永贞革新打击了宦官势力，早就引起了宦官的不满。顺宗退位后，宦官集团乘机对革新派进行全面的反扑，贬王叔文为渝州司户、王伾为开州司马、韦执谊为崖州司马、韩泰为虔州司马、陈谏为台州司马、柳宗元为永州司马、刘禹锡朗州司马、韩晔饶州司马、凌準连州司马、程异柳州司马，共八司马，故永贞改新派又称为"二王八司马"。不久，王伾死于贬所，王叔文被赐死。

永贞革新不到半年就失败了。但"永贞革新"革除时弊、施行善政的改革措施，确实给唐后期的政治注入了一针清醒剂。

永贞革新者虽然从朝廷政治舞台退下来，来到贬所；但他们时刻不忘的仍是人民的疾苦。如柳宗元在永州贬所曾写《捕蛇者说》一文，写捕蛇者的危险与痛苦，写大多数捕蛇人死于毒蛇的惨况；同时也写了民间催租税官吏的狐假虎威、对百姓催逼勒索的实况。柳宗元最后引孔子的话说"苛政猛于

---

① 欧阳修.1987.新唐书·顺宗本纪.北京：中华书局
② 刘昫.1975.旧唐书·顺宗本纪.北京：中华书局

虎",并且希望他的文章能使"观人风者得焉",让调查民情的官吏反映到朝廷,以解民倒悬之苦,表现了一个以儒家文化滋养起来正直的知识分子忧国忧民的高贵品质。柳宗元在给京兆尹许孟容的信中说:"宗元……勤勤勉励,唯以忠正信义为志,兴尧、舜、孔子道,利安元元为务。"① 柳宗元认为国家的治乱存亡,不能取决于天命和祥瑞,而取决于"仁",即统治阶级的仁政和德政。他说:"受命不于天,于其人;休符不于祥,于其仁。""未有丧仁而久者也,未有恃祥而寿者也。"② 统治者如果修德,施仁政,国运就会昌盛,反之,则将丧权辱身。"唐家圣德,受命于生人之意。"唐朝之所以取得天下,是因为隋炀帝失德、失民心;唐朝只有顺应民心,才能昌盛。柳宗元认为应该以儒家圣人之道治理天下,以儒家仁、礼、智、信,克宽克仁,取信于民;天下讼者平,赋者均,老弱无怀诈暴憎,国家才能昌盛。柳宗元这种以儒学中的仁、礼思想制约社会生活,治理国家的观念正是永贞改新派的基本精神和品格。

刘禹锡在永贞革新失败后亦遭贬斥,在贬所见到夔州四县祭奠孔子庙的费用16万,认为这不是先圣孔子的原意,太浪费了,于学无补,应把这些费用拿来营学堂,具器用,丰馈食,或增儒学之官的俸禄,这样才能真正地促进学生的学习。把大量的钱财用于祭奠,没有必要。永贞革新者身在贬所,不忘奏请皇上革除时弊,这种关心百姓疾苦的民本主义思想确实值得称颂,中国历史上应有他们的一席之地。

唐朝后期,宦官专政、藩镇割据,唐朝儒生和正直人士已经无力挽回将倾之大厦。在中国长期的专制皇权下,儒学只有在明君贤臣的治理下才能发挥其威力;而在昏君佞臣的腐败制度之中,儒学是绝对无能为力的。

---

① 欧阳修.1987. 新唐书·柳宗元传. 北京:中华书局
② 欧阳修.1987. 新唐书·柳宗元传. 北京:中华书局

第八章

儒学与宋朝政治

第一节 北宋王朝对儒学的推崇

一、北宋初年对儒学的大力提倡及科举取士

唐末以来,强藩割据,天下大乱,朝廷失控。五代时期,短短的53年中北方历经后梁、后唐、后晋、后汉、后周5个朝代;而南方又出现吴、吴越、南唐、南汉、前蜀、后蜀、南平、楚、闽、北汉等10国。王朝更替,僭越篡政,君臣不分,朝纲不振,以致一些人毫无廉耻,如后晋皇帝石敬瑭竟然认比自己小11岁的辽朝皇帝耶律德光为父,真是无耻之极。

公元960年,赵匡胤发动"陈桥兵变",黄袍加身,推翻后周,建立北宋政权,结束了自唐末以来的混乱局面。在这种情况下,赵匡胤首先不希望再有人效仿他,发动政变,推翻自己的统治。因此,他急需一个治国安邦的理论,巩固皇权,加强封建王朝的统治。儒家所提倡的君君、臣臣、父父、子子之道,所主张的名分等级、伦理纲常是维护帝制的最有力的理论。

儒家学说自两汉以来就是封建王朝的统治思想。当然,魏晋时期佛、道较盛,又出现了玄学的支流,唐末统治者又沉溺于佛教,使儒学受到了一定程度的冲击。宋朝统治者为了自己巩固统治的需要,大力提倡儒学。

《宋史·太祖本纪》记载:宋太祖刚登上帝位,自建隆二年(961年)11月至建隆三年(962年)6月,半年时间内赵匡胤三"幸国子监","赐酒国子监",以后又频"幸国子监",下令增修国子监学舍,修饰先圣十哲像,对孔子祭祀使用一品礼,立十六戟于文宣王庙门。他对群臣说:"朕欲武臣尽读书以通治道,何如?"这些都表现出了宋太祖对"读书"习儒的重视。

宋太祖虽是武将,出身行伍,但在军中,手不释卷,只要听说人间有奇书,不惜千金购之,当时周世宗表示不解,赵匡胤说:"臣无奇谋上赞圣德,

滥膺寄任，常恐不逮，所以聚书，欲广闻见增智虑也。"① 他即位以后，不仅自己读书，也要求文臣武将读书，以学治国之道。宋朝的开国功臣赵普，从小学习一些做小官吏的学问，寡学术，而做了宰相以后，宋太祖常劝他读书。赵普开始手不离卷，每下朝回家，便杜门谢客，开箧取书，读之终日不困；次日上朝，处理政务，准确无误。《宋史·赵普传》载：赵普"手不释卷，每归私第，阖户启箧取书，读之竟日。及次日临政，处决如流。既薨，家人发箧视之，则《论语》二十篇也"。这就是宋朝宰相赵普半部《论语》治天下的故事。

赵匡胤多次下诏，要求天下百姓以儒家的忠孝为本。《东都事略》记载，开宝元年（968年），宋太祖下诏："人伦以慈孝为先，家道以敦睦为美，矧犬马而有养，岂父子之异居？伤败风化，莫此为甚，应百姓祖父母、父母在者，子孙无得别籍异财，长吏其申戒之。"宋太祖还三令五申，让官吏把地方上有孝悌忠义之行、奇才德茂之贤士上报朝廷，予以表彰提拔。

宋太祖深恶赃吏，对贪官严惩不贷。宋初的一些大臣，无论官职多大，只要犯了贪赃受贿之罪，皆按重处罚。乾德二年（964年），知制诰高锡因受藩镇的贿赂，被贬为莱州司马；宗正卿赵砺贪赃被除籍。乾德四年（966年），殿中侍御史李楫因贪赃，被判为死罪，恰逢大赦，流放沙门岛（山东蓬莱县西50里海中小岛），永不准还。开宝元年（968年），监察御史杨士达因审理狱讼，屈打成招，滥杀无辜而被弃市斩杀。开宝五年（972年），殿中侍御史张穆因贪赃罪被弃市；内班董延谔因监务盗刍粟，被杖杀。宋初，在对罪人大赦时，如官吏犯赃罪，不准赦免。

宋初，太祖锐意求治，常微服出访。有一次，赵匡胤到宰相赵普家。宋代李焘撰《续资治通鉴长编》卷12《太祖》记载："上因出，忽幸普第。时吴越王俶方遗普书及海物十瓶，列庑下。车驾卒至，普亟出迎，弗及屏也。上顾见问：'何物？'普以实对。上曰：'此海物，必佳！'即命启之，皆满贮瓜子金也。普皇恐顿首谢曰：'臣未发书，实不知此。若知此，当奏闻而却之。'上笑曰：'但受之无害，彼谓国家事皆由汝书生耳。'固命，普谢而受之。"后来，又发生一事，北宋政府禁止私人从秦、陇一带贩运大的木材。而赵普违禁令，私运木材扩充其府第，又有官员冒充赵普的名义在京师经商。太祖大怒，下令追究其罪，驱逐赵普。不久，太祖又把赵普贬出朝廷，出任河阳三城（今河南省孟县境）节度使。

宋太祖和宋太宗对自己要求都很严。他们勤于政务，鸡鸣而起，临朝听

---

① （宋）李焘.1992.续资治通鉴长编太祖.北京：中华书局

政，亲决应狱，并且躬体节俭。"宫中苇帘，缘用青布；常服之衣，澣濯至再。"① 公主身穿华丽的衣裳入宫，太祖让她下次进宫，不要再穿，并且说："汝生长富贵，常念惜福！"当后蜀被平服后，看见孟昶的溺器还装饰以珍宝，太祖一把摔碎，说："汝以七宝饰此，当以何器贮食？所为如是，不亡何待！"②《宋史·太祖本纪》记载：宋太祖"晚好读书，尝读二典，叹曰：'尧舜之罪四凶，止从投窜，何近代法网之密乎？'谓宰相曰：'五代诸侯跋扈，有枉法杀人者，朝廷置而不问。人命至重，姑息藩镇，当若是耶？自今诸州决大辟，录案闻奏，付刑部覆视之。'遂著为令。"宋太祖在处理国家政务时，是以儒家思想为理论指导的。

宋太宗赵光义继其风，非常勤于政务。他"自临大宝十有五年，未尝一日不鸡鸣而起，听天下之政"③。宋太宗常告诫诸皇子说：朕即位之前，曾为"开封尹，历十六七年，民间稼穑、君子小人真伪无不更谙。即位以来十三年矣，朕持俭素，外绝畋游之乐，内却声色之娱。真实之言，故无虚饰。汝等生于富贵，长自深宫，民庶艰难、人之善恶，必恐未晓略。说其本岂尽余怀，夫帝子亲王，先须克己励精，听卑纳谏。每着一衣，则悯蚕妇。每餐一食，则念耕夫。至于听断之间，勿先恣其喜怒。朕每亲临庶政，岂敢惮于焦劳。礼接群臣，无非求于启沃。汝等勿鄙人短，勿恃己长，乃可永守富贵，而保终吉。先贤有言曰：'逆吾者是吾师，顺吾者是吾贼。此不可以不察也"。④ 宋太宗的第5个儿子元杰作假山。太宗听说，命毁之，戒之说："伤民之事不可为，做什么假山！"《宋史·太宗本纪》云："帝以慈俭为宝，服澣濯之衣，毁奇巧之器，却女乐之献，悟田游之非。绝远物，抑符瑞，闵农事，考治功。讲学以求多闻，不罪狂悖以劝谏士，哀矜恻怛，勤以自励，日晏忘食。"太祖、太宗以儒家思想作为治国之纲领。

以儒家学说治理国家的思想还体现在国家的铨选制度方面。宋朝依唐旧制，科举得官，但是扩大了科举的途径。宋太祖乾德元年（963年），诏曰："旧制，《九经》一举不第而止，非所以启迪仕进之路也；自今依诸科许再试。"⑤ 从此地方诸州荐士日益增多，为了使科举考试公平，又"乃糊名考校，遂为例"⑥。

宋朝大批庶族知识分子由科举得官，进入北宋王朝的政权核心中来。咸

---

① 1977. 宋史·太祖本纪. 北京：中华书局
② 1977. 宋史·太祖本纪. 北京：中华书局
③ 1977. 宋史·张洎列传. 北京：中华书局
④（宋）李焘. 1992. 续资治通鉴长编·太宗.（端拱元年）北京：中华书局
⑤ 1977. 宋史·选举一. 北京：中华书局
⑥ 1977. 宋史·选举一. 北京：中华书局

儒学与中国政治

平三年（1000年），宋真宗亲试陈尧咨等840人，特奏名者900余人。"有晋天福中尝预贡者，凡士贡于乡而屡绌于礼部，或廷试所不录者，积前后举数，参其年而差等之，遇亲策士则别籍其名以奏，径许附试，故曰'特奏名'。又赐河北进士、诸科三百五十人及第、同出身。既下第，愿试武艺及量才录用者，又五百余人，悉赐装钱慰遣之。命礼部叙为一举。较艺之详，推恩之广，近代所未有也。"① 也就是说，宋朝仅咸平三年就有2600多人因科举而得第为官。宋仁宗一朝共有13次贡举，进士4570人。

北宋王朝实行右文政策，只对从事儒家学说学习的知识分子褒奖，只有儒家子弟才能有科举入仕的资格，而从事佛教、道教之徒、工商之类，是无资格参加科举的。《宋史·选举一》云："凡命士应举，谓之锁厅试。所属先以名闻，得旨而后解，既集，什伍相保，不许有大逆人缌麻以上亲，及诸不孝、不悌、隐匿工商异类、僧道归俗之徒。……凡诸州长吏举送，必先稽其版籍，察其行为；乡里所推，每十人相保，内有缺行，则连坐不得举。"由此可见，北宋时期，凡参加科举的人，必先有州县之举荐才有资格，即参试者必须是孝、悌之人，必须不是从事工商业者的异类，而且还俗的僧人、道人也是不得参加科举应试的。北宋王朝的科举取士政策进一步把参加科举者锁定在了习儒学的知识分子中，而排斥了工、商、僧、道之徒。

北宋一朝承唐制，以科举取士，而科举考试的内容则是儒家的"九经、五经、开元礼、三史、三礼、三传、学究、明经、明法等科"。北宋知识分子只有精通儒家学说与经典，换言之，只有用儒家学说去占领自己的头脑，规范约束自己的思想品格，并且是佼佼者，才能科举得第，才能入仕为官。北宋一朝，大批儒家学说培养出来的知识分子从科举之路步入仕途，进入北宋王朝上层统治集团的核心，为臣为卿、为官为宦，儒家学说是北宋王朝统治的理论基础。

二、北宋儒学与庆历年间的朋党之争

北宋时期的朋党之争，主要可分为两个时期，即宋仁宗时期和宋神宗时期。

北宋王朝兵不血刃夺得了后周的政权，但也继承了五代以来的通病，即为了求得政权的稳定，采取"守内虚外"政策。北宋王朝实行"右文"政策，以文职官员为尊；而对武臣实行严格的监督，不准其有实际的兵权。北宋王朝不敢使地方上有太大的武装力量，以免其对朝廷构成威胁；但当边境

---

① 1977. 宋史·选举一. 北京：中华书局

受到威胁时，北宋王朝却无能为力。《宋史·范仲淹传》记载："平时讳言武备，寇至而专责守臣死事，可乎？"当西北游牧民族向北宋王朝频频进攻的时候，北宋王朝则没有应对抗敌的能力。公元1004年，北宋王朝与辽签订"澶渊之盟"。宋每年向辽贡纳10万两白银、20万匹绢；后来又每年向西夏岁纳银7.2万两，绢15.3万匹，茶3万斤。这些沉重的负担都转嫁在北宋人民的身上。而辽与西夏等游牧民族的上层权贵贪得无厌，又逼北宋王朝割地，增加"岁币"。

北宋王朝每年向契丹贡纳白银和丝绢，从而求得苟安。宋真宗、宋仁宗对这些用北宋百姓血汗换来的银绢、搜刮来的民脂民膏毫不心痛，只要他皇帝的宝座安稳就是了。宋仁宗苟且偷安、因循守旧的政策也造就了一批因循的大臣。这样就引起了一批刚登上政治舞台的知识分子的反对。

宋仁宗庆历年间，庶族知识分子范仲淹提出的庆历新政，拉开了北宋知识分子要求改革的序幕。既然有改革、有新政，就会有斗争，并因此而形成派别。中国封建王朝将这些派别称为朋党。庆历年间形成斗争的两派是：以范仲淹为首并包括欧阳修、富弼、文彦博等人的革新派；另一是以宰相吕夷简为首的因循派。其两派虽然形成派别，互指为朋党，但两派皆是在儒家思想指导下进行活动。这是北宋党争的重要特点。

《宋史·范仲淹列传》记载："仲淹以忤吕夷简，放逐者数年。士大夫持二人曲直，交指为朋党。"这大概就是宋代朋党之争的开始。

宋仁宗时期，范仲淹与宰相吕夷简是相互对立的朋党领袖。

范仲淹以天下为己任，他曾三次被贬而把贬官当做常事。在贬所，他注意到了地方上的弊政，上疏朝廷，如当他第一次因反对刘太后垂帘听政，上疏要太后还政而被贬陈州。陈州地方因修太一宫及洪福院买陕西木材，耗费民力。范仲淹上疏："今又侈土木，破民产，非所以顺人心，合天意也。宜罢修寺观，减常岁市木之数，以蠲除积负。……恩幸多以内降除官，非太平之政。"① 范仲淹认为，地方上"侈土木，破民产"，是由于"恩幸多以内降除官"，是地方官的任用不当引起的。他最关心的是地方官员的任命问题。

宋仁宗虽然没有采纳范仲淹的上疏，但认为他是很忠于朝廷的。故太后死后，范仲淹被任命右司谏，调为京官。在朝廷有一年，江、淮、京东地区发生大蝗旱灾害。范仲淹要求朝廷派人巡察，结果朝廷没有理睬。范仲淹说："宫掖中半日不食，当如何？"宋仁宗"恻然，乃命仲淹安抚江淮，所至开仓振之，且禁民淫祀，奏蠲庐舒折役茶、江东丁口盐钱，且条上救弊十

---

① 1977. 宋史·范仲淹传. 北京：中华书局

事"①。

范仲淹作为以科考及第而进入政坛的庶族官员,希望以能力得到升迁。《宋史·范仲淹列传》云:"时吕夷简执政,进用者多出其门。仲淹上《百官图》,指其次第曰:'如此为序迁,如此为不次,如此则公,如次则私。况进退近臣,凡超格者,不宜全委之宰相。'夷简不悦。"以后,范仲淹又把吕夷简比作西汉成帝时期的张禹。张禹是西汉酿成王莽篡政之祸的祸根人物。吕夷简大怒,范仲淹被贬知饶州(今江西鄱阳湖北岸),以后又徙润州(今江苏镇江)、越州(今浙江绍兴)。直至西北元昊反叛,范仲淹改任陕西安抚招讨副使,镇守西北延州一带。范仲淹在边陲建立城砦,招还流亡3 000余户,使羌汉之民相继归业,他号令严明,爱抚士卒,边境力量大大增强,迫使元昊请和。范仲淹因功又被调回朝廷,任命为参知政事(即宰相)。

庆历三年(1043 年)9月,范仲淹根据他多年在地方上为官,对民间了解的情况,上疏宋仁宗,提出 10 项改革措施,要求改革弊政,史称"庆历新政。"新政的主要内容是:

(1)明黜陟。朝廷京官非有大的功劳不得升迁。

(2)抑侥幸。朝廷大臣不得将自己的子弟安排在朝中各馆阁,荫子不得冗滥。

(3)精贡举。对于考中的进士要循名责实。

(4)择长官。各府州、县之长官,限其人数,以推荐人数多者选授。

(5)均公田。对于外任之官,廪给应均,使其自养,然后责其廉。

(6)厚农桑。对官员定考课之法以兴农业水利。

(7)修武备。募强壮农民为卫士,以助正兵。使之四分之三的时间务农,四分之一的时间教战,以节省冗兵之费。

(8)推恩信。朝廷赦令一定要推行。对推诿者,要重置于法。

(9)重命令。法令要严肃有信,不能朝令夕改。

(10)减徭役。使民无重困,爱惜民力。

范仲淹的上疏,除修武备中的府兵法以外,皆被朝廷采用执行。

范仲淹认为朝廷命官必须由正当途径而来,应裁削因侥幸而升迁的冗滥官吏。他派出许多按察使,分赴各地调查,对地方上不称职的官员予以除名。当时大臣富弼说:"你大笔一挥,可就有一家人要哭!"范仲淹说:"一家人哭,总比几个州郡的人哭好些。"

范仲淹是典型的儒家学说培养出来的官员。《宋史·范仲淹列传》云:

---

① 1977. 宋史·范仲淹传. 北京:中华书局

"仲淹泛通六经。长于《易》，学者多从质问，为执经讲解，亡所倦。尝推其奉以食四方游士，诸子至易衣而出，仲淹晏如也。每感激论天下事，奋不顾身，一时士大夫矫厉尚风节，自仲淹倡之。"正如范仲淹在其名著《岳阳楼记》中所说的："居庙堂之高，则忧其民；处江湖之远，则忧其君。是进亦忧，退亦忧，然则何时而乐耶？其必曰：先天下之忧而忧，后天下之乐而乐欤。"这些都成为儒家学说的警句。

被指为范仲淹朋党的如欧阳修、富弼、文彦博等，皆为儒家著名的学者和政治家。

宰相吕夷简虽处在范仲淹等人的对立面，但吕夷简也是以儒学起家，列位辅弼的政治家。

吕夷简尚未为宰相时，曾知滨州，上疏朝廷，认为农器不应收赋税，否则不利于劝本之意。后吕夷简迁调尚书部，为京官。是年，京师大建宫观，在南方伐木材，并责限期。工徒多有死者，而有司则诬其逃亡，收系其妻子。吕夷简上疏请缓其役。宋真宗认为，吕夷简存"为国爱民之心"。

吕夷简为相执政，虽"屈伸舒卷，动有操术"。吕夷简执政，能为朝廷提出很好的建议。如宋真宗死后，"太后欲具平生服玩如宫中，如银罩复神主"。吕夷简则委婉地劝道："此未足以报先帝。今天下之政在两宫，惟太后远奸邪，奖忠直，辅成圣德，所以报先帝者，宜莫若此也。"① 根据以往故事，当皇帝死后，郊祠后，群臣皆升迁官职，而吕夷简在宋真宗死后，与群臣一起，皆不升迁，并以此为例。

吕夷简与范仲淹的最大矛盾在于除授官吏。吕夷简为相执国柄多年，许多官吏多出其门。而范仲淹作为庶族官吏，对此深为不满，这是吕夷简与范仲淹等人之间最大的矛盾。

今日看来，当然是范仲淹一派更具有正义性，但由于庆历新政所改的内容主要集中在铨选官吏的制度上面。如"新政"共10条，仅前4条，"明黜陟"、"抑侥幸"、"精贡举"、"择长官"，皆是铨选官吏的内容；"均公田"是关于官员的俸禄分配制度的，而其余的几条，如"厚农桑"、"推恩信"、"重命令"、"减徭役"皆未从根本上进行改革，只是一些改进的措施；"修武备"又未实行。因此，"庆历新政"是一次涉及面很小而又不彻底的改革。"新政"推行不到一年，就已浸废，"庆历新政"的改革失败。庆历新政是一次没取得胜利结果的改革。

"庆历新政"虽然失败，但改革者却看出北宋朝廷的弊端，对北宋时期

---

① 1977. 宋史·吕夷简传. 北京：中华书局

因循守旧的政治是一个冲击。改革者多以儒家学说自励,范仲淹也因之成为一代名相名臣。

宋仁宗庆历年间的党争是庶族官员与权贵者争夺领导地位的斗争。而两派皆站在朝廷的立场,维护封建王朝的利益,两派"朋党"皆是以儒学起家的官员。

吕夷简一派在很多问题上也是按儒家学说去处理政务的,绝非胡作非为之徒,斗争的朋党双方皆以儒家思想去指导自己的行动,这是北宋政坛上一个有趣的现象。《宋史·吕夷简列传》云:"自仁宗初立,太后临朝十余年,天下晏然,夷简之力为多。"吕夷简死后,宋仁宗为之亲书"怀忠之碑"4个字。

范仲淹以天下为己任,"日夜谋虑兴致太平"。然而在当时的社会背景下,范仲淹的壮志,在皇帝的反复、政敌的抵制下,是不可能实现的。

三、熙宁变法时期的儒学与党争

北宋真宗以后,宋王朝每年要向辽、西夏贡纳大批的银、绢。这些负担全部转嫁到北宋的农民身上。大批农民不堪重负,为逃避租税流亡四方。这种情况大约自宋太宗时期就开始了。至道二年(996年)太常博士陈靖上疏:"臣又尝奉使四方,深见民田之利害,污莱极目,膏腴坐废,亦加询问,颇得其由。昔诏书屡下,许民复业,蠲其常租,宽以岁时。然乡县之间,扰之尤甚。每一户归业,则刺报所由。朝耕尺寸之田,暮入差役之籍,追胥责问,继踵而来。虽蒙蠲其常租,实无补于捐瘠。况民之流徙,始由贫困,或避私债或逃公税,亦既亡逝;则乡里敛其资财,至于室庐、什器、桑枣、材木,咸计其值。乡官用以输税,或债主取以偿逋,生计荡然,还无所诣,以兹浮荡,绝意言归。"①

这段文字是说宋太宗时期北宋社会的赋税苛重和农民流亡的情况。然而宋真宗以后,由于还要对辽、西夏贡奉银、绢,而使赋税更加苛重。北宋政府以各种借口向人民巧取豪夺,向人民收取的赋税,除土地税、人头税外,还有身丁钱米、屋税、农具税、盐钱、鞋钱、牛皮钱等,蔬菜桑柘,莫不有征;嫁资、遗嘱、民间葬地,皆令纳税;牛死了还须输枯骨税。除此以外,他们又以"支移"、"折变"的名目任意搜刮。政府"以绢折钱,又以钱折麦。以绢较钱,钱倍于绢;以钱较麦,麦倍于钱;展转增加,民无所诉"②。北宋农民"谷未离场,帛未下机,已非己有。所食者糠籺而不足,所衣者绨

---

① (宋)李焘.1992.续资治通鉴长编(卷40).北京:中华书局
② 1977.宋史·食货志二.北京:中华书局

缯而不完"①。北宋农民一身而承数十赋。

北宋中期以后，土地荒芜，农政不修，滥官满朝，流民满野。北宋王朝对百姓竭泽而渔的残酷搜刮，使农民没有温饱的生活，北宋政府连赋税也收不上来。北宋王朝出现了严重的财政困难。

公元1067年，刚满20岁的宋神宗即位。年轻的宋神宗对每年向辽、西夏供奉银、绢的做法极端义愤。王铚《默记》记载，宋神宗刚即位，就对大臣们说："北虏乃不共戴天之仇，反捐金缯数十万以事之为叔父，为人子孙当如是乎？""已而泣下久之。"② 这些表现了宋神宗不甘屈辱的态度。

为了改变北宋王朝积贫积弱的局面，宋神宗下诏访求治道。政治家王安石上万言书，认为："今天下之财力日以困穷，风俗日以衰坏，患在不知法度，不法先王之政故也。法先王之政者，法其意而已。法其意，则吾所改易更革，不至乎倾骇天下之耳目，嚣天下之口，而固已合先王之政矣。因天下之力以生天下之财，收天下之财以供天下之费。自古治世，未尝以财不足为公患也，患在治财无其道尔。在位之人才既不足，而闾巷草野之间亦少可用之才。社稷之托，封疆之守，陛下其能久以天幸为常，而无一旦之忧乎？愿监苟且因循之弊，明诏大臣，为之以渐，期合于当世之变。"③

王安石的万言书明确地提出了改革变法的宗旨是既要理财，亦要改革任人制度，变革法度，即王安石后来所说的"变风俗，立法度，最方今之所急也"④。这是王安石变法的总纲领。王安石的上疏引起了宋神宗的高度重视。在宋神宗的支持下，设置三司条例司，颁行新法于天下，有农田水利法、青苗法、均输法、保甲法、免役法、市易法、保马、方田法等。

《宋史·王安石列传》云："青苗法者，以常平籴本作青苗钱，散与人户，令出息二分，春散秋敛。均输法者，以发运之职改为均输，假以钱货，凡上供之物，皆得徙贵就贱，用近易远，预知在京仓库所当办者，得以便宜蓄买。保甲之法，籍乡村之民，二丁取一，十家为保，保丁皆授以弓弩，教之战阵。免役之法，据家赀高下，各令出钱雇人充役，下至单丁、女户；本来无役者，亦一概输钱，谓之助役钱。市易之法，听人赊贷县官财货，以田宅或金帛为抵当，出息十之二，过期不输，息外每月更加罚钱百分之二。保马之法，凡五路义保愿养马者，户一匹，以监牧见马给之，或官与其直，使自市，岁一阅其肥瘠，死病者补偿。方田之法，以东、西、南、北各千步，

---

① 1977. 宋史·食货志一. 北京：中华书局
② 王铚. 1986. 四库全书·默记（卷中）. 台湾商务印书馆景印本文渊阁
③ 1977. 宋史·王安石列传. 北京：中华书局
④ 1977. 宋史·王安石列传. 北京：中华书局

当四十一顷六十六亩一百六十步为一方,岁以九月,令、佐分地计量,验地土肥瘠,定其色号,分为五等,以地之等,均定税数。又有免行钱者,约京师百物诸行利入厚薄,皆令纳钱,与免行户祇应。"

王安石变法的内容在今天看来,都是以向民索取钱帛而为国兴利的,也未必对民或者对社会安定有太多的意义。

王安石变法的初衷是变法图强。王安石曾说:"天变不足畏,祖宗不足法,人言不足恤。"① 王安石的变法虽然有许多不尽如人意之处,但其用心是良苦的。这是在宋王朝积贫积弱的形势下所用的一剂猛药。

笔者认为,关于王安石变法,我们可以这样分析:青苗法、以政府向民间借贷,而强制收取高利贷;市易法,以强制劳役而收取钱财等,方田法、免役钱也是向民收取重税和钱财的条款。这些确有扰民之处,但其不分贵贱贫富,而且按家资多寡来收取"重税和钱财的做法"确实触犯了大贵族的利益。

王安石在儒学研究方面也是非常有建树的。他曾"训释《诗》、《书》、《周礼》,既成,颁之学官,天下号曰'新义'。晚居金陵,又作《字说》"。王安石"少好读书,一过目终身不忘。其属文动笔如飞,初若不经意,既成,见者皆服其精妙"②。王安石在鄞县为知县时,曾起堤堰,决陂塘,为水陆之利;"贷谷于民,出息以偿,俾新陈相易,邑人便之"。

由以上记述可知,王安石是一个以儒家思想为主导,在政治上有主见、有头脑、有治理经验的政治家和经济学家。他廉洁自好,"自奉至俭"。他为了实现其变法图强的目的,可谓呕心沥血,赤胆忠心。虽然变法中出现这样或那样的问题,但其变法的初衷是好的,是为了北宋王朝的图强而进行的。

熙宁变法的又一重要人物是章惇。章惇,字子厚(1035～1105年),建州浦州城(今福建建宁)人,是北宋杰出的政治家。《宋史》把章惇列入《奸臣传》,是非常不公平的。章惇是一个非常正直、一心为国家和朝廷的忠正官员。

熙宁年间王安石进行变法,有人向王安石推荐章惇。王安石经过谈话,深感"惇才极高"、"恨得之晚"③,任命他为编修三司条例、中书检正等官职,后又任命其为三司使。三司是总管国家财政的机构,三司使被称为计相。元丰年间,又被任为知政事(副宰相)、门下侍郎(执政)。章惇成为北宋王朝的重臣。

---

① 1977. 宋史·王安石列传. 北京:中华书局
② 1977. 宋史·王安石列传. 北京:中华书局
③ (宋)李焘.1990 续资治通鉴长编(卷222). 北京:中华书局

元丰八年（1055年），宋神宗死去。哲宗赵煦即位，尚在幼冲。宣仁高太后垂帘听政，起用司马光为相。元祐时期，章惇与司马光舌战太后帘前，是捍卫王安石新法的代表人物。元祐六年（1093年），宣仁太后死，哲宗亲政，章惇被召为宰相。

章惇执政以后，首先恢复王安石的成法，但章惇接受熙宁年间的经验教训，有所改进，对民的剥削也有所减轻。绍圣年间散的青苗钱，"岁收一分之息，给散本钱不限多寡，各从人愿，仍勿推赏。其出息至富，则可以抑兼并之家；赏既不行，则可以绝邀功之吏"①。而熙宁、元丰年间所散的青苗钱，收息2分，且抑配现象严重。关于免役法，"所敷宽剩钱，不得过一分。昔常过数，今应减下者，先自下五等户始"。熙宁、元丰年间收的免役宽剩钱为2分。章惇还废除了元祐年间典卖田宅，必须遍问四邻，否则不准买卖的敕令。

章惇为相7年，"通有无，利商贾，抑兼并"②。他取长补短，使人民生活安定，相对元祐年间，户口增加100多万户，人口增加二百多万。

元符三年（1100年）正月，年轻的宋哲宗死去，无子。向太后（宋神宗皇后）想把端王赵佶扶上宝座。章惇不顾杀身之祸，坚决反对。他直言不讳地说："端王轻佻，何以君天下？"③事实证明，章惇是正确的。轻佻的赵佶即位，是为宋徽宗。他倡"丰亨豫大"之说，修建艮岳，终日沉醉在酒色之中，政事全废，奸佞当道，贿赂公行，终于导致了靖康之祸，导致了北宋王朝的灭亡。宋徽宗赵佶是导致北宋王朝灭亡的首恶。

宋徽宗上台后，把章惇先后贬到越州、潭州、雷州、湖州等地，最后章惇死在贬所。

章惇为官清正，严于责己。他为相7年，两袖清风，在任时"不肯以官爵私所亲，四子连登科，独季子援尝为校书郎，余……讫无显者"④。章惇死时，买不起棺椁，停尸数日，被老鼠食去一指。章惇是北宋时期杰出的政治家，他的努力是为了巩固北宋王朝的统治。由于北宋王朝政敌之间斗争的尖锐复杂，章惇被列入《宋史·奸臣传》，但是纵观章惇一生所为，他仍是一个以儒家学说为行为指导的一代名臣。

熙宁变法的反对派以司马光、吕公著为首。司马光，字君实，陕州夏县（今山西运城）人。司马光与王安石有很好的私交，但在政见上存在根本的

---

① （宋）马端临.1990.文献通考·市籴（卷21）.北京：中华书局
② 1977.宋史·食货六.北京：中华书局
③ （宋）李焘.1990.资治通鉴长编（卷493）（绍圣四年十一月）.北京：中华书局
④ 1977.宋史·章惇传.北京：中华书局

分歧。司马光是王安石推行熙宁新法的坚决反对者。

熙宁年间,王安石进行变法时期,司马光居住洛阳,"绝口不论事"。宋神宗死后,哲宗幼冲,宣仁太后垂帘听政,司马光被任为门下侍郎,即宰相。司马光为相,提出宣仁太后(英宗皇后,宋神宗之母)改变熙宁新法是"以母改子","遂罢保甲团教,不复置保马;废市易法,所储物皆鬻之,不取息,除民所欠钱;京东铁钱及茶盐之法,皆复其旧"。时青苗、免役、将官之法犹在,而西戎之议未决。光叹曰:"四患未除,吾死不瞑目矣。"折简与吕公著云:"光以身付医,以家事付愚子。惟国事未有所托,今以属公,乃论免役五害,乞直降敕罢之。"① 司马光认为,王安石、吕惠卿所建立的新法,为天下之害,今改之,当如"救焚拯溺"。他罢青苗法,恢复常平籴粜法等。司马光"躬亲庶务,不舍昼夜"。

司马光在元祐年间,罢去王安石所建的熙宁新法;也可以说,司马光对王安石的新法恨之入骨。以司马光为首,吕公著、苏轼、文彦博、韩琦等人皆是熙宁新法的反对者。这些人是王安石等变法派的政敌。但应当看到,司马光等人也绝非奸佞之辈,这些人都是很正直的朝廷大臣。司马光曾多次纠正朝廷不合礼仪等级的现象。他正直无私,有一次,宋仁宗曾对官吏赏赐百余万。司马光则率同列官员上章辞赏。仁宗不许。司马光"乃以所得珠为谏院公使钱,金以遗舅氏,义不藏于家"②,表现了司马光的无私与正派。

司马光著《通志》,集历代朝政得失、经验教训,以进谏皇帝。宋神宗亲为之取名《资治通鉴》,并且又为之作《序》曰:(其书)"其所载明君良臣,切摩治道,议论之精语,德刑之善制,天人相与之际,休咎庶证之原,威福盛衰之本,规模利害之效,良将之方略,循吏之条教,断之以邪正,要之于治忽,辞令渊厚之体,箴谏深切之义,良谓备焉。凡十六代,勒成二百九十四卷,列于户牖之间而尽古今之统,博而得其要,简而周于事,是亦典刑之总会,册牍之渊林矣。"

该《序》又曰:"若夫汉之文、宣,唐之太宗,孔子所谓'吾无间焉'者。自余治世盛王,有惭怛之爱,有忠利之教,或知人善任,恭俭勤畏,亦各得圣贤之一体,孟轲所谓'吾于《武成》取二三策而已';至于荒坠颠危,可见前车之失,乱贼奸宄,厥有履霜之渐。《诗》云:'商鉴不远,在夏后之世。'故赐其书名曰《资治通鉴》,以著朕之志焉耳。"

司马光的《资治通鉴》是我国古代一部史学和政论合一的名著。其书350万字,记载了上自周威烈王二十三年(前403年),下至959年北宋统一

---

① 1977. 宋史·司马光列传. 北京:中华书局
② 1977. 宋史·司马光列传. 北京:中华书局

前共 1300 多年的历史。该书所述的教训、资政之要害,得失之议论,评价之标准,全部是以儒家思想观点而论定的。这部书是司马光向皇帝提供的治理国家的经验教训,像镜子一样为宋朝皇帝提供了治国之方略。故宋神宗赐名《资治通鉴》。司马光是一个典型的儒家学说为指导的政治家和史学家。

宣仁太后垂帘听政,对司马光言听计从。司马光"欲以身徇社稷,躬亲庶务,不舍昼夜。宾客见其体羸,举诸葛亮食少事烦以为戒。光曰:'死生,命也。'为之益力。病革,不复自觉,谆谆如梦中语,然皆朝廷天下事也"①。就在这一年,司马光死去。司光马为宋王朝的江山社稷可谓鞠躬尽瘁,死而后已。

宋神宗、宋哲宗两朝的党争,主要是以王安石、章惇为首的变法派和以司马光为首的保守派而形成的党争。但这两派人士皆以北宋王朝的国家大事为己任,皆是为北宋王朝的平安、为巩固宋王朝的统治而呕心沥血的朝廷重臣。他们皆在儒家学说和思想指导下进行自己的政治活动,故他们都在不同程度上得到了皇帝的支持。以儒家学说为指导是北宋党争的重要特点。庆历和熙宁时期的党争,集中地反映了这些特点。这种现象标志着儒家学说已完全与封建王朝统治相结合了。

官吏是官僚机构的基础。北宋时期,朝廷以科举取士,所得官吏皆为饱学儒家经典之士。北宋官吏相对两汉时期有明显的特点。两汉时期,国家以举孝廉和贤良文学为入仕途径,故一些儒生讲求孝悌忠信和名节,不求显达,甚至有些知识分子还愿归隐山林,不与统治者合作。而在宋代,封建社会逐渐成熟,儒家学说更加完善。一大批用儒家思想武装起来的知识分子走上政治舞台,表现才能,施展抱负。他们克己奉公,不谋私利,愿以恩泽被天下;他们唯恐朝廷有过,生民有怨,有强烈的忧国忧民意识。北宋庆历和熙宁时期的党争,尽管两派之间在政见上有矛盾,但都向皇帝提出了很好的建议,表现出对社会、对封建国家的"忧患意识"和"参与意识"。范仲淹的"先天下之忧而忧,后天下之乐而乐"就集中地表现了北宋知识分子忧国忧民的情怀。鲁迅先生说:"我们自古以来,就有埋头苦干的人,有拼命硬干的人,有为民请命的人,有舍身求法的人……虽是等于为帝王将相作家谱的所谓'正史',也往往掩不住他们的光耀,这就是中国的脊梁。"② 儒家文化滋养了北宋时期知识分子的性格和心态,成为宋代文化的基本精神。这些都表现出了儒学对宋代政治的强大影响。

---

① 1977. 宋史·司马光传. 北京:中华书局
② 鲁迅. 1982. 且介亭杂文·中国人失掉自信力了吗. 北京:人民文学出版社

第二节 宋代理学的产生

一、宋代理学产生的背景

北宋赵匡胤发动"陈桥兵变",结束了五代时期长期的混乱局面。宋太祖赵匡胤为了巩固自己的统治,以儒学维护封建的等级秩序。这就为儒学在宋代的发展提供了契机。

宋代理学在儒学发展史上具有重要的地位。春秋时期,孔子创立了儒学。孔子重人事而轻鬼神,儒学是人的学说而不是神的学说,是修身、齐家、治国、平天下的学说。儒家学说是为了封建王朝的正统统治服务的,是封建国家统治的理论基础。但是儒学虽以丰富完整的治国治政理论赢得了正统地位,然而这个时期的儒学确有其先天不足之处。作为一种学说,儒学缺乏完整的哲学思想体系,唐宋时期,随着佛、道宗教文化的传播和人们思想水平的提高,儒学的缺陷日益凸显出来。

其实先秦时期的儒学应该已经有自己的哲学思想体系,只是由于种种原因,或许是被秦火所焚没有流传下来。

1993年10月考古工作者在湖北荆门郭店村发现一批战国楚简。简文经过整理编定为16篇,除2篇为道家著作外,其余14篇多为过去未曾见过的儒家文献。其中《性自命出》、《语丛》等都提出了性命学说,提出了自己的哲学思想体系,表明了先秦儒家对世界、社会、人生的探索。

简文《性自命出》云:"性自命出,命自天降。道始于性,情生于性。始者近情,终者近义。知情者能出之,知义者能纳之。"简文中所描述的这样一个派生规律是天生命、命生性、性生情、情生道。简文《语丛二》云:"爱生于性,亲生于爱,忠生于亲。"

郭店简文认为,性是天生的,而"命"则是主宰人们一切活动的天命和道。简文《穷达以时》云:"有天有人,天人有分。察天人之分,而知所行矣。有其人,无其世,虽贤弗行矣。苟有其世,何难之有哉?"又云:"遇不遇,天也。"这个"天",就是"天命",是先于万物存在的,有天才有人。做任何事情,天人有分,不可混淆。只有懂得了天人之分,才"知所行矣"。有人,还要有"世"。"世"是一种社会环境。如果没有社会环境条件,即使贤能之士也无用武之地。

《礼记·中庸》、《孟子》等也有一些关于性、命的研究,与郭店简文的语意相近似,说明先秦儒家已经有了自己的哲学思想体系。然而先秦儒家的哲学思想体系并没有流传于后世,也可能像《郭店楚简》那样被埋在地下,直至宋代理学家提出性理学说以后,才重新构建了儒家完整的哲学思想体系。如北宋程颢说:"吾学虽有所授受,'天理'二字都是自家体贴出来的。"① 性理说似在北宋时期才被提出,那就说明,先秦儒家构建的哲学思想体系已中绝一千多年。

先秦儒学已经建立了自己完整成熟的政治思想体系,并且有了哲学思想体系,这在1993年出土的郭店楚简中已得到证明。秦始皇扫灭六国,统一天下,建立了专制皇权的大帝国。秦王朝建立后,丞相李斯建议:"臣请史官非秦纪则烧之。非博士官所职,天下敢有藏《诗》、《书》、百家语者,悉诣宋尉杂烧之。有敢偶语《诗》、《书》者弃市,以古非今者族。吏见知不举者与同罪。令下三十日不烧,黥为城旦。所不去者,医药卜筮种树之书。"② 就这样,一把秦火烧尽了天下除秦纪、医药、种树之外的书籍,儒家文献更在打击焚毁之列。我们今天所见到的儒家文献是劫后余生。

西汉初年破"挟书律",儒家地位重新确立。汉代虽对儒家文献有所收求,但难免会有大量的遗漏。就今天我们所看到的儒家文献,能够算得上哲学思想内容的,只有《中庸》、《孟子》,但也很难说那时就形成了完整的儒家哲学理论体系。

西汉武帝时期,曾"罢黜百家,独尊儒术"。但封建帝王只注重其治国的政治思想,如董仲舒又提出三纲五常、君权神授思想,并没有关心儒家的哲学思想体系是否完整。如东汉章帝召开的白虎观会议,所界定的儒学名词定义,基本上全是有关政治统治的术语。

魏晋隋唐时期,佛道盛行,与儒家学说经常发生思想方面的冲突和论争。在论争中,佛、道皆有完整的哲学理论体系。如道家自先秦时期就提出了"道"为天下万物之本的系统体系,佛家严密的逻辑推理和思辨都使其在论争中获得优势,而儒家虽有成熟的政治思想理论,但其哲学思想显得苍白与无力,因此在论争中往往处于劣势。在这种形势下,具有完整的政治和哲学思想体系的宋代理学产生了。

二、宋代理学的开山人物周敦颐及其《太极图说》

《宋元学案·濂溪学案》记载黄百家说:"孔孟而后,汉儒止有经传之学,性道微言之绝久矣。元公崛起,二程嗣之,又复横渠诸大儒辈出,圣学

---

① 1986. 四库全书·二程外书(卷12). 台湾商务印书馆景印本文渊阁
② 1982. 史记·秦始皇本纪. 北京:中华书局

大昌。故安定、徂徕卓乎有儒者之矩范，然仅可谓有开之必先，若论阐发心性义理之精微，端数元公之破暗也。"这里所说的元公是周敦颐，安定是胡瑗，徂徕是石介。这些议论都非常准确地评价了中国儒学自宋代周敦颐才开始为义理心性学说奠基。

周敦颐可以称为是宋代理学的开山人物，他的《太极图说》奠定了理学的基础。周敦颐，道州营道（今湖南道县）人，字茂叔，死后谥元，故又被称做元公。学者称其为濂溪先生。周敦颐生于真宗天禧元年（1017年），卒于神宗熙宁六年（1075年），享年56岁。周敦颐学问渊博，所撰《太极图说》详细地阐发了其哲学思想体系。

《太极图说》云："无极而太极。太极动而生阳，动极而静，静而生阴，静极复动。一动一静，互为其根，分阴分阳，两仪立焉。阳变阴合，而生水、火、木、金、土。五气顺布，四时行焉。五行一阴阳也，阴阳一太极也，太极本无极也。五行之生也，各一其性。无极之真，二五之精，妙合而凝。乾道成男，坤道成女，二气交感，化成万物。万物生生，而变化无穷焉。惟人也，得其秀而最灵。形既生矣，神发知矣，五性感动而善恶分，万事出矣。圣人定之以中正仁义，而主静，立人极焉。故圣人与天地合其德，日月合其明，四时合其序，鬼神合其吉凶。君子修之吉，小人悖之凶。故曰：立天之道，曰阴与阳；立地之道，曰柔与刚；立人之道，曰仁与义。又曰：原始反终，故知死生之说。大哉，易也，斯其至矣。"

《太极图说》吸收融合了佛、道的哲学思想，如道家学派认为："道生一、一生二，二生三，三生万物。"① "有物混成，先天地生。寂兮寥兮，独立而不改，周行而不殆，可以为天下母。吾不知其名，字之曰道，强为之名曰'大'。"② 道家认为，天地万物皆是由"道"派生出来的。道是产生万物之源。道家向人们揭示了世界万物产生之源是"道"的哲学思想观点。而周敦颐的《太极图说》认为世界万物生于太极，而太极又生于无极，无极是天下万物之源。这与《道藏》中的《太极先天之图》的说法是一致的。周敦颐的《太极图说》受了道教的影响。

《太极图说》奠定了儒家学说的哲学思想体系的基础，认为宇宙的生成是由"无极而太极"，太极又生阳、生阴而化成万物的思想体系。这个"无极"与道家学说的"道"是同一个哲学概念，是一种精神的、理念的、先天的而又永恒存在的宇宙之本源。

周敦颐的《太极图说》与道家之"道"还有所不同。道家学说的

---

① 1983. 诸子集成·道德经（42章）. 北京：中华书局
② 1983. 诸子集成·道德经（25章）. 北京：中华书局

"道",可以说完全是哲学的含义。"有物混成,先天地生。"道是化生万物之源;而《太极图说》认为"无极"不仅是"水火木金土"等万物之源,还是"人道"之源。"形既生矣,神发知矣,五性感动而善恶分,万事出矣。圣人定之以中正仁义而主静,立人极焉。""君子修之吉,小人悖之凶。故曰:立天之道,曰阴与阳,立地之道,曰柔与刚;立人之道,曰仁与义。"《太极图说》的最终目的是解释人之道是仁与义。而这个仁与义,即人道、人极与天之道的阴、阳是同一个道理。这种仁与义,善与恶即世界万物之理、之源。周敦颐的《太极图说》为封建王朝的统治寻找哲理,为儒家学说的政治思想体系服务,从而构建了儒家的哲学思想体系。

三、二程理学思想体系的形成

理学的形成应该说是在二程时期。二程,即程颢、程颐兄弟。程颢(1032~1085年),字伯淳,曾祖居中山(今河北平山县),后迁居京师开封,后又迁居洛阳,世称其为"明道先生",亦称"大程"。程颐(1033~1107年),字正叔,程颢之弟,世人称其为"伊川先生",又称为"小程"。

二程的学问均受周敦颐的影响。二程的父亲程珦曾在南安为官,与周敦颐同事。程珦见周敦颐气貌非常,学问精深,乃令二子跟随周敦颐受业学习。

二程继承周敦颐之学,认为天下万物皆由一个"理"。这个"理"是不变的规律。任何人和物都受理的制约,程颢说:"天地万物之理,无独必有对,皆自然而然,非有安排也。""《诗》曰:'天生烝民,有物有则。民之秉彝,好是懿德。'故有物必有则,民之秉彝也。故好是懿德,万物皆有理。顺之则易,逆之则难,各循其理,何劳于己力哉?""服牛乘马,皆因其性而为之,胡不乘牛而服马乎?理之所不可。"① 这个理,就是万物之主宰,任何人也无法改变。"穷理、尽性、至命,只是一事。才穷理,便尽性,才尽性,便至命。"② 二程认为,理、性、命其实是一事。穷理就能尽知其性;知性就可以完全理解命。

二程认为,"天理"主宰天地万物,是形而上者。换言之,"天理"是精神的、理性的,是凌驾于有形之体(即物质)之上的。程颢说:"形而上者谓之道,形而下者谓之器。若如或者以'清、虚、一、大'为天道,则乃以器言,而非道也。"③ "清虚一大为天道"是指的"气"为天道。这是北宋

---

① 朱熹.光绪三十四年.二程遗书·师训.(清)谵雅书局
② 朱熹.光绪三十四年.二程遗书·刘元承手编.(清)谵雅书局
③ 朱熹.光绪三十四年.二程遗书·师训.(清)谵雅书局

哲学家张载的观点，以"清虚一大"的"气"为世界之本源。程颢在这里不同意张载的观点。程颢明确地反对张载的气本论观点，主张"理"本论，认为天下万物皆出自一个"理"。二程认为："天下物皆可以理照。有物必有则，一物须有一理。"① 天下的万事万物都在"理"的规范之下。《二程遗书·师训》云："《系辞》曰：'形而上者谓之道，形而下者谓之器。'又曰：'立天之道曰阴与阳，立地之道曰柔与刚，立人之道曰仁与义。'又曰：'一阴一阳之谓道。'阴阳亦形而下者也。而曰道者，惟此语截得上下最分明。元来只此是道，要在人默而识之也。"

二程认为，人性也在"理"的约束之下。性与理是同一范畴。《二程遗书》卷22云："性即理也。所谓理，性是也。天下之理，原其所自，未有不善。"人的性有二：天命之性和气禀之性。天命之性是"理"在人身的体现，符合道的皆为善性。而气禀之性则是后天形成的，就如流水一样。有的水刚流出不远，就变得污浊；而有的水流出后，却一直不受污染，属于清流。程颐说："性无不善。而有不善者，才也。性即是理，理，则自尧舜至于途人一也；才禀于气，气有清浊，禀其清者为贤，禀其浊者为愚。"② 二程的意思是，人性原本是善的，是符合理的，而后天的影响使人的"气禀之性"起了变化，如水流变得浑浊。"性出于天，才出于气。气清则才清，气浊则才浊。"③

在"性即是理"的基础上，二程提出人若欲保持自己善的符合于理的天性，必须很好地修养自己，不使自己像水流一样被污染。人们不要让物欲、杂念去扰乱自己的天性。如有的人为了能得到富贵、金钱、美色等，就不择手段，这实际上就是因"人欲"而灭了"天理"。程颐说："甚矣，欲之害人也。人之为不善，欲诱之也。诱之而弗知，则至于天理灭，而不知反。故目则欲色，耳则欲声，以至鼻则欲香，口则欲味，体则欲安，此皆有以使之也。然则何以窒其欲？曰：'思而已矣，学莫贵于思。唯思为能窒欲。曾子之三省，窒欲之道也。"④ 因此，二程主张，存天理，灭人欲。如二程的弟子谢良佐所说："天理与人欲相对。有一分人欲，即灭一分天理；有一分天理，即胜一分人欲。人欲才肆，天理灭矣。"⑤

二程学派提出存天理、灭人欲的主张，是把人们规范约束在"理"之

---

① 朱熹．光绪三十四年．二程遗书·刘元承手编．（清）谵雅书局
② 朱熹．光绪三十四年．二程遗书·刘元承手编．（清）谵雅书局
③ 朱熹．光绪三十四年．二程遗书·杨遵道録．（清）谵雅书局
④ 朱熹．光绪三十四年．二程遗书·畅潜道本．（清）谵雅书局
⑤ （宋）谢良佐．1986．四库全书·上蔡语録（卷1）台湾商务印书馆景印本文渊阁

中，而抑制自己不合"天理"的欲望。

既然要人们服从"理"的约束，那么就必须了解什么是"理"。二程又提出"格物"、"致知"的论点。"格物"，就是对事物进行分析、研究理解，然后达到"致知"。小程在《二程遗书》卷17云："今人欲致和，须要格物。"他要人们"随事观理，而天下之理得矣。天下之理得，然后可以至于圣人"。"致知在格物。非由外铄我也，我固有之也。因物而迁，迷而不悟，则天理灭矣。故圣人欲格之。"①

二程的"格物致知"、"存天理"、"灭人欲"的观点对宋以后的明清社会有非常大的影响。这种观点更适合封建帝王的统治，使封建社会后期的知识分子自觉把自己的行为纳入"理"的规范之下。

四、朱熹——宋代理学的集大成者

南宋朱熹（1130～1200年）是二程的四传弟子。他是孔孟以后在中国影响最大的思想家，在儒学史上有崇高的地位，可谓理学的集大成者。

朱熹，建阳龙溪（今福建省建阳）人，字符晦，一字仲晦。他出生在一个正直的官员家庭。父亲朱松因反对秦桧议和，被贬出朝廷，出知饶州，没有上任就死去了。绍兴十八年（1148年），朱熹考中进士，进入仕途，先后被任命为泉州、同安主簿、秘书郎等。朱熹在做秘书郎时，屡屡上疏皇帝，应立纲纪，厉风俗，罢斥小人奸佞，主张任用贤良正直，并坚决主张抗金。他说："金人与我有不共戴天之仇，则不可和也。"② 朱熹上疏，言辞尖锐猛烈，触犯了朝中的奸佞之徒，被贬到福建武夷山主管冲佑观。

朱熹一生历经南宋高宗、孝宗、光宗、宁宗四朝，自18岁考中进士到71岁去世的50多年中，他在朝廷供职仅40天，在泉州、同安、南康军、漳州、潭州做官9年。在其余的40多年中，朱熹因直言上谏多次遭贬。

朱熹一生以教学为主，主要在武夷书院、庐山白鹿洞书院、长沙岳麓书院讲学。朱熹一生官场失意，但著述学问却非常丰富。他对儒家经典无不涉及，后人及弟子将其上疏、论著、诗、文整理汇编为《朱文公文集》、《朱子语类》。《四书章句集注》、《四书或问》是其代表作。朱熹是孔孟之后最重要的儒学家，被称为两宋儒学的集大成者。由于朱熹长期在武夷山教学为生，故朱熹的学问又被称为"闽学"。朱熹对明清两代的社会政治有重要的影响。

朱熹继承发挥二程的"理本论"学说，并使之更为缜密完善，从而建构了完整的儒学政治体系和哲学体系，使儒学走向了成熟。

---

① 朱熹. 光绪三十四年. 二程遗书（卷25）.（清）谵雅书局
② 1977. 宋史·朱熹列传. 北京：中华书局

朱熹主张理本气末的观点，即理为气之本。在中国古代的哲学概念中，理为精神的，而气则是物质的。朱熹说："天地之间，有理有气。理也者，形而上之道也，生物之本也。气也者，形而下之器也，生物之具也。是以人物之生，必禀此理，然后有性；必禀此气，然后有形。"① 也就是说，万物生成皆有理有气，而理为物之本，而气为物之形。理是气的本质和灵魂。气是理所生。他在《太极图说解·集说》中说："太极生阴阳，理生气也。"

朱熹认为，理主宰着气，主宰着世界万物，是世界万物之源。他反复论证自己的理本论观点，他说："未有天地之先，毕竟也只是理。有此理，便有此天地。若无此理，便亦无天地。无人无物，都无该载了。有理，便有气流行，发育万物。"② "未有天地之先，毕竟也只是理。有理，便有这天地。有理，便有气流行，发育万物。"③ 朱熹认为，虽然理与气的关系是不可分的，是相互关联、相互循环的，如同动与静一样，但总是有一个在其先。"有是理，便有是气，但理是本。而今且从理上说气，如云太极动而生阳，动极而静，静而生阴。不成动已前便无静。程子曰：'动静无端。'盖此。亦是且自那动处说起，若论着动以前又有静，静以前又有动。如云一阴一阳之谓道，继之者善也。这继字便是动之端。若只一开一阖，而无继便是阖杀了。又问继是动静之间否。曰是静之终，动之始也。且如四时到得冬月，万物都归窠了；若不生，来年便都息了。盖是贞复生元无穷如此。"④

朱熹认为，事物皆由理、气组成，理为本，气为形。每一个事物皆是如此，那么万物皆存在一个理，万物皆有理，万理同出一源。他说："天下未有无理之气，亦未有无气之理。""问理与气？曰：伊川说得好，曰：'理一分殊，合天地万物而言，只是一个理。及在人，则又各自有一个理。"⑤

当然，朱熹所说的"理"是离不开政治的。他的"理本论"学说是为维护封建等级服务的。他认为，作为封建社会的最高准则"仁义"就是来源于理。朱熹说："有是理，后生是气，自一阴一阳之谓道，推来此性，自有仁义。"⑥ "未有这事，先有这理。如未有君臣，已先有君臣之理。未有父子，已先有父子之理。不或元无此理，直待有君臣父子却旋将道理入在里面。"⑦ 朱熹又说："万物皆有此理，理皆同出一原。但所居之位不同，则其

---

① （清）李光地. 御纂朱子全书·理气（一）.（清）渊鉴斋本
② （清）李光地. 御纂朱子全书·理气（一）.（清）渊鉴斋本
③ （明）吕柟.1986. 四库全书·朱子抄释（卷二）. 台湾商务印书馆景印本文渊阁
④ （清）李光地. 御纂朱子全书·理气（一）.（清）渊鉴斋本
⑤ （清）李光地. 御纂朱子全书·理气（一）.（清）渊鉴斋本
⑥ （清）李光地. 御纂朱子全书·理气（一）.（清）渊鉴斋本
⑦ 1986，朱子语类·程子之书. 北京：中华书局

理之用不一。如为君须仁，为臣须敬，为子须孝，为父须慈。物物各具此理，而物物各异其用然。"①

在人间，在君臣父子的关系方面，朱熹认为皆存在一个理制约着人们之间的关系。这个理，其实就是儒家所提倡的"三纲五常"。朱熹说："纲，网上大绳也。三纲者，君为臣纲，父为子纲，夫为妻纲也。由是三纲正焉。"② 又说："仁莫大于父子，义莫大于君臣，是谓三纲之要。五常之本，人伦天理之至，无所逃于天地之间。"③ 五常，就是仁义礼智信。朱熹认为，三纲五常就是天地之至理，他说："人之异于禽兽，是父子有亲，君臣有义，夫妇有别，长幼有序，朋友有信。"④

朱熹以哲学概念去解释儒家的政治思想体系，把哲学思想与政治思想体系巧妙地结合，为儒家的伦理道德注入了哲理，从而使儒家的政治思想有了哲学的基础，具有哲理性。

朱熹虽然主张"理本论"，认为理与气的关系是理在先，但他也看到了任何事物都是发展变化的，如事物的动和静、阴和阳都是相对的。他认为，宇宙是广大无穷的，其动静变化也是无穷的。他说："动静无端，阴阳无始。今以太极观之，虽曰动而生阳，毕竟未动之前须静，静之前又须是动。推而上之，何至而见其端与始。"⑤ 也就是说，动和静是无所谓谁是开端，阴和阳无所谓谁是开始。以太极所生万物来看，虽然说是动而生阳，静而生阴。但事物动之前，肯定先有静；而静之先又肯定是动。如果这样推，动和静又何以见得谁先谁后呢？因此，动、静的关系是"如环无端，互为其根"⑥。

朱熹认为阴、阳也是相互转化、相互依存的关系。他还说："阴阳只是两端，而阴中自分阴阳，阳中亦有阴阳。乾道成男，坤道成女。男虽属阳，而不可谓其无阴。女虽属阴，亦不可谓其无阳。人身气属阳，而气有阴阳。血属阴，而血有阴阳。"⑦ 他认为，任何事物都包含阴阳两个方面，而阴、阳又相互作用，相互消长，相互转化。他说："阳中有阴，阴中有阳。便是阳往交易阴，阴来交易阳。两边各各相对，其实非此往彼来，只是其象如此。"⑧ 朱熹认为，当阴、阳发展到一定程度，就会发生变化。"阳变阴，阴

---

① 1986，朱子语类·大学（五）．北京：中华书局
② （明）曹端．1986．四库全书·通书述解·诚（上）台湾商务印书馆景印本文渊阁
③ 朱熹．1986．四库全书·晦庵集奏札·癸未垂拱奏札．台湾商务印书馆景印本文渊阁
④ 1986．朱子语类·孟子·离娄下．北京：中华书局
⑤ 1986．朱子语类·周子之书·太极图．北京：中华书局
⑥ 1986．朱子语类·周子之书·太极图．北京：中华书局
⑦ 1986．四库全书·朱子语类·周子之书·太极图．台湾商务印书馆景印本文渊阁
⑧ 1986．四库全书·朱子语类·易（一）·阴阳．台湾商务印书馆景印本文渊阁

变阳"。① "阴阳虽是两个字，然却是一气之消息，一进一退，一消一长。进处便是阳，退处便是阴；长处便是阳，消处便是阴。只是这一气之消长，做出古今天地间无限事来。所以阴阳做一个说，亦得做两个说亦得。"② "阴中有阳，阳中有阴。阳极生阴，阴极生阳。所以神化无穷。"③

朱熹的阴阳观、动静观都具有丰富的辩证思想，表现了朱熹对世界万物的清晰认知和思辨能力。但朱熹又认为，事可变而理不可变。他说："三纲五常，终变不得，君臣依旧是君臣，父子依旧是父子。"④ 朱熹在他的《论语集注》中说："三纲五常，礼之大体，三代相因，皆因之而不能变。"⑤ 朱熹认为，三纲五常是人世间的"理"，而理是不可以变的；而事物的形成是事物的"气"，而气是可以变的。

朱熹对世界的认识，在客观事物方面是辩证的，合乎客观规律的；但在对社会人事、政治方面的认识方面却是不变的。这可以从两方面解释，在当时的社会中，或许他不敢乱说；再就是他的理论是为封建社会服务的。我们分析他的思想，"为封建社会服务"更符合他的思想实质。

朱熹继承了二程的"性即理"的论点。他说："性即理也，在心唤作性，在事唤做理。"⑥ 他认为，人之性有天地之性和气质之性。天地之性是人之先天的性，是善的；而气质之性，则各有清浊；而"物欲"是使气质之性变浊的重要原因。这种气质之性由心统之。心又分为"道心"和"人心"。"人心者，人欲也；危者，危殆也。道心者，天理也；微者，精微也。物物上有个天理人欲。"⑦ 人应有道心，而去人心（即人欲），但有些人欲又是无法去掉的。他说："虽圣人不能无人心，如饥食渴饮之类；虽小人不能无道心，如恻隐之心是。""故圣人不以人心为主，而以道心为主。盖人心倚靠不得。人心如船，道心如柁。任船之所在无所向，若执定柁，则去住在我。"⑧ 朱熹以"道心"、"人心"来解释人性，并认为圣人只有以"道心"来统帅"人心"，才能成为圣人。

朱熹认为，儒家所说"礼"是符合天理的，不合礼的是自己的私欲。天

---

① 1986. 四库全书·朱子语类·易（一）·阴阳. 台湾商务印书馆景印本文渊阁
② 1986. 四库全书·朱子语类·易（十）·上系. 台湾商务印书馆景印本文渊阁
③ 1986. 朱子语类·张子书（一）. 北京：中华书局
④ 1986. 四库全书·朱子全书·论语（二）. 台湾商务印书馆景印本文渊阁
⑤ 1986. 四库全书·朱子集注·论语集注（卷1）. 台湾商务印书馆景印本文渊阁
⑥ 1986. 朱子语类·性理二. 北京：中华书局
⑦ 1986. 朱子语类·尚书一. 北京：中华书局
⑧ 1986. 朱子语类·尚书一. 北京：中华书局

理与私欲是对立的。他说："天理存则人欲亡，人欲胜则天理灭。"① 人们必须不断地修养自己，穷理、格物、致知，才能去掉自己的不合天理的欲望。"身有嗜欲，当以礼仪齐之，嗜欲与礼仪战，使礼仪胜其私欲，身得复归于理。"② 人在嗜欲出现时，必须用礼仪去战胜自己的私欲，使自己的行为复归于礼，归于理。"存天理、灭人欲"也是朱熹提出的重要命题。人们在克服自己的私欲后，要步步合于天理。

朱熹认为，人们必须了解什么是"理"，才能更好地遵从规律，以适应社会，以"存天理、灭人欲"。为此，他提出"穷理"，即深刻地研究理。"穷理"就是要"格物致知"。他认为，对每个事物都要自浅及深、自近及远、自表及里、自粗及精地去理解、研究、穷理，才能得到事物之"理"，从而达到心与理的统一。只有心与理达到一致，才能保持自己的清白之性。

朱熹的哲学理论系统完整地解释了儒家的政治学说，把二程的性理学说发挥到了极致。朱熹建构了完整的儒家学说的政治和哲学的思想体系，是宋代理学的集大成者。

朱熹一生教书为主，他以毕生的精力遍注群经，特别是为《大学》、《中庸》、《论语》、《孟子》所作的注，称为《四书集注》。《大学》、《中庸》、《论语》、《孟子》被称为"四书"。朱熹为"四书"作《序》，以明其为"四书"作"注"的初衷。

《大学章句序》云："大学之书，古之大学所以教人之法也。"自王子公卿，"与凡民之俊秀，皆入大学而教之以穷理、正心、修己、治人之道。此又学校之教，大小之节，所以分也。夫以学校之设，其广如此；教之之术，其次第节目之详又如此。而其所以为教，则又皆本之人君躬行心得之余，不待求之民生日用彝伦之外，是以当世之人无不学其学焉者，无不有以知其性分之所固有，职分之所当为而各俛焉，以尽其力。此古昔盛时所以治隆于上，俗美于下，而非后世之所能及也"。

朱熹为"四书"作注（即《章句》）的目的是把"四书"作为教材，以教授自王子公卿与民之俊秀者，使他们能学习"穷理、正心、修己、治人之道"，"知其性分之所固有，职分之所当为"；从而达到"治隆于上，俗美于下"的理想。

明清时代，"四书"上升到五经之先的地位。在此之前，历朝皆以《诗》、《书》、《礼》、《易》、《春秋》作为太学读本。《论语》只为幼学之书，《孟子》更不在经典之列。朱熹为"四书"作注后，《四书集注》结集

---

① （清）李光地. 御篆朱子全书·学三. 渊鉴斋本
② （宋）朱熹. 1986. 四库全书·四书或问·论语. 台湾商务印书馆景印本文渊阁

成书。朱熹说："若读得此四书，何书不可读，何理不可究，何事不可处。"① 明清时期，"四书"处于"五经"之先，科举考试或乡校贡举皆以"四书"为重。

朱熹是理学的集大成者，他为儒家学说的政治伦理道德观念及等级制度提供了缜密的哲理论据，建构了儒家学说完整的哲学思想体系，把儒家的政治理论与哲学体系有机地结合起来。朱熹是自孔孟以后影响最大、最重要的儒学家。

朱熹以毕生精力整理注释儒家经典，对儒学史和古代文化的发展作出了重要的贡献。他汇纳诸儒百家，吸收佛、老的哲理方法，并使其融入儒学，使儒家思想发展成为完全成熟的理论形式。但程朱理学在宋代还未受到普遍的重视。明清以后，理学受到统治者的青睐和尊崇，达到了至尊的地位。清朝康熙皇帝说，朱熹"集大成而绍千百年绝传之学……启愚蒙而定亿万世一定之规"，把朱熹的地位提高到与孔孟相等。

---

① （清）李光地．御纂朱子全书·论孟集义序．渊鉴斋本

第九章

理学与明朝的政治

明王朝建立后,明太祖朱元璋大力提倡儒学,表现出对程朱理学的特别尊崇。朱熹注释的儒家经典成为明朝科举考试的指定科目。经过明太祖、明成祖两代皇帝的大力推荐,程朱理学被推到了至尊的地位。在程朱理学的指导下,明王朝建立了高度的专制主义的统治制度。

在程朱理学的哺育下,中国知识分子把忠、孝当成奋斗追求的目标,而不管这个皇帝是否昏庸,值不值得为他去献身。明朝出现了极不平衡的现象,那就是皇帝的极端荒淫和大臣的极端忠诚,这当是中国知识分子的悲哀。

明末清初,程朱理学与王阳明的心学受到质疑,我国出现了经世致用的实学,早期民主主义思想开始萌芽。

第一节 理学与明朝专制主义政权的建立

一、明初对理学的推崇与极权政治的形成

明太祖朱元璋,游方僧人出身。从刀光剑影的戎马疆场到威严至尊的朝廷庙堂,在尖锐复杂的斗争中,朱元璋深深懂得知识对他统治的意义。如他自己所说,"起自寒微,无古人之博知",所以身在行伍之间,却手不缀书。在疆场的拼杀中,朱元璋不贪图享乐,勤奋自励,率身节俭。《明史·太祖本纪》曰:"尚严峻而能礼致耆儒,考礼定乐,昭揭经义,尊崇正学,加恩胜国,澄清吏治,修人纪,崇风教。"朱元璋对儒学是非常尊崇的。《清史稿·世祖本纪二》记载了清朝顺治皇帝对朱元璋的一段评价:"上(指顺治皇帝)问汉高祖、文帝、光武及唐太宗、宋太祖、明太祖孰优。陈名夏对曰:'唐太宗似过之。'上曰:'不然,明太祖立法可垂永久,历代之君皆不及也。'"清世宗顺治皇帝认为,明太祖所立法,历代都是比不上的。顺治皇帝所说的"历代之君"皆不能及的"明太祖立法",当是明太祖以儒学加强

其统治的政策和理论。

1363年，朱元璋已经拥兵数十万，自封为吴国公，扫灭群雄、统一天下之势已成。朱元璋在打天下的过程中，非常有政治远见。他注意把有头脑、有谋略的知识分子吸收到起义军中。如李善长、刘基、宋濂等。这批知识分子的加入，以儒家学说去指导起义的活动和决策，大大提高了朱元璋义军的档次。如至正二十一年（1361年），朱元璋已经攻占了江南大部分土地，方国珍（元末一支义军的首领）派人来降。方国珍"饰金玉马鞍以献，却之曰：'今有事四方，所需者人材，所用者粟帛，宝玩非所好也。'"① 朱元璋表现出了非同寻常的政治头脑。又朱元璋在江西鄱阳湖打败陈友谅。陈友谅中箭而死，其子陈理逃到武昌，自立为帝，朱元璋大军紧逼到武昌。陈理军队兵败如山倒，顷刻瓦解。朱元璋进驻武昌，在陈理的"皇宫"中，有一张镶着黄金宝石、刻着精美花纹的镂金床，绚丽夺目，豪华气派。部下把床献给朱元璋。"太祖观之，谓侍臣曰：'此与孟昶（五代后蜀主）七宝溺器何异耶？一床工巧若此，其余可知穷奢极侈，安得不亡？'命毁之。"②

《明史·太祖本纪》记载，明太祖在攻下太平（今安徽省当涂县一带）时下令："揭榜禁剽掠，有卒违令，斩以徇，军中肃然"。"十九年春正月乙巳，太祖谋取浙东，未下诸路，戒诸将曰：'克城以武，戡乱以仁。吾比入集庆，秋毫无犯，故一举而定。每闻诸将得一城不妄杀，辄喜不自胜。夫师行如火，不戢将燎原。为将能以不杀为武，岂惟国家之利，子孙实受其福。庚申，胡大海克诸暨，是月，命宁越知府，王宗显立郡学"。至正二十年（1361年）6月，朱元璋"置儒学提举司，以宋濂为提举，遣子标受经学"。

1368年，明王朝建立，朱元璋登上至尊之位，是为明太祖。朱元璋对孔子推崇备至，其目的自然是为了巩固他自己的统治。洪武元年（1368年），朱元璋以太牢祀孔子于国学，并说："仲尼之道，与天地并。有天下者莫不虔修祀事。朕为天下主，期大明教化以行先王之道。今既奠成均，乃遣尔修祀事于阙里，尔其敬之。"③

朱元璋非常明白，他作为一个"有天下者"的"天下主"，必虔修祀事，以祭奠仲尼。洪武十五年（1382年），朱元璋"命与儒臣定释奠礼，颁行天下。学校每岁春秋仲月通祀孔子如仪。时国子学新成，帝将行释菜。侍臣有言：'孔子虽圣人，臣也。礼宜一奠再拜。'帝曰：'昔周太祖如孔子庙，左右谓不宜拜。'周太祖曰：孔子百世帝王师，何敢不拜？今朕有天下，

---

① 1984. 明史·太祖本纪. 北京：中华书局
② 谷应泰. 1977. 明史纪事本末·太祖平汉. 北京：中华书局
③ 1986. 四库全书大学衍义·自序. 台湾商务印书馆景印本文渊阁

敬礼百神，于先师礼宜加崇.'乃命仲质详议。仲质请帝服皮弁、执圭，诣先师位前再拜，献爵又再拜，退易服，乃诣彝伦堂，命讲庶典礼隆重。诏曰：'可！'又立学规十二条，合钦定九条，颁赐师生"。①

在这里，明太祖非常明白他自己是"朕"，是"有天下者"，是帝王。而孔子是"万世帝王师"。释菜礼，是一种祭祀先师的礼。释，奠也。古代士见师以菜为挚，故始入学者，以释菜礼先师。他尊礼孔子，就是维护自己的尊贵。他是为了自己拥有的"天下"而去尊孔子的。他尊孔子的目的是因为孔子的学说是维护大明朝统治的理论。

《明史·儒林一》云："明太祖起布衣，定天下，当干戈抢攘之时，所至征召耆儒，讲论道德，修治明术，兴起教化，焕乎成一代之宏规。虽天挺英姿，而诸儒之功不为无助也。制科取士，一以经义为先，纲罗硕学。嗣世承平，文教特盛。大臣以文学登用者，林立朝右。"明太祖朱元璋无论是戎马疆场、攻取天下之时，还是在登上皇帝的至尊之位后，无不以孔子之道去指导其国政。

明俞汝楫编《礼部志稿》卷一《圣训》记载明太祖朱元璋说："道之不明，由教之不行也。夫以"五经"载圣人之道也，譬之菽粟布帛，家不可无。人非菽粟布帛，则无以为食；非"五经"、"四书"则无由知道理。"朱元璋把儒学看的如此重要，他认为，每个人都必须熟读"四书"、"五经"，才能"知道理"。所谓"知道理"，就是敬长上，忠君王。如他亲自所写的《教民六谕》（亦称《圣谕六言》）云："孝敬父母，恭敬长上，和睦乡里，教训子孙，各安生理，毋作非为。"②明太祖尊崇儒学，把习儒比做吃饭穿衣一样重要。

明朝初年，统治者不仅把儒学视为国之正统，而且把程朱理学放了独尊之位。朱元璋所起用的"耆儒"，皆朱熹之学的传人。《明史·儒林一》云："原夫明初诸儒，皆朱子门人之支流余裔，矩矱秩然。曹端、胡居仁笃践履，谨绳墨，守儒先之正传，无敢改错。"

明人陈鼎《东林列传》卷二《邵宝传》云："我太祖高皇帝即位之初，首立太学，命许存仁为祭酒，一宗朱氏之学；令学者非"五经"、孔孟之书不读，非濂、洛、关、闽之学不讲。成祖文皇帝益张而大之，命儒臣辑《五经四书大全》及《性理全书》颁布天下。"

理学在明朝被推崇到极至。明成祖朱棣曾下诏令修《五经大全》、《四书大全》、《性理大全》三部书。"五经"指的是《诗》、《书》、《礼》、

---

① 1984. 明史·崔亮列传. 北京：中华书局
② 1986. 四库全书·太祖实录. 台湾商务印书馆景印本文渊阁

《易》、《春秋》。"四书"是《大学》、《中庸》、《论语》、《孟子》。《性理大全》是指全面论述性理关系的书。如程子说:"理也,性也,命也,三者未尝有异。"朱熹说:"性者,人所受之天理;天道者,天理自然之本体,其实一理也。"

《五经大全》、《四书大全》、《性理大全》三部书,皆是朱棣御制钦定的科举考试的教科书。其科举考试命题全部来自"五经"、"四书",以八股文定为考试的文体,体现了儒学特别是理学的崇高地位。对于儒家经典,明王朝尽弃汉儒以来的注疏而不用,完全用宋儒,特别是程朱的注疏,然后将此书刊刻行世。朱棣亲自为这两本书写了《御制序》。序曰:"朕缵承皇考太祖高皇帝鸿基,即位以来,孳孳图治,恒虑任君师治教之重,惟恐弗逮。窃思帝王之治,一本于道。所谓道者,人伦日用之理,初非有待于外也。厥初圣人未生,道在天地;圣人既生,道在圣人;圣人已往,道在六经。六经者,圣人为治之迹也。六经之道明,则天地圣人之心可见,而至治之功可成。六经之道不明,则人之心术不正,而邪说暴行,侵寻蠹害;欲求善治,乌可得乎?朕为此惧,乃者命儒臣编修"五经"、"四书",集诸家传注而为大全。凡有发明经义者取之,悖于经旨者去之。……由是穷理以明道,立诚以达本。修之于身,行之于家,用之于国,而达之天下。使国不异政,家不殊俗,大回淳古之风,以绍先王之统,以成熙皞之治,将必有赖于斯焉。"①在这里,朱棣的意思非常明白,他让天下百姓穷理以明道,是为了防止人们"心术不正",以"邪说暴行"去威胁他们的统治。他让人们用"六经之道"去规范自己的行为,以达到禁锢人们思想的目的。

为了达到端正人心的目的,明朝统治者把朱熹的《四书集注》、《五经》作为科举考试的内容。《明史·选举二》载:"科举定式,初场试四,书义三道,经义四道。"四书"用朱子集注;《易》用程传、朱子本义;《书》主蔡氏传及古注疏;《诗》主朱子集传;《春秋》主左氏、公羊、谷梁三传及胡安国、张洽传;《礼论》主古注。永乐年间,颁《四书五经大全》,尽废古注疏不用。其后《春秋》亦不用张洽传,《礼记》止用陈澔集说。"

明初统治者为了对人民和官员实行精神统治,把程朱理学推到了至尊的地位。"四书"、"五经"是官定读本,是科举的准绳,朱熹的《四书集注》是标准答案。文章的写作格式规定为启、转、承、合的八股文。

自"四书"、"五经"定为科举考试科目,又以宋代程朱的解释为准,理学成为了知识分子研读的课本。朱彝尊《道传录序》云:"成祖既修"五

---

① 朱彝尊. 1986. 四库全书. 皇朝文献通考·经义考·四书. 台湾商务印书馆景印本文渊阁

经"、"四书"之后，遂悉去汉儒之说，而专以程朱为的。""世之治举业者，以"四书"为急务，视"五经"为可缓。以言《诗》，非朱子之传义弗敢道也。以言《礼》，非朱子之《家礼》弗敢习也。言不合朱子，率鸣鼓而攻之。"明朝形成了"家孔孟而户程朱"的局面。

"存天理、灭人欲"，成为明王朝禁锢人们思想最有效的武器，从而把儒学发展到了穷途末路。读书人为猎取功名，埋头于古人经典之中。知识分子的思想完全被禁锢在孔孟之道和程朱理学之中。知识分子皓首穷经，去服膺儒学的正统思想——程朱理学。

明太祖、明成祖两朝皇帝对儒学无比推崇。朱元璋说，孔子"德侔天地，道合四时，删述之功，万世永赖"。① 明成祖说："孔子，亲王之师。帝王为生民之主，孔子立生民之道。三纲五常之理，治天下之大经大法，皆孔子明之，以救万世。"

朱元璋是一个非常专制的君主，他虽然明白儒学对其统治的意义，但他在建立明朝之初，还不能接受天下通祀孔子的现象。洪武二年（1368年），朱元璋下诏："孔庙春秋释奠，止行于曲阜，天下不必通祀。"刑部尚书钱唐上疏："孔子垂教万世，天下共尊其教，故天下通祀孔子，报本之礼不可废。"② 朱元璋最初不听，后又考虑到孔子的影响与作用，接受了"天下通祀孔子"的建议。

朱元璋尤其不能容忍的是儒家学说中的民主主义思想。孟子曾提出"民为重，社稷次之，君为轻"的论点。孟子还说："君之视臣如手足，则臣之视君如腹心；君之视臣如犬马，则臣之视君如国人；君之视臣如土芥，则臣之视君如寇仇。"孟子还提出，国家君主如果暴虐，则臣可以将其"易位"推翻。朱元璋览《孟子》所言，大怒，下令把孟子赶出孔庙，不准配享，并且还说："使此老生今日，宁得免乎？"③ 也就是说如果孟子生于明朝，他能免于一死吗？朱元璋会杀掉他。

《明史·钱唐传》记载："帝（朱元璋）尝览《孟子》，至'草芥'、'寇仇'语，谓非臣子所宜言，议罢其配享，诏有谏者以大不敬论。唐抗疏入谏曰：'臣为孟轲死，死有余荣。'时廷臣无不为唐危。帝鉴其诚恳，不之罪。孟子配享亦旋复。"朱元璋又下谕旨："孟子辨异端，辟邪说，发明孔子之道，配享如故。"④

---

① 1986. 四库全书·明太祖文集·相鉴贤臣传序. 台湾商务印书馆景印本文渊阁
② 1984. 明史·钱唐传. 北京：中华书局
③ 全祖望. 1919. 鲒崎亭集·辨钱尚书争孟子事. 商务印书馆
④ 1984. 明史·礼四. 北京：中华书局

儒学与中国政治

朱元璋虽然恢复了孟子在孔庙的配享，但对孟子的言论还是耿耿于怀。洪武二十七年（1394年），朱元璋命翰林学士刘三吾对《孟子》书进行删节，"命儒臣修《孟子节文》"，① 删去"辞气之间抑扬太过者，八十五条"，从而成《孟子节文》一书；另外又下令："自今八十五条之内，课士不以命题，科举不以取士，一以圣贤中正之学为本。"②

明太祖认为儒学中的三纲五常之理，是其"治天下"、"救万世"的良丹妙药，他推崇孔子是为了自己的专制统治，而对于影响他专制帝王权力的一切言论，朱元璋坚决铲除，毫不手软。

朱元璋集历代统治之经验，以儒学治国，并加强以程朱理学为主的思想统治。明太祖时期不置宰相，废除了秦汉以来行之1000多年的宰相制度，罢中书省，分相权于吏、户、礼、兵、刑、工六部。六部尚书直接对皇帝负责，皇权从而大大加强，中央集权的专制统治得以空前巩固。

朱元璋尊孔、尊程朱、罢相，皆是站在其封建帝王的立场上，是为了巩固其统治而采取的行动。他的尊孔崇儒绝非好治儒学，而是因为儒学是巩固其专制统治的最有效的理论。

二、郡、县学与庙学的普遍兴起

国学是封建王朝在京城建立的学校，郡、县学是地方建立的学校。学校是非常重要的场所。因明代"科举必由学校"，科举是仕进的惟一途径，故明初非常重视学校的建置。明初因北方动乱，人很少知学，派遣国子生林伯云等366人分教各郡，后乃推及至县，择其壮岁能文者为教谕等官。朱元璋下谕给中书省的大臣说："学校之教，至元其弊极矣，上下之间，波颓风靡。学校虽设，名存实亡。兵变以来，人习战争，惟知干戈，莫识俎豆。朕惟治国以教化为先，教化以学校为本。京师虽有太学，而天下学校未兴，宜令郡县皆立学校，延师儒，授生徒，讲论圣道，使人日渐月化，以复先王之旧。于是大建学校，府设教授，州设学正，县设教谕各一。俱设训导，府四、州三、县二。生员之数，府学四十人，州县以次减十，师生月廪食米人六斗，有司给以鱼肉。学官月俸有差。生员专治一经，以礼乐射御书数设科分教，务求实才，顽不率者黜之。"③ 明王朝大建学校，府设教授，州设学正，县设教谕。明朝时期，郡县学得到普遍发展。

自西汉元帝，开始为孔子建庙。关于庙学，据说是始自东晋孝武帝太元

---

① 1984. 明史·钱唐传. 北京：中华书局
② 刘三吾. 1986. 四库全书·孟子节文题辞. 台湾商务印书馆景印本文渊阁
③ 1984. 明史·选举（一）. 北京：中华书局

十年（385年），但只是在国都太学中建孔子庙，左学右庙，以供学子祭祀、膜拜。《新唐书·礼乐志》记载，唐太宗贞观四年（630年），"诏州县学皆作孔子庙"。如《崇仁县孔子庙碑》碑文记载，唐开元年间（713~714年），"定孔子为先圣，庙而衮冕南面，每岁春秋祀焉，由是庙学之礼益备，凡有学者必有庙，亦其尊也"。① 这里说的是唐太宗下诏令，要全国的州县学中皆建孔子庙，然而根据记载还不是太普遍，因为北宋时期仍然在筹划建立庙学之事。

北宋景祐二年（1035年），时任苏州知府的范仲淹将州学（后来称为府学）和文庙结合在一起，开始了庙学合一的体制，被后世和其他地方效仿，因此有"天下之有学自吴郡始"②的说法。这个传说表明晋唐以来，虽有庙学，但尚未普遍。大约宋元以来，庙学进一步发展。如《元史·哈剌哈列传》云："京师久阙孔子庙，而国学寓他署，乃奏建庙学。"今北京孔庙就是始于14世纪的元朝建置的。

明朝郡县之学大兴。《明史·选举一》云："郡县之学，与太学相维，创立自唐始，宋置诸路州学官，元颇因之，其法皆未具。迄明，府、州、县、卫、所，皆建儒学。教官四千二百余员，弟子无算，教养之法备矣。"

洪武十五年（1382年），太祖"颁学规于国子监，又颁禁例十二条于天下；镌立卧碑，置明伦堂之左。其不遵者，以违制论。盖无地而不设之学，无人而不纳之教。庠声序音，重规叠矩，无间于下邑荒徼，山陬海涯。此明代学校之盛，唐宋以来所不及也"。

郡、县之学始于唐、宋，元因之，但却大盛于明代。明朝沿袭唐、宋以来的学、庙合一的体制。在国子监以各郡、县学中建立孔子庙，"左学右庙"，学中建庙，庙中有学，让学生在受教育的过程中，树立起尊孔的意识，接受儒学的熏陶和滋养，树立"修身、齐家、治国、平天下"的责任心和忠君思想。

自唐代开始有庙学，庙中塑孔子像，衮冕面南而坐。每年春秋都要祭祀孔子。孔子以下为"四配"，即以颜回、曾子、子思、孟子东坐西向配享；另有十哲。庙的两边绘72弟子像。这就是庙学的模制。"夫学校之设，三代至于今数千年矣。所以明人伦而善风俗，所以育人材而裨正教，其关系岂小哉。而学之尊先圣也，自汉以来未有一定之制，亦未有通祀之典。唐开元间定孔子为先圣，庙而衮冕南面，每岁春秋祀焉。由是庙学之礼益备，凡有

---

① 1986. 四库全书·崇仁县孔子庙碑碑文. 台湾商务印书馆景印本文渊阁
② 1986. 四库全书·吴县志. 台湾商务印书馆景印本文渊阁

学者必有庙，示其尊也。"①

庙之左是学宫。学宫有明伦堂为讲堂，居学宫之中，东西二庑为学斋，是生员诵读修业之所。尊经阁位于讲堂之后，是藏书的地方。庙学的建立，使知识分子自青少年时代就树立起了尊孔的意识。知识分子完全处在帝王的控制之下，以效忠于封建帝王。

第二节　王守仁的"心学"

明朝中期以后，皇帝昏庸淫乱，不理朝政，甚至二、三十年不上朝者有之。在这种形势下，朱熹的"性即理也"，以及"一物须有一理"的理论在人们头脑中发生动摇。朱熹认为，理，是道心，是良善的；而人性也是良善的。而明朝的现实却不如此。尽管明朝统治者对程朱理学推崇至极，但是如王阳明等先知先觉人物已经发现朱熹思想与社会现实的不协调。在这种情况下，王阳明提出了"心学"的理论，对朱熹的理学进行质疑。

一、王守仁及其"心学"创立的背景

王守仁（1472～1529 年），字伯安，浙江余姚人，别号阳明子，世称阳明先生。他创立的"心学"体系，又称为"阳明学"。王守仁出生一个官宦家庭，其父王华，字德辉，成化十七年（1481 年），进士第一，曾为明孝宗朱佑堂教书讲幄，讲授《大学衍义》等，甚得帝宠，被任为礼部左侍郎。

王守仁出生在这样一个诗礼贵胄之家，又加上他聪慧善学，自然是满腹经纶。弘治十二年（1499 年），王守仁中进士，但王守仁对于兵学情有独钟，并且善于骑射之术。15 岁那年，他曾游历居庸关、山海关，并出塞外，对山川形势进行实地考察，这些都表现了少年时代的王守仁之志向。王守仁中进士后，被任命为刑部主事，并为兵部主事。

正德元年（1506 年）冬，大宦官刘瑾怙势持权，胡作非为，逮捕了南京给事中御史戴铣等 20 余人。王守仁上疏为之辩护，触怒刘瑾。刘瑾将其廷杖 40，贬谪为贵州龙场驿为驿丞。王守仁就住在山洞中。龙场在万山丛中，是许多少数民族，如苗族、彝族杂居之地。王守仁对他们"因俗化导"，"夷人喜，相率伐木为屋以栖"。②

刘瑾被诛后，王守仁被任为南京刑部主事、考功郎中、南京太仆少卿、

---

① 1986. 四库全书・江西通志・崇仁县孔子庙碑. 台湾商务印书馆景印本文渊阁
② 1984. 明史・王守仁列传. 北京：中华书局

鸿胪卿等职。由于其军事才能,被兵部尚书王琼欣赏,被提拔为右佥都御史,巡抚南中、赣一带,镇压江西、福建等地的农民起义。《明史·王守仁列传》记载:"是时南中盗贼蜂起,谢志山据横水、左溪、桶冈池,仲容据浰头,皆称王。与大庾陈曰能、乐昌高快马、柳州龚神全等,攻劫府县。而福建大帽山贼詹师富等又起,前巡抚文森托疾避去。志山合乐昌贼掠大庾,攻南康、赣州。赣县主簿吴玭战死。"王守仁正为南昌巡抚,江西农民起义风起云涌。王守仁乃组织军马,征伐农民起义军。王守仁连战连捷,杀害了数以万计的农民起义军,大获全胜,"贼悉平",为明王朝立下了赫赫战功。王守仁"论功封特进光禄大夫柱国新建伯世袭,岁禄一千石"。皇帝"诏守仁以原官兼左都御史总督两广兼巡抚",又被提升为右副都御史,世袭锦衣卫百户,再进副千户。世宗朱厚熜时期,王守仁又平抚东南一带的叛军,并招抚了"叛贼"7万人。王守仁既忠于朝廷又立下了赫赫战功,但却受到了明朝奸佞的忌诬。有人替王守仁不平曰:"夫忠如守仁,有功如守仁。一屈于江西,再屈于两广。臣恐劳臣灰心,将士解体。后此疆圉有事,谁复为陛下任之?"但此时王守仁一病不起,上疏乞骸骨,回乡途中乃死,卒年57岁。他一直未能按功受封。直至其死后,才被封为"新建侯",谥"文成",并准世袭伯爵之号,配享文祖等。

二、王守仁"心学"的创立

王守仁,又称王阳明,他一生读书勤奋。虽然其政绩主要表现在军事上,但王阳明被贬谪在龙场驿时,筑室洞中,称为"阳明洞",静思其学,从而对程朱理学"性,即理也"的观点提出质疑,创立了他的"心学"体系,即"阳明学"。王守仁的这种学术见解,又被称"龙场悟道"。他在中国思想史上的影响远远超过他在军事上的"建功立业"。

《明史·王守仁列传》记载:"守仁天姿异敏,年十七谒上饶娄谅,与论朱子格物大指,还家,日端坐讲读五经,不苟言笑,游九华,归筑室阳明洞中。泛滥二氏学,数年无所得;谪龙场,穷荒无书,日绎旧闻,忽悟格物致知,当自求诸心,不当求诸事物;喟然曰:'道在是矣。'遂笃信不疑。其为教专以致良知为主,谓宋周、程二子、后惟象山陆氏,简易直捷,有以接孟氏之传。《朱子集注》或问之,类乃中年未定之说。学者翕然从之,世遂有阳明学。"

王阳明说:"朱子所谓'格物'云者,在即物穷其理也。即物穷理,是就事事物物上求其所谓定理者也,是以吾心而求理于事事物物之中,析'心'与'理'而为二矣。""即物穷理之说,亦是玩物丧志,又取其厌繁就

约，涵养本原数说标示学者。指为晚年定论，此亦恐非。"① 又说："先儒解格物，为格天下之物，而天下之物如何能格得？且谓一草一木亦皆有理，今如何去格？纵格得草木来，如何反来诚得自家意？"② "天下无性外之理，无性外之物。学之不明，皆由世之儒者，认理为外，认物为外，而不知义外之说。"③ 王阳明对朱熹学说提出质疑，认为"先儒"（指朱熹）去格天下万物之理，其实无从格起。黄宗羲的《明儒学案》云："朱子以后，学者以知识为知，而以为备于人心者，不过是'明觉'。一定待穷尽天地万物之理以后，吾心之明觉才会与之一致无间。……阳明遗憾，正是这一点。"

"心，即是理也。"是王阳明最重要的理论。王阳明认为，心与物之理是没有内外彼此之分的，"天下之物本无可格者，其格物之功，只在身心上作。"④ "身之主宰便是心；心之所发便是意；意之本体便是知；意之所在便是物。如意在于事亲，即事亲便是一物；意在于事君，即事君便是一物；意在于仁民爱物，即仁民爱物便是一物；意在于视听言动，即视听言动便是一物。所以某说无心外之理，无心外之物。"⑤ 另外，王阳明的"心学"理论就是"人者，天地万物之心也；心者，天地万物之主也"⑥。

王阳明的另一个观点是"知行合一"。他说："今人却将知行分作两件去做，以为必先知了，然后能行。我如今且去讲习讨论做知的工夫，待知得真了，方去做行的工夫。故遂终身不行，亦遂终身不知。此不是小病痛，其来已非一日矣。某今说个知行合一，正是对病的药，又不是某凿空杜撰，知行本体原是如此。"⑦ 王阳明认为，没有必要先知，然后行，应该知、行一致。故他又说："知之真切笃实处即是行，行之明觉精察处即是知，知行工夫本不可离，只为后世学者分作两截用功，失却知、行本体，故有合一并进之说。真知即所以为行，不行不足谓之知。"⑧ 王阳明认为知、行是一致的，是本体的，也就是说，知是行的必然，行是知的实践。知、行是同步的。

王阳明理论的核心是"致良知"。王阳明认为，心即是理。万物之理皆在心中，而天理就是人们的"良知"。他在《传习录》中说："良知即天理"，因此王阳明又提出"致良知"的理论。

---

① 1993. 四库全书名人文集丛刊本·王文成全书·传习录（中）. 上海：上海古籍出版社
② 1993. 四库全书名人文集丛刊本·王文成全书·传习录（下）. 上海：上海古籍出版社
③ 1993. 四库全书名人文集丛刊本·王文成全书·传习录（中）. 上海：上海古籍出版社
④ 1993. 四库全书名人文集丛刊本·王文成全书·传习录（下）. 上海：上海古籍出版社
⑤ 1993. 四库全书名人文集丛刊本·王文成全书·传习录（上）. 上海：上海古籍出版社
⑥ 1993. 四库全书名人文集丛刊本·王文成全书·文录. 上海：上海古籍出版社
⑦ 1993. 四库全书名人文集丛刊本·王文成全书·传习录（上）. 上海：上海古籍出版社
⑧ 1993. 四库全书名人文集丛刊本·王文成全书·传习录（中）. 上海：上海古籍出版社

良知是什么呢？王阳明认为，所谓的"良知"，就是人们心中的善念和恻隐之心。良知是人们心中的公心、是非之心，是不分贤愚之人的。他说"良知之在人心无间于圣愚，天下古今之所同也。世之君子惟务致其良知，则自能公是非，同好恶，视人犹己，视国犹家，而以天地万物为一体，求天下无治不可得矣。古人之所以能见善不啻若己出，见恶不啻若己入，视民之饥溺犹己之饥溺，而一夫不获若己推而纳诸沟中者，非故为是而以蕲天下之信己也。务致其良知，求自慊而已矣。"① 又说："知是心之本体，心自然会知。见父自然知孝，见兄自然知弟，见孺子入井，自然知恻隐。此便是良知，不假外求。"② 这段话表现了王阳明"致良知"的目的，就是要"世之君子"把国当做家一样地去爱，以天下为己任，这样不想达到天下大治，也是不可能的。

如果人们的心中存在良知，那么在是非好恶面前，就会恪守仁义和道德。孟子说过："恻隐之心，人皆有之；羞恶之心，人皆有之；恭敬之心，人皆有之；是非之心，人皆有之。恻隐之心，仁也。羞恶之心，义也。恭敬之心，礼也。是非之心，智也。仁义礼智非由外铄我也，我固有之也。"③ 在人们的深心之中，原是有善良之念，即有良知的。"良知"就是"理"，是人们所公认的道理。这个道理原就在人们心中。王阳明认为自己所说的"心学"是"接孟氏之传"。④

人们心中是懂理的，是有"良知"的，只需要人们自身进行修养，就可以达到"致良知"的目的，即把自己的善心提到最高的境界。这种过程不需要假借外物，而自己通过思虑就可以了。王阳明在《大学问》中说："致者，至也。如云丧致乎，哀之致。《易》言：'知至至之。'知至者，知也；至之者，致也。'致知'云者，非若后儒所谓充广其知识之谓也。致吾心之良知焉耳。良知者，孟子所谓'是非之心，人皆有之'者也。是非之心，不待虑而知，不待学而能是，故谓之良知。是乃天命之性，吾心之本体，自然灵昭明觉者也。凡意念之发吾心之良知，无有不自知者其善欤。惟吾心之良知，自知之其不善欤。"⑤

王阳明说："若鄙人所谓致知格物者，致吾心之良知于事事物物也。吾心之良知，即所谓天理也。致吾心之良知天理于事事物物，则事事物物皆得

---

① 1993. 四库全书名人文集丛刊本·王文成全书·传习录（中）. 上海：上海古籍出版社
② 1993. 四库全书名人文集丛刊本·王文成全书·传习录（上）. 上海：上海古籍出版社
③ 杨伯峻. 1984. 孟子·告子（上）. 北京：中华书局
④ 1984. 明史·王守仁列传. 北京：中华书局
⑤ 1993. 四库全书名人文集丛刊本·王文成全书·大学问. 上海：上海古籍出版社

其理矣。致吾心之良知,致知也。事事物物皆得其理者,格物也,是合心与理而一者也。"①"格物",就是用自己心中的"良知"去对待世界万物,"良知"就是天理。用良知天理对待所有的人和事,这就可以"致良知"了。

然而,在人们心中常常有不正确的想法,即恶念,这就需要以"良知"去纠正。王阳明说:"格物,如孟子'大人格君心'之'格',是去心之不正,以全其本体之正。但意念所正,即要去其不正以全其正,即无时无处不是存天理,即穷理。"王阳明认为,所谓"格",是去除"心之不正",而"全其正",即用正确的意念去战胜恶念。王阳明又说:"格者,正也。正其不正以归于正之谓也。正其不正者,去恶之谓也。归于正者,为善之谓也。夫是谓之格。"②王阳明要人们从自己的心中格去恶念,保持自己的良知。

"致良知"也是一个"正其不正归于正"的过程。所谓"正其不正",就是"去恶"。人们通过激烈的思想斗争,去除恶念,从而使善念得到最大的发扬。这就是"致良知"。而"格物"之"物"的含义,王阳明与朱熹也有不同的解释。王阳明说:"物者,事也;凡意之所发必有其事。意所在之事谓之物。"③王阳明所说的"格",就是"正"的意思;所说的"物",就是"事",就是用正确的、良好的想法意念去做事情。而这些只需通过内心的自我调整和斗争就能达到。

王阳明认为,人们通过思想斗争,以"正其不正",其实是非常难的。王阳明说过:"破山中贼易,破心中贼难。"④王阳明是一个为明王朝镇压农民起义和叛军的军事将领,曾数破"山中贼",虽然也不容易,但他深知"破心中贼"更难。王阳明认为,要想"破心中贼",摒除心中的恶念,如贪婪谄媚、无耻逢迎、欺下瞒上、贪污受贿、欺压良善以及不择手段地去谋取荣誉等。这其实是很难的,需要长期的磨炼砥砺和自我斗争,才能达到"致良知"的目的。

王阳明"致良知"说的提出,在明王朝社会中引起了强烈的反响。王阳明自己也认为,他的"心学"理论的提出有唤醒世人的作用。他的《睡起偶成》诗云:

起向高楼撞晓钟,尚多昏睡正懵懵。
纵令日暮醒犹得,不信人间耳尽聋。

---

① 1993. 四库全书名人文集丛刊本·王文成全书·传习录(中). 上海:上海古籍出版社
② 1993. 四库全书名人文集丛刊本·王文成全书·大学问. 上海:上海古籍出版社
③ 1993. 四库全书名人文集丛刊本·王文成全书·大学问. 上海:上海古籍出版社
④ 1993. 四库全书名人文集丛刊本·王文成全书·文录·与杨仕德薛尚诚. 上海:上海古籍出版社

王阳明在朝中是一个建功立业的功臣，是一个对大明皇帝忠心耿耿的忠臣。他被明王朝封为世袭的伯爵爵位。他创立的学说当然是为明朝的统治服务的。"心即理也"、"知行合一"、"致良知"思想是王阳明提出的治世良方。

明朝中后期，皇帝昏庸，宦官擅政，贿赂公行，许多士大夫都跪倒在阉竖的脚下，无是非廉耻之心。在这种情况下，王阳明提出"格君心之非"、"破心中之贼"，当是针对明王朝的现实而发的。

王阳明要人们时刻警惕自己心中之贼，毫不放松地去"破心中贼"。他说："无事时将好色，好货，好名等私，逐一追究搜寻出来，定要拔去病根，永不复起，方始为快。常如猫之捕鼠，一眼看着，一耳听着，才有一念萌动，即与克去，斩钉截铁，不可姑容，与他方便，不可窝藏，不可放他出路，方是真实用功，方能扫除廓清，到得无私可克。"①

刘宗周在《明儒学案·师说》中说："良知为知，见知不囿于闻见；致良知为行，见行不滞于方隅。即知即行，即心即物，即动即静，即体即用，即工夫即本体，即上即下，无之不一；以救学者支离眩鹜，务华而绝根之病，可谓震霆启寐，烈耀破迷，自孔、孟以来，未有若此之深切明者也。"

王阳明的"心学"，相对程朱理学来说，更适合明王朝的统治。王阳明积极地推行"仁政"，维护地主阶级的等级秩序。他说，尧舜之时，"父子有亲，君臣有义，夫妇有别，长幼有序，朋友有信，五者而已。唐虞三代之世，教者惟以此为教，而学者惟以此为学。当是之时，人无异见，家无异习，安此者谓之圣，勉此者谓之贤，而背此者，虽其启明如朱，亦谓之不肖"。② 王阳明的学术思想体系就是为了拯救明王朝日趋腐败的社会现实。王阳明之学的目的是使明王朝达到"至治"之世。

第三节　明末朝政的败坏与其栋梁之臣

一、明末朝政的败坏

明朝中期以后，皇帝大多是长于深宫之中，不谙世事，在醉生梦死中寻欢作乐。从明英宗朱祁镇至熹宗朱由校，这10个皇帝，大部分是昏庸透顶的昏君。明朝的朝纲日坏，其昏君可谓独步古今。他们20年，甚至30年不

---

① 1993. 四库全书名人文集丛刊本·王文成全书·传习录（上）. 上海：上海古籍出版社
② 1993. 四库全书名人文集丛刊本·王文成全书·传习录（中）. 上海：上海古籍出版社

上朝、不问政事，居于深宫之中，贵妃丽人相伴，日日寻欢不止；斥贤臣，亲奸佞，把政务完全委于宦官、权奸，不理朝政，甚至不认识大臣。然而明王朝有空前强大的中央集权，有束缚人们思想的理学，有用理学滋养起的栋梁之臣，所以明政权在极度腐败中仍然能维持200多年的统治，这在历史上可算是一个奇迹。

明朝宦官专权始于王振，终于魏忠贤。

王振是明英宗朱祁镇时期的宦官。明英宗9岁即位，长于深宫之中，不谙世事。王振狡黠，善于奉迎，深得英宗欢心。正统七年（1442年），由于太皇太后驾崩，顾命大臣或死、或罪、或老，皆相继离朝。因此，朝中大权归于王振。明太祖朱元璋曾在宫门口镌一铁牌，上书："内臣不得干预政事，预者斩！"王振擅权后，首先去掉这一块铁牌，在皇城东为自己建造了华丽的府第，又建智化寺，穷极土木。王振专权，穷凶极恶，正直之臣皆遭惨害。"侍读刘球因雷震，上言陈得失，语刺振。振下球狱，使指挥马顺支解之。大理少卿薛瑄、祭酒李时勉素不礼振。振摭他事陷瑄几死，时勉至荷校。国子监门御史李铎遇振不跪，谪戍铁岭卫。驸马都尉石璟詈其家奄振恶，贱已同类，下璟狱。怒霸州知州张需禁伤牧马校卒，逮之，并坐需举主。王铎又械户部尚书刘中敷、侍郎吴玺、陈瑺于长安门，所怵恨辄加罪，谪内侍张环、顾忠，锦衣卫卒王永心不平，以匿名书暴振罪状，事发，磔于市。不覆奏。"① 王振持帝宠，飞扬跋扈。英宗对王振优宠有加，呼之为"先生"，公侯公卿呼之为"翁父"。正德十四年（1449年），元朝后裔蒙古族瓦剌部酋长也先大举入寇明朝，兵势凶猛，塞外城堡，皆为所陷。王振挟英宗皇帝亲征，明军在土木堡（今河北省怀来县境）与也先交锋，明军大溃，英宗被俘，王振被乱军所杀，这就是著名的"土木之变"。从此，明朝开始一步步走向衰败。

当朝廷抄王振的家时，"籍其家，得金银六十余库，玉盘百。珊瑚高六七尺者，二十余株。他珍玩无算"②。太监曹吉祥"厮养冒官者多至千百人，朝士亦有依附希进者，权势与石亨埒。时并称'曹、石'二人"③。

宪宗朱见深宠爱比自己大17岁的万贵妃，使万贵妃权势熏灼。朝中趋炎附势者皆争相讨好万氏。他们苛敛民财，倾竭府库，以讨万氏的欢心。其中宦官汪直因向万贵妃献房中术而得宠。宪宗皇帝建东厂（由宦官组成的特务组织），由汪直负责，让宦官去收集朝廷内外的各种情况，大

---

① 1984. 明史·宦官王振列传. 北京：中华书局
② 1984. 明史·宦官王振列传. 北京：中华书局
③ 1984. 明史·宦官曹吉祥列传. 北京：中华书局

政小事，方言巷语，悉以上闻。汪直怙权仗势，胡作非为，屡行大狱，大批贤臣被冤杀。朱见深不理朝政，沉溺于神仙、佛道、声色之中。万贵妃等近幸干政，朝风日坏。大臣王瑞上疏说："今幸门大开，鬻贩如市，恩典内降，遍及吏胥。武阶荫袭，下逮白丁。或选期未至，超越官资；或外任杂流，骤迁京职，以至厮养贱夫，市井童稚皆得攀援，妄窃名器，踰滥至此，有识寒心。"①"比来末流贱伎，妄厕公卿；屠狗贩缯，滥居清要。文职有未识一丁，武阶亦未挟一矢，白徒骤贵，间岁频迁；或父子并坐一堂，或兄弟分踞各署，甚有军匠逃匿易姓，进身官吏；犯赃隐罪希宠，一日而数十人得官，一署而数百人寄俸，自古以来有如是之政令否也。"② 大臣不职，贪污成风，百姓流亡满天下，尸骸枕籍于野，人民处于水深火热之中。

明武宗朱厚照也是一个昏庸的皇帝。他宠爱宦官刘瑾，终日戏耍，怠于政事。宦官刘瑾"颛擅威福，悉遣党奄，分镇各边；叙大同功迁擢官校至一千五百六十余人，又传旨授锦衣官数百员"。③ 刘瑾视朝臣如奴仆，稍不如意，轻则鞭笞，重则下狱处死。正德三年（1508年）六月，有人写一匿名书扔在御道上，揭露刘瑾的罪恶。刘瑾气急败坏，就以武宗的名义下诏，让百官跪在奉天门下，时值酷暑，当场曝死者3人。又把五品以下的官全部下狱。后来在大臣杨一清等人的精心策划下，诛杀了刘瑾。朝廷大权落入江彬手中。江彬是朱厚照的御前武官，他引诱朱厚照经常出外游乐，正德十三年（1518年），江彬陪同武宗遍游塞上，历数千里，沿途勒索财物，大征女乐，掠良家妇女数十车，纳边关守臣的妻妾等，回京后，大臣切谏，朱厚照廷杖大臣，打死11人，6人下狱。

明世宗朱厚熜居于深宫，崇尚道教迷信，日日淫乐不止，20多年不上朝处理政务，把朝政全部交给权臣严嵩。严嵩乘皇帝淫乱不上朝之机，专横跋扈，欺压良善。《明史·奸臣严嵩列传》记载："帝自十八年葬皇圣太后后，即不视朝；自二十年宫婢之变，即移居西苑万寿宫。八大内大臣，希得谒见。惟嵩独承顾问，御札一日或数下，虽同列不获闻，以故嵩得逞志。"攀附严嵩的鄢懋卿"尽握天下利柄，倚严氏父子，所至市权纳贿，监司郡邑吏膝行蒲伏。懋卿性奢侈，至以文锦被厕，床白金，饰溺器。岁时馈遗严氏及诸权贵不可胜纪。其按部常与妻偕行，制五彩舆，令十二女子舁之，道路倾骇。淳安知县海瑞、慈溪知县霍与瑕，以抗忤罢去。御史林润尝劾懋卿要索

---

① 1984. 明史·王瑞列传. 北京：中华书局
② 1984. 明史·王瑞列传. 北京：中华书局
③ 1984. 明史·宦官刘瑾列传. 北京：中华书局

儒学与中国政治

属吏，馈遗巨万，滥受民讼，勒富人贿，置酒高会，日费千金，虐杀不辜，怨咨载路，苛敛淮商，几至激变五大罪。帝置不问"。严嵩权奸误国，独专朝政，贿风大起，因贿升官，因贿免罪，功不得赏，过不得罚，竭民脂膏，滥兴土木，朝政更加腐败。

明神宗朱翊钧，沉于声色，不理朝政，后宫美女数千，通宵达旦地饮酒纵乐，饮酒必醉，醉后杀人，堤尽委宦官，居深宫20多年，未尝接见过一个大臣。

明熹宗朱由校，怠于政事，宠信宦官，使阉党魏忠贤得逞。朱由校将政事全部委托给魏忠贤，魏忠贤不识字，与明熹宗的乳母客氏结为朋党。"客氏淫而狠，忠贤不知书，颇强记，猜忍、阴毒、好谀。帝深信任此两人，两人势益张。……密结大学士沈㴶为援，又日引帝为倡优、声伎、狗马、射猎。"① 大臣之中，谁反对魏忠贤，谁就遭到魏忠贤的打击、残害。魏忠贤让其党徒分据要津，胡作非为，国事日非，外患不断，内乱频起。

《明史·阉党列传》云："明代阉宦之祸酷矣，然非诸党人附丽之、羽翼之、张其势而助之攻，虐焰不若是其烈也。中叶以前，士大夫知重名节，虽以王振、汪直之横，党与未盛。至刘瑾窃权，焦芳以阁臣首与之比，于是列卿争先献媚，而司礼之权居内阁上。迨神宗末年，讹言朋兴，群相敌雠，门户之争，固结而不可解。凶竖乘其沸溃，盗弄太阿，黜陟渠恺，窜身妇寺，淫刑痡毒，快其恶正，丑直之私，衣冠填于狴犴，善类殒于刀锯。迄乎恶贯满盈，亟伸宪典刑书，所丽迹秽简编，而遗孽余烬，终以覆国。庄烈帝之定逆案也，以其事付大学士韩爌等，因慨然太息曰：'忠贤不过一人耳，外廷诸臣附之，遂至于此。'其罪何可胜诛，痛乎哉？患得患失之鄙夫，其流毒诚无所穷极也。"②

明朝末年，一些大臣恬不知耻，巴结逢迎宦官，与宦官相勾结，才酿成了明朝的"阉宦之祸"。其实，酿成了明朝的"阉宦之祸"的，当是明朝的皇帝，是中国的专制主义制度。这是专制主义制度下每个人都心知肚明，但又不敢说的、显而易见的道理。

崇祯皇帝朱由检虽志在恢复，欲力挽危亡，然而明王朝积弊太深，病入膏肓，危机四伏，终于走上了灭亡。明王朝一直在昏庸到无法再昏庸的皇帝统治下，维持了200多年，却不能不说是个奇迹。

---

① 1984. 明史·宦官魏忠贤列传. 北京：中华书局
② 1984. 明史·阉党列传. 北京：中华书局

二、明朝的栋梁之臣

1. 忧国忘身的于谦

正德十四年（1449年），土木之变中，明英宗被俘，朝野震动。皇太后命郕王朱祁钰监国，让大臣议论对敌策略。侍讲徐珵说天象有变，应把京都南迁。兵部侍郎于谦厉声说："言南迁者，可斩也。京师天下根本，一动则大事去矣，独不见宋南渡事乎？"① 郕王朱祁钰认为于谦的话有理，才定下保卫京师的决议，在保卫京师的战役中，于谦是朝廷依赖的栋梁之臣。

于谦，钱塘人，永乐十九年（1421年）中进士。宣德年间，朝廷任于谦为御史，按巡江西。在江西巡察时期，为数百个冤囚昭雪，又巡抚河南、陕西、山西等地，于谦骑马遍访各地，延访父老，访察时弊与得失，上奏皇帝。他是一个忠于职责、恪尽职守的官员。

土木之变后，郕王朱祁钰摄朝，廷臣请诛杀王振之家族。王振的党羽马顺大骂朝臣。给事中王竑气愤，揪住马顺就打，朝臣一哄而上，当场把马顺打死。朝班大乱，喊杀声汹汹，朱祁钰害怕乱起。《明史·于谦列传》记载，当时，于谦排众直前安抚郕王，让他当场宣布"顺等罪当死，勿论众！"这样才安定了混乱的局面。当于谦离朝行至左掖门时，吏部尚书王直执于谦的手长叹一声说："国家正赖公耳，今日虽百王直何能为？"王直认为，国家在危难之际，如果不是于谦的果断冷静，引导郕王处理好了事情，不知会乱到何种程度。

在国家多难之秋，英宗被俘，朝廷无主，于谦等人请皇太后立郕王为帝。郕王吓得慌忙推辞再三。于谦说："臣等诚忧国家，非为私计。"于是朱祁钰即位，是为景帝，遥尊英宗为太上皇。于谦奏明景帝："寇得志，要留大驾，势必轻中国，长驱而南。请饬诸边守臣，协力防遏京营兵械，且尽宜亟，分道募民兵；令工部缮器甲，遣都督孙镗、卫颖、张轨、张仪、雷通分兵守九门要地；列营郭外。都御史杨善、给事中王竑参之，徙附郭居民入城。通州积粮，令官军自诣阙，支以赢米为之直，毋弃以资敌。文臣如轩輗者，宜用为巡抚。武臣如石亨、杨洪、柳溥者，宜用为将帅。至军旅之事，臣身当之；不效，则治臣罪。"②

景帝让于谦全权负责京师保卫。于谦动员百姓参军参战，保卫京师，在短时期，募兵22万，任命将帅把守北京的九门：安定门、东直门、朝阳门、

---

① 1984. 明史·于谦列传. 北京：中华书局
② 1984. 明史·于谦列传. 北京：中华书局

儒学与中国政治

西直门、阜成门、正阳门、崇文门、宣武门，于谦亲自率兵守卫德胜门，以抵也先。于谦下令：临阵将不顾军先退者，斩其将；军不顾将先退者，后队斩前队。于是将士用命，悉听指挥。认真守卫，严阵以待瓦剌军队。

当也先带领瓦剌军队及英宗来到京师城下，向朝廷勒索金帛以万万计，景帝不许。也先派兵攻打德胜门。于谦设伏兵，诱敌深入，然后出其不意而攻之。瓦剌军大败，也先的弟弟等人被打死。也先转至西直门，又被明军击退。相持五日，也先见威胁达不到目的，战又不胜，又闻听各地勤王军马上就到，恐被断了后路，于是匆匆地挟持英宗离京而去。于谦又派军队追击也先，至山海关方回。

于谦又令边关将帅认真防守，严防瓦剌军入侵，使瓦剌军不敢进犯。

也先见无法再犯中国，于是派使者到京，请归英宗。景帝不悦："朕本不欲登大位，当时见推，实出卿等。"于谦从容地说："天位已定，宁复有他！顾理当速奉迎耳！万一彼果怀诈，我有辞矣。"景帝顾而改容曰："从汝！从汝！"①景帝马上派人迎英宗归来。在这里，于谦全心全意考虑的是国家社稷，而他没有想到，迎英宗回朝，一国怎能容两个皇帝，一旦发生意外，于谦就是策立景帝的罪魁。后来英宗复辟，于谦临不测之祸，这是后话。

于谦在北部边境继续加强防卫，募民屯田，且战且守，收复了被瓦剌占领的八个城；又选精锐兵卒15万，分十营团操，在大同、宣府、永平、山海、辽东各路增修备御。

自土木之变后，于谦操理国家大事，号令明审，忧国忘身，全身心地投入国事之中。他自奉俭约，住的房子仅能避风雨而已。景帝在西华门赐他一座府宅，谦辞曰："国家多难，臣子何敢自安。"坚决推辞，景帝不允，于谦才接受。有人上疏推荐于谦的儿子于冕到京师做官，于谦说："国家多事，臣子义不得顾私恩。且亨位大将，不闻举一幽隐，拔一行伍微贱，以裨军国，而独荐臣子，于公议得乎？臣于军功，力杜侥幸，决不敢以子滥功。"②

于谦生性刚强，执法严明，不避嫌怨，特别是他对一些勋旧贵戚也不特别照顾，引起了朝中一些人的切齿痛恨。而于谦又深得景帝的信任，于是一些因失律而被削职者，或原来受过于谦斥责的人，如石亨、徐珵等勾结太监曹吉祥，乘景帝有病不能上朝之机，迎英宗复位，史称"夺门之变"。

英宗复辟后，于谦以拥立景帝的罪魁名目被弃市，其家属充军戍边。当抄籍其家时，家无余赀，只发现一个箱子，封锁甚固，打开乃是景帝所赐的

---

① 1984. 明史·于谦列传. 北京：中华书局
② 1984. 明史·于谦列传. 北京：中华书局

210

蟒衣和剑器。于谦惨遭杀害之时，天下称冤。有人拿酒到于谦死处去祭奠，被宦官曹吉祥鞭挞，次日复酹奠如故。都督陈选怜于谦忠义，收遗骸葬之；一年后，归葬杭州西湖三台山麓。《明史·于谦列传》记载："于谦为巡抚时，声绩表著，卓然负经世之才。及时遭艰虞，缮兵固圉。景帝既推心置腹，谦亦忧国忘家，身系安危，志存宗社，厥功伟矣！变起夺门，祸机猝发。徐石之徒，出力而挤之死，当时莫不称冤。然有贞与亨、吉祥，相继得祸，皆不旋踵。而谦忠心义烈，与日月争光，卒得复官赐恤，公论久而后定。信夫！"

于谦负经世之才，有人称他为"救时宰相"。于谦生前常说："此一腔热血，竟洒何地！"① 他忧国忧民，而忘身之安危，是大明王朝的中流砥柱之臣。

2. 刚直不阿的海瑞

海瑞生于明世宗年间，海南琼山县人，字汝贤，自号刚峰。海瑞为官清廉、刚直不阿。海瑞是举人出身，曾任南平（今福建南平市）教谕。《明史·海瑞列传》记载，朝廷御史来到学宫，所有属吏全部跪迎，只有海瑞长揖。他说："台谒当以属礼，此堂师长教士地，不当屈。"嘉靖二十七年（1558年），海瑞升迁为浙江淳安县知县。任职时期，海瑞非常清廉，穿的是布袍，吃的是粗米，让老仆种菜自食。他的母亲过生日，海瑞才买二斤肉，被人当做笑谈。总督胡宗宪之子途经淳安，因驿站之吏招待不周，发生口角，胡公子仗势欺人，竟把驿吏倒悬吊打。海瑞非常气愤，想出主意惩治这个花花公子。海瑞令人告诉胡公子说："曩胡公按部令，所过毋供张。今其行装盛，必非胡公子！""发橐金数千，纳之库。驰告宗宪，宗宪无以罪。"海瑞又修书信一封给总督胡宗宪，说有人冒充他的儿子等。胡宗宪哭笑不得，不了了之。

朝中都御史鄢懋卿，过淳安，他是当时奸臣严嵩的党羽。海瑞令供给甚薄，并说："邑小不足客车马。"鄢懋卿愤恨之极，但听说海瑞有刚正之名，只好愤愤离去，临行，交待巡监御史袁淳要好好惩治海瑞，海瑞本来已被提拔为嘉兴通判，因此又被贬为兴国州判官。

海瑞的刚正得到吏部尚书陆兴祖的欣赏和力荐，被提拔为户部主事，到京城为官。当是时，明世宗朱厚熜迷信道教，在宫内建斋醮，日夜不绝，求仙桃天药，已有20多年不上朝了。海瑞上疏以苛刻的言辞，痛斥朱厚熜，

---

① 1984. 明史·于谦列传. 北京：中华书局

儒学与中国政治

疏曰，陛下"一意修真，竭民脂膏，滥兴土木，二十余年不视朝，法纪弛矣。数年推广事例，名器滥矣。二王不相见，人以为薄于父子，以猜疑诽谤戮辱臣下，人以为薄于君臣。乐西苑而不返，人以为薄于夫妇。吏贪官横，民不聊生，水旱无时，盗贼滋炽。陛下试思，今日天下为何如乎？……陛下之误多矣，其大端在于斋醮。斋醮所以求长生也。自古圣贤垂训、修身、立命，曰顺受其正矣。未闻有所谓长生之说。尧、舜、禹、汤、文、武，圣之盛也，未能久世，下之亦未见方外士自汉唐宋至今存者。陛下受术于陶仲文，以师称之。仲文则既死矣，彼不长生，而陛下何独求之至于仙桃、天药，怪妄尤甚"。① 海瑞冒死上这道疏文，自知忤帝必死，买了一口棺木，诀别妻子，等候世宗治罪。

世宗见疏大怒。"帝得疏大怒，抵之地，顾左右曰：'趣执之，无使得遁。'宦官黄锦在侧曰：'此人素有痴名，闻其上疏时，自知触忤当死，市一棺，诀妻子，待罪于朝。僮仆亦奔，口无留者，是不遁也。'帝默然少顷，复取读之，日再三，为感动太息，留中者数月，尝曰：'此人可方比干，第朕非纣耳。'"② 但世宗气愤不过，还是把海瑞下狱，判为死刑。

两月后，世宗驾崩。管理牢狱的小吏认为海瑞必定大用，于是设酒招待海瑞。海瑞以为是死期到了。小吏附耳说："宫车适晏驾，先生今即出，大用矣。"③ 小吏说，皇上已经晏驾，先生将会被重用了。海瑞听说皇帝已死，大恸，将所食的饮食尽呕吐出来，哭绝于地，终夜哭不绝声。海瑞对这样一个昏庸透顶的皇帝也奉献了他的忠诚。

明穆宗即位，释放了海瑞，恢复故官。隆庆三年（1569年）五月，海瑞升任右金都御史，并以钦差大臣的身份巡抚应天府。应天巡抚管辖10府：应天、苏州、常州、松江、镇江、徽州、太平、宁国、安庆、池州、广德。10府官员听说海瑞到，心惊胆颤，有的到外府去避风；有势力者本来将自己的大门漆成红色，而在海瑞到达之前，一夜之间，将门改漆成黑色。《明史·海瑞列传》记载："应天十府属吏，惮其威，墨者多自免去。有势家朱丹其门，闻瑞至黝之。中人监织造者，为减舆从。瑞锐意兴革，请浚吴淞、白茆，通流入海，民赖其利，素疾大户兼并，力摧豪强抚穷弱。贫民田入于富室者，率夺还之。"

海瑞到任，兴修水利，赈济灾民，力摧豪强。海瑞下令，凡豪强仗势强占贫民土地者，一律归还。当时，有些豪强隐瞒土地，拒交赋税，海瑞重新

---

① 1984. 明史·海瑞列传. 北京：中华书局
② 1984. 明史·海瑞列传. 北京：中华书局
③ 1984. 明史·海瑞列传. 北京：中华书局

登记田亩，令多占者退田。故丞相徐阶在海瑞被明世宗下狱时，曾设法拯救，是海瑞的恩人。然而海瑞亦不顾私恩，对徐阶的土地一样复查。海瑞号令严明，不徇私情，在应天府半年光景，就被一些权势所劾，罢巡抚之职。离任时，百姓哭泣，跪满道路两旁，家家绘海瑞像以祀之。海瑞死时，因无子，金都御史王用汲为之敛葬。王用汲看到海瑞家中只有用葛布做的帏帐和破旧的箱子，尽是些连一些寒士也不用的东西，因而泪下。海瑞出殡之日，柩出江上，百姓罢市，穿白衣冠送丧者夹岸而行，以酒醴祭者百里不绝，海瑞赢得了人民深深的爱戴。

海瑞的一生，刚直不阿，如其号"刚峰"。他最恨的是贪官污吏。海瑞年已72时还上疏，要求皇帝重治贪官。"疏言：衰老垂死，愿比古人尸谏之义。大略谓陛下励精图治，而治化不臻者，贪吏之刑轻也。诸臣莫能言其故，反借待士有礼之说，交口而文其非。夫待士有礼，而民则何辜哉？因举太祖法'剥皮囊草'及洪武三十年定律枉法八十贯论绞，谓今当用此惩贪，其他规切时政，语极剀切。"①

明朝中期以后的皇帝久居深宫，不理朝政，宠宦官阉党，日日淫乐不止；然而明朝以科举取士，官吏大臣皆是用儒家思想武装起来的。他们忧国忘身，尽心尽职，忠于皇室，为明朝社稷鞠躬尽瘁。于谦、海瑞之外，还有戚继光、俞大猷等，他们虽然是为了维护封建帝王的统治，但在客观上起到了保护百姓利益的作用。这些清官良将都是明王朝的栋梁之臣。在明朝极度腐败的政权中，他们调解了统治阶级与人民的尖锐矛盾，起到了治国安邦的作用。明王朝有许多栋梁之臣，无论明朝皇帝多么的荒淫、吏治多么的腐败，他们只反贪官，不反皇帝，对明朝的腐败统治忠心耿耿。这正是明朝皇室的腐败统治得以延续200多年的原因。

第四节 明末的东林学派

一、"理学"与"心学"无法解决明王朝激烈的矛盾

明王朝后期，朝政被权臣奸佞、贪官污吏、宦官阉党所把持；正直的大臣多遭迫害，轻则遭贬回乡、朝中受笞，重则冤死狱中。明王朝的统治无法继续下去了。

程朱理学要人们去"存天理、灭人欲"；但"天理"是明王朝的最高统

---

① 1984.明史·海瑞列传.北京：中华书局

治者皇帝所树立的。他们穷奢极欲，甚至二三十年不上朝，任凭权臣奸佞横行霸道。这就是皇帝的"天理"！但中国史书总是把责任推给权臣奸佞，而实际上这是封建专制皇权的反动本质所造成的。明王朝统治者要人们去为他们荒唐的"天理"，而灭掉老百姓关于衣食住行之"人欲"。程朱理学所宣扬的"天理"，与明王朝的腐败行为形成了强烈的反差和不协调，受到了普遍的质疑，引发了理学的信任危机。

王阳明"心学"虽然突破了理学的藩篱，对理学造成了极大的冲击，但是王阳明的"心学"自身仍然有不可弥补的缺陷。王阳明的"心学"认为"心即理也"。"良知"就在人的心中，强调了人的主观能动性，认为人的心自有认定是非的标准。王阳明认为，"心者，天地万物之主也"①。"良知之在人心，不但圣贤，虽常人亦无不如此"②。王阳明还认为"心外无物"，"无善无恶是心之体，有善有恶是意之动，知善知恶是良知，为善去恶是格物"。③ 王阳明的心学把人禁锢在自我的反省中，认为人们可以静坐思过，自然会悟出道理。这其实是完全脱离了明朝社会现实的逻辑，把知识分子引向了虚无主义的境界。王阳明过分强调了思维和意志的作用，又加上"心学"产生的目的就是为明朝统治者出谋划策，因此"心学"迅速地发展成为空谈心性的学问，与社会现实严重脱节，失去了其本身的战斗性。

明朝中期以后，明皇室极端荒淫腐败，宦官专权横行，一些士大夫或醉心于程朱理学，或沉浸在王阳明"心学"的研究中，对明朝大厦之将倾的形势毫不关心，这使得一部分有识之士极端愤慨。

明朝晚期，明皇室的腐败终于引起了如火如荼的农民起义，也导致了明朝江山的崩溃。明朝的最后一个帝王崇祯皇帝吊死在景山，吴三桂引清兵入关。大明江山落到了满人之手。程朱"理学"与王阳明的"心学"都无法解决明王朝的激烈的矛盾，挽救明王朝灭亡的命运。这使用儒家思想哺育起来的知识分子们痛心疾首。在这种情况下出现了明末清初的实学和早期的民主主义思想。

明朝的专制统治已经走到了穷途末路。在这种情况下，一些对明王朝社会现实不满的、正直的知识分子发出了抨击程朱"理学"与王阳明"心学"的呼声。明末东林党人以天下为己任，成为实学的先驱。

---

① 1993. 四库全书名人文集丛刊本·王文成全书·答季明德.上海：上海古籍出版社
② 王守仁. 1986. 四库全书·王文成全书·答陆原静书.台北：台湾商务印书馆景印本文渊阁
③ 王守仁. 1986. 四库全书·王文成全书·传习录（下）.台北：台湾商务印书馆景印本文渊阁

二、东林党人对朝政及王阳明"心学"的抨击

明后期皇室的腐败以及权臣、宦官专权,残害正直大臣的现象引起了知识分子的极端不满。明末的东林党人以天下为己任,与明朝的宦官展开了激烈的斗争,成为实学的先驱。东林党人的代表人物是明万历年间顾宪成与高攀龙。

顾宪成与高攀龙皆是无锡人。《明史·顾宪成列传》记载,顾宪成的家乡,"邑故有东林书院,宋杨时讲道处也。宪成与弟允成倡修之。常州知府欧阳东凤与无锡知县林宰为之营构、落成;偕同志高攀龙、钱一本、薛敷教、史孟麟、于孔兼辈,讲学其中。学者称泾阳先生。当是时士大夫抱道忤时者,率退处林野,闻风响附,学舍至不能容"。也就是说,无锡城邑的东部有一旧的书院,名为东林书院。顾宪成、高攀龙、钱一本等人皆是朝中的官员,因上疏忤帝意,又抨击了权臣,故被贬出朝廷,于是就重新修缮了东林书院,他们在东林书院讲学。

顾宪成、高攀龙等人在东林书院讲学,其宗旨有二:①抨击朝政。②借程朱的名义反对王阳明的心学。

顾宪成说:"官辇毂志不在君父,官封疆志不在民,生居水边林下,志不在世道,君子无取焉。""故其讲习之余,往往讽议朝政,裁量人物。朝士慕其风者,多遥相应和,由是东林名大著,而忌者亦多。"①

东林党人的楹联上写着:

> 风声、雨声、读书声,声声入耳
> 家事、国事、天下事,事事关心

由此可见,东林党人建学、讲学就是要以关心朝政为目标,但他们和东汉时期的"党锢"一样,反贪官,不反皇帝。

高攀龙曾上疏云:"近见朝廷之上,善类摈斥一空……夫天地生才甚难,国家需才甚亟,废斥如此,复将焉继致。使正人扼腕,曲士弹冠;世道人心,何可胜慨。且今陛下朝讲久辍,廷臣不获望见颜色。天言传布,虽曰圣裁隐伏之中,莫测所以。故中外群言不曰辅臣,欲除不附己。则曰近侍不利用正人,陛下深居九重,亦曾有以诸臣贤否,陈于左右。而陛下于诸臣,亦尝一思其得罪之故乎?果以为皆由圣怒,则诸臣自孟化鲤而外,未闻忤旨,何以皆罢斥?即使批鳞逆耳如董基等,陛下已尝收录,何独于诸臣不然。臣恐陛下有袪邪之果断,而左右反借以行媢嫉之私。陛下有容言之盛心,而臣

---

① 1984. 明史·顾宪成列传. 北京:中华书局

工反遗以拒谏净之诮。传之四海,垂诸史册,为圣德累不小。"① 高攀龙的上疏因与皇帝的意思不合,故被贬回故里。

顾宪成、高攀龙在东林书院讲学,反对王阳明的"心学"。顾宪成"姿性绝人,幼即有志圣学;暨削籍里居,益覃精研究,力辟王守仁无善无恶心之体之说"。②

高攀龙亦反对王阳明的"心学"。《明史·高攀龙列传》云:"初海内学者率宗王守仁,攀龙心非之;与顾宪成同讲学东林书院,以静为主,操履笃实,粹然一出于正,为一时儒者之宗。海内士大夫诚与不诚称高顾无异词。"

东林党人不仅抨击王阳明的"心学",更抨击朝政、权臣、宦官,在明末产生了很大的影响。朝廷中被排挤的士人也多投奔东林书院。东林书院名声大振,引起了权臣阉党的嫉恨。魏忠贤等阉党大起冤狱,杨涟、左光斗、袁化中、魏大中、周朝瑞、顾大章等东林著名领袖,皆被投入东厂监狱,除顾大章自杀外,其余全被虐杀狱中。阉党又捕杀了东林首领人物高攀龙、周起元、周顺昌、缪昌期、周宗建、黄尊素、李应升七人,许多东林党人罹难。士人凡"忤魏忠贤者,率指目为东林,抨击无虚日。借魏忠贤毒焰,一网尽去之,杀戮禁锢善类为一空"。"崇祯立,始渐收用,而朋党势已成,小人卒大炽,祸中于国,迄明亡而后已。"③ 权臣阉党曾把东林书院焚毁,后一直到崇祯皇帝才修复。

清江阴人陈鼎著《东林列传》,在《序》中云:"东林诸君子,讲明圣学,阐发义理,激扬廉耻,乌能视国如家,视君如父,趋义如流,视死如归,踵相接而肩相摩耶?呜呼!非讲学之成效欤!有何可畏哉!然是传忠烈中五十之一耳,若观殉难诸贤姓名录,则知有明忠烈之盛,轶汉晋而超唐宋远矣。呜呼!学之不可不讲也。"陈鼎认为东林党人的行为是超出汉晋唐宋任何时代的。

清纪昀在编撰《四库全书》时为《东林列传》所写的提要传记云:"明万历间,无锡顾宪成与高攀龙重修(宋)杨时东林书院,讲学其中,欲以主持清议为己任。一时声气蔓延,趋附者几遍天下,互相标榜自立门户,而流品亦遂糅杂而不可问。天启中,魏忠贤乱政附阉,诸人因东林以起党狱;一时诛斥殆尽,籍其名颁示天下。至崇祯初,既定逆案,始大加收录死者,追恤生者擢用。而魏、崔余党尚在,竞思翻案,议论纠纷,小人之反复其间者,又各借东林之名,以张其气焰。是非蜂起,水火交争,彼此报复,迄明

---

① 1984. 明史·高攀龙列传. 北京:中华书局
② 1984. 明史·顾宪成列传. 北京:中华书局
③ 1984. 明史·顾宪成列传. 北京:中华书局

亡而后已。是编所载一百八十余人，盖即本于东林党人，榜及沈漼、温体仁等，雷平蝇蚋诸录以节义炳著者，汇载于前。余亦分传并列胪叙事迹，颇详其中。硕士端人固所不乏，而依草附木者，实繁有徒。其流品混淆，非但难语于宋之道学诸儒，亦未可拟于汉之党锢，而树帜分朋，干挠时政，其患卒隐中于国家。足知党论一开，贻害必有不可胜言者，此书仿龚颐正元祐党籍传之例，各加纪述于诸人之姓名、履贯，无不本末粲然，俾读者论世知人得以辨别贤奸，而推原，其致弊之，所以然其亦可为炯鉴矣。"

在这里，纪昀看得很清楚，东林党人所持的理论及其行为，"非但难语于宋之道学诸儒，亦未可拟于汉之党锢，而树帜分朋，干挠时政，其患卒隐中于国家"。顾宪成与高攀龙等人，打着维护程朱理学的旗帜，以反对王阳明的心学，而实际上东林党人并不同于宋之道学诸儒，也不同于东汉时期的党锢。他们"树帜分朋，干挠时政"。纪昀认为"其患卒隐中于国家"。纪昀站在封建国家的立场上并不赞成东林党人的做法。但东林党人的目的是在"干挠时政"，他是看得很清楚的。东林党人"国事、家事、天下事，事事关心"，开启了"经世致用"的先河，成为实学的先驱。

第五节　明末清初实学的兴起

明皇室的腐败终于引发了李自成、张献忠等暴风雨般的农民起义。明朝江山在这场声势浩大的农民起义中迅速走向了崩溃，明朝的最后一个帝王崇祯皇帝吊死在景山。吴三桂引清兵入关，共同击败了李自成率领的农民起义军。满清军队来到汉族地区后，实行残酷的种族统治，如"留发不留人"。满清令汉族人必须像满族人那样留辫子，否则就要杀头。清兵在扬州屠城十日。在汉人的血泊中，满人建立了大清王朝。这使得用儒家思想哺育起来的知识分子痛心疾首。士大夫们也很明白，明朝早就该亡了。《明史·流寇列传》云："明之亡，亡于流贼？而其致亡之本，不在于流贼也。"士人们对亡国进行认真的反思，他们认识到"理学"与"心学"空谈心性、义理，远离社会现实，从而使士人们匍匐在封建帝王的脚下，对封建帝王构不成任何威胁；但面对外族的入侵，"理学"与"心学"却是毫无办法的。

明末清初的汉族知识分子同时也认识到封建帝王专制残暴。明朝皇帝宠阉党、宠权臣，一手遮天，是阉党、权臣的总后台。没有封建帝王的专制，就不会有阉党、权臣的横行专权和腐败。明朝灭亡在明朝皇帝的手中，这是任何人都看见的、再清楚不过的事实。因此在明末清初的知识分子的心中产生了反对封建专制的思想，是必然的结果。

明末清初，我国东南沿海一带出现了资本主义的萌芽，自给自足的小农经济基础遭到冲击，对几千年封建社会的基础有所触动；又由于西方文明传入中国，我国知识分子开阔了视野，扩大了知识领域，汲取了西方文艺复兴时期的民主主义思想，对封建专制主义产生了怀疑。明末清初的思想家皆是具有民主主义思想萌芽的知识分子，如黄宗羲、顾炎武、王夫之、方以智等。这些人多是明末崇祯年间的进士，有些则是东林党人的后裔。他们皆参加了抗清斗争，当抗清斗争失败后，隐居乡里，著书立说，教授生徒，反对空谈之风，"言必征实"，① 主张经世致用，成为一代大师，有人称他们是实学家。在研究中，他们怀抱忧国忧民的理想，并提出了反对封建专制的主张，开明末清初民主思想之先河，是我国早期的民主主义的启蒙思想家。

一、黄宗羲的早期民主主义思想

黄宗羲，浙江余姚人。其父黄尊素是明朝天启年间的御史，是东林名士，因反对魏忠贤而冤死狱中。黄宗羲曾怀揣讼状到京城诉冤。此时崇祯皇帝已经即位，一些阉党业已被处死。"思宗即位，宗羲入都讼冤。至则逆阉已磔。即具疏请诛曹钦程、李实。会廷鞫许显纯、崔应元。宗羲对簿，出所袖锥，锥显纯，流血被体；又殴应元，拔其须归祭尊素神主前；又追杀牢卒叶咨、颜文仲，盖尊素绝命于二卒手也。时钦程已入逆案，实疏辨原疏非己出，阴致金三千求宗羲弗质，宗羲立奏之，谓：'实今日犹能贿赂公行，其所辨岂足信？'于对簿时复以锥锥之。狱竟，偕诸家子弟设祭狱门，哭声达禁中。思宗闻之，叹曰：'忠臣孤子，甚恻朕怀。'归，益肆力于学。愤科举之学锢人，思所以变之。既，尽发家藏书读之，不足，则钞之同里世学楼钮氏、澹生堂祁氏，南中则千顷堂黄氏、绛云楼钱氏，且建续钞堂于南雷，以承东发之绪。"② 黄宗羲强烈反对封建专制的民主主义思想与其家庭的不幸有密切的关系。

1644年，明朝灭亡。这时黄宗羲34岁，他义无反顾地参加反清的斗争，整整10年。他44岁时，由于抗清斗争的胜利无望，于是转而研究学问；晚年拒绝满清政府的征召，保持了高贵的民族气节。

黄宗羲一生著述丰富，主要有《易学象数论》、《孟子师说》、《明儒学案》、《深衣考》、《明文海》、《金石要例》、《明夷待访录》、《宋元学案》等书。

---

① 1986. 四库全书·四库全书总目·周易稗疏·提要. 台北：台湾商务印书馆景印本文渊阁
② 1977. 清史稿·黄宗羲列传. 北京：中华书局

黄宗羲对明朝以来的空谈之风，墨守成说、不敢有丝毫自己观点的社会风气，深恶痛绝。他在《孟子师说原序》中说，当今学者"既不能当身理会，求其着落；又不能屏去传注，独取遗经；精思其故，成说在前。此亦一述朱，彼亦一述朱，宜其学者之愈多，而愈晦也"。

《明儒学案·发凡》云："学问之道，以各人自用得著者为真。凡倚门傍户，依样葫芦者，非流俗之士，则经生之业也。此编所列有一偏之见，有相反之论，学者于其不同处，正宜着眼理会，所谓一本而万殊也。以水济水，岂是学问？"黄宗羲认为，做学问应该有自己的见解。如果是依样画葫芦，在水中再添一点水，根本没有自己的看法，是不能算作学问的。

黄宗羲对朱熹的人生只有昏浊颓塌之气的说法也是很反感的。《孟子师说》卷上："朱子说，人生时无浩然之气，只是有那气质昏浊颓塌之气。这浩然之气乃是养得。恁地，愚谓浩然之气，非固有如何养得。就其实昏浊颓塌之气，总是一气养之，则点铁成金不是。将好气来换却此气去也。朱子他日又言有道理的人心，便是道心，则得之矣。"

黄宗羲对明朝时期那种不学无术的风气更是气愤，对宋人的文集也不愿意看，这其实是对程朱学问的不满。他说："学莫先于立志，立志则为豪杰，不立志则为凡民。凡民之后兴者，草上之风必偃耳。吾因而有慨，如洛闽大儒之门下，碌碌无所表见，仅以问答传注，依样葫芦，依大儒以成名者，是皆凡民之类也。故吾读宋之文集，遇此等便不欲观。无奈世眼易欺，不敢置可否于其间，使此学日流于肤浅耳。"①

黄宗羲最可贵、最重要的是其民主主义的思想。他特别欣赏孟子的"民为贵、君为轻"的思想。他认为，作为国君、帝王应以民为主，否则就应该被放逐。他认为伊尹放太甲于桐宫与放桀于南巢，其含义是一样的。国君贤，就可以拥护他，不贤，就应该把他除去。他在《孟子师说》卷下说："伊尹之志以救民为主，所谓'民为贵，君为轻也'。放太甲于桐与放桀于南巢，其义一也。向使桀能迁善改过，未尝不可复立。太甲不能贤，岂可又反之乎？后世之视天下以为利之所在，故篡夺之心生焉。"

作为明朝亡国的臣子，黄宗羲对明朝灭亡的原因痛定思痛、认真反思。他说："元明之开创者，不可称不嗜杀人，而天下为威势所劫，亦就于一，与秦、隋无异，未常不延世久长，盖至此，而天道一变矣，遂不得不有逆取顺守之说，此尚论者之所痛心也。"② 但是他这段话决不仅仅是专指明朝后期的社会现象所说。黄宗羲已经从简单的家仇国恨上升到了对封建专制王朝的

---

① 1985. 黄宗羲全集·孟子师说（卷下）. 杭州：浙江古籍出版社
② 1985. 黄宗羲全集·孟子师说（卷上）. 杭州：浙江古籍出版社

认识。由此可见，黄宗羲的抗清，不是为明朝的灭亡，而是为了民族的大义。

黄宗羲在《明夷待访录》的《原君》、《原臣》两篇中对我国两千年来的封建国家专制帝王进行剖析。他说："古者以天下为主，君为客；凡君之所毕世而经营者，为天下也。今也以君为主，天下为客，凡天下之无地而得安宁者，为君也。是以其未得之也，涂毒天下之肝脑，离散天下之子女，以博我一人之产业，曾不惨然。曰：'我固为子孙创业也。'其既得之也，敲剥天下之骨髓，离散天下之子女，以奉我一人之淫乐，视为当然。曰：'此我产业之花息也。'然则为天下之大害者，君而已矣。"① 他指出，我们几千年来，就是为了帝王们一家一户的产业而去奋斗牺牲吗？因此，我们所为之奋斗的应该是"为天下，非为君也；为万民，非为一姓也"。国家是天下百姓的国家，而不是某一个人或某一家一姓的产业。"盖天下之治乱，不在一姓之兴亡，而在万民之忧乐。"②

黄宗羲认为，我国几千年来，帝王们金口玉言，以天子所是为是，以天子所非为非。天子的话就是法律，这是非常不应该的。天子之法是一家之法，是为了保护他们自己的既得利益之法，而不应该作为天下之法。他说："后之人主，既得天下，惟恐其祚命之不长也，子孙之不能保有也，思患于未然以为之法。然则其所谓法者，一家之法而非天下之法也。""天子之所是未必是，天子之所非未必非"，"法愈密而天下之乱即生于法之中，所谓非法之法也。"③ 黄宗羲认为，对于帝王们的肆意妄行，应该进行制约、监督，让帝王们也不敢胡作非为。

这是多么深邃、洞察世界的眼光，多么犀利尖锐的言辞！黄宗羲一针见血地揭露了封建社会本质，认为"天下之大害者，君而已矣"，表现出黄宗羲对封建专制制度的愤恨。

二、顾炎武的实学思想

顾炎武，江苏昆山人，原名绛，字忠清。明朝灭亡、清朝建立后，不愿意再以"忠清"为字，改名曰炎武，字宁人；因其家附近有亭林湖，人称亭林先生。顾炎武曾参加抗清斗争，由于不能胜利，转而研究学问。失败后，仍从事抗清活动，康熙时，征召博学鸿儒，顾炎武多次拒绝。他的主要著作有《日知录》、《天下郡国利病书》、《音学五书》、《亭林文集》、《历代帝王

---

① 黄宗羲.1981. 明夷待访录·原君. 北京：中华书局
② 黄宗羲.1981. 明夷待访录·原君. 北京：中华书局
③ 黄宗羲.1981. 明夷待访录·原法. 北京：中华书局

宅京记》、《亭林诗集》等。他的学问也多与政治有关。如《天下郡国利病书》的写作，是为抗清而对天下形势的研究。他遍游祖国各地，结交豪杰，观察山川形势，时刻意图恢复，挽救民族沦亡。康熙皇帝征召博学鸿儒，拉拢汉族知识分子，顾炎武多次拒绝，坚决不与满清贵族合作，表现出高贵的民族气节。

《四库全书总目》卷29《经部》云：顾炎武"博极群书，精于考证。国初称学有根柢者，以炎武为最"。清朝大学士李光地撰《榕村集》卷33《顾宁人小传》云："顾炎武，字宁人，吴之长洲人。自幼博涉强识，好为搜讨辩论之学。十三经、诸史、旁及子集、稗野列代名人、著述微文碎义，无不考究；骑驴走天下，所至荒山颓址，有古碑版遗迹，必披榛营、抉斑藓读之，手录其要以归。十余岁至七十而老，勤如一日，于六书音义尤独得。余始官庶吉士，曾相从为半日话。时余于音学无晓也……余闻言犹未省了，家居数载，追寻言绪未达者，自以意为之说。又七年复来京师，则宁人没矣。闻其书已成，亟求观之，所意者幸不谬然。宁人之学于是始窥其备。……顾氏之书，然后三代之文可复雅颂之音，各得其所语声形者，自汉晋以来，未之有也。"李光地也是一个很有学问的人，但是他如此的推崇顾炎武，可见顾炎武学问的广博。

顾炎武一生辛勤，"骑驴走天下"，学为致用。《四库全书》总纂官纪昀对顾炎武也多有评价。纪昀站在清王朝的立场上，对顾炎武的过激言论并不赞成，但对他的学问却持赞赏的态度，并看出了他对改变明朝空谈风气的作用。纪昀说："国初顾炎武、阎若璩、朱彝尊等，沿波而起，始一扫悬揣之空谈，虽其中千虑一失或所不免，而穷源溯委，词必有征，在明代考证家中可谓卓然独立矣。"① 又说顾炎武"惟其生于明末，喜谈经世之务，激于时事，慨然以复古为志。故其说或迂而难行，或愎而过锐"。②

顾炎武的门人潘耒在《日知录原序》中云："先生生长世族，少负绝异之资，潜心古学。九经诸史，略能背诵，尤留心当世之故，实录奏报，手自抄节；经世要务，一一讲求。当明末年奋欲有所自树，而迄不得。试穷约以老，然忧天悯人之志，未尝少衰，事关民生国命者，必穷源溯本，讨论其所以然。足迹半天下，所至交其贤豪长者，考其山川风俗，疾苦利病如指诸掌；精力绝人，无他嗜好。自少至老，未尝一日废书，出必载书数簏自随，旅店少休，披寻搜讨，曾无倦色。有一疑义，反复参考，必归于至。当有一独见，援古证今，必畅其说而后止。当代文人才士甚多，然语学问必敛衽推

---

① 1986. 四库全书·四库全书总目（卷119）. 台北：台湾商务印书馆景印本文渊阁
② 1986. 四库全书·四库全书总目·日知录序. 台北：台湾商务印书馆景印本文渊阁

顾先生。"潘耒的序其实是很切合实际的，顾炎武辛勤读书考究的情况跃然纸上。

顾炎武可以说是明朝的亡国之臣。他务实的主张也表现出对明朝的伤痛，代表了汉族知识分子的救国思想。他说："君子之为学，以明道也，以救世也。"① "明学术，正人心，拨乱世，以兴太平之事。"② 他认为，儒家经典是"天下后世用以治人之书"，"凡文不关六经之旨，当世之务者，一切不为"。③ 他认为，读书人怀着"孔子删述六经，即伊尹、太公救民于水火之心"研究经史，才是读书的真正目的。

顾炎武提倡"复古"。他在《日知录》中说"自八股行而古学弃，大全出而经说亡"。④ 纪昀曾说："顾炎武之流，欲使天下言语皆作古音，迂谬抑更甚焉。"⑤ 纪昀认为，顾炎武所提倡的"复古"是不可行的。他反对八股文但不反经学。他对封建专制的抨击也不如黄宗羲那样激烈。顾炎武当是明朝的忠臣，他的经世致用的思想带有明显的时代特征。

三、王夫之的民主主义思想

王夫之，字而农，号姜斋，湖南衡阳人。王夫之是明末清初杰出的思想家。明崇祯年间，王夫之26岁之时曾中明朝举人。明朝灭亡后，王夫之开始从事抗清斗争13年，胜利无望，转而研究学问，隐居在湖南衡阳的石船山，人称船山先生。王夫之的主要著作有《周易稗疏》、《尚书稗疏》、《诗经稗疏》、《春秋稗疏》等，另外还有《诗广传》、《读通鉴论》、《思问录》等。

清朝纪昀等人在编撰《四库全书》时对王夫之的著作评价很高。纪昀等人在《周易稗疏·提要》中说，王夫之在研究中，"经文又遇有疑义，乃为考辨；故不逐卦逐爻，一一尽为之说。大旨不信，陈抟之学亦不信，京房之术于先天诸图纬书杂说皆排之甚力，而亦不空谈玄妙，附合老庄之旨，故言必征实，义必切理，于近时说易之家为最有根据。……皆具有条理，卷帙虽少，固不失为征实之学焉"。在《春秋稗疏·提要》中说："在近人说经之中，颇有根柢。"在《诗经稗疏·提要》中说："叶韵辨一篇，持论明通，足解诸家之谬。"在《尚书稗疏·提要》中说："诠释经文，亦多出新意。"王

---

① 顾炎武．光绪十四年．亭林文集．与人书．朱氏校经山房
② 顾炎武．光绪十四年．亭林文集．日知录自序．朱氏校经山房
③ 顾炎武．光绪十四年．亭林文集．与人书．朱氏校经山房
④ 1986．四库全书·四库全书总目·经部礼类（三）．台北：台湾商务印书馆景印本文渊阁
⑤ 1986．四库全书·四库全书总目·卷首3．台北：台湾商务印书馆景印本文渊阁

夫之对儒学的抨击没有收进《四库全书》之中。

王夫之亲眼看到了明朝的灭亡。虽然明朝灭亡的根本原因并不仅仅是由于空谈，王夫之认为，空谈毫无用处，空谈是误国的，这确是实际情况。他认为孔子才是儒学之正宗，而孔子以后的都不是真正的儒家，而是一种"伪儒"，因此对汉唐宋元以来的儒学进行了激烈的批判。王夫之对董仲舒的谶纬学说进行批判。他说，汉代的儒家把"经术之变，溢为五行灾祥之说"。① 王夫之认为，"宋末胡元之世，名为儒者，欲闻格物之正训，而不念格之也将以何为"？这样对儒学的研究，"于身心何与邪？于伦物何与邪？于政教何与邪"？②

王夫之对二程、朱熹"存天理、灭人欲"的观点进行了猛烈的抨击。"人欲"与"天理"是不可分的。人的某些欲望，如吃饭穿衣、结婚生子，就是人们生存的必需，也是社会发展的必要条件，是不应该灭的。这些欲望就是天理。他说，"理在欲中"，"其欲即天之理"，"其理即人之欲"。③ 欲望是人人都有的，包括圣人也有欲望，理和欲是不可分的。他特别提出，振兴国家的欲望当然也应该算作天理，这样的理与欲是否是一致的呢？二程、朱熹的"存天理、灭人欲"，就是要人们根除正当的生活需求，就范在专制统治者荒唐的无理的所谓"天理"之中。

王夫之对孔子以后的儒家学说进行了全面的批判，这在历史上也是少有的。他是我国早期具有民主主义意识的思想家。

---

① 王夫之. 1975. 读通鉴论·卷五. 北京：中华书局
② 王夫之. 1975. 读通鉴论·卷十七. 北京：中华书局
③ 王夫之. 1975. 读四书大全说·卷四. 北京：中华书局

第十章
清朝儒学的兴衰

清王朝建立后,清朝统治者为了能在中国站住脚跟,也为了拉拢汉族知识分子,他们采取儒学治国的方式,以拉近满族与汉族的距离。但是清朝贵族对汉族知识分子又是非常不信任的,实行残酷的文字狱,使得许多汉族知识分子缄口而埋头于对儒学经典的考据。另外,清朝时期,世界已经发生了翻天覆地的变化。1640年,英国工业革命成功,此后欧洲列国的资产阶级革命相继取得了胜利,成为工业强国。新兴的资产阶级急于向外发展,寻找财富。古老的中国成为他们垂涎的目标。西方列强用洋枪大炮轰开了中国的大门,对中国进行残酷的侵略和掠夺。中国几千年来用于治国的儒学,在外来侵略者的面前显得那样无力。这使得中国知识分子痛心疾首。中国要进步、制度要改革,相继出现了一大批要求学习西方的先进的中国人,如魏源、龚自珍等,出现了洋务运动,出现了急风暴雨般的农民起义——太平天国运动等。这些引起了清朝儒学的全面衰退。

儒学是封建国家赖以立命的理论依据。离开了儒学理论,封建贵族还有什么存在的基础?清朝贵族为了稳住自己的统治基础不被破坏,提出了"中学为体,西学为用"的口号,也就是说,在治理国家方面,仍以中国传统的儒学为主,学习西方,只是从科学技术方面去学习。这种国策实际上阻止了中国的进步,也限制了中国的发展,从而使中国沦为了殖民地、半殖民地。一直到孙中山领导的资产阶级辛亥革命,儒学治理国家的意义才被全部摒弃,但儒学作为在中国存在了两千多年的学说,其光辉部分仍然是中华民族的优秀传统文化,凝聚了中华民族的精神,是值得我们继承的。

第一节 清初儒学的复兴

明末清初之际,虽然出现了强大的民主主义思潮和实学思潮,如黄宗羲、顾炎武、王夫之等人在学术界产生了极大的影响。但是这些人皆是隐居山林、不与清朝统治者合作的学者，所以当时他们的思想仍然不能影响朝政。清朝初年，清朝贵族仍然按照中国传统的方式，以儒学治国。

满人入关之前以及清朝初年，满州贵族已经懂得在与汉人的斗争中必须以儒学去争取民心的斗争艺术。其中，汉族知识分子范文程就是满族的高参。清王朝建立后，满州贵族进一步认识到儒学对他们统治的意义，于是像我国历代王朝一样，以儒学治国，使儒学迅速复兴，并且出现了清初的康乾盛世。

一、清初儒臣范文程

范文程是清朝初年重要的儒臣。他在满州贵族夺取明朝江山的过程中起着重要的作用。尊孔孟、开科举、兴儒学，以儒学治国，就是儒学家范文程为清王朝所制定的国策。

范文程，字宪斗，宋朝范仲淹之子范纯仁的第17世孙。明初，范文程的先世一支自江西谪沈阳，遂为沈阳人，居抚顺所。范文程的曾祖范鏓，是明正德年间的进士，官至兵部尚书，《明史》上有范鏓的列传。

满人入关以前，范文程及其兄文寀因看明朝腐败无望，1618年努尔哈赤打下抚顺之时，投靠了满州贵族。努尔哈赤认为他是名臣之后，善待之。范文程从此成为辅助清朝南征北战、制定各项政策的大臣。

范文程少好读书，颖敏沉毅，与其兄文寀并为沈阳县学生员，是用儒家思想哺育起来的知识分子。他丰富的学识和敏锐的头脑使他很快成为满州的重臣，参与满州贵族各项重大问题的决策。"破旅顺，收平岛，讨朝鲜，抚定蒙古，文程皆与谋。""文程所典皆机密事，每入对，必漏下数十刻始出；或未及食息，复召入。上重文程，每议政，必曰：'范章京知否？'脱有未当，曰：'何不与范章京议之？'众曰：'范亦云尔。'上辄署可。文程尝以疾在告，庶务填委，命待范章京病已裁决。抚谕各国书敕，皆文程视草。初，上犹省览，后乃不复详审，曰：'汝当无谬也。'"①

关于范文程受重用的情况，史籍多有记载："崇德元年五月，授秘书院大学士。初八旗置都统，众议首推文程。太宗曰：'此职一军耳，朕方资为心膂，其别议之。'时文程所领皆枢密事，每入对必漏下数十刻始出，或未及食息，复奉召入。凡宣谕各国敕书率撰拟以进，至是改文馆为内三院，遂有是命。"② 由此可见，范文程是清初依赖的重臣。

满族实际就是灭亡北宋的金人。汉族对金人怀有很深的成见与仇恨，因

---

① 1977. 清史稿·范文程列传. 北京：中华书局
② 1986. 四库全书·钦定八旗通志·范文程传. 台湾商务印书馆景印本文渊阁

此清初金人入主中原时，金人为了避讳这一点，改族名为满，改国名为清。范文程是后金贵族依赖的重臣，他的话和建议皆是满州贵族攻打明朝和胜利后立国过程中的指导思想。在辅助满州贵族立国的过程中，范文程以儒家思想为指导。

太祖高皇帝（努尔哈赤）天命六年（1621年），"内三院大学士范文程等奏请于满汉蒙古内考取生员举人"。"四年，定新选庶吉士分书教习。时内院大学士范文程等奏言，新庶吉士周启寓等二十员应同前科庶吉士分别读满汉书，命学士查布海、蒋赫德等一并教习。八年，吏部奏言各旗子弟率多英才可备循良之选，但学校未兴，制科未行耳。"①

太宗（皇太极）天聪十年（1637年），"上幸内院，阅大计，疏谓大学士范文程等曰：'贪吏何其多也，此辈平时侵渔小民。兹当大计之年，亦应戒惧。'文程奏曰：'彼平居未仕时，亦知贪吏不可为，一登仕籍则见利智昏矣'"②。

当多尔衮率师伐明时，范文程上疏云："今当申严纪律，秋毫勿犯，宣谕进取中原之意：官仍其职，民复其业，录贤能，恤无告。大河以北，可传檄定也。"③

当清军攻下北京之后，范文程又曰："好生者天之德也，古未有嗜杀而得天下者。国家止欲帝关东则已，若将统一区夏，非乂安百姓不可。""翌日，驰赴军中草檄，谕明吏民言：'义师为尔复君父仇，非杀尔百姓，今所诛者惟闯贼。吏来归，复其位；民来归，复其业。师行以律，必不汝害。'檄皆署文程官阶、姓氏。"④

清朝贵族采纳范文程的建议，攻下北京后，为崇祯皇帝发丧，安抚孑遗，百度草创，举用废官，搜求隐逸，甄考文献，更定律令，广开言路，招集诸曹胥吏，征求册籍。这些皆是符合儒家思想的做法。

顺治皇帝即位后，"顺治元年，定举行乡会试，年分会试定于辰戌。丑未年各直省乡试，定于子午卯酉年。凡举人不系行止黜革者，仍准会试"⑤。

顺治二年（1645年），清朝平定江南。文程上疏言："治天下在得民心。士为秀民，士心得，则民心得矣。宜广其途以搜之，请于丙戌会试，后八月再行乡试，丁亥二月再行会试。"范文程的建议得到了朝廷的同意。顺治皇

---

① 1986. 四库全书·皇朝文献通考·选举考. 台湾商务印书馆景印本文渊阁
② 1986. 四库全书·皇朝文献通考·选举考. 台湾商务印书馆景印本文渊阁
③ 1977. 清史稿·范文程列传. 北京：中华书局
④ 1977. 清史稿·范文程列传. 北京：中华书局
⑤ 1986. 四库全书·皇朝文献通考·选举考（一）. 台湾商务印书馆景印本文渊阁

帝"从之"。①

顺治十年（1654年），范文程上复与同官疏："请敕部院三品以上大臣，各举所知，毋问满、汉、新、旧，毋泥官秩高下，毋避亲疏恩怨，举惟其才，各具专疏，胪举实迹，置御前以时召对。察其论议，核其行事，并视其举主为何如人，则其人堪任与否，上早所深鉴，待缺简用。称职，量效之大小，举主同其赏；不称职，量罪之大小，举主同其罚。"上特允所请。

对内，清朝政府采取有利于生产的政策。顺治年间，清王朝曾根据儒臣范文程的建议，在湖广、江西、河南、山东、陕西5省兴屯田，"官吏俸廪，初年出兴屯母财，次年以所获偿。自后皆出所获，官增而俸不费。屯用牛，若谷种，若农器，听兴屯道发州县仓库以具。屯始驻兵，地荒芜多而水道便者，以次及其馀。地无主，若有主而弃不耕，皆为官屯。民原耕而财不足，官佐以牛若谷种，分所获三之一，三年后为民业。编保甲，使助守望，绝奸宄。若无财，官畀以佣值。民将道饥，流亡当大集。初年所获粮草，听屯吏储留，出陈易新，为次年母财；有馀，畀近屯驻军，勿为额以取盈。三年所获浸多，僦舟车运以馈饷。毋烦屯吏，毋役屯民，毋用牛"②。这些疏议深得顺治皇帝的赞同，从而成为清朝初年的政策，使清朝的经济迅速恢复。雍正、乾隆年间又实行"摊丁入亩"的政策，废除了几千年来的人头税，废除了手工业者的匠籍制度，减轻了农民、手工业者对国家的人身依附关系，刺激了农民、手工业者的生产积极性。社会经济迅速发展繁荣。

范文程的这些上疏均得到清初皇帝的肯定与赞赏，成为清初的既定国策。由此看来，满人入关之前以及清朝初年，满州贵族是在儒家思想的指导下，完成了灭亡明朝的大业，而建立起大清王朝的。

二、清朝皇室对儒学的尊崇

清朝初年，满州贵族为了他们在汉族地区的统治，把儒学提到一个新的高度，有过于历代王朝。

在选举制度方面，清王朝承大明制度，采用五经四书为考试内容的科举制度。

《钦定国子监志》卷1记载："世祖章皇帝定鼎京师，首诏崇祀，以著万世道统之宗列圣，崇儒典学，隆仪迭举，煌煌纶綍，教思无穷。我皇上绍一贯之心，传综百王之道法，德音流播，寰宇向风，国学承流，近光尤切，猗欤盛哉。《书》所谓'皇极敷言，是彝是训'。"世祖章皇帝，就是顺治皇帝。

---

① 1986. 四库全书·钦定八旗通志·范文程. 台湾商务印书馆景印本文渊阁
② 1977. 清史稿·范文程列传. 北京：中华书局

也就是说，当清朝刚在北京建都之时就已经开始崇尚儒学。顺治元年，又给礼部下诏谕云："先师为万世道统之宗，礼当崇祀，昭朝廷尊师重道至意。"

关于设立学校、科举取士，满州贵族在建国之前就开始了。崇德六年（1642年），"内三院大学士范文程等奏请于满、汉、蒙古内考取生员举人。上从容谕曰：忠经有云：在官惟明，莅事惟平，立身惟清，听不可以不聪，视不可以不明。清则无欲，平则无曲，明能正俗，聪则审于事，明则辨于理。尔等当善体此言，从公考校，寻考取中式举人。满洲鄂谟克图、蒙古杜当、汉人崔光前等，七人各赐缎朝衣一领，生员满洲科尔科代等缎布有差"①。

大清王朝建立后，建学校、设科举是立国的首要任务。《清史稿·选举志一》云："有清学校，向沿明制。京师曰国学，并设八旗、宗室等官学。直省曰府、州、县学。世祖定鼎燕京，修明北监为太学。顺治元年，置祭酒、司业及监丞、博士、助教、学正、学录、典籍、典簿等官。设六堂为讲肄之所，曰率性、修道、诚心、正义、崇志、广业，一仍明旧。"

关于科举取士，《清史稿·选举志三》云："有清科目取士，承明制用八股文。取四子书及易、书、诗、春秋、礼记五经命题，谓之制义。三年大比，试诸生于直省，曰乡试，中式者为举人。次年试举人于京师，曰会试，中式者为贡士。天子亲策于廷，曰殿试，名第分一、二、三甲。一甲三人，曰状元、榜眼、探花，赐进士及第。二甲若干人，赐进士出身。三甲若干人，赐同进士出身。乡试第一曰解元，会试第一曰会元，二甲第一曰传胪。悉仍明旧称也。"

清朝顺治皇帝是非常佩服明太祖朱元璋的。有清一代，俱承明制。"顺治十年癸巳正月丙申，上幸内院阅通鉴，谕大学士范文程、额色黑、甯完我、陈名夏等曰：'上古帝王圣如尧舜，固难与比伦，其自汉高以下，明代以前，何帝为优？'文程等奏曰：'汉高祖、文帝、光武、唐太宗、宋太祖、明太祖，俱属贤君。'上曰：'此数君又孰优？'名夏奏曰：'唐太宗似过之。'上曰：'朕以为历代贤君莫如明太祖。即唐太宗并数君，德政皆有善者，有未尽善者。至明太祖所定制度、章程、规画周详，历代之君实皆不及也。'文程等对曰：'诚如。'"② 由此可见，清朝皇帝对明朝制度、特别是尊儒制度是非常推崇的，故在学校科举制度方面完全遵循明制。

康熙皇帝更是醉心于儒学，而且特别推崇程朱理学。他说："朕自冲龄，笃好读书，诸书无不览诵。每见历代文士著述，即一句一字，于义理稍有未

---

① 1986. 四库全书·皇朝文献通考·选举考（一）. 台湾商务印书馆景印本文渊阁
② 1986. 四库全书·世祖章皇帝圣训·论治道. 台湾商务印书馆景印本文渊阁

安者，辄为后人指摘。惟宋儒朱子注释群经，阐发道理，凡所著作及编纂之书，皆明白精确，归于大中至正经，今五百余年，知学之人，无敢疵议。朕以为孔孟之后，有裨斯文者，朱子之功最为宏巨，应作何崇礼表彰？著内阁九卿詹事科道会同详议，具奏。"①

孔子在清朝受到的尊崇也是空前的。雍正皇帝下诏提出要追封孔子后裔，说："至圣先师孔子，道冠古今，德参天地，树百王之模范，立万世之宗师。其为功于天下者至矣。而水源木本，积厚流光，有开必先，克昌厥后。则圣人之祖考，宜膺崇厚之褒封，所以追溯前徽不忘所自也。……又谕礼部：五常，为百行之本。天地君亲师，人所并重。而天地君亲之义，又赖师教以明。自古师道无过于孔子，诚首出之圣也。我皇考崇儒重道，超轶千古，凡尊崇之典，无不备至。朕皇考教育，自幼读书心切，景仰欲再加尊崇，更无可增之处。故勅部追封孔子先世五代，今部议封公。上考前代帝王皆有推崇之典，唐明皇封谕礼部：孔子道冠古今，为万世师表，薄海内外，无不俎豆尊崇。国学乃四方表率，其制尤重。"②

清朝历代皇帝对孔子的尊崇也无以复加，雍正皇帝就封孔子的先代为公，以表示对孔子的敬仰。

乾隆皇帝6次下江南，皆要到曲阜去祭拜孔子。乾隆二年，"谕礼部先师孔子，圣集大成，教垂万世。我皇祖圣祖仁皇帝、皇考世宗宪皇帝，亲诣辟雍，登堂释奠。儒臣进讲经书，诸生圜桥观听。雍雍济济，典至盛也。朕祇承丕绪向慕，心殷国学，文庙特命易盖黄瓦，以展崇敬。俟工程告竣之日，朕躬诣释奠"③。中国古代极重等级，只有帝王宫殿上才能用黄瓦，其他任何人用都以犯上作乱论罪，被认为有篡夺皇位的野心，其罪行是该杀头的。清朝皇帝下旨，文庙的建筑可用黄瓦，是尊孔子与帝王同列。清朝历代皇帝对京师孔庙皆有题额。北京文庙的碑文上有"天不生仲尼，万古如长夜"的句子，清朝皇帝把孔子当成其政权的保护神。

三、康乾盛世

清朝推崇儒学，对清初的政治确实起到了极大的作用。如前所述，大清王朝建立后，首先设学校、开科举，通过科举选拔官吏，特别是康熙一朝不断地对明朝有名的学者士人征召，又开博学鸿儒科，使许多知识分子登上了清朝的政治舞台，由此团结了大批的汉族知识分子。

---

① 1986. 四库全书·钦定国子监志. 台湾商务印书馆景印本文渊阁
② 1986. 四库全书·钦定国子监志（卷1）. 台湾商务印书馆景印本文渊阁
③ 1986. 四库全书·钦定国子监志（卷1）. 台湾商务印书馆景印本文渊阁

　　这些汉族知识分子成为大清王朝官吏，当时虽然有一部分曾在明朝中过举人、进士的知识分子，如黄宗羲、顾炎武、王夫之等人保持高尚的民族气节，坚决不与清统治者合作之外，大批的知识分子找到了归属感。他们开始把清朝当成历史上的一个朝代，也把清朝皇帝当成自己可以为之献身卖命、尽忠尽职的君王。这些人亦是用儒学哺育起来的知识分子，他们为清朝初年社会稳定及发展繁荣作出了重要的贡献。

　　顺治、康熙年间，清王朝虽然已经夺取了政权，但是非常不稳定。当时中国的南方，如西南、东南、台湾、北方等地反清斗争的势力非常强大。而且明末多年的战乱使经济非常残破。在这种情况下如果没有汉族知识分子的支持，清朝贵族是很难在中国站住脚的。当时的魏裔介、熊赐履、李光地等，皆是为清朝贵族做出了极大贡献的汉族大臣。

　　魏裔介是顺治三年（1646年）进士，选庶吉士，康熙皇帝的吏部尚书；三年，拜保和殿大学士。《清史稿·魏裔介列传》记载，顺治五年，魏裔介上疏请举经筵及时讲学，以隆治本。又言："今天下初定，屡奉诏蠲赋，而畿辅未霑实惠，宜切责奉行之吏，彰信于民。"顺治九年（1652年），又言："摄政王时，隐匿逃人，立法太严，天下嚣然，丧其乐生之心。后以言官陈说，始宽其禁，责成州县，法至善也。若舍此之外别有峻法，窃恐下拂人心，上干天和，非寻常政治小小得失而已。"

　　是时，中国的南方有南明桂王政权，郑成功占据台湾；在西南地区，刘文秀起于川南，孙可望居于贵州，李定国驻守于西粤，张名振居于海岛。在这种情况下，魏裔介疏言："为目前进取计，蜀为滇、黔门户，蜀既守而滇、黔之势蹙，故蜀不可不先取。此西南之情形也。粤西稍弱，昨岁桂林之役未大创，必图再犯，以牵制我湖南之师。宜令藩镇更番迭出，相机战守。此三方者，攻瑕宜先粤西。粤西溃则可望胆落，滇、黔亦当瓦解。""成功作乱海上，我水师无多，惟于沿海要地增兵筑堡，使不得泊岸劫掠，然后招其携贰，散其党与，海患可以渐平。"魏裔介的这些上疏，确实属于内行者的分析，对清初统治者迅速平定各股力量起了不可估量的作用。《清史稿·魏裔介列传》卷49曰："圣祖崇儒重道，经筵讲论，孜孜圣贤之学，朝臣承其化，一时成为风气。裔介久官台谏，数进谠言，为忧盛危明之计，自登政府，柴立不阿，奉身早退，有古大臣之风。赐履刚方鲠直，疏举经筵，冀裨主德，庶乎以道事君者欤？光地易久历中外，得君最专，而疑丛业集，委蛇进退，务为韬默。圣祖尝论道学不在空言，先行后言，君子所尚。夫道学岂易言哉？"

　　李光地是福建的名士，当时郑成功之子郑经以及耿精忠都曾召他共同谋事，但李光地认为他们不能成就大事，于是不赴召，反而把郑经与耿精忠的情况向清朝报告。康熙十三年（1674年），"耿精忠反，郑经据泉州，光地奉亲匿山谷间，经与精忠并遣人招之，力拒。十四年，密疏言：'闽疆褊小，自二贼割据，诛求敲扑，民力已尽，贼势亦穷。南来大兵宜急攻，不可假以岁月，恐生他变。方今精忠悉力于仙霞、杉关，郑经并命于漳、潮之界，惟汀州小路与赣州接壤，贼所置守御不过千百疲卒。窃闻大兵南来，皆于贼兵多处鏖战，而不知出奇以捣其虚，此计之失也。宜因贼防之疏，选精兵万人或五六千人，诈为入广，由赣达汀，为程七八日耳。二贼闻急趋救，非月馀不至，则我军入闽久矣。贼方悉兵外拒，内地空虚，大军果从汀州小路横贯其腹，则三路之贼不战自溃。伏乞密敕领兵官侦谍虚实，随机进取。仍恐小路崎岖，须使乡兵在大军之前，步兵又在马兵之前，庶几万全，可以必胜。'置疏蜡丸中，遣使间道赴京师，因内阁学士富鸿基上之"。十九年，光地至京师，授内阁学士，入对，言："郑经已死，子克塽幼弱，部下争权，宜急取之。"且举内大臣施琅习海上形势，知兵，可重任，"上用其言，卒平台湾"①。李光地为清王朝平定东南沿海以及收复台湾可谓立下了汗马功劳。如果不是李光地呕心沥血地为清统治者的筹划，清王朝是不会那么迅速地平定东南的。

清初的汉族武臣也是人才济济，如镇守西北的张勇、赵良栋、王进宝、孙思克等为"河西四将"。"河西四将，以勇为冠，忠勇笃诚，识拔裨佐，同时至专阃，奉指挥维谨。高宗许为古名将，允哉！"特别是张勇，"身经数百战，克府五、州县五十，右足中流矢，伤骨，不能履，常以肩舆督战。临敌若无事，而智计横出，每以寡胜众。居恒恂恂退让，宾礼贤士。用人尽其材，其所甄拔，往往起卒伍为大将，良栋、进宝尤其著者也"②。又平定西南的蔡毓荣、董卫国等。"毓荣统绿旗兵下云南，廉清不逮赵良栋，战绩与相亚。哈占镇陕西，卫国定江西，有德略四川，督饷治军，其于戡乱皆与有功。云南既下，抚绥安集之绩，毓荣开之，继文成之，自是西南遂底于平矣。"③

清朝贵族在灭亡明朝的过程中，一部分汉族官员背叛明朝降清，对清人的入关立下了汗马功劳，被满清贵族封为驻守一方的"王"。如尚可喜镇广东，耿精忠镇福建，吴三桂镇云南、贵州，并称"三藩"。吴三桂骄恣最甚，最终酿成了三藩之乱。而这时也是汉族武臣出谋献策，武力平藩。"顺治初，

---

① 1977. 清史稿·李光地列传. 北京：中华书局
② 1977. 清史稿·张勇列传. 北京：中华书局
③ 1977. 清史稿·蔡毓荣列传. 北京：中华书局

儒学与中国政治

汉兵降，犹分隶汉军；其后抚定诸行省，设提镇，置营汛，于是有绿营。以绿营当大敌，建懋定之绩。自三藩之役始，蔡毓荣、赵良栋将绿营直下云南诸行省，以战伐显者，如国祚辈，皆彰彰有名氏，而治都、芳功尤著。贞治屯垦，奋起效绩，不烦饷运，盖更有难能者。腹心爪牙，由此其选矣。"①

清朝初年，郑成功三代占据台湾，对清王朝是极大的威胁，当时也是杨捷、万正色、蓝理、姚启圣、施琅等汉臣的谋划、征伐而攻破的。《清史稿·杨捷列传》曰："郑氏为海疆患三十余年，捷、正色扞卫艰难，内定泉、漳，外收金、厦；英、理遂佐施琅越海恢疆，而理尤忠奋，称虎将。……悍寇死战，御之艰，克之尤伟矣！"这些记载说明为大清王朝作贡献的汉族臣子对清朝皇帝的忠诚。他们当是在清王朝儒学思想的感召下，为大清王朝卖命的。

康熙时期的于成龙、乾隆年间的纪晓岚等大批的知识分子为清王朝初年的稳定与繁荣作出了巨大的贡献。在清朝贵族儒学思想的感召下，他们利用所学的知识以及对汉族地区政治制度及风俗人情的了解，把清朝当成为之奋斗的事业，当作为之尽忠的一代朝廷。在这些汉族文武大臣的竭诚辅助之下，清王朝出现了康乾盛世。

第二节　清代乾嘉学派及其影响

清朝前期，经过清朝皇帝的励精图治，清王朝走上其鼎盛时期。康乾盛世的出现，为儒学的复兴创造了物资条件。但由于清朝皇帝不是汉族人，故在许多政策上不可避免的实行种族歧视，并兴起了残酷的文字狱。这样又使许多知识分子缄口，走上了儒学经典考据的治学道路，从而出现了乾嘉学派。乾嘉学派的出现对我国的学术研究有非常重大的意义。

一、清初经济的恢复及残酷的文字狱

清代乾嘉学派当兴起于清顺治时期。康熙年间，清王朝相继扫平了南明桂王政权、平息了"三藩之乱"，又进军台湾，迫使郑成功的孙子郑克塽回归，完成了祖国的统一。满清王朝北面打败了沙皇俄国对东北的侵略，在西南实行"改土归流"政策，巩固了中央政权在西南的统治。满清王朝统治时期是中国历史上疆域最大的时期。

---

① 1977. 清史稿·赵国祚列传. 北京：中华书局

232

但是满族就是灭亡北宋的金人,又由于他们相对汉族来说是异族。异族人来统治华夏民族,本身就招致许许多多汉人对他们的仇恨。如当时的黄宗羲、顾炎武、王夫之等,不仅不与他们合作,而且进行反清斗争。当然还有更重要的反清政权、反清武装,如拒守台湾的郑成功、川南的刘文秀、贵州的孙可望、西粤的李定国、海南岛的张名振等。另外,清朝分封的"三藩",尚可喜镇广东、耿精忠镇福建、吴三桂镇云南,也是强大的威胁清初统治的割据势力。

清朝贵族对汉族知识分子是不信任或者是非常怀疑的。当汉族军队降清后,编为绿营。再打仗时,以汉族绿营兵打头阵,当然死伤的是汉族兵了。如《清史稿·赵国祚列传》云:"顺治初,汉兵降,犹分隶汉军;其后抚定诸行省,设提镇,置营汛,于是有绿营。以绿营当大敌,建懋定之绩。"这种情况,大概到汉族兵在平三藩之乱中立了大功后,才有所改变。

清朝贵族对汉族大部分知识分子是不信任的。文化远远地落后于汉族的满族,乘中原地区的内乱进入华夏庙堂统治,面对汉族的广大民众,他们的心中难免是恐惧、不安、甚至自卑的。这种自卑会转化成多疑、残忍、凶暴。清朝,特别是康熙、雍正、乾隆三朝兴起残酷的文字狱,对知识分子实行无情地杀戮,充分地表现了清统治者的多疑和残忍。

清朝康熙年间,浙江乌程县(今湖州市)人庄廷鑨家富,但目盲,慕古人"左丘失明,乃作国语"的事迹,希望也能有传之后世的书籍,也想在学问上有所成就,留名青史。当时,有明朝大学士朱国桢留下一部《明史》遗稿,庄廷鑨将书稿买来,进行整编增补崇祯一朝事,刻印刊行。当时归安县知县吴之荣看到庄廷鑨整编增补的《明史》后,遂告发《明史》用"南明"年号,不用清朝年号,对清朝祖先时直呼其名,属于大不敬。清朝统治者把庄廷鑨掘墓戮尸,庄允诚押送京城打死。庄家被抄家灭口,"时江楚诸名士,列名书中者皆死"。湖州太守谭闵、刻字工人和卖书者皆被杀戮。而告密者自然青云直上了。[1] 这就是著名的"明史案",此案是清代文字狱第一案,开了清代文字狱陷害文人之先河。

康熙时期,桐城人戴名世(1653~1713年),号南山,著有《南山集》。《南山集》多引用方孝标《滇黔纪闻》所记的观点。方孝标亦桐城人,曾在云南吴三桂手下做过官。三藩之乱被平后,方孝标降清。方孝标作有《滇黔纪闻》,他在此书中认为,"南明"政权不应该称作"伪政权"。书中所用的年号亦南明年号。康熙皇帝知道后,方孝标已死,被掘坟剖棺戮尸。戴名世

---

[1] (清)全祖望.1919.鲒埼亭集.商务印书馆

处斩,"法至寸磔,族皆弃市,未及冠笄者发边,""方氏有服者皆坐死"。①

雍正朝的文字狱更是无中生有。最著名的"查嗣庭狱"。查嗣庭曾任江西主考官,他出科考题目《维民所止》。"维民所止",本是《诗经·商颂》中一句话,其意是"百姓居住的地方"。但其仇家对这句话大加发挥,向朝廷告发,说"维止",去掉了"雍正"二字的字头,其意是要杀雍正皇帝。雍正皇帝将查嗣庭逮捕问罪,查嗣庭死于狱中,又被戮尸,全家抄没。②

雍正朝的另一起文字狱案是"吕留良案"。吕留良（1629～1683年),字用晦,号晚村,浙江崇德（今浙江桐乡县）人。吕留良家在明朝世代为官,为避清廷的"博学鸿儒科"征召,削发为僧,表现出了高尚的民族气节。吕留良著有《吕晚村先生文集》、《续集》、《吕晚村先生诗集》、《惭书》及《四书语录》、《四书讲义》等。吕留良的书鼓吹反满思想,强调"华夷之分",对当时的知识分子影响很大。湖南有一个人曾静,受吕留良书的影响极大。曾静听说川陕总督岳钟琪自称是岳武穆（岳飞）之后,即遣门生张熙到西安,策动其起兵反清。岳钟琪假装接受其建议,张熙把其师曾静怎样受吕留良书的影响告诉了岳钟琪。岳钟琪逮捕了张熙,并将此事报告雍正皇帝。此时,吕留良已死。雍正皇帝对吕留良剖棺戮尸,并将吕氏子孙、门生及刻书藏书之人全部治罪。曾静由于改口赞颂雍正皇帝,被释放回籍。雍正把曾静的口供和他的谕旨合编成一本书,取名为《大义觉迷录》,颁发全国③,以教育国民,并洗刷社会上所传的及吕留良书中所说的有关雍正皇帝的"谋父"、"逼母"、"弑兄"、"屠弟"的罪行。

乾隆朝的文字狱案更多,大约有百起之多,而且多是无稽。当时有一退休的大理寺卿尹家圳上奏折,认为其父在儒学方面贡献很大,请求把清代的重臣李光地、唐彬、范文程及其父皆放进孔庙从祀,当然尹家圳的目的主要是为其父上疏。乾隆皇帝阅后大怒,下令将尹家圳拿交刑部治罪,并抄其家;后又改为家属不必连坐,称"加恩"。④

乾隆朝的另一文字狱案是"胡中藻狱"。胡中藻是乾隆朝内阁学士,乾隆十三年（1748年）2月任广西学政,所出的考题中有"乾三爻不象龙说"。"龙"与"隆"谐音,被认为是诋毁乾隆年号。另外,胡中藻所作的《坚磨生诗抄》中有一句是"一把心肠论浊清",认为"加浊字于国号之上,

---

① （清）全祖望. 1919. 鲒埼亭集. 商务印书馆
② 1965. 清代文字狱档（第一辑）. 上海:上海古籍出版社
③ 1965. 清代文字狱档（第一辑）. 上海:上海古籍出版社
④ 1965. 清代文字狱档（第一辑）. 上海:上海古籍出版社

是何肺腑？"于是乾隆就把胡中藻杀掉了。①

《字贯》案也是乾隆时期的一大文字狱。当时有一江西新昌人王锡侯，认为《康熙字典》收字太多，而且对字与字之间的联系没有写明，于是经数年努力，写出一本《字贯》，其意是字与字之间的贯穿联系。结果，被仇家告发，说王锡侯"贬毁圣祖"，并且在《提要·凡例》里面没有将康熙、雍正、乾隆的名字避讳。乾隆皇帝大怒，将王锡侯斩立决，家属发配。

江苏东台县举人徐述夔著有《一柱楼诗集》，诗中有："清风不识字，何必乱翻书"，"大明天子重相见，且把壶儿搁半边"的句子，被认为是讥讽满清人无文化，"壶儿"乃"胡儿"之谐音，被认为辱骂大清朝，思念明朝，被仇家告发。而此时徐述夔与其子皆死，乾隆于是将父子二人剖棺戮尸，将其孙子斩首，其族人多死于此事。

乾隆二十二年（1757年），布政使彭家屏，河南夏邑县人，家中藏有明末野史数种，被处死。乾隆帝为此大怒，下令"此后臣民中若仍不知悛改消灭，天道必不自容，令其败露，亦唯随时治以应得之罪耳"②。

乾隆帝由此开始了大规模的搜毁反清书籍运动。乾隆皇帝下诏令云："若见集有诋毁本朝之书，或系秽官私载，或系诗文专集，应无不共知切齿，岂有尚听其潜匿流传，贻惑后世者"，"承办之督、抚等亦难辞咎。"③ 乾隆年间，编写了大型的文献《四库全书》，虽然保存了许多历史文献，但毁书也不计其数。乾隆皇帝说："明季末造，野史者甚多。其间毁誉任意，传闻异同，必有抵触本朝之语，正当及此一番查办，尽行销毁。"④ 当时仅江浙一带收缴大量违禁图书。据粗略统计，江西8000多册，浙江4000多册，江苏10000多册，尽行销毁。

清朝统治者的敏感多疑，使许多知识分子缄口，即使被清朝贵族推崇的知识分子也是不敢越雷池一步的。

二、乾嘉学派的考据学

清朝初年社会经济的繁荣以及清朝皇帝对儒学的推崇，为学术研究提供了条件；又带来儒学的复兴。而满清贵族残酷的文字狱使许多知识分子不敢谈论政治。在这种情况下，知识分子开始转向对儒家经典的研究、考据，从而出现了清朝考据学的全盛时期。考据学的全盛时期，始于清朝顺治、康熙

---

① 1965. 清代文字狱档（第一辑）. 上海：上海古籍出版社
② 1963. 清高宗纯皇帝实录（卷540）. 上海：上海古籍出版社
③ 1963. 清高宗纯皇帝实录（卷964）. 上海：上海古籍出版社
④ 1963. 清高宗实录（卷964）. 上海：上海古籍出版社

年间,鼎盛于乾隆、嘉庆年间,这个时期,学术大师辈出,历史上把这个时期的学者称为乾嘉学派。

乾嘉学派的渊源可追溯到清初的黄宗羲、顾炎武、王夫之等人。当年这些人由于抗清斗争不能取得胜利,于是抱着经世致用的目的,也为了横扫王阳明的"新学",打着程朱理学的旗号,对儒家经典进行整理、研究、考证,从而成为乾嘉学派的开山祖师。

乾嘉学派又分为治史学派(当是源于浙东学派)、治经学派(可分为江苏吴派、安徽皖派)等。

治史学派顾名思义以治史为主,研究考据史学。其渊源可上接以顾炎武为代表的浙东学派。代表人物有阎若璩,撰有《尚书古文疏证》、《四书释地》、《笺解困学纪闻》、《潜邱札记》。《潜邱札记》之潜邱,《尔雅》曰:"晋有潜邱。"《元和郡县志》曰:"潜邱在太原县南三里。"阎若璩本太原人,寄居山阳。阎若璩以名此书,表示其不忘本。

胡渭,著有《禹贡锥指》、《易图明辨》、《洪范正论》、《大学翼真》等书。

赵翼(1727~1814年),字云崧(或耘崧),号瓯北,著有《陔余丛考》、《廿二史札记》等。

崔述(1740~1816年),字武臣,号东壁,河北大名人,著有《三代考信录》、《丰镐考信录》、《洙泗考信录》。后人汇辑为《崔东壁遗书》。

钱大昕(1728~1804年),字晓徵,一字辛楣,号竹汀,江苏嘉定人,其作品主要有《廿二史考异》、《十驾斋养新录》、《潜研堂文集》等。

王鸣盛(1722~1797年),字风喈,一字礼堂,别字西庄,晚年号西沚,江苏嘉定人,著有《十七史商榷》、《蛾术编》等。

江苏吴派、安徽皖派以治经为主。

江苏吴派的代表人物有惠氏三代。惠氏是诗礼世家,以第三代惠栋的影响最大,是江苏吴派的奠基人。惠栋的祖父惠周惕、父亲惠士奇在经学上皆有很大的造诣。惠周惕著有《诗说》。惠士奇的作品有《惠氏易说》、《礼说》、《惠氏春秋说》等。惠栋(1697~1758年),字定宇,一字松崖。惠栋作品主要有:《九经古义》、《周易述》、《古文尚书考》、《惠氏春秋左传补注》、《易汉学》等。其门下弟子有江声、余萧客、王鸣盛、钱大昕、汪中、刘台拱、江藩等人。

安徽皖派的代表人物有江永,他的作品主要有:《春秋地理考实》、《周礼疑义举要》、《仪礼释宫增注》、《深衣考误》、等。戴震是江永的弟子,还有金榜、程瑶田、凌廷堪、任大椿、卢文弨、孔广森、段玉裁、王念孙、王引之等是戴震的弟子。

三、乾嘉学派的学术价值及其影响

清代的乾嘉学派应该说有很大的学术价值，影响非常深远。先秦时期的儒家经典以及诸子学说是我国史学与文学的渊源，浩如瀚海。但由于年代久远，语言文字的演变、时代风俗的变迁，再加上先秦时期的史料曾经过秦火的焚烧，有许多是口头传说的，汉代就有今古文之争。所以这些书籍至清代非常需要重新整理。清代的乾嘉学派就担起了这样一个历史重任。

汉晋学者，如许慎、郑玄、韦昭、杜预等曾为先秦时期的儒家经典的解释做了很多工作，但至宋明以来，学者们的研究停留在空疏的义理上。明末清初的学者们开始提出了经世致用的观点，恢复汉学"考经"的传统，对古代的名物、制度、典章、史籍、风俗、文化，进行总的整理、考证、辨伪、注疏、训诂等。这种工作在历史上是非常必须的，也是不可缺少的。其代表有段玉裁的《说文解字注》、朱骏声的《说文通训定声》、戴震的《方言疏证》、江永的《春秋地理考实》、《仪礼释宫增注》、《深衣考误》，阎若璩的《尚书古文疏证》、《四书释地》。

崔述的《考信录》，钱大昕的《廿二史考异》、王鸣盛的《十七史商榷》等书，对古代的文字语言、地理、服饰制度、历史进行一一考证，廓清了罩在古史上的诸多迷雾，为后人的研究起到了先驱的作用。

清代乾嘉学派在学术上开辟了新的治学方法和道路。他们有严谨的治学作风，重事实、重考据、绝不偏信一家之言。他们对于古代大量的史料，进行融会贯通、反复论证、严格分析；而对于一些孤证，尽量的搜求旁证材料，或者存疑，真正地做到"无证不言"，没有证据，就不下结论。

对于古代的史料，在认真考证的基础上，敢于大胆的怀疑，提出自己新的学术论点，也是清代乾嘉学派的重要学风。

乾嘉学派在学术上一扫宋明以来的空谈义理的作风，走出了一条新的治学道路。但是由于时代的局限性，乾嘉学派只在对古代经典的注疏、释读方面下工夫，除了戴震等人外，一般不敢提出任何新的思想，也不敢对皇权专制制度问题有所抨击。他们对儒家经典的所有解释在学术上有重大的意义，但政治上都是为了维护封建皇权的统治。

乾嘉学派确实对我国的学术史和思想文化史有重大的影响。在乾嘉学派研究的基础上，清代学者阮元组织编辑了《皇清经解》，重新组织校刻了宋版的《十三经注疏》，王先谦组织编辑了《皇清经解续编》，对儒家经典的保存起着非常大的作用。纪昀组织编辑了我国古代规模最大的丛书《四库全

书》。《四库全书》是有选择的,凡有民主思想的、反对皇权专制的书是绝对不在被选择之列的,如黄宗羲的《孟子师说》、《明儒学案》可以选进《四库全书》,但是他的《明夷待访录》,因其有非常突出的民主的反皇权的思想,就不可以选进《四库全书》。然而《四库全书》毕竟为我们提供了系统的古代的经史子集的各种古籍资料,对学术研究起着重要的作用。

乾嘉之学的后期,学者们基本上是钻进故纸堆中,并且失去了乾嘉初期的经世致用的学风,严重地脱离了社会现实,只为读书而读书。而且乾嘉之学的后期,也出现了各个学派的门户之争,乾嘉之学穷途末路,走到了尽头。

第三节　儒学的全面衰颓

当时代已经进入了18～19世纪,西方资产阶级列强用洋枪大炮轰开了中国的大门。特别是1840年,中英鸦片战争,中国失败,被迫割让香港,实行门户开放政策。在西方列强的侵略面前,儒学显得那样无力。中国知识分子为此受到了强烈的刺激,对中国统治的精神支柱——儒学产生了怀疑。几千年来儒学统治的基础动摇了。儒学出现了全面的衰颓。新的民主主义思潮也已经成为不可抗拒的洪流,迎接新时代的到来。

一、西方列强对古老中国的侵略

1640年,英国发生了资产阶级领导的革命。瓦特的蒸汽机、哥白尼的天体学说、达尔文的进化论等三大发明,使欧洲发生了天翻地覆的变化,工业迅速发展。

瓦特发明的蒸汽机在人类历史产生了重大意义。英国人在蒸汽机的基础上,发明了以蒸汽机原理带动的纺纱机、火车、汽车等,英国人在铁路、矿冶、轮船、纺纱等方面都进行了产业革命,实现了大机器生产。大机器生产相对手工业操作来说,其生产力迅速提高。英国成为世界上最强大的国家。此后,法国、美国、日本、德国、俄国等,甚至欧洲的一些小国,如荷兰、葡萄牙、西班牙、意大利等相继进行工业革命。他们的工业迅速发展强大,成为当时世界上的列强国家。

新兴的资产阶级怀着发财的梦想,利用他们所拥有的现代化的交通工具,如轮船、铁路,又加上洋枪、洋炮开始向外扩张,向海外寻找市场,寻找殖民地,夺取财富。欧洲资本主义列强把眼光移向了中国。他们希望能获得中国大批的廉价的原材料，占领中国这个大市场。

古老的中国在封建帝王的统治下，农业是重要的生产部门。人民过着自给自足的小农经济的生活。中国地大物博，人口众多，生产力和生产技术相对工业革命之后的欧洲，都处于非常落后的状态，正是列强们寻找的对象。

但英国在推进中国市场时却遇到了一个问题。中国自给自足的经济，使英国进口的棉布因价钱太贵根本卖不出去。中国人宁穿手工织的粗布，也不愿买那虽然好看，但价钱高又不实用的洋布。英国在中国的贸易遭遇到了尴尬。中国人对英国的棉布、钟表、文具、金属都没有太大的需要量。

在这种形势下，英国为了扩大对中国的贸易，开始向中国，特别是广东、福建地区，强行推销鸦片。鸦片是一种毒品，从罂粟果实中提炼出来的，又名阿片、阿芙蓉，俗称大烟。人们吸食鸦片之后，能感到一种特别的快慰和刺激，但会变得萎靡不振；长期吸食成瘾，会使人产生依赖性，对人们的身体损害极大。吸食者会丧失工作能力，最后导致死亡。

英国首先向外扩张，占领了印度。英国人把印度作为其殖民地，建立了东印度公司，种植鸦片，送往中国。英国人不许本国人及印度人吸食，鸦片是用来毒害外国的。大批的鸦片源源不断地流入中国。

英国向中国倾销鸦片严重地威胁了中国人民的健康。抵制鸦片成为中国人民的强大呼声。湖广总督林则徐上疏说："数十年后，中原几无可以御敌之兵，且无可以充饷之银。"① 在中国人民强大的压力下，清政府派出大臣林则徐前往广州，开始禁烟。林则徐向道光皇帝表态说："若鸦片一日未绝，本大臣一日不回，誓与此事相始终，断无中止之理。"②

1839年6月3日，林则徐收缴英国人的鸦片2万箱，运往虎门销毁，史称"虎门销烟"。

林则徐的行动得到了中国人民的热情支持。如当时的龚自珍就非常支持林则徐到广州禁烟，他写了《送钦差大臣侯官林公序》一文。在这篇文章里，他要林则徐注意自己的安全，对英国人和那些为英国人推销鸦片的中国败类要严惩，要"杀一儆百"。

然而，"虎门销烟"却惹恼了英国殖民者。1840年6月，英国人仗着自己的武器先进，派义律为侵华军总司令，率领40余艘船舰和4000名士兵抵达中国海域，英国人用洋枪大炮向中国进攻，爆发了第一次中英鸦片战争。

林则徐在海口要塞设置木排、铁链，增添炮台炮位，布置珠江两岸，使英国侵略军无隙可乘，遂北上进犯厦门。厦门守军在闽浙总督邓廷桢的指挥

---

① 1978. 林则徐诗文选注·筹议严禁鸦片章程折（道光十八年五月）. 上海：上海古籍出版社
② 1978. 林则徐诗文选注. 上海：上海古籍出版社

下，击退了来犯之敌。于是，英国侵略军继续北上，在浙江攻陷定海，复又抵达天津的河口，以直隶总督琦善为代表的投降派不仅不作任何军事上的防御准备，还大肆攻击、诬蔑林则徐的禁烟活动。在投降派的影响下，清政府大为恐慌，道光皇帝派琦善前往天津与英国侵略者谈判，请求英军撤回广东；又派琦善为钦差大臣，赴广东办理中英交涉，并将有能力抵御强敌的林则徐和已调往闽浙的邓廷桢撤职查办，流放伊犁，而投降派琦善和昏庸无能的奕山、奕经却被委以重任。第一次鸦片战争，清政府软弱无能，以丧权辱国的失败告终。

1842年8月29日，中国在战败的情况下，被迫与英国签订了丧权辱国的《中英南京条约》。条约共有13款，主要内容是：

（1）中国开放广州、福州、厦门、宁波、上海5座城市为通商口岸，允许英人在此自由贸易，并驻领事，重新制定符合英国利益的关税政策。

（2）赔偿英国在战争中的费用：包括军费1200万元，被烧毁的鸦片600万元，英国商贸费300万元，共计2100万元，分4年还清。

（3）释放赦免为大英帝国"服务"的中国人（即汉奸）。

（4）割让香港给英国。

英帝国主义终于用洋枪、洋炮轰开了中国的大门。

帝国主义列强在中国获取的利益不断增加，他们的欲望也更大。1856年10月23日，英国海军上将率军舰突然发动对广州的进攻，第二次鸦片战争开始。

与此同时，法国人在中国发生了"西林教案"。法国天主教神甫马赖非法到中国广西西林县传教。当时西林县属于未开放区。1856年2月，西林知县张鸣风逮捕了马赖及不法教徒10人，并处死马赖及两名教徒。同年9月，法国与英国相勾结，密商发起对华战争。

1857年12月，英法联军5600人在珠江口集结，炮轰广州。侵略者占据广州之后，英、法、美、俄四国开始向清政府提出要求，外国公使必须驻守北京，增添新的通商口岸，外国人可以自由到内地传教，赔偿军费损失等。

在英法联军的进攻下，清政府分别与英、法签订中英、中法《天津条约》及附件，完全答应了英、法的条件，允许外国公使驻京，又开放营口、登州、台南、淡水、潮州、琼州、汉口、九江、南京、镇江等10处为通商口岸，鸦片贸易合法化。

1860年10月24日，清政府代表奕訢与英法代表又签订了中英、中法《北京条约》。清政府赔偿英法800万两白银，开天津为商埠，九龙割让给英国。英法传教士可深入内地进行传教活动。

1858年5月，奕山与俄国穆拉维约夫签订了《瑷珲条约》，规定将黑龙江以北，外兴安岭以南的中国领土 60 多万平方公里划归俄国。乌苏里江以东的中国领土属中俄共管。

1860 年 11 月，俄国乘英法侵略中国之机，逼迫中国与之签订中俄《北京条约》，除承认《瑷珲条约》之外，又将乌苏里江以东的 40 万平方公里土地割让给俄国。1864 年，清政府又被迫与俄国签订《勘分西北界约记》，强占中国 44 万平方公里的领土。这样沙俄帝国主义共霸占了中国 144 万平方公里的土地。

第二次鸦片战争与第二批不平等条约的签订，不仅使中国丧失了更多的主权，赔偿了强盗们大批的白银，丧失了大片领土。清政府开门揖盗。古老的中国蒙受了巨大的耻辱。

二、龚自珍、魏源对儒学的批判及其救世思想

古老的中华帝国在外来侵略者的面前是如此的无能和如此的屈辱，使中国的知识分子受到了极大的刺激。一向自认为是诗书礼乐之乡的天朝大国却蒙受着丧权辱国的耻辱。自古以来，中国总以为是以夏变夷，而摆在眼前的情况却是夷人的猖狂，于是一批知识分子首先睁开眼睛看世界，并对儒学产生了极大的怀疑。

我国近代最早睁开眼睛看世界的人当是林则徐、龚自珍、魏源等。当时身为湖广总督的林则徐亲眼看到鸦片对中国人的损害，提出了强烈的禁烟的主张。而龚自珍、魏源作为学者则对儒学产生了怀疑，并进行了批判。

龚自珍（1792～1841 年），字瑟人，号定庵，浙江仁和（今杭州）人，道光年间中进士，官至礼部主事，著有《定庵文集》，今人编为《龚自珍全集》。龚自珍 38 岁才中进士，在这之前，他在礼部做一个闲职，看透了官场上的无耻。他说："历览近代之士，自其敷奏之日，始进之年，而耻已存者寡矣！官益久，则气愈偷；望愈崇，则谄愈固；地益近，则媚亦益工。至身为三公，为六卿，非不崇高也，而其于古者大臣魏然岸然师傅自处之风，非但目未睹，耳未闻，梦寐亦未之及。臣节之盛，扫地尽矣。非由他，由于无以作朝廷之气故也。"① 也就是说，现在做官的人，自从做官之日起就无耻；官越大越久，则谄媚的水平越高，气节越无。为三公，为六卿，更是如此。这是因为朝廷不需要有气节的臣子，只需要无耻逢迎就够了。

贾谊曾谏汉文帝曰："故人主遇其大臣如遇犬马，彼将犬马自为也；如遇官徒，彼将官徒自为也。"② 龚自珍用贾谊的话来说明因朝廷喜欢巴结逢迎

---

① 1975. 龚自珍全集·明良论（二）. 上海：上海人民出版社
② 1984. 百子全书·新书·阶级. 杭州：浙江人民出版社

者,排斥有胆量气节的人,当然只有这些巴结逢迎的人才能做官。"窃窥今政要之官,知车马、服饰、言词捷给而已,此外非所知也。清暇之官,知作书法、赓诗而已,外此非所问也。……以为苟安其位一日,则一日荣,疾病归田里,又以科名长其子孙,志愿毕矣。且愿子孙世世以退缩为志成,国事我家何知焉?嗟乎哉!如是而封疆万万之一有缓急,则纷纷鸿燕逝而已,伏栋下求俱压者鲜矣。"①

龚自珍是清朝著名的古文字学家段玉裁的外孙,有很好的家学渊源。在西方列强的侵略面前,龚自珍感到读群经只会造就那些无耻的官员。当有人问他,有那么好的家学基础,为什么不去对儒家经典进行注释,这在当时还是很热门的学问。龚自珍说:"有事天地东南西北之学,未暇也。"② 也就是说,龚自珍对那些所谓的经典不感兴趣,他要研究的是"天地东南西北之学",没有时间搞那些所谓的经典。他说:"圣源既远,其流反反,坐谈性命,其语喧喧。喧喧断断,其徒百千。何施于家邦?何裨于孔编?"③ 也就是说,"坐谈性命",于世何补?有什么用处呢?

龚自珍大胆地指出官员的无耻与腐败,对儒家的群经也提出了质疑。龚自珍诗云:

　　九州大地恃风雷,万马齐喑究可哀。
　　我劝天公重抖擞,不拘一格降人才。

这首诗表现出龚自珍当时社会状况的不满以及渴望改变当时社会形势的良苦用心。

魏源(1794~1857年),字默深,湖南邵阳人,道光年间的进士,官至知州。魏源生活在鸦片战争前后,更深刻地体会到国耻、国难的危机,对士大夫们的空谈更是气愤不已。他说:"使其口心性,躬礼义,动言万物一体。而民瘼之不求,吏治之不习,国计边防之不问。一旦与治理国,上不足制国用,外不足靖疆圉,下不足苏民困,举平日胞与民物之空谈,至此无一事可效诸民物,天下亦安用此无用之王道哉?"④ 魏源的意思是说,你只空谈心性学问,一旦参与治理国家,你又不能"制国用"、"靖疆圉"、"苏民困",那你的空谈有什么用处呢?

魏源对士大夫的空谈、训诂,作无用的学问非常不满。他说:"自乾隆中叶以后,海内士大夫兴汉学,而大江南北尤盛。苏州惠氏、江氏,常州臧

---

① 1975.龚自珍全集·明良论(二).上海:上海人民出版社
② 1975.龚自珍全集·古史钩沉论(三).上海:上海人民出版社
③ 1975.龚自珍全集·丁乙诗.上海:上海人民出版社
④ 1976.魏源集·默觚·治篇(一).北京:中华书局

氏、孙氏，嘉定钱氏，金坛段氏，高邮王氏，徽州戴氏、程氏，争治训诂音声，……锢天下聪明智慧使尽出于无用之一途。"①

魏源认为，儒家精神的骨髓是其忧国忧民的意识。他说："六经其皆圣人忧患之书乎？"②面对列强的鸦片侵略，魏源愤怒地说："中朝但断大官瘾，阿芙蓉烟可立尽！"③也就是说，只要你朝廷官员断了大烟瘾，鸦片马上就可以禁止了。

魏源受林则徐嘱托，编写了《海国图志》，介绍了西洋各国的历史、地理情况，希望更多的人了解世界。在《海国图志序》中，魏源提出"师夷之长技以制夷"的观点。这是我国最早提出学习西方的言论，但可惜的是当时并没有引起清政府的注意，反而认为是散布"奇技淫巧"。在此之前，他曾为江苏布政史贺长龄编辑《皇朝经世文编》，还曾为两江总督陶澍、林则徐等筹划海运、盐政等经济问题，因而魏源成为经世派中的重要代表人物。

魏源虽然主张顺应时代进行变革，但他又认为"不变者道而已"④，即以中国传统的儒学为根本，这是不能变的。这说明儒家思想对魏源影响之深，这为后来洋务派提出"中学为体，西学为用"的主张开启了先河。

三、太平天国对儒学的冲击

1851年，洪秀全与冯云山领导的广西金田起义爆发了，即著名的太平天国运动。洪秀全曾是广西的一个秀才，希望走科举做官之路，但是当时科场的黑暗，一次次的失利不中，使其丧失了信心。据说，洪秀全在广州考试后，见到传教士在传教，得到一本小册子，是介绍上帝救人类的故事。"秀全尝患病，诡云病死七日而苏，能知未来事。谓：'上帝召我，有大劫，惟拜上帝可免。'凡会中人男称兄弟，女称姊妹，欲人皆平等，诡名西洋教。自言通天语，谓天父名耶和华，耶稣其长子，己为次子。嗣是辄卧一室，禁人窥伺，不进饮食，历数日而后出。出则谓与上帝议事，众皆骇服。复造宝诰、真言诸伪书，密为传布。潜蓄发，藏山菁间。"⑤洪秀全以小册子介绍的内容为号召，发动起义。

轰轰烈烈的太平天国运动历时14年，席卷南方大半个中国。洪秀全在南京定都，称王，建立了太平天国，产生了极大的影响。洪秀全的起义是以

---

① 1976. 魏源集·武进李申耆先生传. 北京：中华书局
② 1976. 魏源集·默觚·治篇（二）. 北京：中华书局
③ 1976. 魏源集·江南吟（之八）. 北京：中华书局
④ 1976. 魏源集·默觚下·治篇（五）. 北京：中华书局
⑤ 1977. 清史稿·洪秀全列传. 北京：中华书局

儒学与中国政治

拜上帝会为名，反对晚清政府的，当然不可避免的把矛头指向了封建社会的理论支柱——儒家的思想，因此作为万代帝王师的孔子当然难逃厄运。

洪秀全在发动起义的过程中，捣毁学堂，砸烂孔子的牌位，还说他做了一个梦。梦的内容是：上帝谴责孔子，并且鞭打孔子，说他把民间的人都教坏了。当太平天国定都南京后，洪秀全又宣布：对"一切孔孟诸子百家妖书邪说"，"尽兴焚除"。

尽管洪秀全在争夺天下的过程中，并没有摆脱封建等级制度的束缚，但他公开反对孔子、羞辱孔子、打倒孔子，可以说是两千多年的第一次。太平天国在南京定都，建立政权，所制定的政策在中国产生了很大的影响。

四、康有为的托古改制与维新派对儒学的批判

康有为（1858～1927年），名祖诒，号长素，广东南海人。自幼受过严格的封建传统教育，熟知儒家经典。他所处的时代，正值鸦片战争后，列强日益加剧对中国的侵略，中华民族濒于危亡之秋。面对严酷的现实，他在对传统的儒学产生疑问的同时，开始从西学中寻找答案。他在《康南海自编年谱》中说：

（得）"西学数种览之，薄游香港，……乃知西人治国有法度，不得以古旧夷狄视之，渐收西学之书，为讲西学之基矣。"

从而使他产生了学习西方，变革政治体制的念头。

1894年，中国在甲午战争中惨败，割地赔款的《马关条约》的签订，宣告了李鸿章等人数十年所经营的洋务运动的破产，康有为发动了赴京考试的1300多名举人的《公车上书》，向光绪皇帝提出"拒和、迁都、练兵、变法"等一系列主张。随之而来的"戊戌变法"，仅仅行之百日，便被慈禧为首的顽固派所扼杀，实行"君主立宪"的蓝图化为了泡影。康有为及其弟子梁启超亡命海外，参与变法的骨干成员谭嗣同、杨锐、林旭、刘光第、康广仁、杨深秀就义于北京菜市口，史称他们为"戊戌六君子"。

当初，康有为为了给变法作舆论准备，写了《大同书》、《新学伪经考》、《孔子改制考》三部书。《新学伪经考》指出，西汉刘歆所传授的用秦汉以前古文书写的儒家经典，是为王莽篡汉伪造出来的。因王莽改国号为"新"，所以称之为"新学伪经"，从而否定了长期以来在儒学经典中占有主要地位的古文经。而《孔子改制考》则认为隶书写成的儒家经典，即今文经，是孔子托古改制的真正著作。这样，康有为披着孔子的，所谓"久受崇敬的服装"[①]，为自己的变法主张在圣人那里，从历史的深处寻找到理论上的

---

① 1983. 马恩列斯论文艺·马克思·路易·波拿巴的雾月十八日. 北京：人民文学出版社

根据。这两部书，在当时的思想界起到了发聋振聩的作用。

至于公开发表较晚的《大同书》，是康有为借《礼记·礼运》中孔子所兴叹、向往的"天下为公"的大同社会，描述了他的没有阶级、没有压迫、人人平等，相互亲爱的乌托邦世界的幻想。在这样的世界里，儒家的伦理纲常，是绝不会有容身之地的。

康有为在这些著作中，打着孔子的旗号，借用儒学的名义宣讲西方资产阶级的民主意识，实际上是在对儒学的否定中，为其改良主张作舆论的准备。

在康有为的影响下，维新派中的梁启超、谭嗣同、夏曾佑、严复等人都相继对儒学展开了批判。

谭嗣同（1865~1898年），字复生，号壮飞，湖南浏阳人。他读到康有为的著作后，在思想上产生了强烈共鸣，因而自称是康有为的"私淑弟子"。他写《仁学》，对以三纲五常为核心的儒家名教，进行了猛烈地批判：

"数千年来，三纲五伦之惨祸烈毒，由是苦焉矣。君以名桎臣，官以名轭民，父以名压子，夫以名困妻，兄弟朋友各挟以名以相抗拒。"

他提出要冲决这一切罗网，并进而深刻地揭示了儒学和封建专制政治的关系：

"故常以为二千年之政，秦政也，皆大盗也。二千年之学，荀学也，皆乡愿也。惟大盗利用乡愿，惟乡愿工媚大盗。二者交相资，而罔不托之于孔。"①

文中的"荀学"，指的是荀卿之学。谭嗣同和梁启超、夏曾佑都认为孔子之后，儒学分为孟子、荀子两派，孟子传孔子的大同之说，荀子则传孔子的小康之说。荀子再传为李斯、韩非，遂形成秦始皇的极端专制政治。为了反对封建专制主义，所以他们对荀子大张挞伐。

夏曾佑（1863~1924年），字穗生，号穗卿，浙江杭县人。他在《中国古代史》第一篇第一章第六节中也指出中国两千余年的封建统治是"本孔子专制之法，行荀子性恶之旨"②。

另一位以翻译《天演论》闻名于世的维新派政论家严复（1853~1921年），在甲午战败之后，连续发表了《论世变之亟》、《原强》、《救亡决论》、《辟韩》等惊世骇俗之作。他在《救亡决论》中说：

"嬴（政）李（斯）以小人而陵轹苍生，六经五子（指周敦

---

① 1954.《谭嗣同全集》. 北京：生活·读书·新知三联书店
② 中华民国22年11月.《中国古代史》. 上海：商务印书馆

儒学与中国政治

颐、二程、张载、朱熹）以君子而束缚天下，后世用其意虽有公私之分，而崇尚我法，劫持天下，使天下必从己而无或敢为异同者则均也。因其劫持，遂生作伪；以其作伪，而是非淆，廉耻丧，天下之敝乃至不可复振也。"①

他又在《辟韩》中说：

老子言曰：'窃钩者诛，窃国者侯'（本出自庄子《胠箧》）。夫自秦以来，为中国之君者，皆其尤强梗者也，最能欺夺者也。

（同上）

严复一针见血地揭示了封建专制政治与儒学的关系。

维新派在对维护封建专制主义的儒学进行批判的同时，也宣扬了实行资产阶级民主政治的改良主张，从而推动了晚清社会的思想解放。

五、儒学的全面衰颓

戊戌变法的失败，警醒了许多有识之士。他们开始认识到要救亡图存，必须得推翻清政府。资产阶级革命的理论家章炳麟，就是这样从拥护改良运动而走向革命道路的。

章炳麟（1869～1936年），号太炎，浙江杭州人。戊戌变法前，他曾参加康、梁等人发起的"强学会"，并和梁启超一起编辑过《时务报》，宣传变法思想。变法失败，康有为转而成为保皇派时，发表了攻击革命的《与南北美诸华商书》。章太炎针锋相对地在《苏报》上刊出了《驳康有为论革命书》，文中揭示了清统治者"徒以尊事孔子，奉行儒术，崇视观听，斯乃不得已而为之，而即以便其南面之术，愚民之计"。并称光绪皇帝"载湉小丑，未辨菽麦"②。为此而被捕入狱。三年的牢狱生活，他表现了"威武不能屈"的革命气节。鲁迅在《关于太炎先生二三事》中称赞他"七被追捕，三入牢狱，而革命之志，终不屈挠者，并世亦无第二人"③。

章太炎在《诸子学略说》中，借庄周述盗跖之言曰："鲁国巧伪人孔丘，不耕而食，不织而衣，摇唇鼓舌，擅生是非，以迷天下之主。使天下学士，不反其本，妄作孝弟，而侥幸于封侯富贵者也。"揭示了儒家"湛心荣利"，"以富贵利禄为心"④的实质。

继章太炎之后，刘师培也陆续发表了一些批孔文章。

---

① 1975. 严复诗文选注. 南京：江苏人民出版社
② 1977. 章太炎政论选集. 北京：中华书局
③ 1982. 鲁迅全集第六卷且介亭杂文末编. 北京：人民文学出版社
④ 1977. 章太炎政论选集. 北京：中华书局

刘师培（1884~1919年），字申叔，江苏仪征人。早年参加光复会、同盟会，并任同盟会所办《民报》的撰述。他所发表的批孔文章多收入《攘书》①中。如其中的《鬻道篇》，痛斥后之儒者，用孔孟之道，以文致虏酋为圣贤，从而邀利希荣的无耻行径；再如《罪纲篇》，抨击后儒以"三纲"之说，为统治者以强凌弱，钳锢民心，束缚才智的论据，又如《孔学真论》，通过中西对比，淋漓尽致地揭示了儒学的种种弊病。

在章太炎的带动下，革命派发起了一个批孔的高潮。

从维新派到革命派，对儒学批判的层层深入，推翻封建帝王专制，建立共和的思想被越来越多的人所接受，为辛亥革命作了舆论准备。

戊戌变法失败以后，中国革命者彻底看破了清政府的懦弱与无能。在西方民主政治的冲击与影响下，中国知识分子开始觉醒，他们认清了几千年来儒学维护封建帝王统治的实质，开始对儒学进行猛烈的冲击，从而引起了儒学的全面衰颓。儒学经历了从汉代以来的最酷烈的洗礼。

六、科学地评价儒学

儒学从政治上讲，确实是为帝王统治服务的学说。然而，儒学能够在中国延续两千年而不衰，除了封建帝王的树立和提倡之外，能够被广大群众所接受，也是重要的原因。

儒学为什么能够被广大群众所接受呢？如前所述，儒家提倡仁治、提倡王道政治，提倡"足食"、"足民"，反对苛政，主张仁政，给民以安定的生活环境。这些主张虽然是为执政者的长治久安考虑，但所表现出来对民的爱护也受到了下层人民的认可。

儒家的道德观是我国人民两千年来恪守的道德理论基础。孔子对道德有极深的理解和思想，他的许多有关道德的箴言，成为我国人民几千年恪守的道德原则。孔子所提倡的伦理道德、重义轻利、宽恕忠信、杀身成仁、舍生取义、敬老爱幼、乐于进取等，成为中华民族的共同心态和理想人格。孔子强烈的忧患意识和参与意识也激励着中国多少志士仁人去建功立业、英勇奋斗。孔子的伦理观念和道德观念对中华民族有强大的凝聚力。

孔子的教育思想也是我国人民所认可的。孔子是我国伟大的、杰出的教育家。他打破了西周以来"学在官府"的局面，首开私人讲学之风，使学移民间，第一次提出了"有教无类"的思想。在长期的教育实践中，孔子对教学的规律有深刻的见解。孔子说："学而不思则罔，思而不学则殆。""知之

---

① 1904. 攘书. 上海：俄事警闻社

为知之，不知为不知，是知也。"① 孔子提倡勤学好问，他自己就是一个"每事问"的典型。他说："吾尝终日不食，终夜不寝，以思无益，不如学也。"② 孔子有许多教育方面的警句，如"三人行，必有我师焉；择其善者而从之，其不善者而改之"③。"敏而好学，不耻下问。"④"我非生而知之者，好古，敏以求之者也。"⑤ 孔子还认为，学习就是要经常温习学过的功课，即"温故而知新，可以为师矣"。⑥ 这些语言是对教学的精辟见解，可谓千百年来教育思想的精华。在教育学生方面，孔子亦有自己的见解。他自己"学而不厌，诲人不倦"，说："若圣与仁，则吾岂敢？抑为之不厌，诲之不倦，则可谓云尔已矣。"⑦"不愤不启，不悱不发"、"举一反三"、"诲人不倦"，这些都是作为教师应有的教育方法和思想。

孔子在我国教育史上有崇高的地位，他的"有教无类"的思想、学以致用的思想以及他对教学规律的运用和掌握，都有独到之处。这些都是我国几千年教育思想的精华，是教育学的宝贵财富。

我国的早期革命家陈独秀曾批判孔家学说："孔教与帝制，有不可离散之因缘。"⑧ 又说："儒者三纲之说，为一切道德政治之大原。君为臣纲，则民于君为附属品，而无独立之人格矣；父为子纲，则子于父为附属品，而无独立之人格矣；夫为妻纲，则妻于夫为附属品，而无独立之人格矣。率天下之男女，为臣、为子、为妻，而不见有一独立之人格，三纲之说为之也。曰忠、曰孝、曰节，皆非推己及人之主人道德，而为以己属人之奴隶道德也。"⑨

陈独秀是新文化运动的主将，他尖锐地批判儒学，但也不否认孔子在历史上的地位。他说："孔子之精华，乃在祖述儒家，组织有系统之伦理学说。宗教、玄学，皆非所长。其伦理学说。虽不可行于今世，而在宗法社会封建时代，诚属名产。"又说："孔教为吾国历史上有力学说，为吾人精神上无形统一人心之具，鄙人绝对承认之，而不丝毫疑义。"⑩ 在这里，陈独秀既批判了孔学在历史上作为封建帝王统治的工具，又肯定了儒学对中华民族的巨大

---

① 杨伯峻. 1984. 论语·为政. 北京：中华书局
② 杨伯峻. 1984. 论语·卫灵公. 北京：中华书局
③ 杨伯峻. 1984. 论语·述而. 北京：中华书局
④ 杨伯峻. 1984. 论语·公冶长. 北京：中华书局
⑤ 杨伯峻. 1984. 论语·述而. 北京：中华书局
⑥ 杨伯峻. 1984. 论语·为政. 北京：中华书局
⑦ 杨伯峻. 1984. 论语·述而. 北京：中华书局
⑧ 陈独秀. 驳康有为致总统总理书. 新青年，2（2）
⑨ 陈独秀. 1916. 新青年，1（4）
⑩ 陈独秀. 答俞颂华. 新青年，3（1）

凝聚力，对形成中华民族共同心态的巨大作用。

我国有名的哲学家张岱年说："盲目地批判孔子的时代过去了，盲目地尊崇孔子的时代也过去了，科学地研究孔子的时代到来了。"当年，章太炎、孙中山等人批判孔子的做法是正确的，有其非常重要的时代原因，而今天，我们批判地继承儒家学说，弃其糟粕，吸取精华，发扬我们民族的优秀文化，这是当今学术界的重要任务。

参考文献

曹端.1986.四库全书·通书述解.台北：台湾商务印书馆景印本文渊阁
陈独秀.驳康有为致总统总理书.新青年，二卷2号
陈独秀.1916.新青年，第一卷第4期
陈奇猷.1984.吕氏春秋校释.北京：学林出版社
陈寿.1982.三国志.北京：中华书局
董说.1956.七国考.北京：中华书局
董仲舒.1992.春秋繁露.北京：中华书局
范晔.1982.后汉书.北京：中华书局
龚自珍全集.1975.上海：上海人民出版社
谷应泰.1977.明史纪事本末.北京：中华书局
顾炎武.光绪十四年.亭林文集.朱氏校经山房
韩子浅解.1985.北京：中华书局
郝经.1986.四库全书·续后汉书.台湾商务印书馆景印本文渊阁
华峰，边家珍，乘舟.1997.诗经全译.郑州：大象出版社
黄宗羲.1981.明夷待访录.北京：中华书局
黄宗羲全集.1985.杭州：浙江古籍出版社
嵇康.1986.四库全书·嵇中散集.台北：台湾商务印书馆景印本文渊阁
贾谊.1984.百子全书·新书.杭州：浙江人民出版社
李焘.1992.续资治通鉴长编.北京：中华书局
李光地.御纂朱子全书.渊鉴斋本
梁启超.1970.先秦政治思想史.台北：台湾东大图书公司
林则徐诗文选注.1978.上海：上海古籍出版社
刘宝楠.1986.四库全书·论语正义.台北：台湾商务印书馆景印本文渊阁
刘三吾.1986.四库全书·孟子节文题辞.台北：台湾商务印书馆景印本文渊阁
刘向.1984.百子全书·新序.杭州：浙江人民出版社
鲁迅.1982.且介亭杂文.北京：人民文学出版社
陆德明.1986.四库全书·经典释文.台北：台湾商务印书馆景印本文渊阁
陆贾.1983.诸子集成·新语.北京：中华书局
吕柟.1986.四库全书·朱子抄释.台北：台湾商务印书馆景印本文渊阁
马承源.2001.上海博物馆藏战国楚竹书.上海：上海古籍出版社

马端临.1990.文献通考.北京：中华书局

司马光.1995.资治通鉴.太原：北岳文艺出版社

司马迁.1982.史记.北京：中华书局

宋祁.1987.新唐书.北京：中华书局

谭嗣同全集·仁学自叙.1954.北京：生活·读书·新知三联书店

汪晫.1986.四库全书·曾子全书.台北：台湾商务印书馆景印本文渊阁

王夫之.1975.读四书大全说.北京：中华书局

王夫之.1975.读通鉴论.北京：中华书局

王铚.1986.四库全书·默记.台北：台湾商务印书馆景印本文渊阁

魏源集.1976.北京：中华书局

吴兢.1986.四库全书·贞观政要.台北：台湾商务印书馆景印本文渊阁

谢良佐.1986.四库全书·上蔡语录.台北：台湾商务印书馆景印本文渊阁

杨伯峻.1983.春秋左传注.北京：中华书局

杨伯峻.1984.论语.北京：中华书局

杨伯峻.1984.孟子.北京：中华书局

杨宽.1998.战国史.上海：上海人民出版社

朱熹.光绪34年.二程遗书.谵雅书局（清）

朱子.1986.四库全书·四书或问.台北：台湾商务印书馆景印本文渊阁

朱子.1986.四库全书·晦庵集.台北：台湾商务印书馆景印本文渊阁

百子全书·白虎通德论.1984.杭州：浙江人民出版社

百子全书·孔子家语.1984.杭州：浙江人民出版社

百子全书·说苑.1984.杭州：浙江人民出版社

班固.1982.汉书.北京：中华书局

北史.1982.北京：中华书局

国语.1983.上海：上海古籍出版社

晋书.1982.北京：中华书局

旧唐书.1975.北京：中华书局

明史.1984.北京：中华书局

清代文字狱档.1965.上海：上海古籍出版社

清高宗纯皇帝实录.1963.上海：上海古籍出版社

清史稿.1977.北京：中华书局

全祖望.1919.鲒崎亭集.北京：商务印书馆

十三经注疏·公羊传.1980.北京：中华书局

十三经注疏·礼记.1980.北京：中华书局

十三经注疏·尚书.1980.北京：中华书局

十三经注疏.1980.北京：中华书局

四库全书·陈氏礼记集说补正.1986.台北：台湾商务印书馆景印文渊阁

四库全书·崇仁县孔子庙碑.1986.台北：台湾商务印书馆景印本文渊阁

四库全书·大学衍义.1986.台北：台湾商务印书馆景印本文渊阁
四库全书·二程外书.1986.台北：台湾商务印书馆景印本文渊阁
四库全书·汉魏六朝百三家集.1986.台北：台湾商务印书馆景印本文渊阁
四库全书·皇朝文献通考.1986.台北：台湾商务印书馆景印本文渊阁
四库全书·江西通志.1986.台北：台湾商务印书馆景印本文渊阁
四库全书·柳河东集.1986.台北：台湾商务印书馆景印文渊阁
四库全书·明太祖文集.1986.台北：台湾商务印书馆景印本文渊阁
四库全书·钦定八旗通志.1986.台北：台湾商务印书馆景印本文渊阁
四库全书·世祖章皇帝圣训.1986.台北：台湾商务印书馆景印本文渊阁
四库全书·太祖实录.1986.台北：台湾商务印书馆景印本文渊阁
四库全书·吴县志.1986.台北：台湾商务印书馆景印本文渊阁
四库全书·朱子集注.1986.台北：台湾商务印书馆景印本文渊阁
四库全书·朱子全书.1986.台北：台湾商务印书馆景印本文渊阁
四库全书名人文集丛刊本·王文成全书.1993.上海：上海古籍出版社
宋史.1977.北京：中华书局
宋书.1982.北京：中华书局
淅川发现的令尹子庚墓.1980-10-14.光明日报
严复诗文选注.1977.南京：江苏人民出版社
战国策.1985.上海：上海古籍出版社
诸子集成·道德经.1983.北京：中华书局
诸子集成·管子.1983.北京：中华书局
诸子集成·荀子.1983.北京：中华书局
朱子语类.1986.北京：中华书局
左传.1977.上海：上海人民出版社
赵吉惠，赵馥洁，郭厚安等.1991.中国儒学史.郑州：中州古籍出版社
宋仲福，赵吉惠，裴大祥.1991.儒学在现代中国.郑州：中州古籍出版社
李玉洁，任亮直.2006.耻——中国伦理文化丛书.北京：中国社会科学出版社

后 记

在中国历史上,儒家思想影响之大、之深、之广、之长久都是空前的。自汉武帝罢黜百家、独尊儒术以来,儒家学说开始与中国政治相结合。

儒家学说有非常值得继承的精华,其仁政思想和有关的道德理论是华夏民族两千多年来恪守的道德准则,是形成我们民族精神文明特质的基础,对中华民族有强大的凝聚力;儒学也有应该批判的糟粕,如"亲亲尊尊"的等级制度等。

儒家学说对我国的影响可谓是立体的,涉及中国社会的方方面面。每一个中国人的心里无不深深地被打上儒学的烙印,中华民族有深厚的儒学沉淀。

笔者很早就想探讨儒家学说与中国政治的关系,研究儒家学说在中国历史上所起的作用。儒家学说是中华文明的重要组成部分,儒家学说的产生和形成皆是在黄河流域,当然是对黄河文明的杰出贡献。所以在这次对黄河文明的系统研究中,"儒学与中国政治"被列为其中的研究课题。

本书从儒家学说的产生、形成入手,研究儒家学说形成的原因和基础,儒家学说与法家学说、阴阳学说的合流;研究儒家学说在中国历史上曲折发展的历程,以及其在中国历代封建王朝所起的作用和在中国的衰颓。

在本书的写作过程中,笔者本着实事求是的精神,力求用丰富的史料去论述儒家学说与中国政治的关系,研究儒学对中国社会的影响。但是由于作者水平所限,书中的缺点谬误难以避免,敬请学术界的前辈和同仁批评指正。

本书由任亮直先生校订,特此感谢。

作 者

2008.3.26